铁路货车关键锻轧件显微组织图谱

项彬　刘鑫贵　宋宏图　吴毅　丁韦　许亚娟　袁龙英　编著
宋子濂　审

中国铁道出版社
2012年·北　京

内 容 简 介

本书按铁路提速、重载货车用车轴、制动梁、交叉支撑装置、钩尾框等关键锻轧件分为4章，结合部件的热加工工艺和力学性能，对其显微组织特征和规律进行研究。在每章首先给出对应部件材质的化学成分、力学性能和该部件的热加工工艺主要流程等相关数据和资料；在显微组织图谱中，主要包括与热加工工艺对应的金相图片，具有典型特征的扫描电镜和透射电镜图片，以及拉伸、冲击试样的宏、微观断口图片，这些图片展示了正常显微组织和部分非正常显微组织特征。作者力求系统、全面、真实地反映铁路货车关键锻轧件工艺技术流程、显微组织特征与力学性能之间的关系，为管理、制造、使用、检测等相关单位提供科学的基础数据和图片资料。

本书可供从事机车车辆设计、制造、运用、管理的各级人员学习，也可供从事机械、金属材料以及失效分析专业的科研、教学人员参考。

图书在版编目(CIP)数据

铁路货车关键锻轧件显微组织图谱/项彬等编著．—北京：中国铁道出版社，2012.10

ISBN 978-7-113-15110-2

Ⅰ.①铁… Ⅱ.①项… Ⅲ.①铁路车辆—货车—锻轧机—显微组织(金相学)—图谱 Ⅳ.①U270.3-64

中国版本图书馆CIP数据核字(2012)第234527号

书　　名：**铁路货车关键锻轧件显微组织图谱**
作　　者：项彬　刘鑫贵　宋宏图　吴毅　丁韦　许亚娟　袁龙英　编著

责任编辑：王明容　　**编辑部电话**：010-51873138　　**电子信箱**：tdpress@126.com
编辑助理：黄　璐
封面设计：崔　欣
责任校对：张玉华
责任印制：陆　宁

出版发行：中国铁道出版社(100054，北京市西城区右安门西街8号)
网　　址：http://www.tdpress.com
印　　刷：北京铭成印刷有限公司
版　　次：2012年10月第1版　2012年10月第1次印刷
开　　本：787 mm×1 092 mm　1/16　印张：15.25　字数：384千
印　　数：1～1 500册
书　　号：ISBN 978-7-113-15110-2
定　　价：120.00元

前　言

铁路货车锻轧件在铁路提速、重载货车上大量使用，它的产品质量直接影响行车安全。随着一些关键锻轧件产品的升级换代，其材质性能、生产工艺技术和制造装备也随之得到提升。因此，为保证和进一步提高产品质量，其原材料验收条件、特定装备下工艺参数优化、过程控制检验和产品检验等环节尤为重要，亟需在材料工艺方面进行系统、深入的研究，这本显微组织图谱包含货车关键锻轧部件工艺技术、显微组织特征与力学性能关系的基础数据和图片，是一项重要的材料工艺方面基础研究工作的总结。

《铁路货车关键锻轧件显微组织图谱》(以下简称《图谱》)，是针对铁路提速、重载货车用车轴、制动梁、交叉支撑装置、钩尾框等4种关键部件，结合这些部件的热加工工艺和力学性能，对其显微组织特征和规律进行的研究。《图谱》按关键锻轧件名称及各自材质、工艺特点分章节进行编排，每章首先给出对应部件材质的化学成分、力学性能和该部件的热加工工艺主要流程等相关数据和资料；在显微组织图谱中，主要包括与热加工工艺对应的金相图片，具有典型特征的扫描电镜和透射电镜图片，以及拉伸、冲击试样的宏、微观断口图片。为了更好地区分各章的显微组织图片，在图片编号前增加了一个代表部件名称的汉语拼音字母，分别是车轴：Z；制动梁：L；交叉支撑装置：G；钩尾框：K。

《图谱》的数据采集及整理编辑工作历时3年，得到了铁道部科学技术司、铁道部运输局，以及中国北车集团齐齐哈尔轨道交通装备有限责任公司、中国南车集团北京二七车辆厂、南车长江车辆有限公司、南车眉山车辆有限公司、中国北车集团济南机车车辆有限责任公司、中国北车集团沈阳机车车辆有限责任公司、中国北车集团西安轨道交通装备有限责任公司、包头北方创业股份有限公司、重庆长征重工有限责任公司、中国北车集团太原轨道交通装备有限责任公司、晋西车轴股份有限公司、山西太钢不锈钢股份有限公司、南方汇通股份有限公司、哈尔滨铁路局机车车辆配件厂、首钢公司技术研究院、首钢特钢厂、首钢东华机械厂、南京中盛铁路车辆配件有限公司、唐山鑫日升钢业有限公司、北京中车车辆有限公司、青岛中超锻造公司、浙江宁波捷丰机械有限公司、长春新金享冷弯型钢有限公司等的大力支持和帮助，在此表示衷心的感谢！

感谢秦晓峰、肖利民、温宝利、李辉、吴海英、王秀琴、王玉玲、黄银华、徐宝云、唐林、唐振英、卜文学、邹本仁、王皓、王立辉、王凯、金玉蒲、蒙元生、刘润平、惠华宁、胡其江、李杰等同志在现场试验和样品收集过程中提供的大量帮助。

《图谱》力求系统、全面、真实地反映铁路货车关键锻轧件工艺技术、显微组织特征与力学性能之间的关系，为管理、制造、使用、检测等相关单位提供科学的基础数据和图片资料。但由于涉及上述4种部件、多种材质等内容，需要研究细化的问题很多，很多内容仍在进一步地深入探索；加之作者的水平和时间所限，难免存在一些不足，敬请批评、指正。

编　者

2012年9月

目　录

0 绪 论

铁路货车关键锻轧件均为金属材料构件。作为铁路货车的重要部件，金属材料的质量是其安全稳定运用的重要保障。对金属材料及其部件进行显微组织分析，是衡量其质量的依据之一，也是开展金属材料试验研究和改进热加工工艺的必备手段之一。

车轴、制动梁、交叉支撑装置和钩尾框等 4 种货车关键锻轧件，涉及钢坯冶炼、热轧、锻造、热处理、焊接等多种热加工过程，每个过程都有相应的显微组织特征的变化，而且其显微组织特征从本质上决定了产品的力学性能。因此，对产品的显微组织进行检验、分析，认识其规律性和形成机理，不仅对控制热加工生产过程、保证和提高产品质量，而且对产品验收和失效分析都有十分重要的意义。

以下主要是对与《图谱》密切相关的货车锻轧件材料特点、显微组织的测试仪器和分析技术等基础知识作简要介绍。

0.1 货车关键锻轧件材料特点及显微组织测试仪器

金属材料的化学成分不同，其性能也不同。但是对于同一种成分的金属材料，通过不同的热加工处理工艺，改变材料内部的组织结构，也可以使其性能发生极大的变化。由此可以看出，除化学成分外，金属的内部显微组织结构和组织状态也是决定金属材料性能的重要因素。

《图谱》所涉及的 4 种货车关键锻轧件均属于工程结构用钢，其中又分为碳素结构钢和低合金高强度结构钢。碳素结构钢易于冶炼、价格低廉，性能基本满足一般工程结构用钢要求，通常以热轧空冷状态交货，其塑性高、焊接性好，使用状态下的组织一般为铁素体加珠光体。如 Q235B 钢、CR-1 钢均属于碳素结构钢。低合金高强度结构钢是在碳素结构钢基础上，加入少量的合金元素发展起来的，强度高于碳素结构钢，从而可减轻构件质量、提高使用可靠性并节约钢材，同时还具有足够的塑性、低冷脆转变温度以及良好的焊接性能和耐蚀性，如 Q345D 钢、Q460E 钢和 25MnCrNiMoA 钢。4 种铁路货车关键锻轧件产品的材料概况见表 0-1。

表 0-1 4 种铁路货车关键锻轧件产品的材料概况

产品	材料型号	产品	材料型号
车轴	LZ50 钢	交叉支撑装置	CR-1 钢、Q345D 钢和 Q235B 钢
制动梁	Q460E 等级微合金化钢	钩尾框	25MnCrNiMoA 低合金高强度钢

为了实现对整个加工工艺过程进行检控和最后判定某种加工部件的相关特性是否满足应用需要，最根本的还是离不开实验检测技术。材料的发展在很大程度上依赖于检测技术的提高，每一种新仪器和测试手段的发明创造，都对当时新材料的出现和发展起到了促进作用。首先是光学显微镜用于金属材料的研究；随后又出现了电子显微镜、扫描电镜、高分辨率电镜，其点分辨率在 0.1 nm 左右，足以观察到原子，为研究材料的内部组织结构提供了条件，而后又出现扫描透射电镜、扫描隧道显微镜等，不但可以观察到原子，分析出微小区域的化学成分和结构，还可用来进行原子加工，为在微观结构上设计新材料打下了基础。

显微组织分析最常用的是采用光学金相显微镜、显微硬度计、扫描电子显微镜和能谱仪、透射电子显微镜、电子探针等。其主要用途见表 0-2。

表 0-2　常用的显微组织分析仪器及主要用途

仪器名称	主要用途		
	图像放大倍数范围	常用倍数	应用范围
光学金相显微镜	20～1 000	50～500	金相组织、晶粒度和夹杂物判定与分析
显微硬度计	20～1 000	100～400	各种组织的显微硬度测量
扫描电子显微镜	20～30 000	20～20 000	表面形貌观察，断口分析
透射电子显微镜	100～1 000 000	10 000～50 000	形貌分析和相结构分析
电子探针和能谱仪	20～300 000	20～10 000	形貌和相结构的微区成分分析

0.2　金相显微组织的观测与分析

0.2.1　金相组织分析

金相组织分析是根据有关标准和规定来评定金属材料质量的一种常规检验方法，并可用于判断产品生产工艺是否完善，有助于寻求产生缺陷的原因，以加强质量控制，保证和提高产品质量，是生产和科研中必不可少的一种基本手段。

钢的金相组织取决于钢的化学成分和热加工工艺。而经热加工工艺中的热处理形成的金相组织决定了产品最后的力学性能。热处理通常是由加热、保温和冷却 3 个阶段组成的。首先，把钢加热到钢种相图的奥氏体区，一般加热温度的选择是 A_{c_3} +（30～50 ℃），温度过高，晶粒易长大；然后在选定的奥氏体温度下保温一定时间（根据加热炉型式、工件尺寸、摆放方式等来调整），使奥氏体均匀化，过剩相固溶或均匀分布；最后在一定的冷却速度下冷却，获得所需的力学性能。冷却过程中温度、转变产物、转变量与转变时间的关系用等温转变 TTT 曲线来表达（亦称为 *C* 曲线）。图 0-1 是一个碳钢常见 *C* 曲线示意图，从中大体可以了解在冷却过程中转变成各主要金相组织的温度范围，也就可获得非平衡态连续冷却条件下，不同的冷却速度可能获得的金相组织和转变量。转变较慢的冷却速度（箭头①）获得的是珠光体；转变较快的冷却速度（箭头②）可能获得索氏体；再快一点的冷却速度（箭头③）获得屈氏体；当冷却速度更快，不与 *C* 曲线上部相交，而通过等温与下部相交（箭头④），可获得贝氏体；当冷却速度快到不与整个 *C* 曲线相交，而直接到达 *Ms* 点以下（箭头⑤），则得到马氏体。

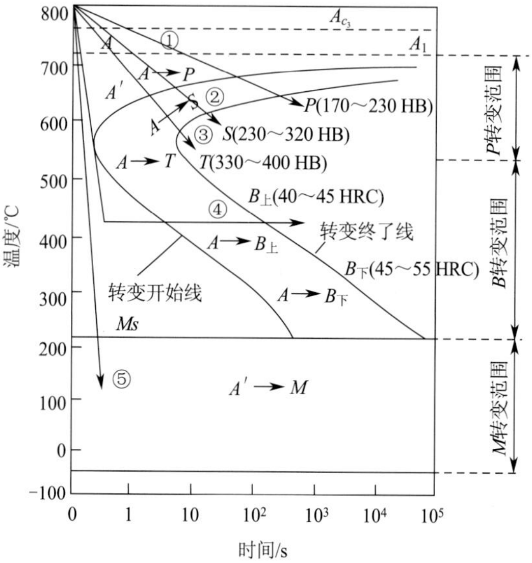

图 0-1　碳钢常见 *C* 曲线示意图

金相组织的命名和 TTT 曲线密切相关。这里介绍本《图谱》中涉及到的 8 种常见金相组织。

(1)铁素体

碳与合金元素溶解在 α-Fe 中的固溶体。铁素体性能接近纯铁,硬度低(约为 80～100 HB)、塑性好。固溶有合金元素的铁素体能提高钢的强度和硬度。在 723 ℃时,碳在铁素体中溶解率为 0.02%,在常温下含碳量为 0.008%。铁素体仍然保持 α-Fe 的体心立方晶格,在金相组织中具有典型纯金属的多边形金相特征。

(2)珠光体

过冷奥氏体在 A_1～650 ℃之间等温转变,珠光体是铁素体和渗碳体相间排列的层片状组织,形成粗片状(片间距 d>0.4 μm)珠光体,一般在光学显微镜下放大 500 倍才能分辨出片层状特征,其硬度大约在 170～230 HB 左右,以符号"P"表示。珠光体的片间距主要取决于奥氏体分解时的过冷度,过冷度越大形成的珠光体片间距越小。

(3)索氏体

过冷奥氏体在 600～650 ℃之间等温转变为细片状(d=0.2～0.4 μm)珠光体,称为索氏体,以符号"S"表示,在高倍(1 000 倍以上)显微镜下才能分辨出片层状特征,硬度约为 230～320 HB。

(4)屈氏体

过冷奥氏体在 550～600 ℃之间等温转变为极细片状(d<0.2 μm)珠光体,称为屈氏体,以符号"T"表示,只能在电子显微镜下放大 2 000 倍以上才能分辨出片层状结构,硬度约为 330～400 HB。

上述珠光体、索氏体、屈氏体 3 种组织,在形态上都是铁素体和渗碳体的片层结构,只是片层结构的厚薄之分,并无本质区别,所以统称为珠光体型组织。

(5)贝氏体

奥氏体快冷越过 C 曲线"鼻端"到达 Ms 线以上的区域,即约 230～550 ℃的温度范围,进行等温处理,将发生奥氏体向贝氏体转变,贝氏体是相变产生的过饱和的铁素体和渗碳体混合物,以符号"B"表示。贝氏体形成的温度不同,组织特征也不相同。在接近珠光体形成温度所生成的组织叫上贝氏体,其特征为由晶粒边界开始向晶内同一方向平行排列的 α-Fe 片,片间夹着渗碳体颗粒,在金相组织中呈羽毛状,由于方位不同,羽毛可对称或不对称。在 300 ℃附近形成的组织叫下贝氏体,在金相组织中呈黑针状,渗碳体颗粒一般在针上。上、下贝氏体的形状和碳化物分布不同,要仔细区别。上贝氏体的强度小于同一温度形成的细片状珠光体,脆性也较大;下贝氏体与相同温度的回火马氏体强度相近,下贝氏体的性能优于上贝氏体,有时甚至优于回火马氏体。

(6)马氏体

碳在 α-Fe 中的过饱和固溶体。当钢高温奥氏体化之后,若快速冷却至马氏体点(Ms)以下时,由于 γ-Fe 在低温下结构不稳定,便转变为 α-Fe,但冷却速度快,钢中原子来不及扩散,保留了高温时母相奥氏体的成分,因此马氏体是钢在奥氏体化后快速冷却到马氏体点之下发生无扩散性相变的产物。由于碳在 α-Fe 中过饱和,使 α-Fe 的体心立方晶格发生了畸变,因此马氏体处于亚稳定状态。马氏体具有很高的硬度(约为 640～760 HB)、很脆、冲击韧性低,断面收缩率和延伸率几乎近等于零。由于马氏体的比容较奥氏体大,钢中马氏体形成时产生很大的相变应力。马氏体在金相组织中,互成一定角度的白色针状结构。正常的淬火工艺下,获得的马氏体大部分为细针或隐形针状,一般都要经回火处理才能使用。

(7)魏氏组织

魏氏组织分为亚共析钢魏氏组织和过共析钢魏氏组织。它们均使钢的性能变脆，降低钢的冲击韧性，降低钢的断面收缩率，是钢中的一种有害组织。

这里重点介绍亚共析钢的魏氏组织，在晶粒中出现的互成一定角度或彼此平行的片状α-Fe即为通常所称的亚共析钢的魏氏组织。一般在钢过热或较快的冷却速度条件下发生。在金相形态上大部分是从奥氏体晶粒边界上生长出的片状α铁素体，也有从晶粒内部生长的点状和不规则块状等。我们在制动梁中的研究证明：微合金化元素形成C-N化合物的固溶会增加产生魏氏组织的风险。（较详细的介绍在本书第2章2.5节中。）

(8)带状组织

经热加工后的碳素结构钢显微组织中，铁素体和珠光体沿加工方向平行成层分布的条带组织，称为带状组织。带状组织使钢的机械性能呈各向异性，并降低钢的冲击韧性和断面收缩率。

0.2.2 晶粒度测定

钢中晶粒大小，直接影响钢的力学性能，评定晶粒大小的方法称晶粒度测定法。影响奥氏体晶粒度的因素很多，合金元素、加热温度、保温时间起着决定性作用。温度升高，保温时间越长，晶粒度越大。此外，原始组织状态、冷却速度、形变量和形变速度等对奥氏体晶粒度也有影响。

(1)奥氏体晶粒度

是在标准规定的试验条件下所得到的晶粒尺度，用来衡量钢的奥氏体晶粒长大的倾向性。

(2)本质晶粒度

表示钢在一定条件下奥氏体晶粒长大的倾向性。通常采用标准实验的方法，即将钢加热到(930±10) ℃，保温3～8 h后，测定其奥氏体晶粒大小。

(3)实际晶粒度

实际晶粒度是指钢在交货状态下所具有的实际晶粒大小。

0.2.3 非金属夹杂物测定

金属中的夹杂物通常以非金属夹杂较为常见。常见的非金属夹杂物一般又可分为硫化物、氧化物、氮化物和硅酸盐等。绝大多数非金属夹杂物没有金属光泽，不同的夹杂物具有不同等色泽与形状，其熔点和性质亦各不相同。非金属夹杂物在反射光下的色泽随显微镜观察时所用光源的性质不同而有改变，只有在暗场或偏光下才能看到夹杂物的固有色彩。

(1)氧化物

钢中常见的氧化物有 Al_2O_3，是铝脱氧时所产生细小难熔、高硬度的脆性夹杂物，这种夹杂物热加工后不变形，而是沿加工方向分布成短线状颗粒带，在明视场下呈灰色。过大或过多的 Al_2O_3 会降低钢的疲劳强度。

(2)硫化物

钢中常见的硫化物是FeS、MnS及两者的固溶体(FeS·MnS)。硫化物属于塑性夹杂物，具有很高的塑性，热加工后沿加工方向延伸成条状分布，在明视场下呈灰色。低熔点的FeS及FeS与FeO的共晶体一般分布于晶粒边界，在加热过程中，会导致钢产生热脆。

(3)硅酸盐

钢中常见的硅酸盐，有硅酸亚铁($2FeO \cdot SiO_2$)、硅酸亚锰($2Mn \cdot SiO_2$)和锰铁硅酸盐

($mFeO \cdot nMnO \cdot pSiO_2$)等。硅酸盐分脆性硅酸盐和塑性硅酸盐。脆性硅酸盐热加工后沿加工方向成为短线状颗粒带,类似氧化物;塑性硅酸盐热加工后沿加工方向延伸成条状。硅酸盐一般外形不规则、较粗大,在明视场下呈暗灰色。

(4)点状不变形夹杂物

点状不变形夹杂物主要由镁尖晶石和含钙的铝酸盐所构成,此外还有含铝、钙、锰的硅酸盐。点状不变形夹杂物热加工后仍不变形,仍然保持较规则的圆形。

非金属夹杂物的危害:钢中的非金属夹杂物,破坏了金属的连续性,降低钢的机械性能、物理性能、化学性能及工艺性能;含硫夹杂物过高会引起钢的热脆性;钢中较多的非金属夹杂物,淬火时会引起应力集中而形成微裂纹,降低疲劳强度;夹杂物的存在会使试件在腐蚀介质中在有夹杂物的地方先引起点腐蚀。

0.2.4 显微硬度测定

"硬度"是指固体材料受到其他物体的力的作用,在其受侵入时所呈现的抵抗弹性变形、塑性变形及破裂的综合能力。这种说法较接近于硬度试验法的本质,适用于机械式的硬度试验法,但不适用于电磁或超声波硬度试验法。"硬度"这一术语,并不代表固体材料的一个确定的物理量,而是材料一种重要的机械性能,其数值不仅取决于所研究的材料本身的性质,而且也取决于测量条件和试验方法。

"显微硬度"是相对"宏观硬度"而言的一种更小面积上在更小载荷下的硬度。目前这一概念参照国际标准 ISO 6507/1—1982"金属材料维氏硬度试验"中规定"负荷小于0.2 kgf(1.961 N)维氏显微硬度试验"及我国国家标准 GB 4342—1984"金属显微维氏硬度试验方法"中规定"显微维氏硬度"负荷范围为"0.01～0.2 kgf(98.07×10^{-3}～1.961 N)"而确定的。选取负荷≤0.2 kgf(≤1.961 N)的静力压头压入被试验样品,而后测定其维氏硬度值的试验称为显微硬度试验。

"显微硬度"测量的准确程度与金相样品的表面质量有关,需经过磨光、抛光、浸蚀,以显示欲评定的组织。试件尺寸不可太大,尤其是要求表面粗糙度要在 Ra 0.05 以上。

0.3 扫描电镜显微组织的观测与分析

0.3.1 显微组织分析

扫描电子显微镜(SEM)是一种大型分析仪器,浓缩了电子光学技术、真空技术、精细结构以及现代计算机控制技术,作为一种有效的显微结构分析工具,可以对各种材料进行多种信息的表面形貌观察与分析。具有分辨率高、景深长、可以直接观察较大试样、放大倍数范围宽等优点,可以实现试样从低倍到高倍的定位分析,在样品室中的试样不仅可以沿三维空间移动,还能够根据观察需要进行空间转动,以利于使用者对感兴趣的部位进行连续、系统地观察分析。扫描电子显微镜拍出的图像真实、清晰,并富有立体感。由于扫描电子显微镜可用多种物理信号对样品进行综合分析,当材料处于不同的外部条件和化学环境时,扫描电子显微镜在其微观结构分析研究方面同样具有极大的优势。

扫描电镜显微组织分析法具有光学显微组织分析法所难以比拟的优点,在扫描电镜下,可以方便地从10～20 000 倍范围自由调节放大倍率,观察到在普通光学金相显微镜下所不可能看到的材料的立体图像和更加精细的结构。钢铁材料中诸如回火托氏体、下贝氏体、高碳马氏体组织等显微组织非常细密，用光学显微镜难以观察组织的细节和特征，不易区分，如果将制备好的金相试样深腐蚀后，在扫描电镜下可以进行方便地鉴别。

在扫描电镜中，因为可以利用入射电子和试样相互作用所产生多种信息来成像，而且可以通过信号处理方法，获得多种图像的特殊显示，可以从试样的表面形貌获得多方面数据。因为扫描电子像不是同时记录的，是由近百万个像元逐次依次记录构成的，使得扫描电镜除了观察表面起伏形貌外，还能进行元素的分析。此外，采用三透镜式的扫描电镜还可以通过电子通道花样进行结晶学结构分析，选区尺寸可以从 10 μm 到 2 μm。由此可见，扫描电镜是一种多功能的仪器，可以进行如下 3 种基本分析：(1)三维形貌的观察和分析；(2)在观察形貌的同时，进行微区的成分分析；(3)在观察形貌的同时，进行微区的结晶学分析。由于扫描电镜具有上述特点和功能，所以颇受材料科学工作者的青睐，随着现代生活对新型材料的需求不断增长，扫描电镜测试技术在新型材料学科领域中的应用也日益广泛。

0.3.2 断口分析

断口分析是研究金属断裂面的学科，是断裂学科的组成部分。金属破断后获得的一对相互对偶的断裂表面的外观形貌，称为断口。断口总是发生在金属组织中最薄弱的地方，记录着有关断裂全过程的许多珍贵信息，所以在研究断裂时，对断口的观察和研究一直受到重视。通过断口的形态分析去研究一些断裂的基本问题，如断裂起因、断裂性质、断裂方式、断裂机制、断裂韧性、断裂过程的应力状态以及裂纹扩展速率等。断口分析现已成为对金属构件进行失效分析的重要手段。断口除宏观特征外，微观特征揭示着断裂的主要特性。根据微观特征可把断裂特性分为下面 4 类。

(1)沿晶脆性断裂

是指断裂路径沿着不同位向的晶界所发生的一种属于低能吸收过程的断裂。根据断裂能量消耗最小原理，裂纹的扩展路径总是沿着原子键合力最薄弱的表面进行。但如果金属中存在着某些冶金因素使晶界弱化，例如杂质原子 P、S、Si、Sn 等在晶界上偏聚或脱溶，或脆性相在晶界析出等，则易发生沿晶脆性断裂。沿晶脆性断裂的断口特征是在宏观断口表面上有许多亮面，每个亮面都是一个晶粒的界面，高倍下能够清晰地看到每个晶粒的多面体形貌，类似于冰糖块的堆集，故有冰糖状断口之称，其宏观脆性很高。

(2)解理断裂

属于一种穿晶脆性断裂，根据金属原子键合力的强度分析，对于一定晶系的金属，均有一组晶面原子键合力最弱的、在正应力下容易开裂的晶面，这种晶面通常称为解理面。解理断口的特征是宏观断口十分平坦，而微观形貌则是由一系列小裂面(每个晶粒的解理面)所构成。在每个解理面上可以看到一些十分接近于裂纹扩展方向的阶梯，通常称为解理阶。解理阶的形态是多种多样的，同金属的组织状态和应力状态的变化有关。其中所谓“河流花样”是解理断口的最基本的微观特征，其宏观脆性也比较高。

(3)准解理断裂

也是一种穿晶断裂。根据蚀坑技术分析表明，多晶体金属的准解理断裂也是沿着原子键合力最薄弱的晶面(即解理面)进行。从断口的微观形貌特征来看，在准解理断裂中每个小断裂面的微观形态颇类似于晶体的解理断裂，也存在一些类似的河流花样，但在各小断裂面间的连接方式上又具有某些不同于解理断裂的特征，如存在一些所谓撕裂岭等。撕裂岭是准解理断裂的一种最基本的断口形貌特征，也是一种脆性断裂，较解理断裂脆性稍低。

(4)韧窝断裂

金属材料的断裂，通过空洞核的形成、长大和相互连接的过程进行，这种断裂称为韧窝断裂。韧窝断裂是属于一种高能吸收过程的延性断裂。其断口特征为宏观形貌呈纤维状，微观形态呈蜂窝状，断裂面是由一些细小的窝坑构成，窝坑实际上是长大了的空洞核，通常称为韧窝，是韧窝断裂的最基本形貌特征和识别韧窝断裂机制的最基本依据，它是一种韧性断裂。

一个实物断口，或拉伸、冲击试样断口往往是由上述断口特征中的一种或多种组合而成，而扫描电镜是研究断口最理想的手段。

0.4 透射电镜显微组织的观测与分析

透射电子显微镜(TEM)是一种放大倍数更高的大型分析仪器，在现代科学、技术的研究、开发工作中被广泛地使用。而作为透射电子显微镜其特点在于利用透过样品的电子束来成像，这一点有别于扫描电子显微镜。

在光学显微镜下无法看清小于 0.2 μm 的细微结构，这些结构称为显微结构或超微结构。要想看清这些结构，就必须选择波长更短的光源，以提高显微镜的分辨率。1932 年 Ruska 发明了以电子束为光源的透射电子显微镜，电子束的波长远远小于可见光和紫外光的波长(100 kV的电子波的波长为 0.003 7 nm，而紫光的波长为 400 nm)，并且电子束的波长与发射电子束的电压平方根成反比，也就是说电压越高波长越短。根据光学理论，我们可以预期电子显微镜的分辨本领应大大优于光学显微镜。事实上，目前 TEM 的分辨力可达 0.1 nm。

透射电镜靠穿透样品的电子束进行成像放大，而样品内部的结构是通过空间密度不同反映出来的，密度大的地方阻挡和吸收的电子多，透过电子少；结构稀疏处密度小，透过电子多，这样在透射电子束的横截面上电子密度的疏与密的分布便对应了样品结构密度的密与疏的关系，也就是说，透过电子束的密度变化也包含了样品结构的信息。

利用透射电镜可以观察试样上相结构的形貌、尺寸、分布情况、微区成分以及确定晶体的结构。即通过复型或金属薄膜试样进行高倍放大成像可以观测微观组织形态和颗粒尺寸，根据电子衍射原理，还可以标定电子衍射花样，进行晶体结构的鉴定，此外，微区能谱或波谱分析可以进行样品的微区分析等。透射电镜分析具有以下几个特点：(1)成像分辨率高，现在研制的 TEM 已达到 0.1 nm。(2)对金属薄膜试样的样品厚度有一定要求，通常在 30～50 nm 左右。太厚则电子束不易穿透，无法满足观察和拍摄时对亮度的要求，且样品结构重叠过多，会影响影像清晰度；样品太薄则影响对电子束照射轰击的耐受性，造成热损伤和污染。(3)放大率的范围相对来说较窄，由于透射工作方式的特点，一般不能从高倍率连续变化到很低的倍率，通常在几百倍以下放大时必须更换透镜的工作方式。

0.5 拉伸和冲击宏观断口特征与分析

0.5.1 钢的光滑圆柱拉伸试样断口

钢的光滑圆柱试样拉伸后，一般形成杯锥状断口。在断口上常呈现出 3 个区域，即纤维区、放射区及剪切唇区，这些称为断口 3 要素。试样在拉伸过程中，裂纹起源于试样心部的纤维区，经过快速扩展而形成放射区，当裂纹最后扩展到表面时，形成了属于韧性断裂的剪切唇。

（1）纤维区

纤维区是断裂的开始区，裂纹的策源地，位于断口的中央，呈粗糙的纤维状。纤维区的宏观断面（裂纹的扩展平面）与拉应力垂直，属于正断型断裂。纤维区的形成是在拉应力作用下，由于颈缩而在最小截面处造成高值 3 向拉应力状态，其值在轴向最大。这种 3 向应力将使晶界、某些夹杂物、碳化物或其他第二相粒子处产生剪切滑移而形成显微孔洞。随着应力的增大，空洞不断长大、互相连接，并产生新的孔洞，使裂纹缓慢地形成和扩展。在断裂后的断口上，常可看到由显微孔洞形成的锯齿状形貌，其底部的晶粒被拉长像纤维一样，故称纤维区。正是由于纤维区是由显微孔洞形成和连通的结果，纤维区所在的宏观平面虽与外力垂直，但整个区域是由许多小杯锥所组成，每个小杯锥的小斜面大致与外力成 45°角。这说明纤维区的开始形成本质上是在切应力作用下，由塑性变形滑移过程中的微裂纹不断扩展和互相连接造成的，这已从电镜观察中得到证实。由于纤维区中塑性变形量较大，加之表面粗糙不平，对光线的散射能力很强，所以呈暗灰色。大多数的单相合金、普通碳钢、珠光体类等韧塑性较好的钢的断口均具有这种断口特征。

（2）放射区

紧挨纤维区的是放射区，有放射花样特征，纤维区和放射区的交界线标志着裂纹由缓慢扩展向快速的不稳定扩展转化。每根放射花样对应着放射源。放射源的放射方向与裂纹的扩展方向相一致，并且垂直于裂纹前沿的轮廓线，逆向指向裂纹源。放射花样也是由材料正应力造成的，不过其与纤维区的剪切断裂不同，是在裂纹达到临界尺寸后作快速低能量撕裂的结果。这时材料的宏观变形量很小，表现为脆性断裂特征，但在微观局部区域里会有一定的塑性变形。所以，放射花样是低能量撕裂的一种标志。沿晶断裂或解理断裂一般也包括在快速破坏的放射区内。因为这类断裂塑性变形很小，所以，这类断口的放射线往往是极细的。随着温度降低或材料强度提高，使材料的塑性降低，则放射源将由粗变细。若材料处于完全的沿晶断裂或解理断裂状态（即极脆状态），则放射源消失。

（3）剪切唇区

断裂过程的最后阶段是形成剪切唇。剪切唇是在平面应力条件下裂纹作快速不稳定扩展的结果。剪切唇表面比较平滑，与拉伸应力方向的夹角约为 45°，是典型的剪切断裂。此时，材料的塑性变形量很大，属于韧性断裂特征。

在进行失效分析时，依据断口上 3 个区域所占的比例，可粗估材料的性能。一般来说，纤维区与剪切唇区较大，则材料的塑性、韧性较好；反之，放射区增加，则材料的塑性差、脆性大。

0.5.2　钢的冲击试样断口

钢的冲击试样一般形成方状簸箕形断口，起裂边会有小的起伏，中部较平，其余 3 边为斜向剪切唇。呈现出对应的 3 个区：纤维区、放射区和剪切区。

钢的冲击试样分为有缺口试样（U 型与 V 型）和无缺口试样。这里重点介绍有缺口冲击试样断口，由于缺口应力集中的存在，其断口特征更有典型意义，适用于中、高强度钢。

纤维区是当缺口试样受到冲击载荷后，冲击的接触点是压应力，而缺口根部是拉应力。由于缺口应力集中的存在，使拉应力很大，最初的剪切滑移很快转变成拉应力形成的韧窝，韧窝进一步长大，连通形成微裂纹，并扩展形成的裂纹面就是纤维状断口。由于对光线的散射能力强，呈暗灰色，代表了韧性的主要部分。

放射区是紧跟纤维区之后，由于试样中部是平面应变区，而其余3边是平面应力区，所以冲击起裂后的裂纹向试样中部扩展，扩展速度较快，其宏观上易看到放射纹，其一般垂直于裂纹扩展的前沿轮廓线，逆向追寻易找到裂纹起裂源。此区是低能扩展，微观花样较多，代表了材料的脆性。

剪切唇位于断口的其余3边，是平面应力状态下的剪应力区。宏观上是接近45°的斜面，微观是斜向韧窝。裂纹此时的扩展速率很快，是一种失稳扩展。

纤维区、放射区和剪切唇的相对面积比例，基本可表达材料的韧、脆性，纤维区和剪切唇表达韧性，而放射区表达脆性。影响他们相对比例的因素有含碳量、合金元素、热处理状态、冲击试验的环境温度(例如室温-20 ℃、-40 ℃等)。如果随着试验温度的降低，冲击试样断口在较窄的温度范围内由韧性转变为脆性，冲击值大幅下降，此点叫韧性—脆性转变温度，在工程上有重要的意义。

0.6 低倍组织评定

钢的低倍组织可直接反映出其在冶炼、浇注和(锻)轧制等生产过程中产生肉眼可见的缺陷，包括残余缩孔、白点、分层、裂纹、气泡、夹渣、疏松和偏析等。

(1)缩孔

纯金属与合金绝大多数在冷凝过程中由于体积收缩而在铸锭或铸件端头心部形成管状(或喇叭状)或分散的孔洞，称为缩孔。铸件中存在缩孔将显著地降低其力学性能，在使用过程中会导致断裂或其他事故。有缩孔存在的钢锭在热加工(如锻轧)时可能会因缩孔中的气体受外力而挤破表层，引起喷溅伤人的严重事故。虽经轧制而未能良好焊合的缩孔须完全切除，否则在后续加工过程中会导致其他的缺陷，例如板材或带材中的分层现象。当然，切除残余缩孔又必然会造成金属材料的相应损耗。

(2)气泡

金属在熔融状态时能溶解大量的气体。在冷凝过程中由于溶解度随温度的降低而急剧地减小，致使气体从液态金属中释放出来。此外，大多数气体在液体金属中的溶解度又远较在固态金属中为大，故金属在结晶时亦会释放出大量的气体。若此时金属外表面已完全凝固，则气体不易逸出，有一部分就包容在还处于塑性状态的金属中，而形成了气孔。这种气孔称为气泡。铸件中最常见的气泡是圆形或椭圆形的，有时亦呈喇叭形。但如产生在钢锭边缘一带的气泡则常垂直于型壁。气泡在固体金属的各个部位上均有可能发现，而最常见的系存在于原始晶粒的各个晶粒的表面之间以及枝晶的轴间空隙内。

(3)疏松

铸件与铸锭内部通常是不致密的，往往存在着很多因收缩或其他原因而引起的细小孔隙，这些孔隙称为疏松。大的疏松在经切削加工后表面上用肉眼或低倍放大镜即能观察到，而小的疏松则须经侵蚀后才能发现，甚至需用显微镜进行观察。产生疏松的主要原因与缩孔相同，也是由于金属凝固时的体积收缩所造成。因此，在缩孔附近一般常存在着较多的疏松。疏松的形成与金属的冷凝速度有密切关系。如果金属在浇注后冷凝较快，则不易产生集中的缩孔而形成散布的疏松，亦即金属呈多孔状。

(4)锭型偏析

在酸浸试片上呈腐蚀较深的，并由暗点和空隙组成的，与原锭型横截面形状相似的框带，一般为方形。锭型偏析产生原因为在钢锭结晶过程中由于结晶规律的影响,柱状晶区与中心等轴晶区交界处的成分偏析和杂质集聚所致。

(5)点状偏析

在酸浸试片上呈不同形状和大小的暗色斑点。不论暗色斑点与气泡是否同时存在,这种暗色斑点统称点状偏析。当斑点分散分布在整个截面上时叫一般点状偏析;当斑点存在于试片边缘时叫做边缘点状偏析。点状偏析产生原因为一般认为结晶条件不良,钢液在结晶过程中冷却较慢产生成分偏析。当气体和夹杂物大量存在时,使点状偏析严重。

(6)白点

一般是在酸浸试片除边缘区域外的部分表现为锯齿形的细小发丝状裂缝,呈放射状、同心圆形或不规则形态分布。在纵向断口上依其位向不同呈圆形或椭圆形亮点或细小裂缝。其产生原因是钢中含氢量高,经热加工后在冷却过程中,由于组织应力而产生的裂缝。评定原则以裂缝长短,条数而定。

(7)翻皮

在酸浸试片上有的呈亮白色弯曲条带,并在其上或周围有气孔和夹杂物。有的呈不规则的黑细线条;有的是由密集的空隙和夹杂组成的条带。产生原因是在浇注过程中表面氧化膜翻入钢液中,凝固前未能浮出所造成。

低倍组织缺陷的检验方法通常采用钢坯的横向试片酸浸试验法。将试片的检验面加工至表面粗糙度 *Ra* 0.4 左右,置入 50% HCl 水溶液中,加热至 70 ℃,保温 10～30 min(具体时间视钢种而定),洗净吹干后,即可检查该检验面上是否有缺陷存在,以及按相关标准对缺陷进行评定。

1　货车车轴的显微组织

1.1　概　　述

车轴是铁路机车、车辆走行部最重要的部件之一。货车车辆运行过程中，车轴承受的主要载荷形式是旋转弯曲载荷，其次是扭转载荷。

目前我国货车车辆主要使用的是 RD_2、RE_{2A} 和 RE_{2B} 型车轴。其中，R 代表滚动轴承车轴，D 或 E 代表车轴型号，角标 2 代表货车，角标 A 或 B 代表相同轴重型号车轴增加结构型式的顺序号。

货车车轴各部位的名称如图 1-1 所示。

图 1-1　货车车轴示意图

1.2　化学成分

在铁道行业标准 TB/T 2945—1999《铁道车辆用 LZ50 钢车轴及钢坯技术条件》中，对车轴熔炼分析化学成分范围提出了要求，见表 1-1。

表 1-1　车轴用钢化学成分（%）

标准	牌号	C	Mn	Si	P	S	Cr	Ni	Cu	Al*
TB/T 2945	LZ50	0.47～0.57	0.60～0.90	0.17～0.40	≤0.020	≤0.020	≤0.30	≤0.30	≤0.25	0.020～0.050

注：* 指钢中总铝含量。

1.3　加工工艺流程

车轴的整个加工工艺流程如下：冶炼→模铸（连铸）→轧制→锻造→热处理→粗加工→精加工。其中，粗加工和精加工是属于冷加工范畴，对显微组织影响较小，而冶炼、模铸（连铸）、锻造和热处理与显微组织紧密相关，而且车轴使用的机械性能主要由热处理来决定。

为了获得良好的强度、塑性和韧性综合性能以及晶粒度和金相组织，结合 LZ50 钢车轴锻造后的组织特点，其热处理采用“两次正火＋回火”工艺。

正火：是将锻件加热到高于临界温度 Ac_3，并保持一定时间后，然后在空气中冷却，得到珠光体＋铁素体组织的热处理工艺。

LZ50 钢车轴进行两次正火，其作用是不同的。第一次正火的目的是为了消除车轴锻件内部的变形应力，细化组织，特别是消除魏氏体组织，均匀成分，为第二次正火做好准备，所以第一次的热处理温度都比较高，一般将第一次正火的保温温度确定在 860～900 ℃之间；第二次正火的目的是细化晶粒，均匀组织，一般将第二次正火的保温温度确定在 790～850 ℃之间。

回火：是将经过正火热处理后的车轴重新缓慢加热到低于下临界点（用 A_1 表示）以下适当温度，并保持一定时间后，以适当的冷却速度冷却的热处理工艺。LZ50 钢车轴回火的目的是使 LZ50 钢车轴能够获得较好的强度、塑性和韧性综合性能，满足车轴的使用要求，一般确定在 470～560 ℃之间。

无论是第一次正火、第二次正火、还是回火，均需根据钢坯化学成分和加热设备及冷却条件的不同做出更为优化的选择。

对于 LZ50 钢车轴，无论是第一次正火还是第二次正火，入炉前，锻件温度都应冷却到 500 ℃以下；对于 LZ50 钢车轴，回火时车轴的入炉温度都应冷却到 250 ℃以下。

对于工件的热处理，不仅要规定科学的加热温度，同时还必须规定出相应温度下的保温时间（即炉温达到规定的保温温度后，需要保持的时间）。正火和回火保温时间必须结合所使用的热处理设备、装炉量和工件的直径等因素进行综合考虑和必要的工艺试验后才能做出更为合理的规定。

1.4 力学性能

目前，我国车轴采用 LZ50 钢制造，TB/T 2945—1999《铁道车辆用 LZ50 钢车轴及钢坯技术条件》对车轴热处理后的性能指标提出了要求（见表 1-2），表中同时给出了车轴钢坯和轴坯的不同热加工阶段的试验实测值。

表 1-2 热处理后车轴力学性能和晶粒度

项目		R_m (MPa)	R_{eL} (MPa)	A (%)	Z (%)	晶粒度和金相组织	备注
试验实测值	钢坯	700	375	17.5	30.0	1.5～2 级，珠光体和铁素体	/
	锻造后	725	370	18.5	40.5	2～3 级，珠光体和铁素体	/
	一次正火	715	380	22.5	45.0	6～7 级，珠光体和铁素体	/
	二次正火	715	395	22.0	42.0	7～8 级，珠光体和铁素体	/
TB/T 2945—1999		≥610	≥345	≥22(20)	≥37	不低于 6 级，整个试样显示为均匀的细晶粒组织；金相组织应为珠光体和铁素体	经两次正火＋回火的车轴

1.5 金相组织

1.5.1 车轴钢坯

车轴钢坯的金相组织包括对模铸、连铸两种工艺钢坯进行的观察。除直接在钢坯上取样观察金相组织外，还要按照 TB/T 2945—1999《铁道车辆用 LZ50 钢车轴及钢坯技术条件》和运装货车[2008]114 号文发布的《连铸工艺生产铁道车辆车轴用 LZ50 钢坯技术条件》（暂行）的要求，在钢坯上取样进行一次正火，检验金相组织和晶粒度级别，晶粒度应不低于 5 级，从本节图片可以看到经一次正火后钢坯的铁素体晶粒得到了明显细化。

为了解模铸、连铸车轴钢坯的原始状态，需按照技术条件要求进行低倍酸浸试验和低倍组织评定。

1.5.1.1 模铸钢坯金相组织、夹杂物与低倍组织

图 Z1.5.1-1～Z1.5.1-11 所示为 LZ50 钢车轴模铸钢坯金相、夹杂物及低倍组织特征，其中图 Z1.5.1-1～Z1.5.1-4 为未经热处理钢坯的金相组织，图 Z1.5.1-5～Z1.5.1-11 为一次正火钢坯的金相组织、夹杂物和低倍组织。

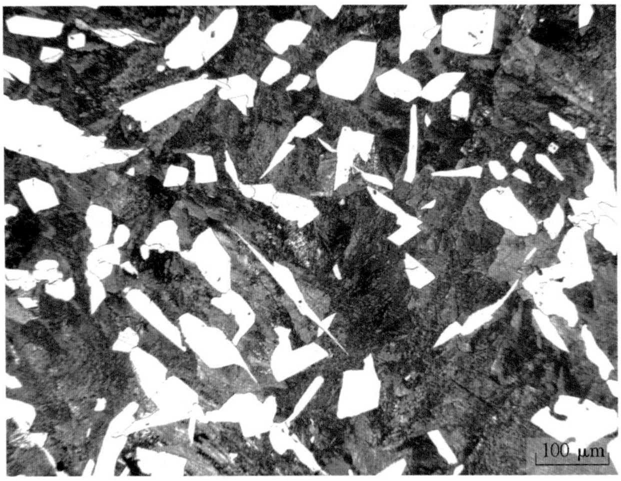

图片编号：Z1.5.1-1
部件名称：车轴钢坯
材料种类：LZ50 钢
工艺条件：模铸
热 处 理：未经热处理
观测仪器：金相显微镜
放大倍率：100×
观测位置：典型视场
侵 蚀 剂：4%硝酸酒精溶液
金相组织：珠光体＋铁素体
晶 粒 度：1.5～2 级

图片编号：Z1.5.1-2
部件名称：车轴钢坯
材料种类：LZ50 钢
工艺条件：模铸
热 处 理：未经热处理
观测仪器：金相显微镜
放大倍率：400×
观测位置：典型视场
侵 蚀 剂：4%硝酸酒精溶液
金相组织：珠光体＋铁素体

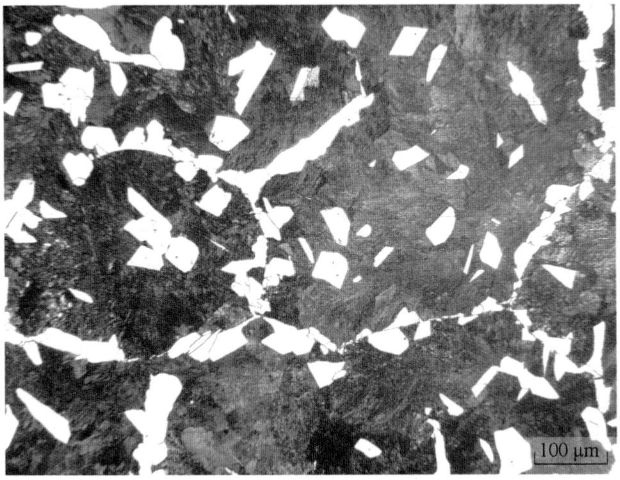

图片编号：Z1.5.1-3
部件名称：车轴钢坯
材料种类：LZ50 钢
工艺条件：模铸
热处理：未经热处理
观测仪器：金相显微镜
放大倍率：100×
观测位置：典型视场
侵 蚀 剂：4%硝酸酒精溶液
金相组织：珠光体＋铁素体
晶 粒 度：2～2.5 级

图片编号:Z1.5.1-4
部件名称:车轴钢坯
材料种类:LZ50 钢
工艺条件:模铸
热 处 理:未经热处理
观测仪器:金相显微镜
放大倍率:400×
观测位置:典型视场
侵 蚀 剂:4%硝酸酒精溶液
金相组织:珠光体+铁素体

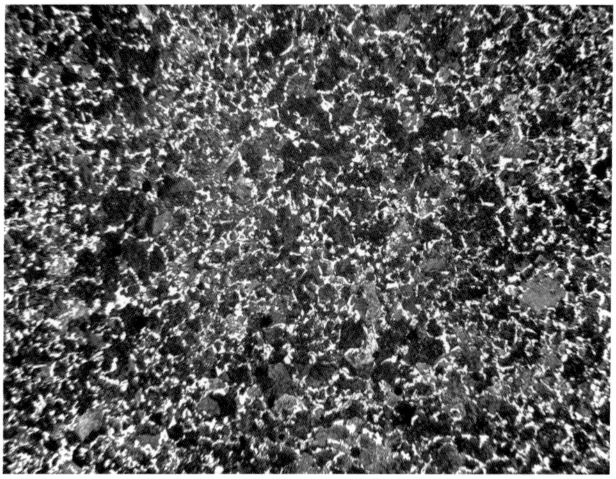

图片编号:Z1.5.1-5
部件名称:车轴钢坯
材料种类:LZ50 钢
工艺条件:模铸
热 处 理:一次正火
观测仪器:金相显微镜
放大倍率:100×
观测位置:典型视场
侵 蚀 剂:4%硝酸酒精溶液
金相组织:珠光体+铁素体
晶 粒 度:7~7.5 级

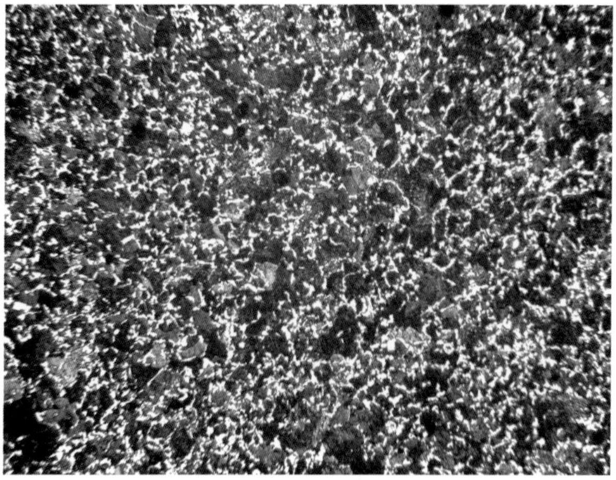

图片编号:Z1.5.1-6
部件名称:车轴钢坯
材料种类:LZ50 钢
工艺条件:模铸
热 处 理:一次正火
观测仪器:金相显微镜
放大倍率:100×
观测位置:典型视场
侵 蚀 剂:4%硝酸酒精溶液
金相组织:珠光体+铁素体
晶 粒 度:7.5 级

图片编号:Z1. 5. 1-7
部件名称:车轴钢坯
材料种类:LZ50 钢
工艺条件:模铸
热 处 理:一次正火
观测仪器:金相显微镜
放大倍率:100×
观测位置:典型视场
显示方法:研磨抛光
夹 杂 物:A 类细系 1 级

图片编号:Z1. 5. 1-8
部件名称:车轴钢坯
材料种类:LZ50 钢
工艺条件:模铸
热 处 理:一次正火
观测仪器:金相显微镜
放大倍率:100×
观测位置:典型视场
显示方法:研磨抛光
夹 杂 物:B 类细系 0.5 级

图片编号:Z1. 5. 1-9
部件名称:车轴钢坯
材料种类:LZ50 钢
工艺条件:模铸
热 处 理:一次正火
观测仪器:金相显微镜
放大倍率:100×
观测位置:典型视场
显示方法:研磨抛光
夹 杂 物:D 类细系 1.5 级

图片编号:Z1.5.1-10
部件名称:车轴钢坯
材料种类:LZ50 钢
工艺条件:模铸
热 处 理:一次正火
轧 制 比:不小于 6∶1
观测仪器:NIKON COOLPIX 995
观测位置:典型视场
侵 蚀 剂:盐酸溶液(加热)
低倍组织:一般疏松 0.5 级
　　　　　中心疏松 0.5 级

图片编号:Z1.5.1-11
部件名称:车轴钢坯
材料种类:LZ50 钢
工艺条件:模铸
热 处 理:一次正火
轧 制 比:不小于 6∶1
观测仪器:NIKON COOLPIX 995
观测位置:典型视场
侵 蚀 剂:盐酸溶液(加热)
低倍组织:一般疏松 0.5 级
　　　　　中心疏松 0.5 级

1.5.1.2 连铸钢坯金相组织、夹杂物与低倍组织

图 Z1.5.1-12～Z1.5.1-20 所示为 LZ50 钢车轴连铸钢坯金相组织、夹杂物及低倍组织特征,其中图 Z1.5.1-12～Z1.5.1-13 为未经热处理钢坯,图 Z1.5.1-14～Z1.5.1-20 为一次正火钢坯。与模铸未热处理钢坯进行比较,连铸未热处理钢坯金相组织呈现针状铁素体特征;正火后钢坯针状铁素体特征消失,晶粒细小均匀。

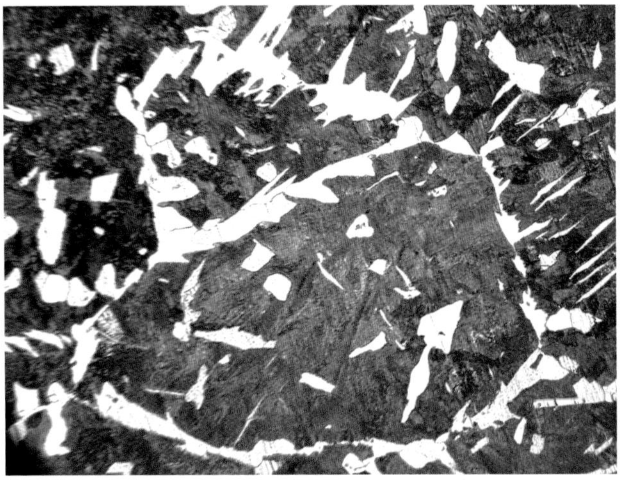

图片编号:Z1.5.1-12
部件名称:车轴钢坯
材料种类:LZ50 钢
工艺条件:连铸
热 处 理:未经热处理
观测仪器:金相显微镜
放大倍率:100×
观测位置:典型视场
侵 蚀 剂:4%硝酸酒精溶液
金相组织:珠光体+铁素体
晶 粒 度:1.5～2 级

图片编号:Z1.5.1-13
部件名称:车轴钢坯
材料种类:LZ50 钢
工艺条件:连铸
热 处 理:未经热处理
观测仪器:金相显微镜
放大倍率:100×
观测位置:典型视场
侵 蚀 剂:4%硝酸酒精溶液
金相组织:珠光体+铁素体
晶 粒 度:1～1.5 级

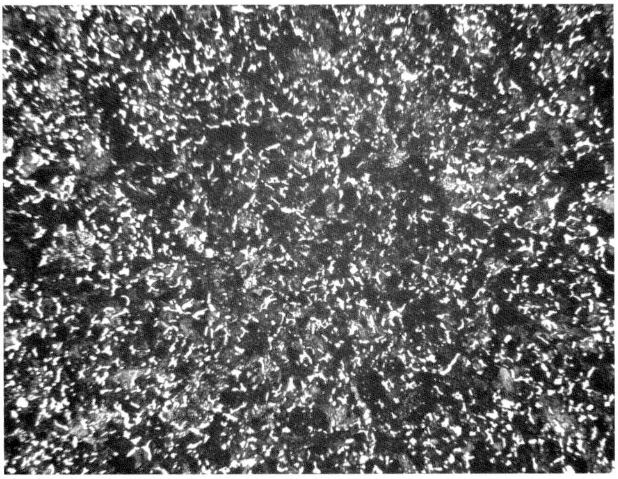

图片编号:Z1.5.1-14
部件名称:车轴钢坯
材料种类:LZ50 钢
工艺条件:连铸
热 处 理:一次正火
观测仪器:金相显微镜
放大倍率:100×
观测位置:典型视场
侵 蚀 剂:4%硝酸酒精溶液
金相组织:珠光体+铁素体
晶 粒 度:6.5 级

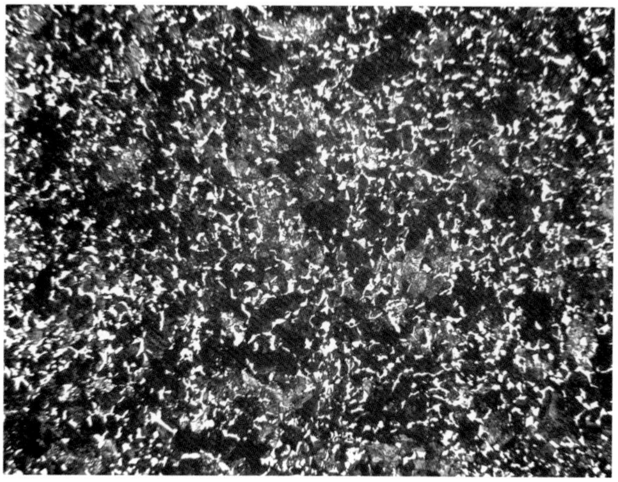

图片编号:Z1.5.1-15
部件名称:车轴钢坯
材料种类:LZ50 钢
工艺条件:连铸
热 处 理:一次正火
观测仪器:金相显微镜
放大倍率:100×
观测位置:典型视场
侵 蚀 剂:4%硝酸酒精溶液
金相组织:珠光体+铁素体
晶 粒 度:6～6.5 级

图片编号:Z1.5.1-16
部件名称:车轴钢坯
材料种类:LZ50 钢
工艺条件:连铸
热 处 理:一次正火
观测仪器:金相显微镜
放大倍率:100×
观测位置:典型视场
显示方法:研磨抛光
夹 杂 物:A 类细系 1 级

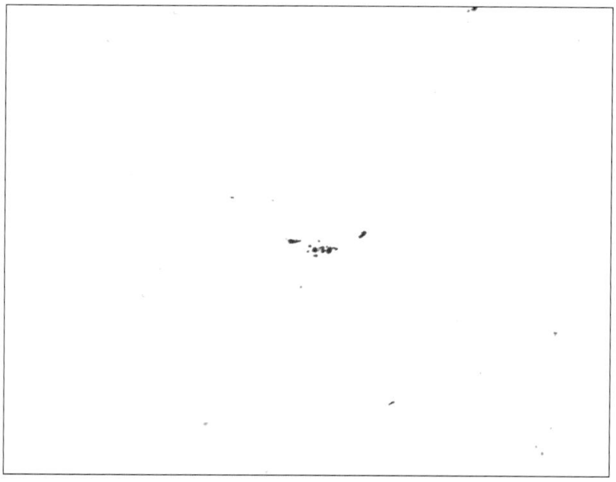

图片编号:Z1.5.1-17
部件名称:车轴钢坯
材料种类:LZ50 钢
工艺条件:连铸
热 处 理:一次正火
观测仪器:金相显微镜
放大倍率:100×
观测位置:典型视场
显示方法:研磨抛光
夹 杂 物:B 类细系 1 级

图片编号:Z1.5.1-18
部件名称:车轴钢坯
材料种类:LZ50 钢
工艺条件:连铸
热 处 理:一次正火
观测仪器:金相显微镜
放大倍率:100×
观测位置:典型视场
显示方法:研磨抛光
夹 杂 物:D类细系 1.5 级

图片编号:Z1.5.1-19
部件名称:车轴钢坯
材料种类:LZ50 钢
工艺条件:连铸
热 处 理:一次正火
轧 制 比:不小于 3∶1
观测仪器:NIKON COOLPIX 995
观测位置:典型视场
侵 蚀 剂:盐酸溶液(加热)
低倍组织:一般疏松 0.5 级
中心疏松 1 级
锭型偏析 0.5 级

图片编号:Z1.5.1-20
部件名称:车轴钢坯
材料种类:LZ50 钢
工艺条件:连铸
热 处 理:一次正火
轧 制 比:不小于 3∶1
观测仪器:NIKON COOLPIX 995
观测位置:典型视场
侵 蚀 剂:盐酸溶液(加热)
低倍组织:一般疏松 0.5 级
中心疏松 1 级
锭型偏析 0.5 级

1.5.2 车轴轴坯

根据车轴轴坯所处的不同热处理状态，本节分别对车轴轴坯锻造后组织、一次正火组织和二次正火组织进行了对比观察，如图 Z1.5.2-1～Z1.5.2-22 所示。

1.5.2.1 锻造后轴坯组织

图 Z1.5.2-1～Z1.5.2-6 是车轴轴坯锻造后的金相组织照片，样品均取自延长体 1/2 半径处，其中图 Z1.5.2-1～Z1.5.2-4 为快锻机锻造轴坯，图 Z1.5.2-5～Z1.5.2-6 为精锻机锻造轴坯。轴坯在锻造后未热处理前，金相组织较为粗大，珠光体呈团状，原奥氏体晶界有铁素体分布。快锻机金相组织较优。

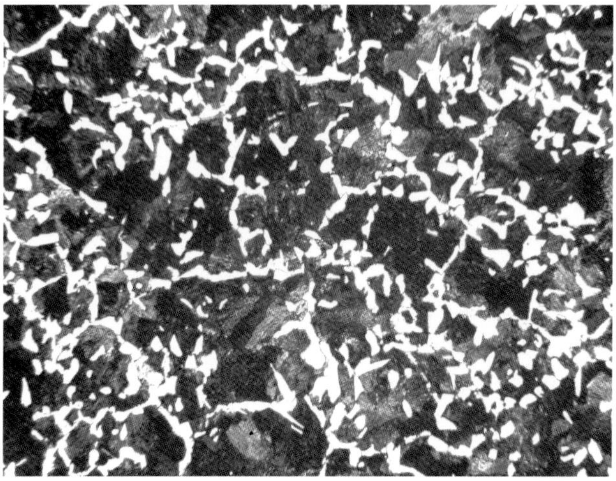

图片编号：Z1.5.2-1
部件名称：车轴轴坯
材料种类：LZ50 钢
工艺条件：锻造后
锻造设备：快锻机
加热设备：推钢式燃气加热炉
观测仪器：金相显微镜
放大倍率：100×
观测位置：典型视场
侵 蚀 剂：4%硝酸酒精溶液
金相组织：珠光体＋铁素体
晶 粒 度：3.5～4 级

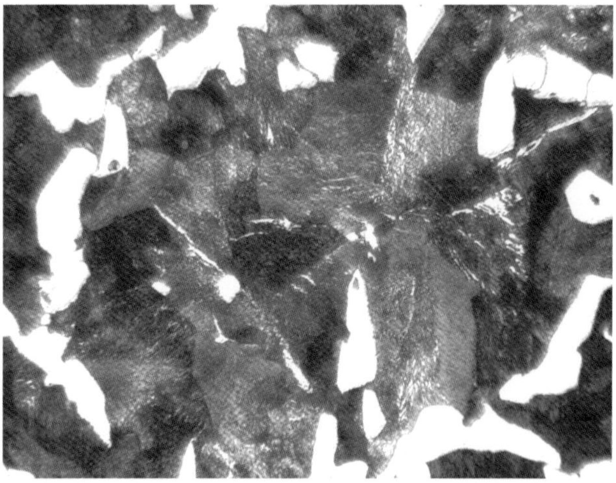

图片编号：Z1.5.2-2
部件名称：车轴轴坯
材料种类：LZ50 钢
工艺条件：锻造后
锻造设备：快锻机
加热设备：推钢式燃气加热炉
观测仪器：金相显微镜
放大倍率：400×
观测位置：典型视场
侵 蚀 剂：4%硝酸酒精溶液
金相组织：珠光体＋铁素体

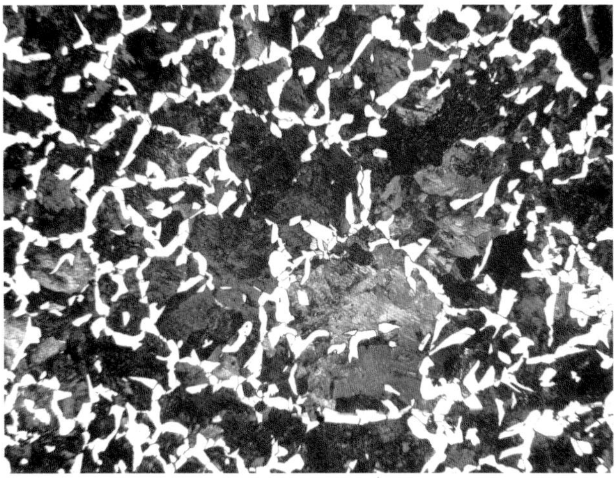

图片编号:Z1.5.2-3
部件名称:车轴轴坯
材料种类:LZ50 钢
工艺条件:锻造后
锻造设备:快锻机
加热设备:推钢式燃气加热炉
观测仪器:金相显微镜
放大倍率:100×
观测位置:典型视场
侵 蚀 剂:4%硝酸酒精溶液
金相组织:珠光体+铁素体
晶 粒 度:3~3.5 级

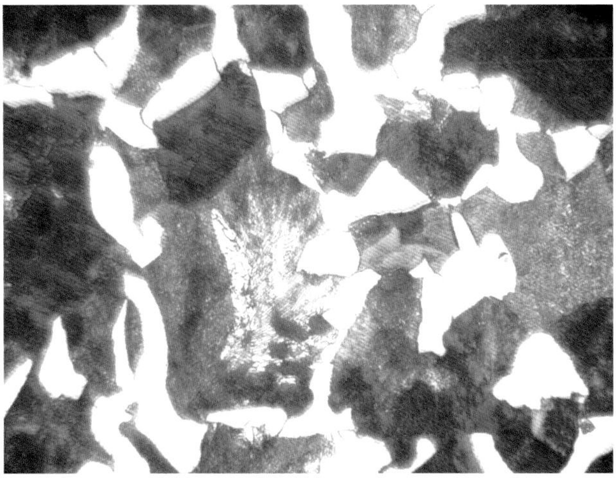

图片编号:Z1.5.2-4
部件名称:车轴轴坯
材料种类:LZ50 钢
工艺条件:锻造后
锻造设备:快锻机
加热设备:推钢式燃气加热炉
观测仪器:金相显微镜
放大倍率:400×
观测位置:典型视场
侵 蚀 剂:4%硝酸酒精溶液
金相组织:珠光体+铁素体

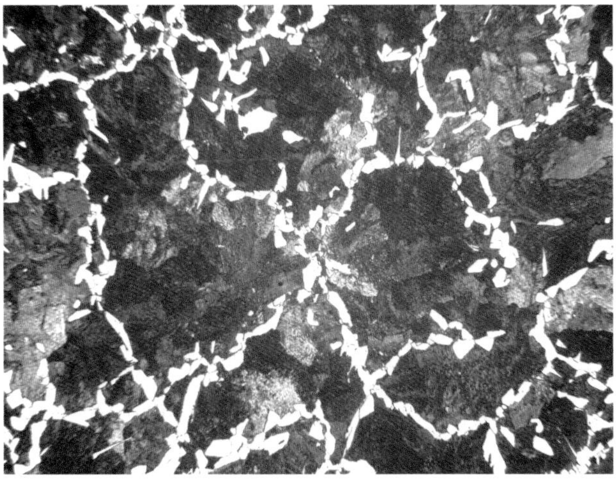

图片编号:Z1.5.2-5
部件名称:车轴轴坯
材料种类:LZ50 钢
工艺条件:锻造后
锻造设备:精锻机
加热设备:环形加热炉
观测仪器:金相显微镜
放大倍率:100×
观测位置:典型视场
侵 蚀 剂:4%硝酸酒精溶液
金相组织:珠光体+铁素体
晶 粒 度:2.5 级

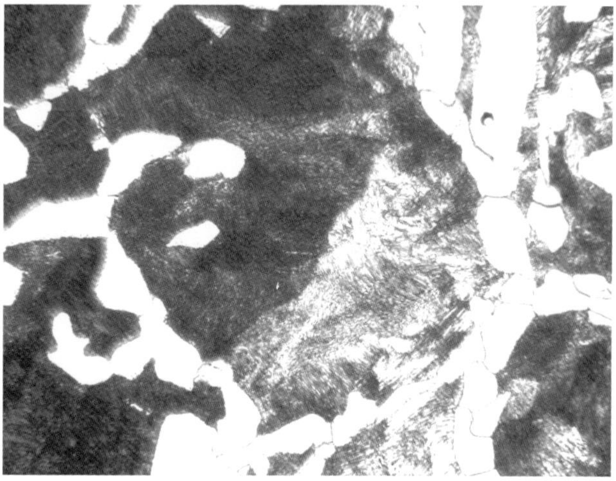

图片编号:Z1.5.2-6
部件名称:车轴轴坯
材料种类:LZ50 钢
工艺条件:锻造后
锻造设备:精锻机
加热设备:环形加热炉
观测仪器:金相显微镜
放大倍率:400×
观测位置:典型视场
侵 蚀 剂:4%硝酸酒精溶液
金相组织:珠光体+铁素体

1.5.2.2 一次正火后轴坯组织

图 Z1.5.2-7～Z1.5.2-14 是车轴轴坯经一次正火热处理后的金相组织照片,样品均取自车轴轴坯延长体 1/2 半径处,其中图 Z1.5.2-7～Z1.5.2-10 为悬挂链式电阻加热炉加热,图 Z1.5.2-11～Z1.5.2-12 为步进式煤气加热炉加热,图 Z1.5.2-13～Z1.5.2-14 为井式电阻炉加热。通过一次正火之后,悬挂链式电阻加热炉、步进式煤气加热炉和井式电阻炉 3 种加热方式处理的轴坯组织都得到明显细化;并且均满足标准"经一次正火的晶粒度应不低于 5 级"的要求;相较之下,悬挂链式电阻加热炉处理的轴坯晶粒更加细小均匀。

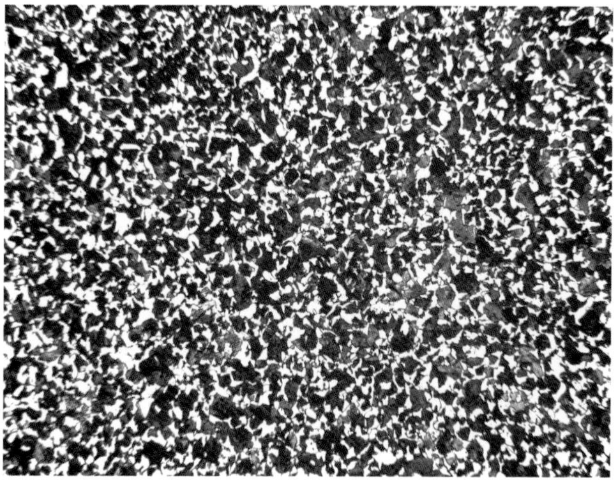

图片编号:Z1.5.2-7
部件名称:车轴轴坯
材料种类:LZ50 钢
工艺条件:一次正火
加热设备:悬挂链式电阻加热炉
观测仪器:金相显微镜
放大倍率:100×
观测位置:典型视场
侵 蚀 剂:4%硝酸酒精溶液
金相组织:珠光体+铁素体
晶 粒 度:7.5～8 级

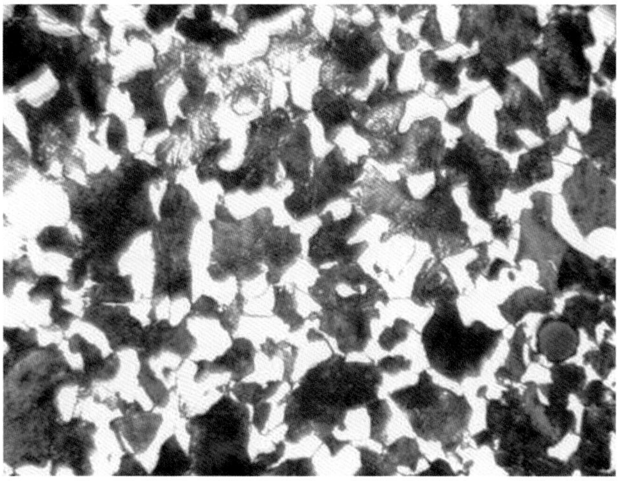

图片编号:Z1.5.2-8
部件名称:车轴轴坯
材料种类:LZ50 钢
工艺条件:一次正火
加热设备:悬挂链式电阻加热炉
观测仪器:金相显微镜
放大倍率:400×
观测位置:典型视场
侵 蚀 剂:4%硝酸酒精溶液
金相组织:珠光体+铁素体

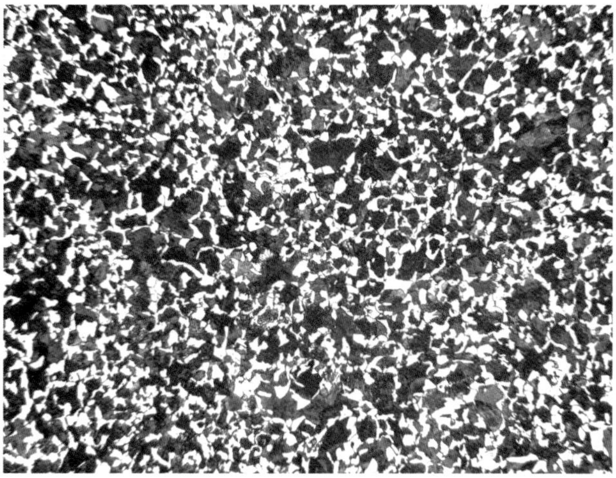

图片编号:Z1.5.2-9
部件名称:车轴轴坯
材料种类:LZ50 钢
工艺条件:一次正火
加热设备:悬挂链式电阻加热炉
观测仪器:金相显微镜
放大倍率:100×
观测位置:典型视场
侵 蚀 剂:4%硝酸酒精溶液
金相组织:珠光体+铁素体
晶 粒 度:7～7.5 级

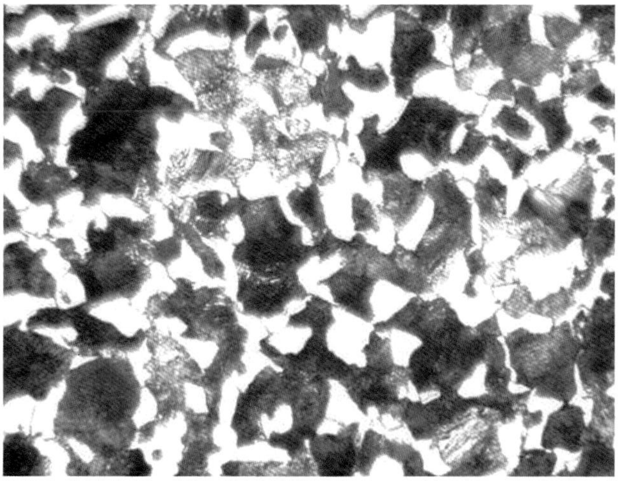

图片编号:Z1.5.2-10
部件名称:车轴轴坯
材料种类:LZ50 钢
工艺条件:一次正火
加热设备:悬挂链式电阻加热炉
观测仪器:金相显微镜
放大倍率:400×
观测位置:典型视场
侵 蚀 剂:4%硝酸酒精溶液
金相组织:珠光体+铁素体

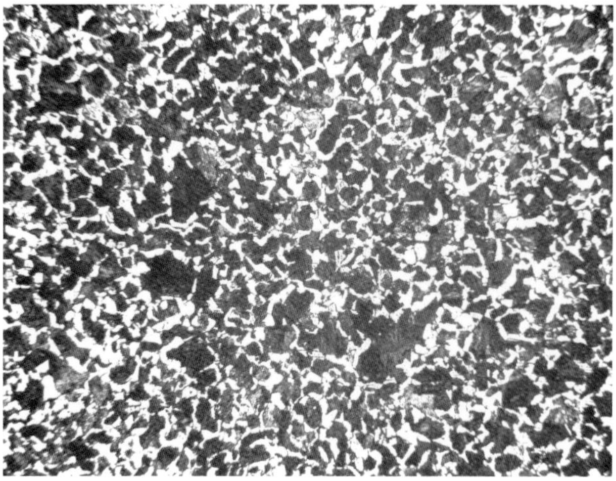

图片编号:Z1.5.2-11
部件名称:车轴轴坯
材料种类:LZ50 钢
工艺条件:一次正火
加热设备:步进式煤气加热炉
观测仪器:金相显微镜
放大倍率:100×
观测位置:典型视场
侵 蚀 剂:4%硝酸酒精溶液
金相组织:珠光体+铁素体
晶 粒 度:6~6.5 级

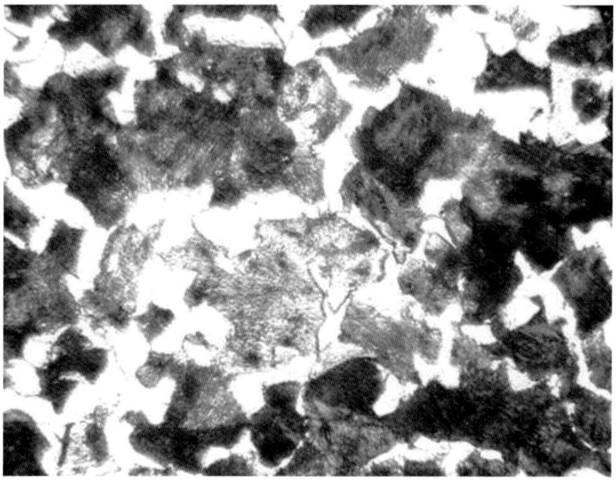

图片编号:Z1.5.2-12
部件名称:车轴轴坯
材料种类:LZ50 钢
工艺条件:一次正火
加热设备:步进式煤气加热炉
观测仪器:金相显微镜
放大倍率:400×
观测位置:典型视场
侵 蚀 剂:4%硝酸酒精溶液
金相组织:珠光体+铁素体

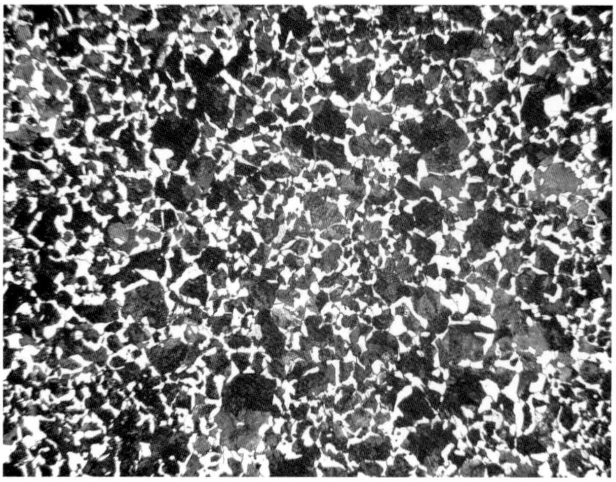

图片编号:Z1.5.2-13
部件名称:车轴轴坯
材料种类:LZ50 钢
工艺条件:一次正火
加热设备:井式电阻炉
观测仪器:金相显微镜
放大倍率:100×
观测位置:典型视场
侵 蚀 剂:4%硝酸酒精溶液
金相组织:珠光体+铁素体
晶 粒 度:6 级

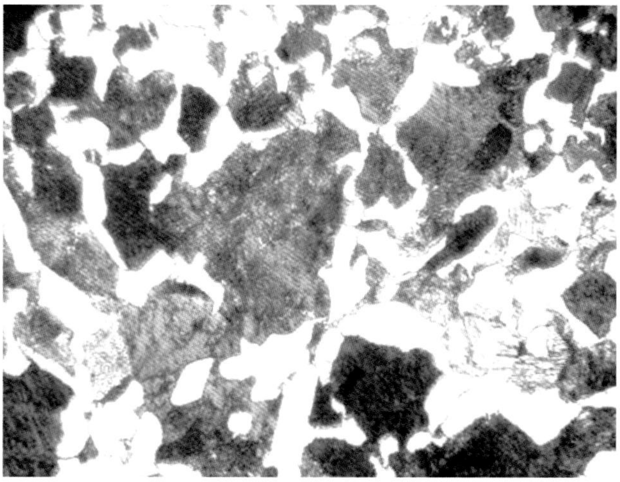

图片编号:Z1.5.2-14
部件名称:车轴轴坯
材料种类:LZ50 钢
工艺条件:一次正火
加热设备:井式电阻炉
观测仪器:金相显微镜
放大倍率:400×
观测位置:典型视场
侵 蚀 剂:4%硝酸酒精溶液
金相组织:珠光体+铁素体

1.5.2.3 二次正火后轴坯组织

图 Z1.5.2-15~Z1.5.2-22 为车轴轴坯二次正火后的金相组织照片,样品均取自车轴轴坯延长体 1/2 半径处,其中图 Z1.5.2-15~Z1.5.2-18 为悬挂链式电阻加热炉加热,图 Z1.5.2-19~Z1.5.2-20 为步进式煤气加热炉加热,图 Z1.5.2-21~Z1.5.2-22 为井式电阻炉加热。在金相显微镜下观察到的二次正火后轴坯组织更加细小均匀,无论是悬挂链式电阻加热炉还是步进式煤气加热炉或井式电阻炉二次正火处理后的轴坯晶粒度都能达到 7.5 级以上。

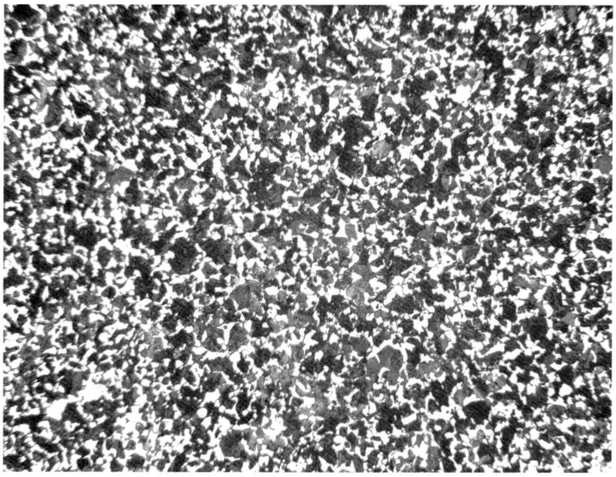

图片编号:Z1.5.2-15
部件名称:车轴轴坯
材料种类:LZ50 钢
工艺条件:二次正火
加热设备:悬挂链式电阻加热炉
观测仪器:金相显微镜
放大倍率:100×
观测位置:典型视场
侵 蚀 剂:4%硝酸酒精溶液
金相组织:珠光体+铁素体
晶 粒 度:7.5 级

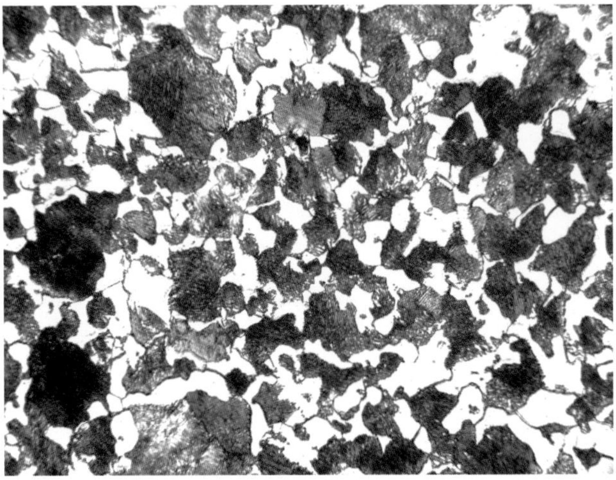

图片编号:Z1.5.2-16
部件名称:车轴轴坯
材料种类:LZ50 钢
工艺条件:二次正火
加热设备:悬挂链式电阻加热炉
观测仪器:金相显微镜
放大倍率:400×
观测位置:典型视场
侵 蚀 剂:4%硝酸酒精溶液
金相组织:珠光体+铁素体

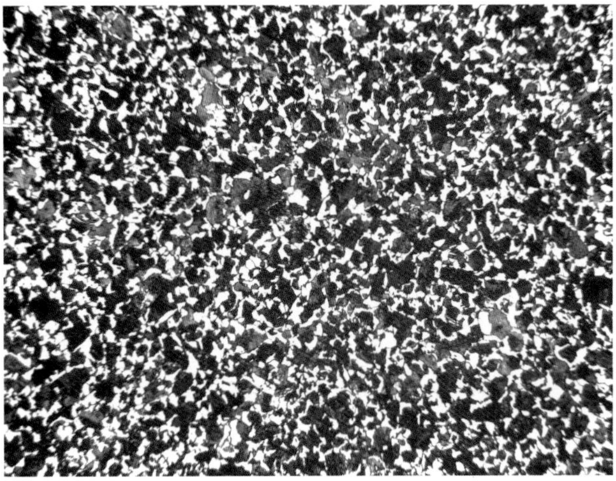

图片编号:Z1.5.2-17
部件名称:车轴轴坯
材料种类:LZ50 钢
工艺条件:二次正火
加热设备:悬挂链式电阻加热炉
观测仪器:金相显微镜
放大倍率:100×
观测位置:典型视场
侵 蚀 剂:4%硝酸酒精溶液
金相组织:珠光体+铁素体
晶 粒 度:7.5~8 级

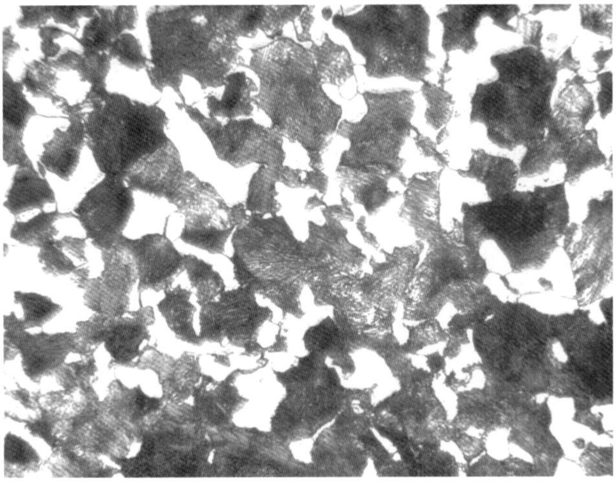

图片编号:Z1.5.2-18
部件名称:车轴轴坯
材料种类:LZ50 钢
工艺条件:二次正火
加热设备:悬挂链式电阻加热炉
观测仪器:金相显微镜
放大倍率:400×
观测位置:典型视场
侵 蚀 剂:4%硝酸酒精溶液
金相组织:珠光体+铁素体

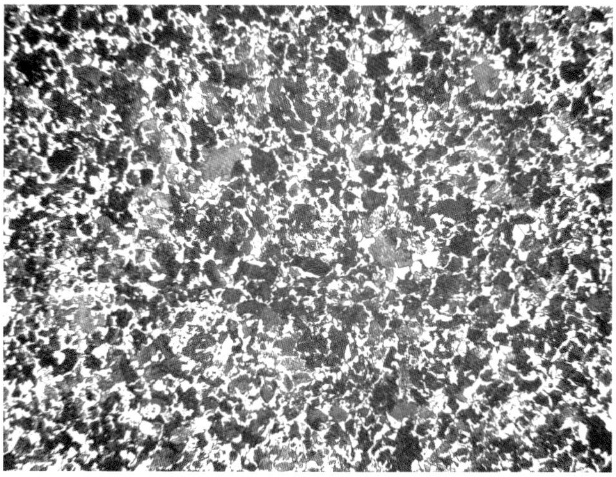

图片编号:Z1.5.2-19
部件名称:车轴轴坯
材料种类:LZ50 钢
工艺条件:二次正火
加热设备:步进式煤气加热炉
观测仪器:金相显微镜
放大倍率:100×
观测位置:典型视场
侵 蚀 剂:4%硝酸酒精溶液
金相组织:珠光体+铁素体
晶 粒 度:7～7.5 级

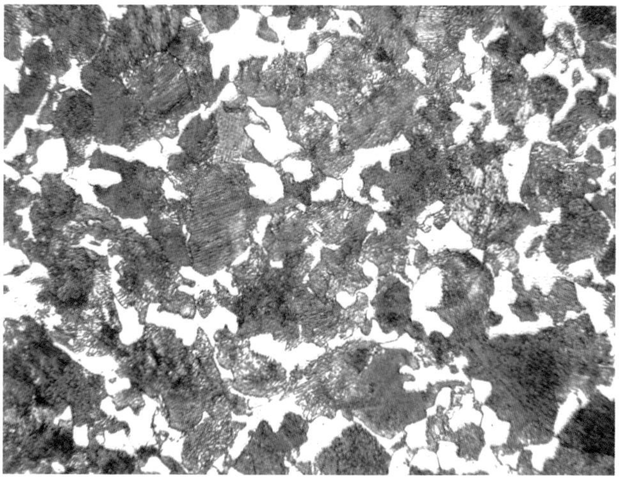

图片编号:Z1.5.2-20
部件名称:车轴轴坯
材料种类:LZ50 钢
工艺条件:二次正火
加热设备:步进式煤气加热炉
观测仪器:金相显微镜
放大倍率:400×
观测位置:典型视场
侵 蚀 剂:4%硝酸酒精溶液
金相组织:珠光体+铁素体

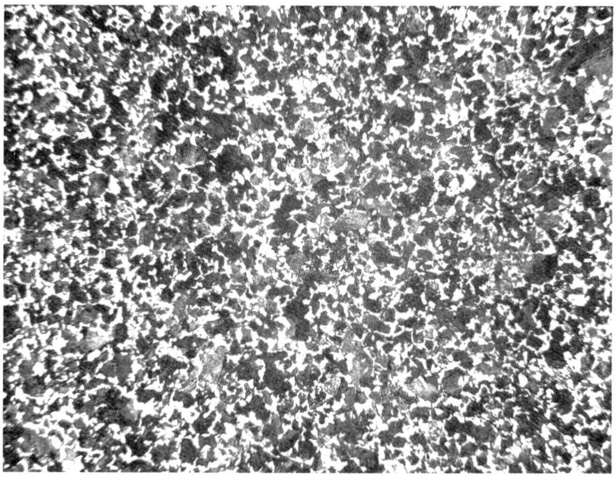

图片编号:Z1.5.2-21
部件名称:车轴轴坯
材料种类:LZ50 钢
工艺条件:二次正火
加热设备:井式电阻炉
观测仪器:金相显微镜
放大倍率:100×
观测位置:典型视场
侵 蚀 剂:4%硝酸酒精溶液
金相组织:珠光体+铁素体
晶 粒 度:7.5～8 级

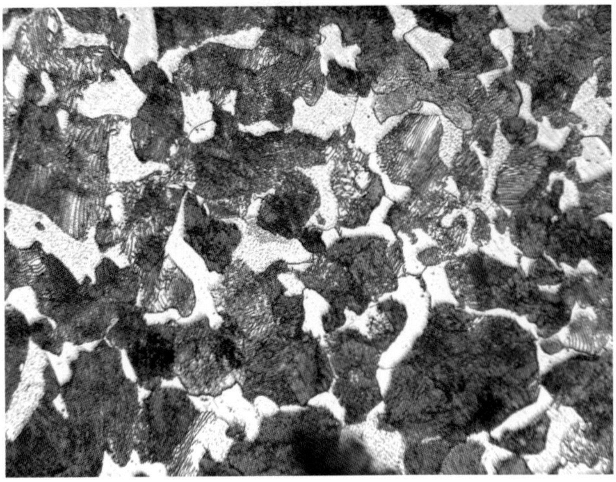

图片编号:Z1.5.2-22
部件名称:车轴轴坯
材料种类:LZ50 钢
工艺条件:二次正火
加热设备:井式电阻炉
观测仪器:金相显微镜
放大倍率:400×
观测位置:典型视场
侵 蚀 剂:4%硝酸酒精溶液
金相组织:珠光体+铁素体

1.5.3 LZ50 钢车轴

本节对经两次正火+回火热处理后的 LZ50 钢车轴成品进行了金相组织观察，如图 Z1.5.3-1～图 Z1.5.3-8 所示，样品均取自车轴轴坯延长体 1/2 半径处，其中图 Z1.5.3-1～Z1.5.3-4 为悬挂链式电阻加热炉加热，图 Z1.5.3-5～图 Z1.5.3-6 为步进式煤气加热炉加热，图 Z1.5.3-7～图 Z1.5.3-8 为井式电阻炉加热。经过二次正火及回火后的成品车轴金相组织更加均匀，晶粒更为细小稳定，并且通过适当回火处理的配合降低了脆性，消除或减少了内应力，改善了轴坯的韧塑性；悬挂链式电阻加热炉、步进式煤气加热炉和井式电阻炉处理后的车轴成品组织均满足铁道标准要求。

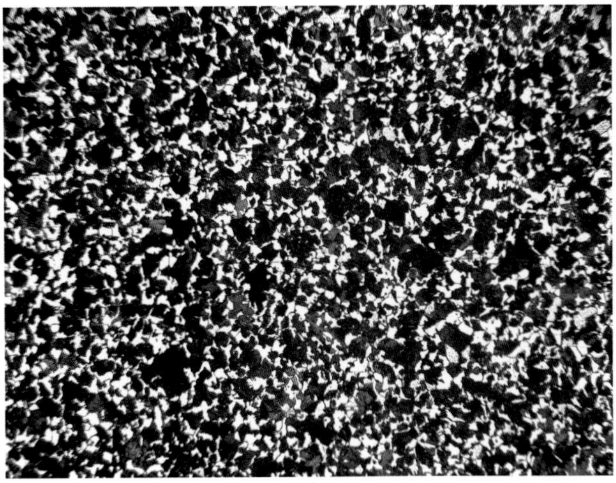

图片编号:Z1.5.3-1
部件名称:车轴成品
材料种类:LZ50 钢
工艺条件:两次正火+回火
加热设备:悬挂链式电阻加热炉
观测仪器:金相显微镜
放大倍率:100×
观测位置:典型视场
侵 蚀 剂:4%硝酸酒精溶液
金相组织:珠光体+铁素体
晶 粒 度:7.5 级

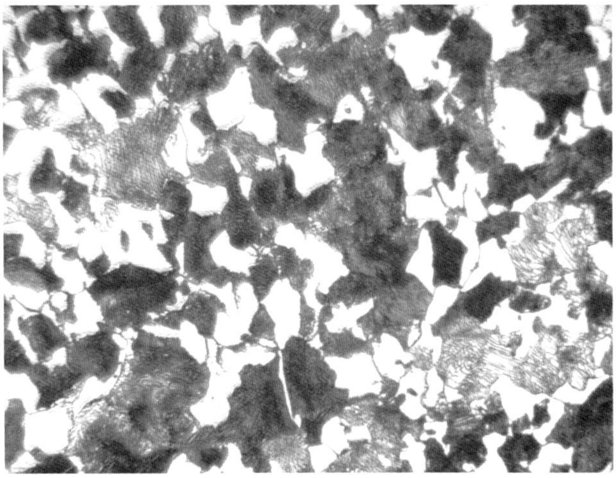

图片编号:Z1.5.3-2
部件名称:车轴成品
材料种类:LZ50 钢
工艺条件:两次正火+回火
加热设备:悬挂链式电阻加热炉
观测仪器:金相显微镜
放大倍率:400×
观测位置:典型视场
侵 蚀 剂:4%硝酸酒精溶液
金相组织:珠光体+铁素体

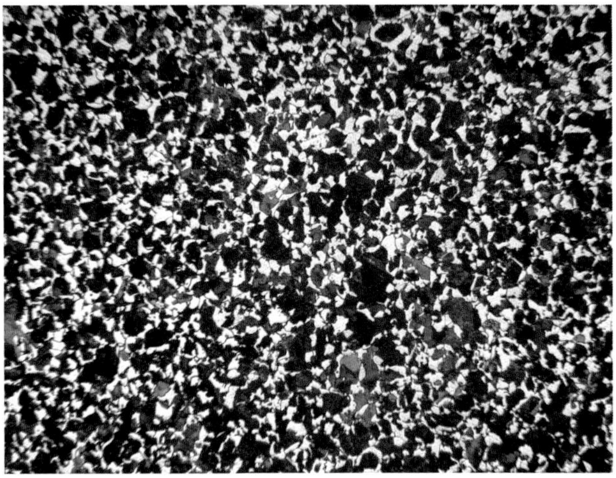

图片编号:Z1.5.3-3
部件名称:车轴成品
材料种类:LZ50 钢
工艺条件:两次正火+回火
加热设备:悬挂链式电阻加热炉
观测仪器:金相显微镜
放大倍率:100×
观测位置:典型视场
侵 蚀 剂:4%硝酸酒精溶液
金相组织:珠光体+铁素体
晶 粒 度:7~7.5 级

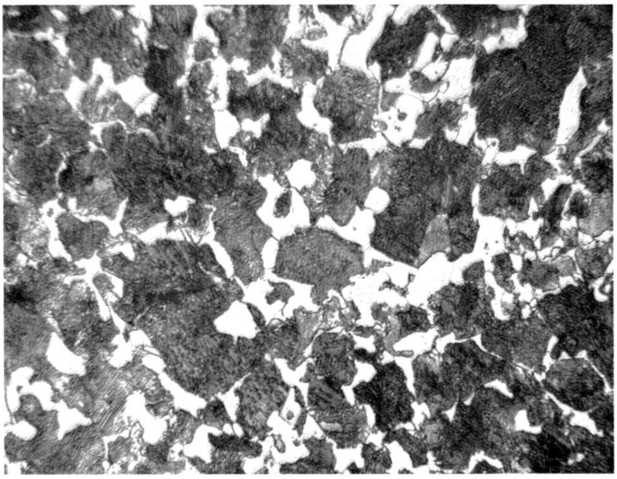

图片编号:Z1.5.3-4
部件名称:车轴成品
材料种类:LZ50 钢
工艺条件:两次正火+回火
加热设备:悬挂链式电阻加热炉
观测仪器:金相显微镜
放大倍率:400×
观测位置:典型视场
侵 蚀 剂:4%硝酸酒精溶液
金相组织:珠光体+铁素体

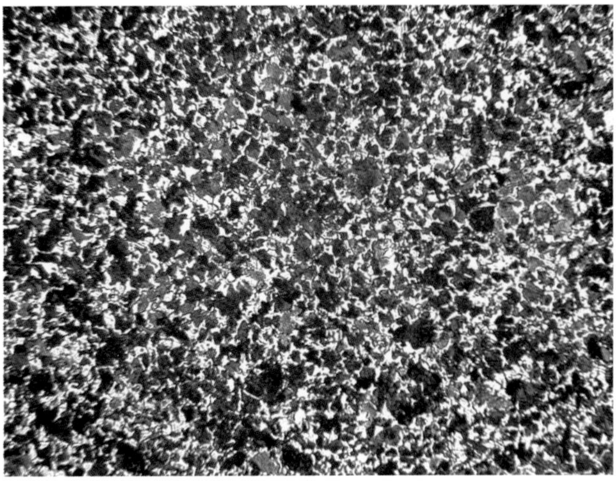

图片编号:Z1.5.3-5
部件名称:车轴成品
材料种类:LZ50钢
工艺条件:两次正火+回火
加热设备:步进式煤气加热炉
观测仪器:金相显微镜
放大倍率:100×
观测位置:典型视场
侵 蚀 剂:4%硝酸酒精溶液
金相组织:珠光体+铁素体
晶 粒 度:7.5~8级

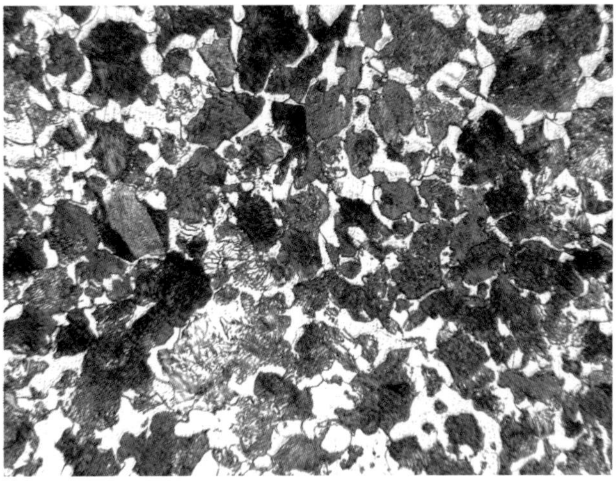

图片编号:Z1.5.3-6
部件名称:车轴成品
材料种类:LZ50钢
工艺条件:两次正火+回火
加热设备:步进式煤气加热炉
观测仪器:金相显微镜
放大倍率:400×
观测位置:典型视场
侵 蚀 剂:4%硝酸酒精溶液
金相组织:珠光体+铁素体

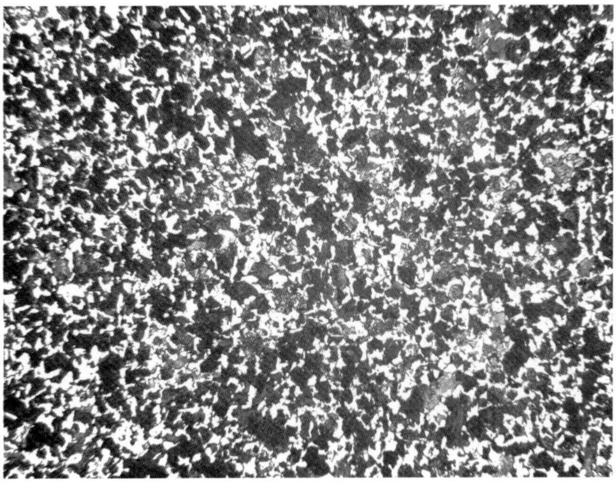

图片编号:Z1.5.3-7
部件名称:车轴成品
材料种类:LZ50钢
工艺条件:两次正火+回火
加热设备:井式电阻炉
观测仪器:金相显微镜
放大倍率:100×
观测位置:典型视场
侵 蚀 剂:4%硝酸酒精溶液
金相组织:珠光体+铁素体
晶 粒 度:7.5级

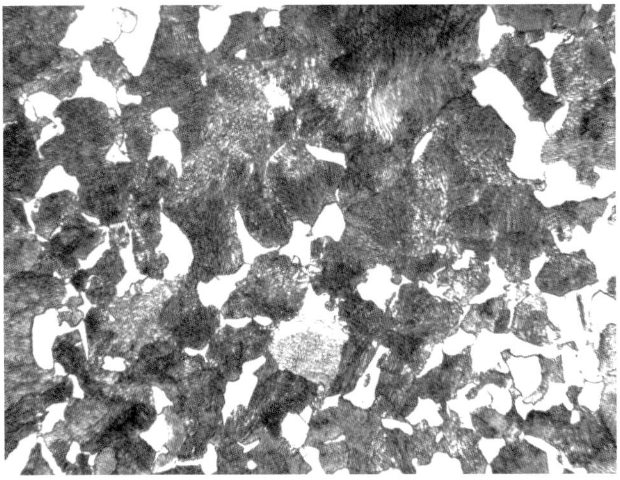

图片编号:Z1.5.3-8
部件名称:车轴成品
材料种类:LZ50 钢
工艺条件:两次正火+回火
加热设备:井式电阻炉
观测仪器:金相显微镜
放大倍率:400×
观测位置:典型视场
侵 蚀 剂:4%硝酸酒精溶液
金相组织:珠光体+铁素体

1.5.4 LZ50(V)钢车轴

本节对两次正火+回火后的 LZ50(V)钢车轴金相组织进行了观察,如图 Z1.5.4-1～Z1.5.4-4 所示,样品均取自车轴轴坯延长体 1/2 半径处。LZ50(V)钢是在不改变 TB/T 2945—1999 对 LZ50 钢成分要求的基础上通过添加适量钒元素进行微合金化后得到的试验钢,目的是希望通过 V 微合金化,在钢中形成相对稳定的碳化物和氮化物,从而产生晶粒细化和析出强化效果,使车轴钢强韧性得到改善,为开发新的、更高要求的铁路新材质车轴作有益的探索。从金相组织照片中可以看到,与普通 LZ50 钢车轴相比,LZ50(V)钢车轴晶粒得到了明显细化,晶粒度达到了 9 级以上,而细化晶粒是唯一既可以提高强度,同时又是能够改善塑性和韧性的有效手段。

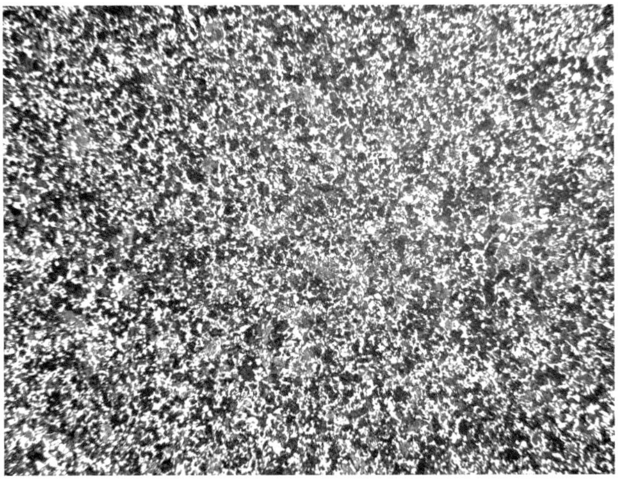

图片编号:Z1.5.4-1
部件名称:车轴成品
材料种类:LZ50(V)钢
工艺条件:两次正火+回火
观测仪器:金相显微镜
放大倍率:100×
观测位置:典型视场
侵 蚀 剂:4%硝酸酒精溶液
金相组织:珠光体+铁素体
晶 粒 度:9 级

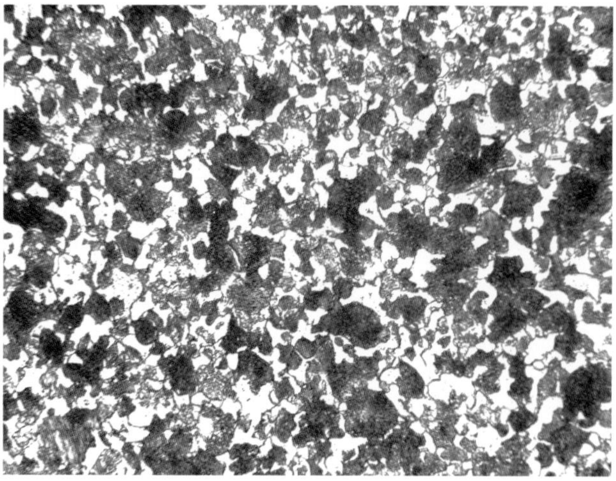

图片编号:Z1.5.4-2
部件名称:车轴成品
材料种类:LZ50(V)钢
工艺条件:两次正火+回火
观测仪器:金相显微镜
放大倍率:400×
观测位置:典型视场
侵 蚀 剂:4%硝酸酒精溶液
金相组织:珠光体+铁素体

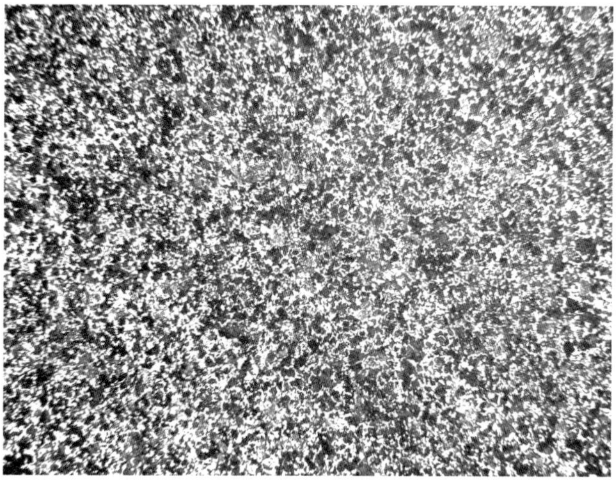

图片编号:Z1.5.4-3
部件名称:车轴成品
材料种类:LZ50(V)钢
工艺条件:两次正火+回火
观测仪器:金相显微镜
放大倍率:100×
观测位置:典型视场
侵 蚀 剂:4%硝酸酒精溶液
金相组织:珠光体+铁素体
晶 粒 度:9.5级

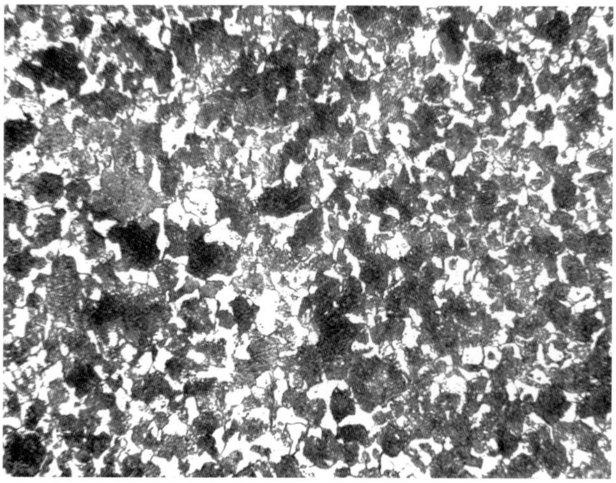

图片编号:Z1.5.4-4
部件名称:车轴成品
材料种类:LZ50(V)钢
工艺条件:两次正火+回火
观测仪器:金相显微镜
放大倍率:400×
观测位置:典型视场
侵 蚀 剂:4%硝酸酒精溶液
金相组织:珠光体+铁素体

1.5.5 LZ50 钢车轴异常组织

本节对两次正火＋回火后的 50 钢车轴异常金相组织进行了观察，如图 Z1.5.5-1～Z1.5.5-10 所示。从金相组织照片可以看到其中存在着一种异常的大块黑色团状组织，即异常组织，而且晶粒度相差 2 级以上，混合晶粒的存在对钢的机械性能会产生不利的影响，使钢的强度降低、塑性和韧性变坏，特别是降低钢的冲击韧性，使钢的韧脆转变温度升高。

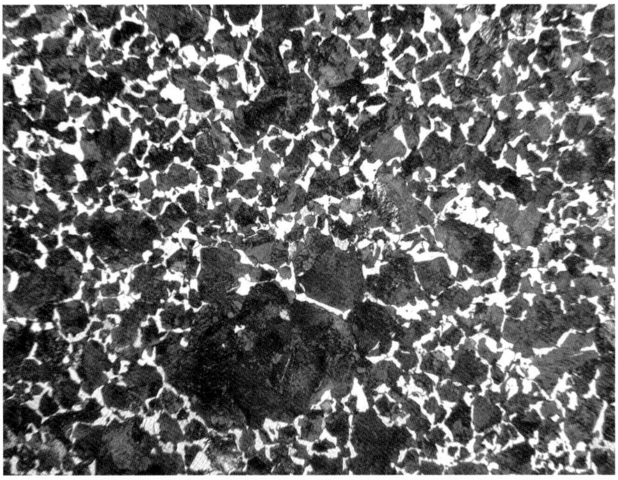

图片编号：Z1.5.5-1
部件名称：车轴成品
材料种类：LZ50 钢
工艺条件：两次正火＋回火
观测仪器：金相显微镜
放大倍率：100×
观测位置：典型视场
侵 蚀 剂：4%硝酸酒精溶液
金相组织：珠光体＋铁素体
存在异常的大块黑色团状组织
晶 粒 度：4～6 级

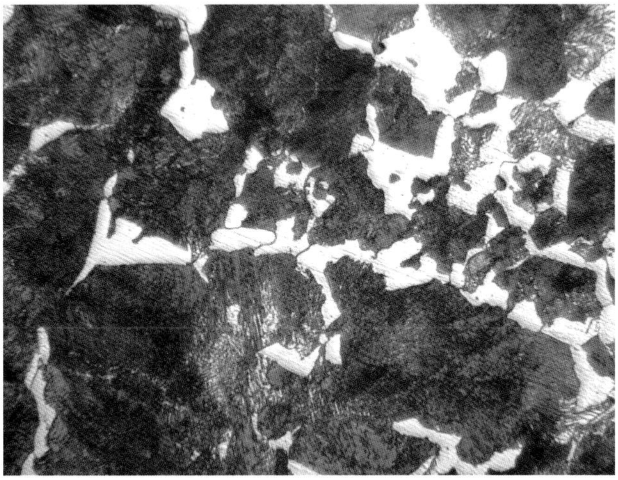

图片编号：Z1.5.5-2
部件名称：车轴成品
材料种类：LZ50 钢
工艺条件：两次正火＋回火
观测仪器：金相显微镜
放大倍率：400×
观测位置：典型视场
侵 蚀 剂：4%硝酸酒精溶液
金相组织：珠光体＋铁素体

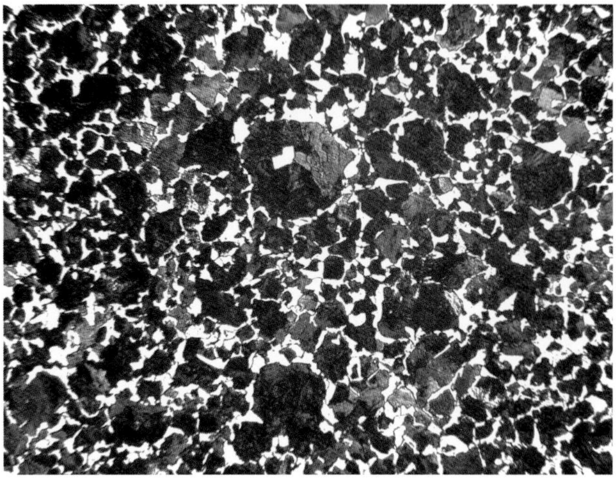

图片编号:Z1.5.5-3
部件名称:车轴成品
材料种类:LZ50 钢
工艺条件:两次正火+回火
观测仪器:金相显微镜
放大倍率:100×
观测位置:典型视场
侵 蚀 剂:4%硝酸酒精溶液
金相组织:珠光体+铁素体
存在异常的大块黑色团状组织
晶 粒 度:4~6 级

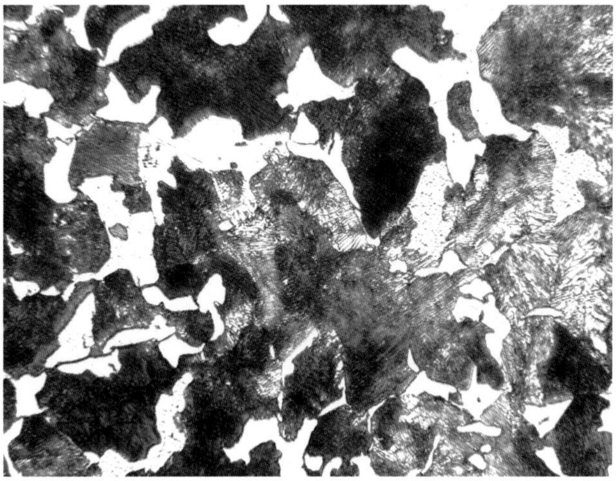

图片编号:Z1.5.5-4
部件名称:车轴成品
材料种类:LZ50 钢
工艺条件:两次正火+回火
观测仪器:金相显微镜
放大倍率:400×
观测位置:典型视场
侵 蚀 剂:4%硝酸酒精溶液
金相组织:珠光体+铁素体

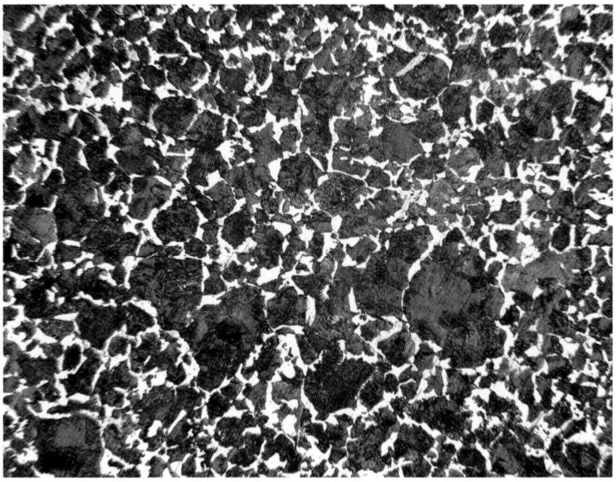

图片编号:Z1.5.5-5
部件名称:车轴成品
材料种类:LZ50 钢
工艺条件:两次正火+回火
观测仪器:金相显微镜
放大倍率:100×
观测位置:典型视场
侵 蚀 剂:4%硝酸酒精溶液
金相组织:珠光体+铁素体
存在异常的大块黑色团状组织
晶 粒 度:4~6 级

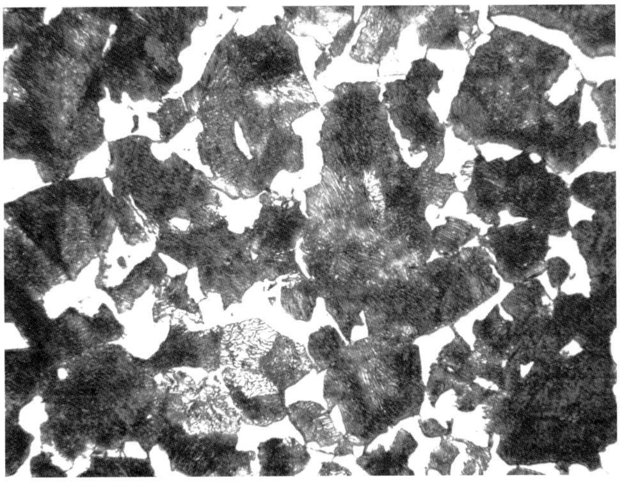

图片编号:Z1.5.5-6
部件名称:车轴成品
材料种类:LZ50 钢
工艺条件:两次正火+回火
观测仪器:金相显微镜
放大倍率:400×
观测位置:典型视场
侵 蚀 剂:4%硝酸酒精溶液
金相组织:珠光体+铁素体

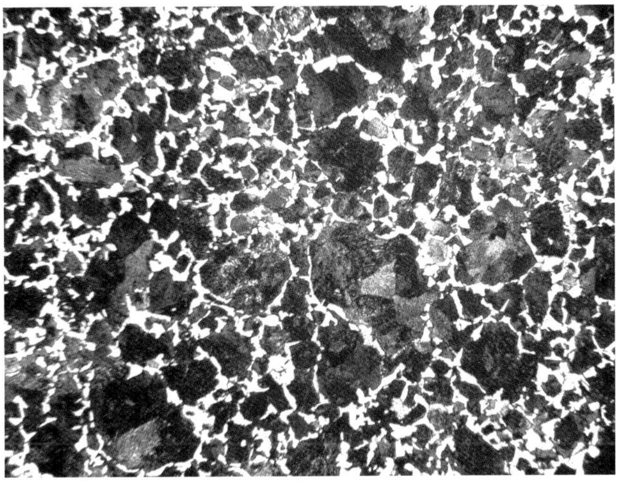

图片编号:Z1.5.5-7
部件名称:车轴成品
材料种类:LZ50 钢
工艺条件:两次正火+回火
观测仪器:金相显微镜
放大倍率:100×
观测位置:典型视场
侵 蚀 剂:4%硝酸酒精溶液
金相组织:珠光体+铁素体
存在异常的大块黑色团状组织
晶 粒 度:4.5~6.5 级

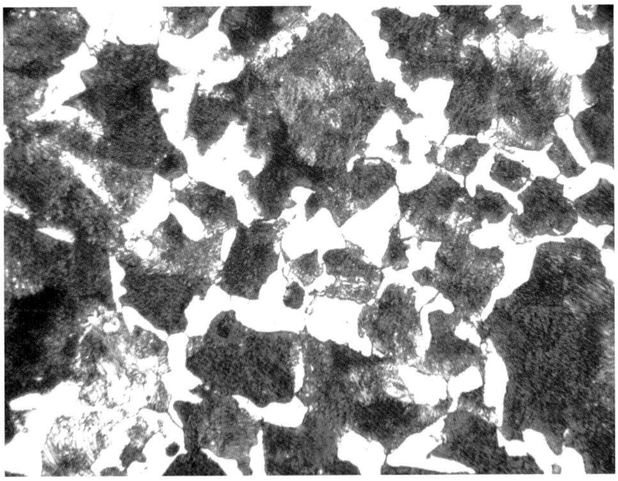

图片编号:Z1.5.5-8
部件名称:车轴成品
材料种类:LZ50 钢
工艺条件:两次正火+回火
观测仪器:金相显微镜
放大倍率:400×
观测位置:典型视场
侵 蚀 剂:4%硝酸酒精溶液
金相组织:珠光体+铁素体

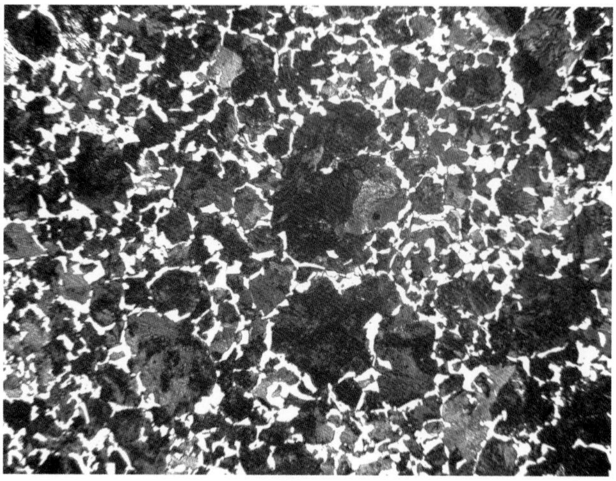

图片编号：Z1.5.5-9
部件名称：车轴成品
材料种类：LZ50 钢
工艺条件：两次正火＋回火
观测仪器：金相显微镜
放大倍率：100×
观测位置：典型视场
侵 蚀 剂：4%硝酸酒精溶液
金相组织：珠光体＋铁素体
存在异常的大块黑色团状组织
晶 粒 度：3.5～6 级

图片编号：Z1.5.5-10
部件名称：车轴成品
材料种类：LZ50 钢
工艺条件：两次正火＋回火
观测仪器：金相显微镜
放大倍率：400×
观测位置：典型视场
侵 蚀 剂：4%硝酸酒精溶液
金相组织：珠光体＋铁素体

1.5.6 小　　结

(1)模铸或连铸后的车轴钢坯原始组织都较粗大，正火后铁素体晶粒明显细化；与模铸未热处理钢坯进行比较，连铸未热处理钢坯金相组织呈现针状铁素体特征；正火后钢坯针状铁素体特征消失，晶粒细小均匀。

(2)根据车轴轴坯所处的不同热处理状态，分别对车轴轴坯锻造后组织、一次正火组织和二次正火组织进行了对比观察。

①轴坯在锻造后未热处理前，金相组织较为粗大，珠光体呈团状，原奥氏体晶界有铁素体分布。

②一次正火之后，3 种加热方式处理的轴坯组织都得到明显细化，并且均满足相关铁道行业标准的要求；相较之下，悬挂链式电阻加热炉处理的轴坯晶粒更加细小均匀。

③二次正火后轴坯组织更加细小均匀，3 种加热方式二次正火处理后的轴坯晶粒度都能达到 7.5 级以上。

④经过二次正火及回火后的成品车轴金相组织更加均匀，晶粒更为细小稳定；3 种加热方式处理后的车轴成品组织均满足铁道标准要求。

(3)对两次正火＋回火后的 LZ50(V)钢车轴金相组织进行了观察，从金相组织照片中可以看到，与普通 LZ50 钢车轴相比，LZ50(V)钢车轴晶粒得到了明显细化，晶粒度达到了 9 级以上。

(4)对两次正火+回火后的50钢车轴异常金相组织进行了观察，从金相组织照片可以看到其中存在着一种异常的大块黑色团状组织，也即为异常组织，而且晶粒度相差2级以上。

1.6 扫描电镜下的高倍组织

利用Quanta 400型扫描电子显微镜对两次正火+回火后的LZ50钢车轴、LZ50(V)钢车轴及LZ50钢车轴异常组织在高倍下进行了观察。

1.6.1 LZ50钢车轴

本节对两次正火+回火后的LZ50钢车轴金相组织在扫描电镜下进行了从1 000倍到10 000倍的逐步放大观察，可以清晰地看到珠光体中的渗碳体片层结构，如图Z1.6.1-1～Z1.6.1-4所示。

图片编号：Z1.6.1-1
部件名称：车轴成品
材料种类：LZ50钢
工艺条件：两次正火+回火
观测仪器：扫描电子显微镜
放大倍率：1 000×
观测位置：典型视场
侵 蚀 剂：4%硝酸酒精溶液
组织特征：珠光体+铁素体

图片编号：Z1.6.1-2
部件名称：车轴成品
材料种类：LZ50钢
工艺条件：两次正火+回火
观测仪器：扫描电子显微镜
放大倍率：2 000×
观测位置：典型视场
侵 蚀 剂：4%硝酸酒精溶液
组织特征：珠光体+铁素体

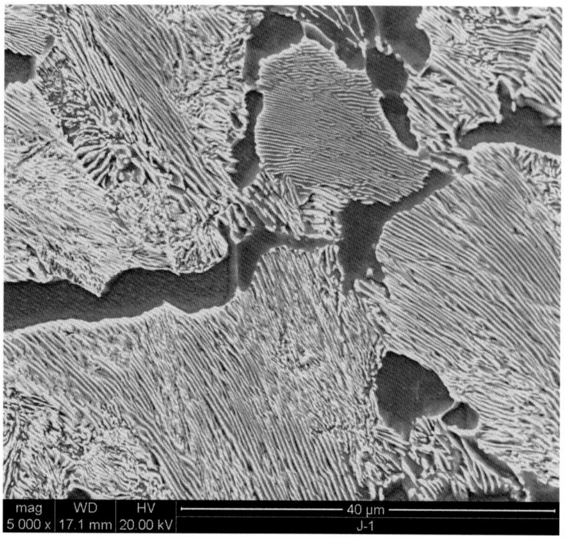

图片编号:Z1.6.1-3
部件名称:车轴成品
材料种类:LZ50(V)钢
工艺条件:两次正火+回火
观测仪器:扫描电子显微镜
放大倍率:5 000×
观测位置:典型视场
侵 蚀 剂:4%硝酸酒精溶液
组织特征:珠光体+铁素体

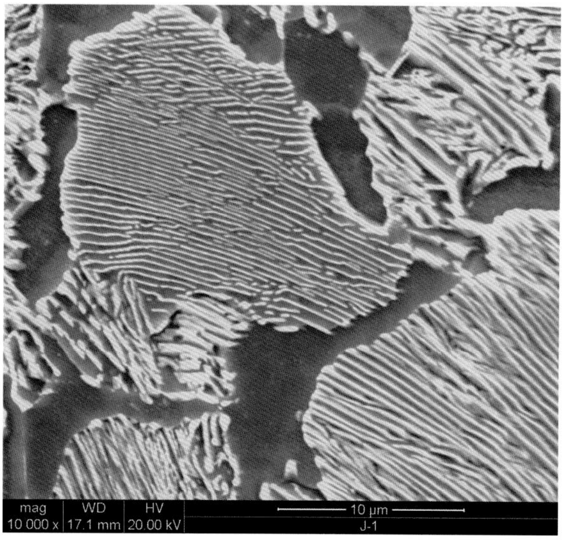

图片编号:Z1.6.1-4
部件名称:车轴成品
材料种类:LZ50 钢
工艺条件:两次正火+回火
观测仪器:扫描电子显微镜
放大倍率:10 000×
观测位置:典型视场
侵 蚀 剂:4%硝酸酒精溶液
组织特征:珠光体+铁素体
珠光体中的渗碳体片层结构比较完整,周围铁素体上未见析出物存在

1.6.2 LZ50(V)钢车轴

本节对两次正火+回火后的LZ50(V)钢车轴金相组织在扫描电镜下从1 000倍到10 000倍同样进行了逐步放大观察,如图Z1.6.2-1~Z1.6.2-8所示。可以看到添加微合金元素后,珠光体中的渗碳体片层结构与前面的普通LZ50钢车轴有所不同,渗碳体片层出现了明显的碎化,部分片层还发生了弯曲变形,而且在其周围有弥散析出相存在。

图片编号:Z1.6.2-1
部件名称:车轴成品
材料种类:LZ50(V)钢
工艺条件:两次正火+回火
观测仪器:扫描电子显微镜
放大倍率:1 000×
观测位置:典型视场
侵 蚀 剂:4%硝酸酒精溶液
组织特征:珠光体+铁素体

图片编号:Z1.6.2-2
部件名称:车轴成品
材料种类:LZ50(V)钢
工艺条件:两次正火+回火
观测仪器:扫描电子显微镜
放大倍率:2 000×
观测位置:典型视场
侵 蚀 剂:4%硝酸酒精溶液
组织特征:珠光体+铁素体

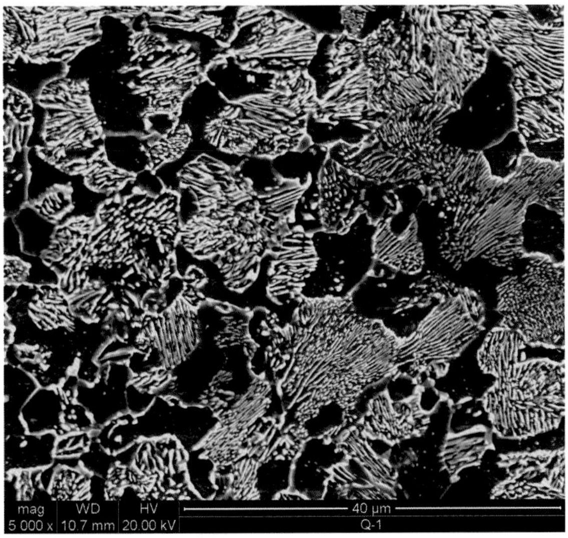

图片编号:Z1.6.2-3
部件名称:车轴成品
材料种类:LZ50(V)钢
工艺条件:两次正火+回火
观测仪器:扫描电子显微镜
放大倍率:5 000×
观测位置:典型视场
侵 蚀 剂:4%硝酸酒精溶液
组织特征:珠光体+铁素体

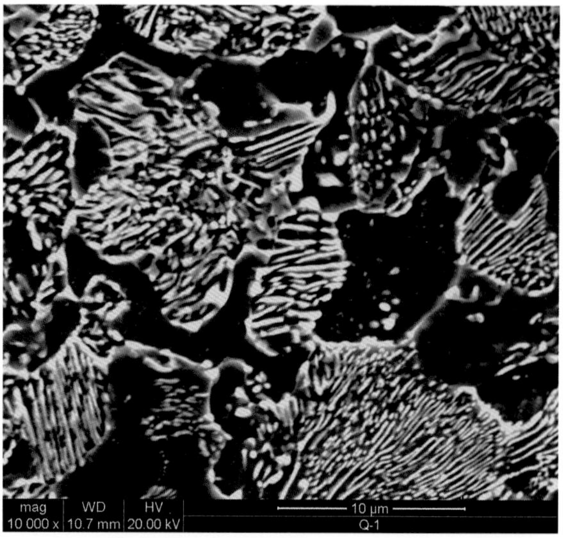

图片编号:Z1.6.2-4
部件名称:车轴成品
材料种类:LZ50(V)钢
工艺条件:两次正火+回火
观测仪器:扫描电子显微镜
放大倍率:10 000×
观测位置:典型视场
侵 蚀 剂:4%硝酸酒精溶液
组织特征:珠光体+铁素体
珠光体中的渗碳体片层出现了明显碎化,周围铁素体上有析出物存在

图片编号:Z1.6.2-5
部件名称:车轴成品
材料种类:LZ50(V)钢
工艺条件:两次正火+回火
观测仪器:扫描电子显微镜
放大倍率:1 000×
观测位置:典型视场
侵 蚀 剂:4%硝酸酒精溶液
组织特征:珠光体+铁素体

图片编号:Z1.6.2-6
部件名称:车轴成品
材料种类:LZ50(V)钢
工艺条件:两次正火+回火
观测仪器:扫描电子显微镜
放大倍率:2 000×
观测位置:典型视场
侵 蚀 剂:4%硝酸酒精溶液
组织特征:珠光体+铁素体

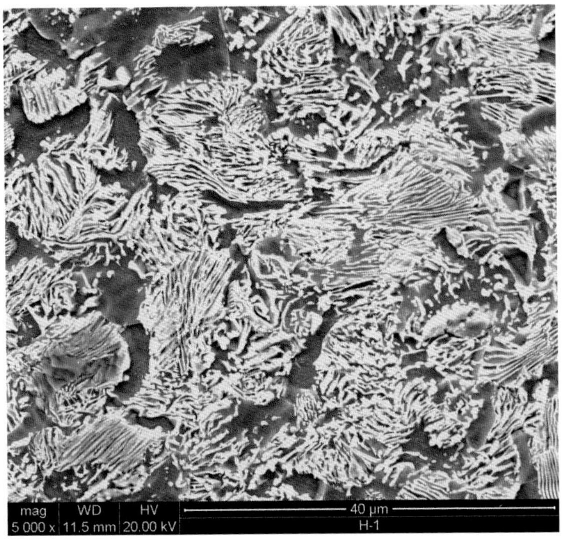

图片编号:Z1.6.2-7
部件名称:车轴成品
材料种类:LZ50(V)钢
工艺条件:两次正火+回火
观测仪器:扫描电子显微镜
放大倍率:5 000×
观测位置:典型视场
侵 蚀 剂:4%硝酸酒精溶液
组织特征:珠光体+铁素体

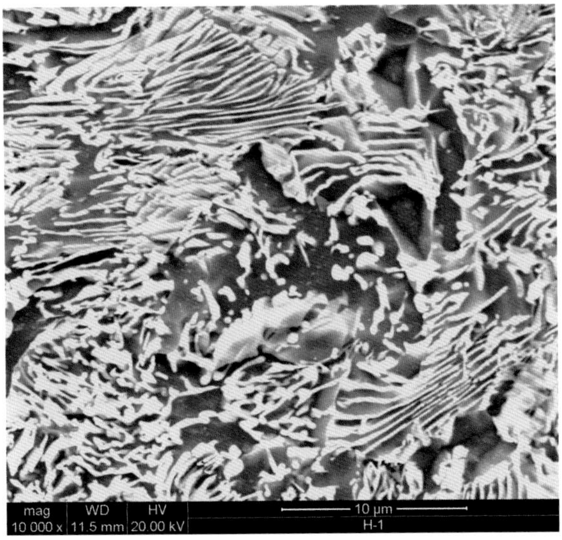

图片编号:Z1.6.2-8
部件名称:车轴成品
材料种类:LZ50(V)钢
工艺条件:两次正火+回火
观测仪器:扫描电子显微镜
放大倍率:10 000×
观测位置:典型视场
侵 蚀 剂:4%硝酸酒精溶液
组织特征:珠光体+铁素体
珠光体中的渗碳体片层出现了明显碎化,部分片层还发生了弯曲变形,而且在其周围有弥散析出相存在

1.6.3 LZ50 钢车轴异常组织

对两次正火+回火后的 LZ50 钢车轴异常组织进行了扫描电镜观察和微区成分分析,如图 Z1.6.3-1~Z1.6.3-5 所示。从金相组织照片可以看到其中均存在不同程度的晶粒不均现象,大块晶粒中分布着不同取向的珠光体片层,且片层间距分布也不均匀,大块珠光体组织不同位置的明暗程度也有所不同。

理论分析表明,车轴钢中的微区成分不均时,可能会导致各微区的相变程度及晶粒长大的倾向不同,这是导致晶粒不均的可能原因之一;锻造热变形也可能会导致模锻件晶粒度不合格,这既与终锻温度有关,还与锻件各部位变形量不一致有关;此外,如果成品车轴热处理参数选择不当,也可能会造成一定程度的晶粒不均现象。

图片编号:Z1.6.3-1
部件名称:车轴成品
材料种类:LZ50 钢
工艺条件:两次正火+回火
观测仪器:扫描电子显微镜
放大倍率:500×
观测位置:典型视场
侵 蚀 剂:4%硝酸酒精溶液
组织特征:珠光体+铁素体
存在异常的大块黑色团状组织及晶粒不均现象

图片编号:Z1.6.3-2
部件名称:车轴成品
材料种类:LZ50 钢
工艺条件:两次正火+回火
观测仪器:扫描电子显微镜
放大倍率:1 000×
观测位置:典型视场
侵 蚀 剂:4%硝酸酒精溶液
组织特征:珠光体+铁素体

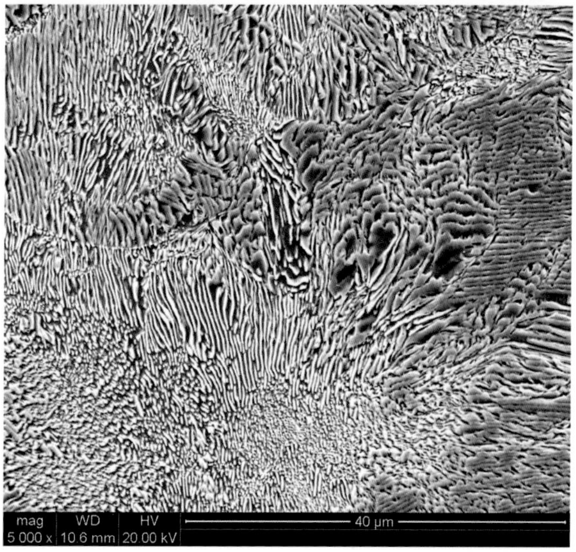

图片编号:Z1.6.3-3
部件名称:车轴成品
材料种类:LZ50 钢
工艺条件:两次正火+回火
观测仪器:扫描电子显微镜
放大倍率:5 000×
观测位置:典型视场
侵 蚀 剂:4%硝酸酒精溶液
组织特征:珠光体+铁素体
异常组织的形态与珠光体的组织形态相同,因此可确定其是粗大团状珠光体组织

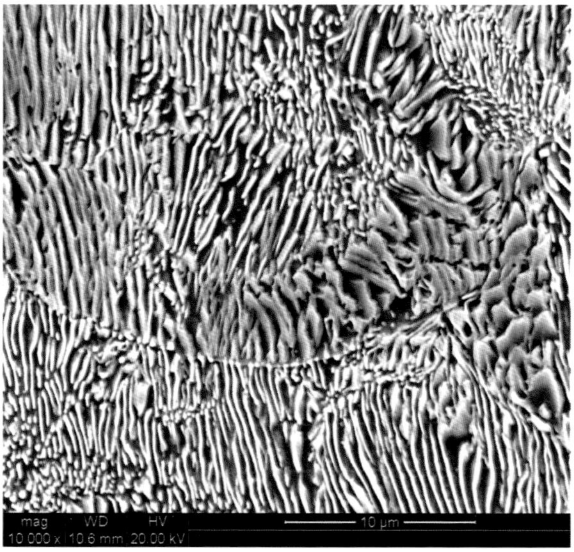

图片编号:Z1.6.3-4
部件名称:车轴成品
材料种类:LZ50 钢
工艺条件:两次正火＋回火
观测仪器:扫描电子显微镜
放大倍率:20 000×
观测位置:典型视场
侵 蚀 剂:4%硝酸酒精溶液
组织特征:珠光体＋铁素体

异常组织内部不同区域渗碳体片的宽度与片间距存在着明显的差别，这是导致异常组织内部微观形态差别的主要原因

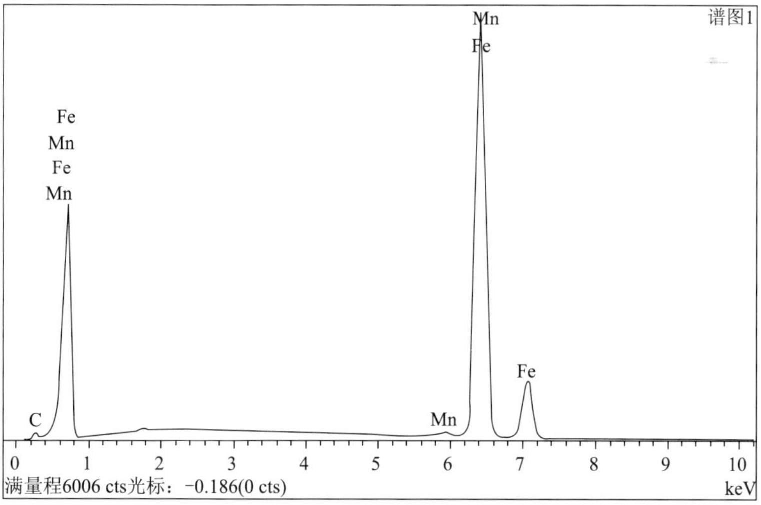

图片编号:Z1.6.3-5　典型大块珠光体团能谱分析位置及谱线

1.6.4 小　　结

1. 对两次正火＋回火后 LZ50 钢车轴金相组织在扫描电镜下从 1 000 倍到 10 000 倍进行逐步放大，清晰地看到了珠光体中的渗碳体片层结构；

2. 对两次正火＋回火后 LZ50(V)钢车轴金相组织在扫描电镜下进行了同样的逐步放大观察，发现添加微合金元素后，珠光体中的渗碳体片层结构与前面的普通 LZ50 钢车轴有所不同，渗碳体片层出现了明显的碎化，部分片层还发生了弯曲变形，而且在其周围有弥散析出相存在；

3. 对两次正火＋回火后的 LZ50 钢车轴异常金相组织在扫描电镜下进行了观察，从金相组织照片可以看到其中均存在不同程度的晶粒不均现象，大块晶粒中分布着不同取向的珠光体片层，且片层间距分布也不均匀，大块珠光体组织不同位置的明暗程度也有所不同。

1.7 透射电镜下的组织结构

利用 H-800 型透射电子显微镜对两次正火＋回火后的 LZ50 钢车轴、LZ50(V)钢车轴组织在高倍下进行了观察。

1.7.1 LZ50 钢车轴

本节对两次正火＋回火后的 LZ50 钢车轴组织在透射电镜下进行了观察，如图 Z1.7.1-1～Z1.7.1-2。从前面的金相分析已经知道，LZ50 钢的金相组织主要为铁素体和珠光体组织，在扫描电镜照片下也看到了比较明显的渗碳体片层，而此处的透射电镜照片更加清晰地给出了其相对完整的渗碳体片层结构形貌，且在片层间的铁素体上未发现有析出相存在。

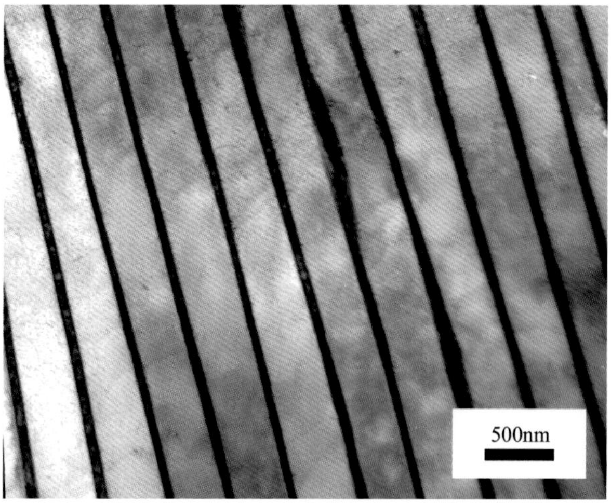

图片编号：Z1.7.1-1
部件名称：车轴成品
材料种类：LZ50 钢
工艺条件：两次正火＋回火
观测仪器：H-800 透射电镜
放大倍率：20 000×
观测位置：典型视场
侵 蚀 剂：双喷减薄
组织特征：完整的渗碳体片

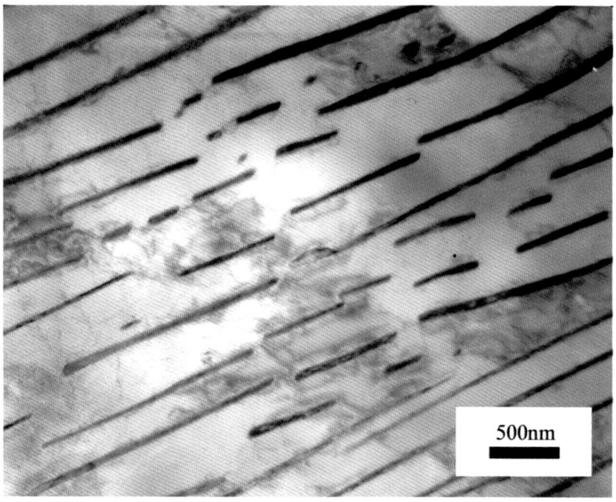

图片编号:Z1.7.1-2
部件名称:车轴成品
材料种类:LZ50 钢
工艺条件:两次正火+回火
观测仪器:H-800 透射电镜
放大倍率:20 000×
观测位置:典型视场
侵 蚀 剂:双喷减薄
组织特征:渗碳体片相对完整,片间铁素体上无析出物

1.7.2 LZ50(V)钢车轴

本节通过薄晶体样品在透射电镜下对两次正火+回火后的 LZ50(V)钢车轴组织进行了观察,如图 Z1.7.2-1～Z1.7.1-5 所示。与在扫描电镜下观察到的情况一样,相比未添加微合金化元素的普通 LZ50 钢,微合金化后的 LZ50(V)钢中渗碳体片层出现了明显碎化,在渗碳体周围以及片层间的铁素体上有细小弥散的第二相粒子析出,同时还可以看到铁素体上位错线周围有析出物分布;在更高倍数下,由析出物明暗场像可以看到析出物尺寸大约在几十到一百纳米大小左右。

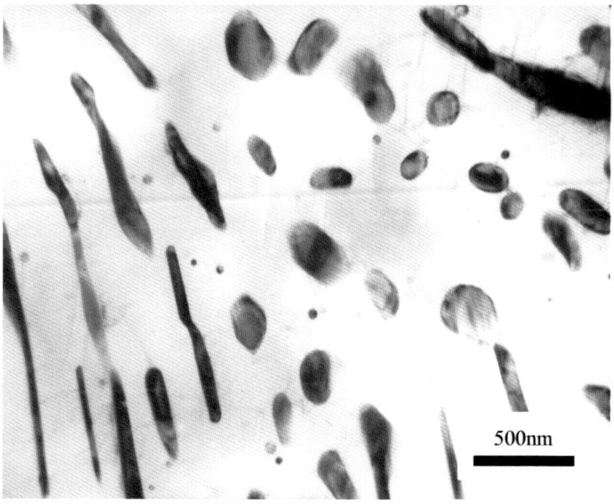

图片编号:Z1.7.2-1
部件名称:车轴成品
材料种类:LZ50(V)钢
工艺条件:两次正火+回火
观测仪器:H-800 透射电镜
放大倍率:20 000×
观测位置:典型视场
侵 蚀 剂:双喷减薄
组织特征:碎化渗碳体间铁素体上的析出物

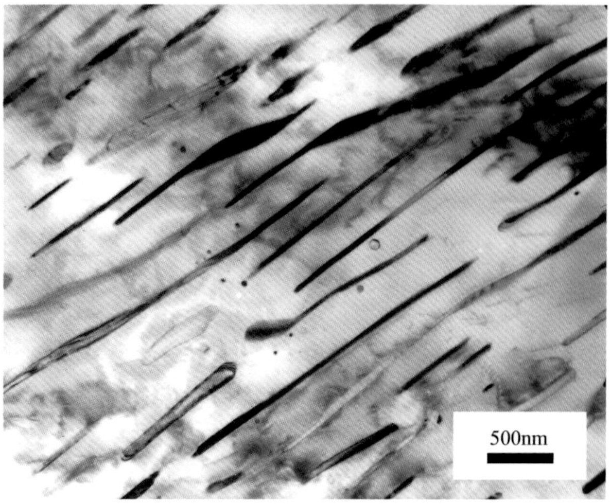

图片编号:Z1.7.2-2
部件名称:车轴成品
材料种类:LZ50(V)钢
工艺条件:两次正火+回火
观测仪器:H-800 透射电镜
放大倍率:20 000×
观测位置:典型视场
侵 蚀 剂:双喷减薄
组织特征:渗碳体片层间铁素体上的析出物

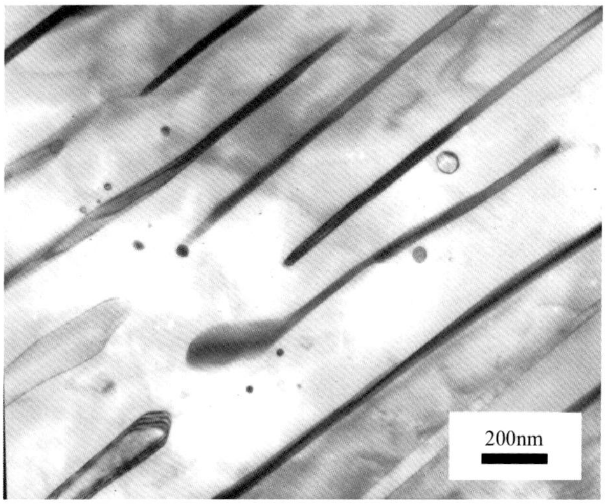

图片编号:Z1.7.2-3
部件名称:车轴成品
材料种类:LZ50(V)钢
工艺条件:两次正火+回火
观测仪器:H-800 透射电镜
放大倍率:50 000×
观测位置:典型视场
侵 蚀 剂:双喷减薄
组织特征:渗碳体片层间铁素体上的析出物

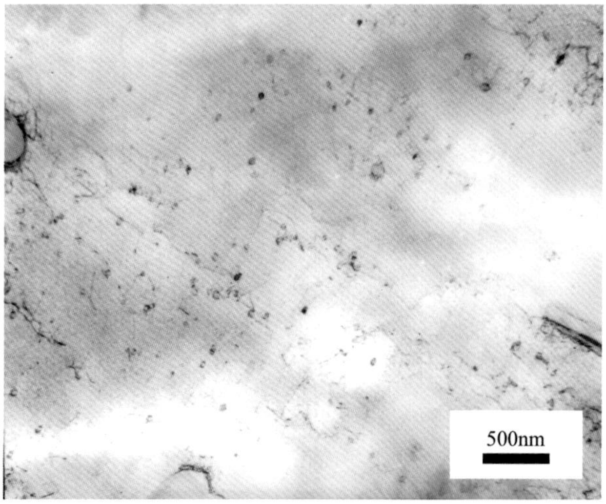

图片编号:Z1.7.2-4
部件名称:车轴成品
材料种类:LZ50(V)钢
工艺条件:两次正火+回火
观测仪器:H-800 透射电镜
放大倍率:20 000×
观测位置:典型视场
侵 蚀 剂:双喷减薄
组织特征:位错线周围的析出物

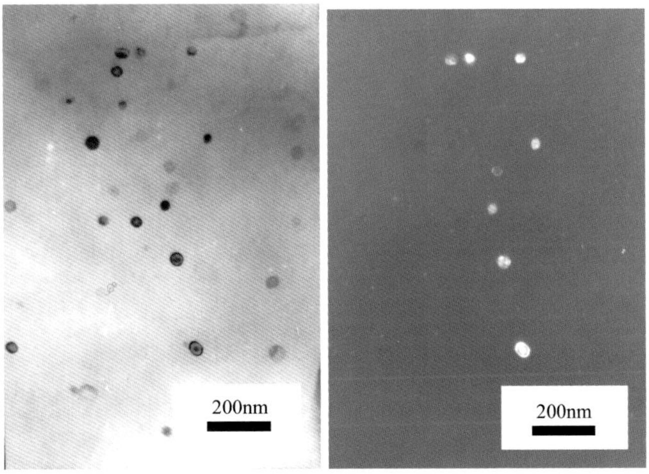

图片编号:Z1.7.2-5
部件名称:车轴成品
材料种类:LZ50(V)钢
工艺条件:两次正火+回火
观测仪器:H-800 透射电镜
放大倍率:50 000×
观测位置:典型视场
侵 蚀 剂:双喷减薄
组织特征:析出物明暗场像析出物尺寸在几十纳米左右

1.7.3 小　结

(1)从前面的金相分析已经知道,LZ50 钢的金相组织主要为铁素体和珠光体组织,在扫描电镜照片下也看到了比较明显均匀、等间距的渗碳体片层,而此处的透射电镜照片更加清晰地给出了其相对完整的渗碳体片层结构形貌,且在片层间的铁素体上未发现有析出相存在。

(2)与在扫描电镜下观察到的情况一样,微合金化后的 LZ50(V)钢中渗碳体片层出现了明显碎化,在渗碳体周围以及片层间的铁素体上有细小弥散的第二相粒子析出,同时还可以看到,铁素体上位错线周围有析出物分布;在更高倍数下,由析出物明暗场像可以看到析出物尺寸大约在几十到一百纳米大小左右。

1.8 冲击、拉伸试样的断口特征

利用 Quanta 400 型扫描电子显微镜对 LZ50 钢车轴、LZ50(V)钢车轴冲击试样断口和拉伸试样断口进行了观察。

1.8.1 冲击断口宏、微观特征

本节对两次正火+回火后的 LZ50 钢车轴、LZ50(V)钢车轴冲击试样断口在扫描电镜下进行了观察,如图 Z1.8.1-1～Z1.8.1-26 所示。对于冲击断口的宏观形貌主要呈现 3 个主要的特征区域:纤维区、放射区和剪切唇区,它们所占相对比例的大小标志着材料韧、塑性的优劣。在试验条件一致的情况下,纤维区和剪切唇区所占比例越大则材料的韧、塑性越好。通过扫描电镜对比观察发现,LZ50 钢车轴冲击断口上断裂起源处纤维区较窄,主要为放射区,剪切唇区不明显;LZ50(V)钢车轴冲击试样断口则呈现断裂起源处纤维区较宽,放射区一般,剪切唇区非常明显,这与它们的冲击值测试结果是相吻合的。

图片编号:Z1.8.1-1
部件名称:车轴成品
材料种类:LZ50 钢
工艺条件:两次正火+回火
观测仪器:扫描电子显微镜
放大倍率:25×
冲 击 值:43J(U2)
观测位置:冲击断口宏观形貌
断口特征:主要呈现了纤维区和放射区,断裂起源处较窄,剪切唇区不明显

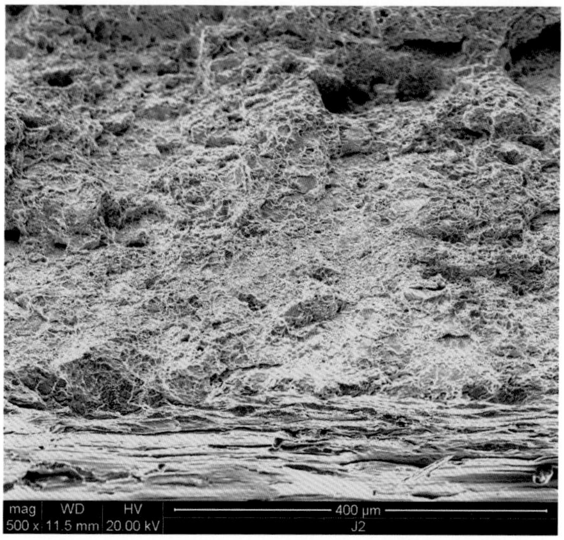

图片编号:Z1.8.1-2
部件名称:车轴成品
材料种类:LZ50 钢
工艺条件:两次正火+回火
观测仪器:扫描电子显微镜
放大倍率:500×
冲 击 值:43J(U2)
观测位置:冲击断口纤维区
断口特征:纤维状特征

图片编号:Z1.8.1-3
部件名称:车轴成品
材料种类:LZ50 钢
工艺条件:两次正火+回火
观测仪器:扫描电子显微镜
放大倍率:1 000×
冲 击 值:43J(U2)
观测位置:冲击断口纤维区
断口特征:纤维状特征

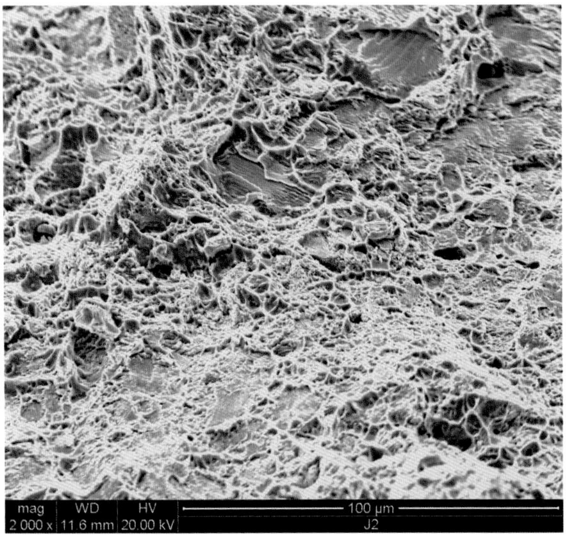

图片编号:Z1.8.1-4
部件名称:车轴成品
材料种类:LZ50 钢
工艺条件:两次正火+回火
观测仪器:扫描电子显微镜
放大倍率:2 000×
冲 击 值:43J(U2)
观测位置:冲击断口纤维区
断口特征:微观形态呈蜂窝状,即韧窝特征

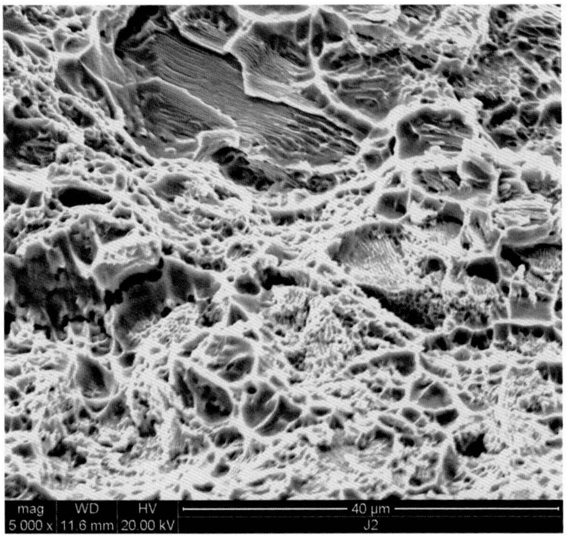

图片编号:Z1.8.1-5
部件名称:车轴成品
材料种类:LZ50 钢
工艺条件:两次正火+回火
观测仪器:扫描电子显微镜
放大倍率:5 000×
冲 击 值:43J(U2)
观测位置:冲击断口纤维区
断口特征:微观形态呈蜂窝状,即韧窝特征

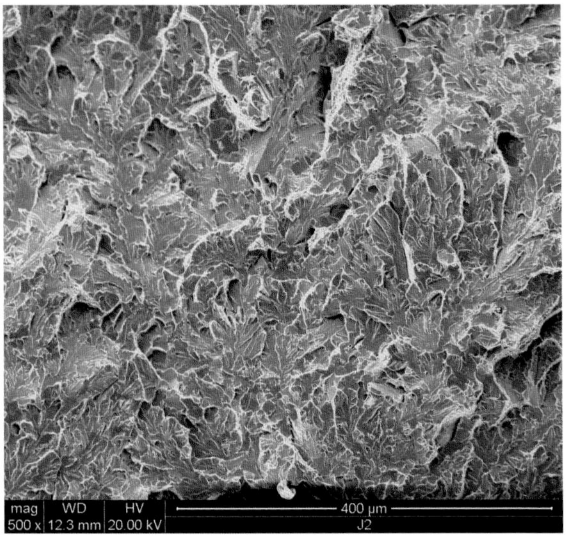

图片编号:Z1.8.1-6
部件名称:车轴成品
材料种类:LZ50 钢
工艺条件:两次正火+回火
观测仪器:扫描电子显微镜
放大倍率:500×
冲 击 值:43J(U2)
观测位置:冲击断口放射区
断口特征:解理河流状花样

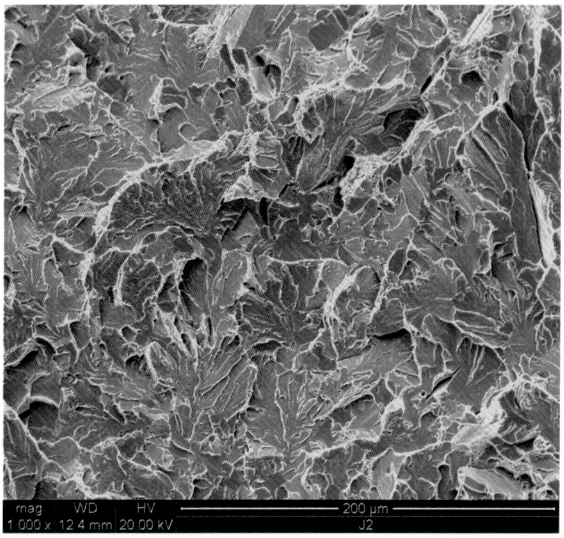

图片编号:Z1.8.1-7
部件名称:车轴成品
材料种类:LZ50 钢
工艺条件:两次正火+回火
观测仪器:扫描电子显微镜
放大倍率:1 000×
冲 击 值:43J(U2)
观测位置:冲击断口放射区
断口特征:解理河流状花样

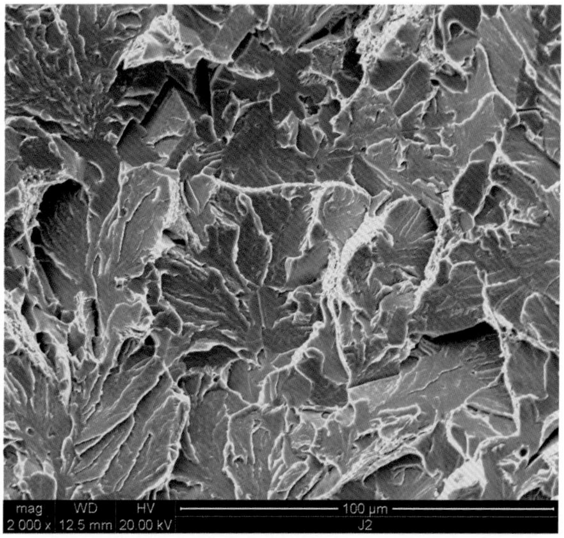

图片编号:Z1.8.1-8
部件名称:车轴成品
材料种类:LZ50 钢
工艺条件:两次正火+回火
观测仪器:扫描电子显微镜
放大倍率:2 000×
冲 击 值:43J(U2)
观测位置:冲击断口放射区
断口特征:解理河流状花样

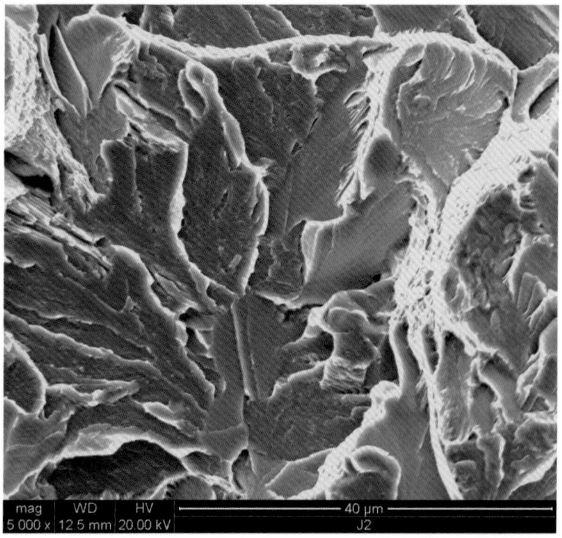

图片编号:Z1.8.1-9
部件名称:车轴成品
材料种类:LZ50 钢
工艺条件:两次正火+回火
观测仪器:扫描电子显微镜
放大倍率:5 000×
冲 击 值:43J(U2)
观测位置:冲击断口放射区
断口特征:解理河流状花样

图片编号:Z1.8.1-10
部件名称:车轴成品
材料种类:LZ50 钢
工艺条件:两次正火+回火
观测仪器:扫描电子显微镜
放大倍率:500×
冲 击 值:43J(U2)
观测位置:冲击断口剪切唇区
断口特征:纤维状特征

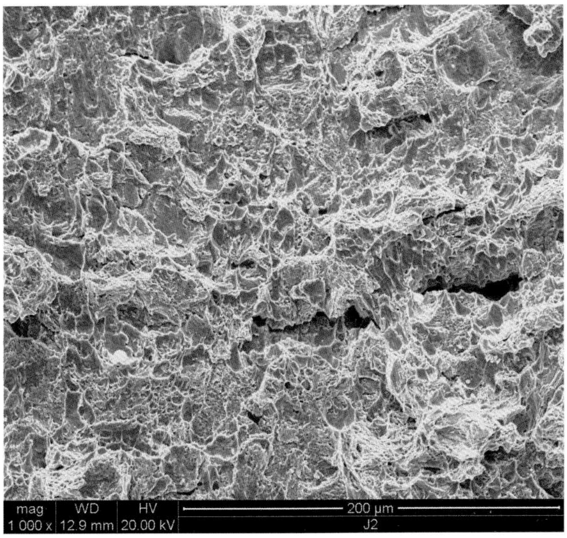

图片编号:Z1.8.1-11
部件名称:车轴成品
材料种类:LZ50 钢
工艺条件:两次正火+回火
观测仪器:扫描电子显微镜
放大倍率:1 000×
冲 击 值:43J(U2)
观测位置:冲击断口剪切唇区
断口特征:纤维状特征

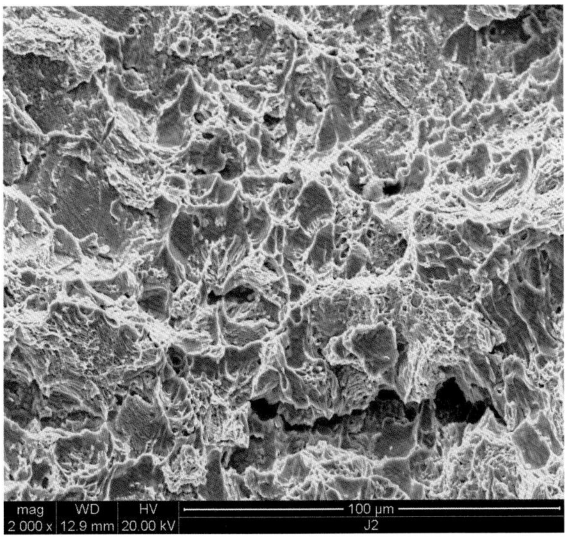

图片编号:Z1.8.1-12
部件名称:车轴成品
材料种类:LZ50 钢
工艺条件:两次正火+回火
观测仪器:扫描电子显微镜
放大倍率:2 000×
冲 击 值:43J(U2)
观测位置:冲击断口剪切唇区
断口特征:微观形态呈蜂窝状,即韧窝特征

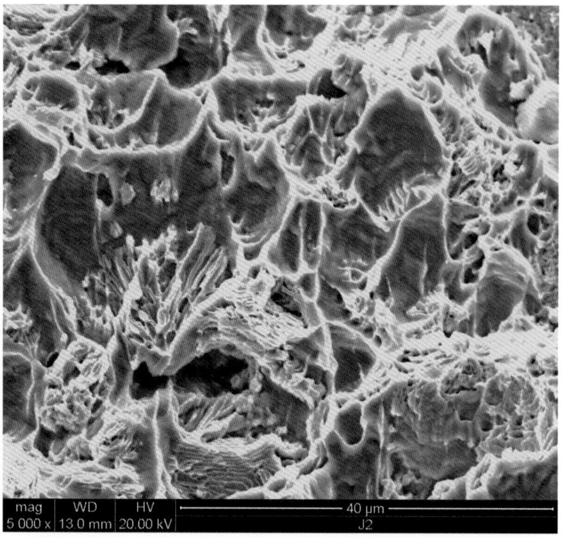

图片编号:Z1.8.1-13
部件名称:车轴成品
材料种类:LZ50 钢
工艺条件:两次正火+回火
观测仪器:扫描电子显微镜
放大倍率:5 000×
冲 击 值:43J(U2)
观测位置:冲击断口剪切唇区
断口特征:微观形态呈蜂窝状,即韧窝特征

图片编号:Z1.8.1-14
部件名称:车轴成品
材料种类:LZ50(V)钢
工艺条件:两次正火+回火
观测仪器:扫描电子显微镜
放大倍率:25×
冲 击 值:63J(U2)
观测位置:冲击断口宏观形貌
断口特征:主要呈现了纤维区,放射区和剪切唇区三个特征区域,断裂起源处较宽,剪切唇区非常明显

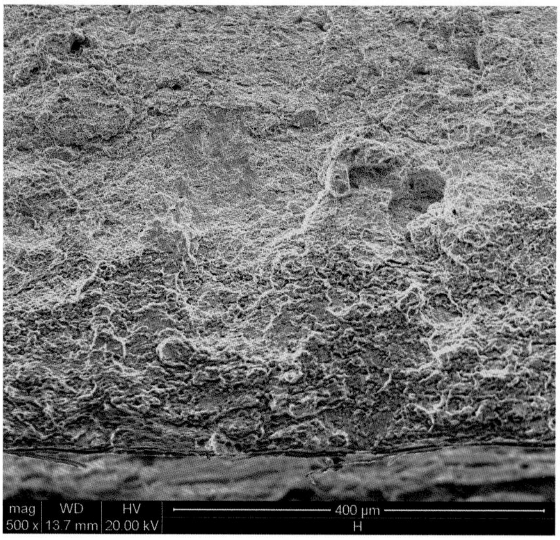

图片编号:Z1.8.1-15
部件名称:车轴成品
材料种类:LZ50(V)钢
工艺条件:两次正火+回火
观测仪器:扫描电子显微镜
放大倍率:500×
冲 击 值:63J(U2)
观测位置:冲击断口纤维区
断口特征:纤维状特征

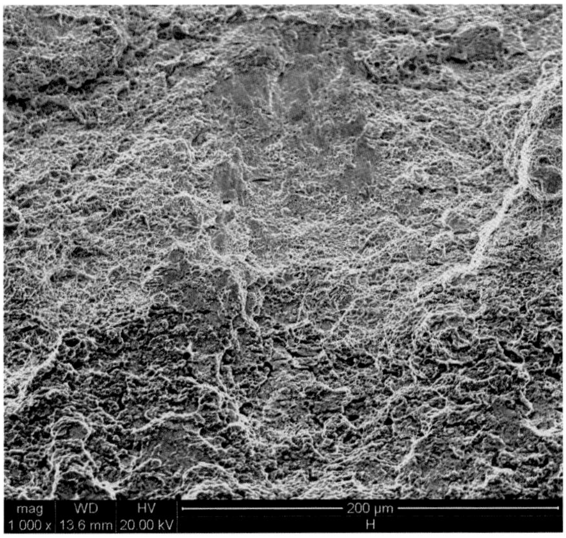

图片编号:Z1.8.1-16
部件名称:车轴成品
材料种类:LZ50(V)钢
工艺条件:两次正火+回火
观测仪器:扫描电子显微镜
放大倍率:1 000×
冲 击 值:63J(U2)
观测位置:冲击断口纤维区
断口特征:纤维状特征

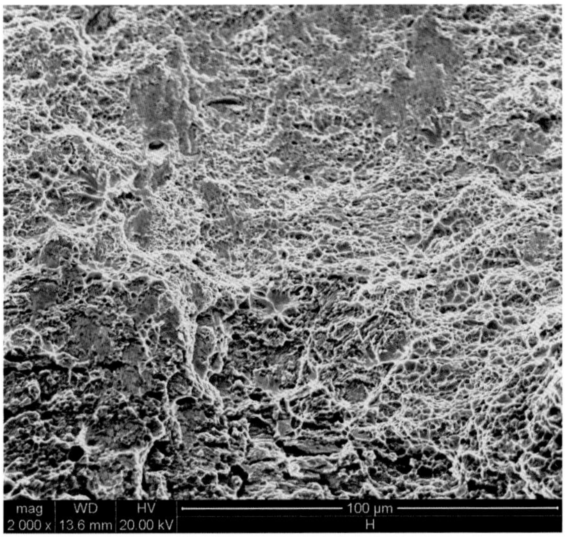

图片编号:Z1.8.1-17
部件名称:车轴成品
材料种类:LZ50(V)钢
工艺条件:两次正火+回火
观测仪器:扫描电子显微镜
放大倍率:2 000×
冲 击 值:63J(U2)
观测位置:冲击断口纤维区
断口特征:微观形态呈蜂窝状,即韧窝特征

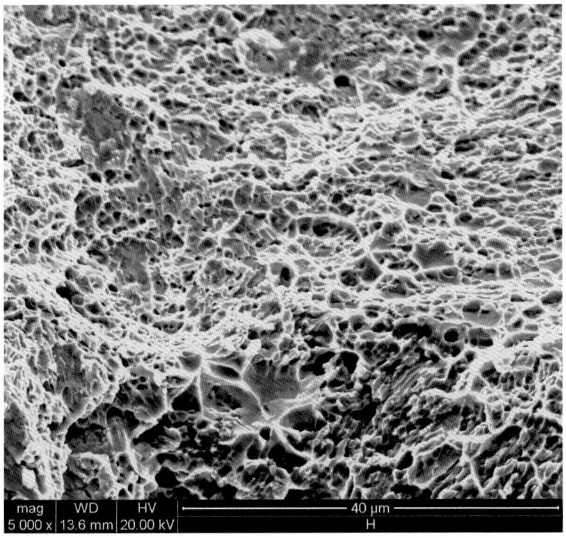

图片编号:Z1.8.1-18
部件名称:车轴成品
材料种类:LZ50(V)钢
工艺条件:两次正火+回火
观测仪器:扫描电子显微镜
放大倍率:5 000×
冲 击 值:63J(U2)
观测位置:冲击断口纤维区
断口特征:微观形态呈蜂窝状,即韧窝特征

图片编号:Z1.8.1-19
部件名称:车轴成品
材料种类:LZ50(V)钢
工艺条件:两次正火+回火
观测仪器:扫描电子显微镜
放大倍率:500×
冲 击 值:63J(U2)
观测位置:冲击断口放射区
断口特征:解理河流状花样

图片编号:Z1.8.1-20
部件名称:车轴成品
材料种类:LZ50(V)钢
工艺条件:两次正火+回火
观测仪器:扫描电子显微镜
放大倍率:1 000×
冲 击 值:63J(U2)
观测位置:冲击断口放射区
断口特征:解理河流状花样

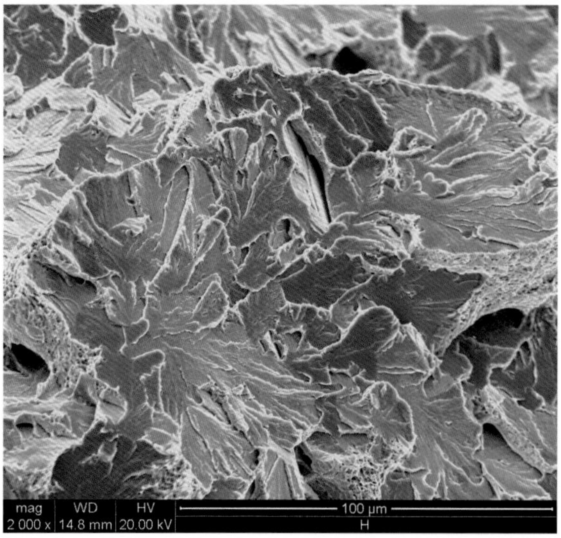

图片编号:Z1.8.1-21
部件名称:车轴成品
材料种类:LZ50(V)钢
工艺条件:两次正火+回火
观测仪器:扫描电子显微镜
放大倍率:2 000×
冲 击 值:63J(U2)
观测位置:冲击断口放射区
断口特征:解理河流状花样

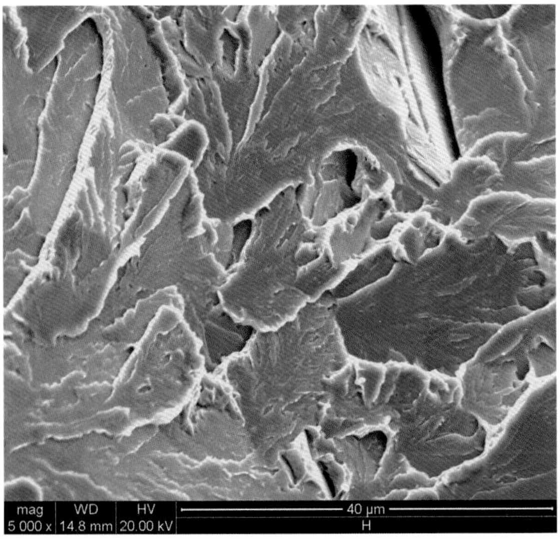

图片编号:Z1.8.1-22
部件名称:车轴成品
材料种类:LZ50(V)钢
工艺条件:两次正火+回火
观测仪器:扫描电子显微镜
放大倍率:5 000×
冲 击 值:63J(U2)
观测位置:冲击断口放射区
断口特征:解理河流状花样

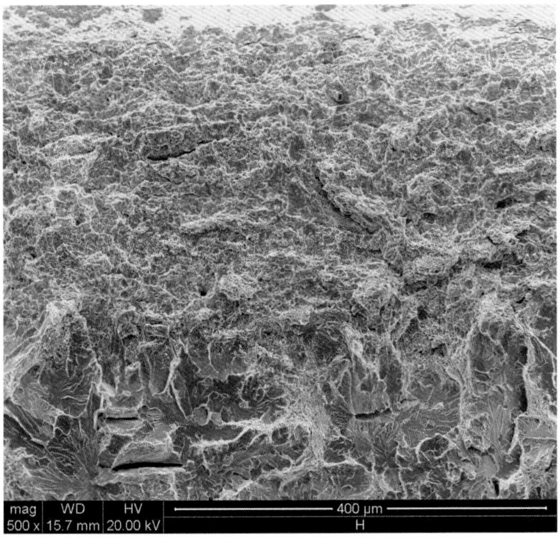

图片编号:Z1.8.1-23
部件名称:车轴成品
材料种类:LZ50(V)钢
工艺条件:两次正火+回火
观测仪器:扫描电子显微镜
放大倍率:500×
冲 击 值:63J(U2)
观测位置:冲击断口剪切唇区
断口特征:纤维状特征

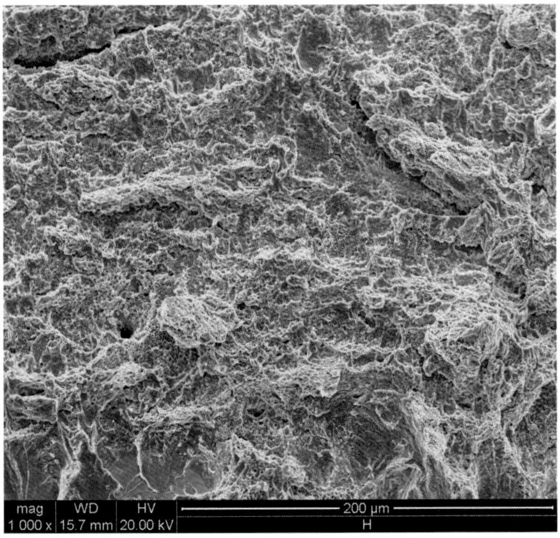

图片编号:Z1.8.1-24
部件名称:车轴成品
材料种类:LZ50(V)钢
工艺条件:两次正火+回火
观测仪器:扫描电子显微镜
放大倍率:1 000×
冲 击 值:63J(U2)
观测位置:冲击断口剪切唇区
断口特征:纤维状特征

图片编号:Z1.8.1-25
部件名称:车轴成品
材料种类:LZ50(V)钢
工艺条件:两次正火+回火
观测仪器:扫描电子显微镜
放大倍率:2 000×
冲 击 值:63J(U2)
观测位置:冲击断口剪切唇区
断口特征:微观形态呈蜂窝状,即韧窝特征

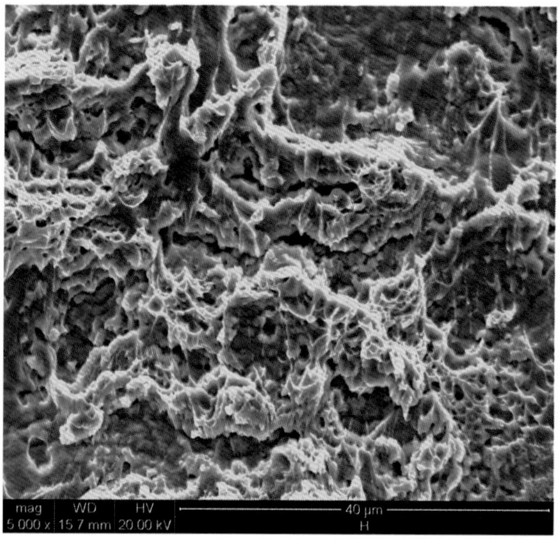

图片编号:Z1.8.1-26
部件名称:车轴成品
材料种类:LZ50(V)钢
工艺条件:两次正火+回火
观测仪器:扫描电子显微镜
放大倍率:5 000×
冲 击 值:63J(U2)
观测位置:冲击断口剪切唇区
断口特征:微观形态呈蜂窝状,即韧窝特征

1.8.2 拉伸断口宏、微观特征

本节分别对经两次正火加一次回火热处理后的LZ50钢车轴、LZ50(V)钢车轴拉伸试样断口在扫描电镜下进行了观察,如图Z1.8.2-1～Z1.8.2-12所示。对于单轴拉伸断口,在理想情况下,其断裂面是由3个特征不同的区域组成:即纤维区、放射区和剪切唇区,这3个区域实际上是裂纹形成区、裂纹扩展区和剪切断裂区。通过扫描电镜对比观察发现,LZ50钢车轴拉伸断口主要呈现了纤维状特征,边缘处剪切唇不明显;LZ50(V)钢车轴拉伸试样断口则具有非常明显的边缘剪切特征,而且在高倍下的微观蜂窝状韧窝中有极小的颗粒物存在。

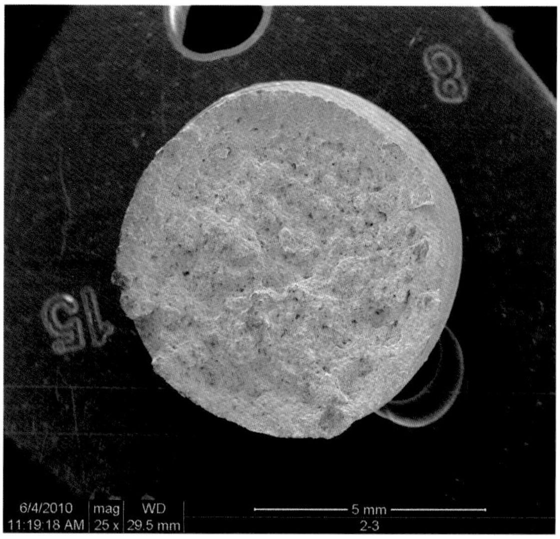

图片编号:Z1. 8. 2-1
部件名称:车轴成品
材料种类:LZ50 钢
工艺条件:二次正火+回火
观测仪器:扫描电子显微镜
放大倍率:25×
强度指标:R_m/675 MPa,R_{eL}/350 MPa
观测位置:宏观形貌
断口特征:主要呈现了纤维状特征,边缘处剪切不明显

图片编号:Z1. 8. 2-2
部件名称:车轴成品
材料种类:LZ50 钢
工艺条件:二次正火+回火
加热设备:井式电阻炉
观测仪器:扫描电子显微镜
放大倍率:500×
强度指标:R_m/675 MPa,R_{eL}/350 MPa
观测位置:典型视场
断口特征:纤维状特征

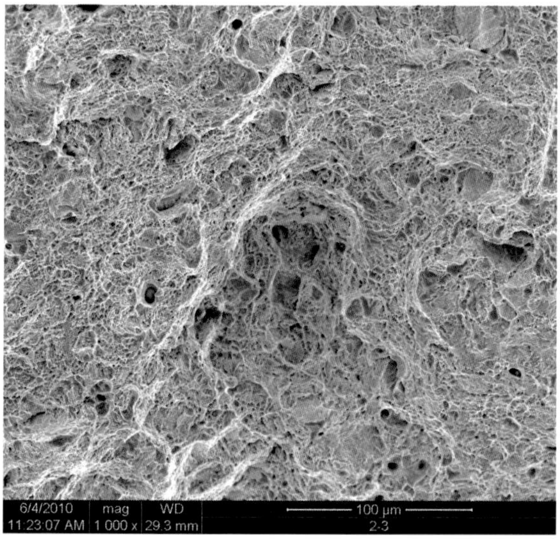

图片编号:Z1. 8. 2-3
部件名称:车轴成品
材料种类:LZ50 钢
工艺条件:二次正火+回火
加热设备:井式电阻炉
观测仪器:扫描电子显微镜
放大倍率:1 000×
强度指标:R_m/675 MPa,R_{eL}/350 MPa
观测位置:典型视场
断口特征:微观形态呈蜂窝状,即韧窝特征

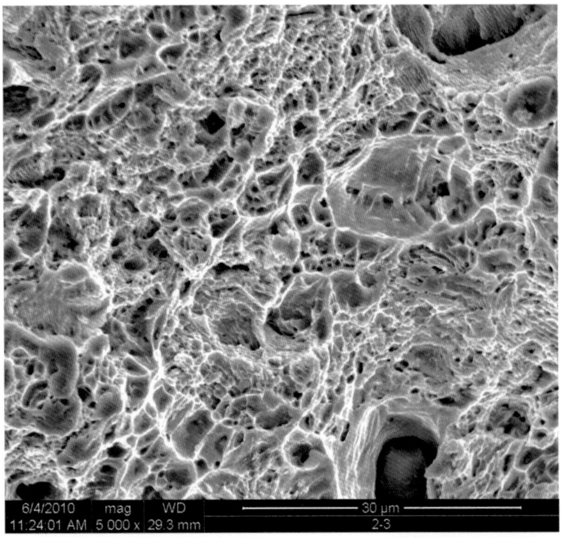

图片编号:Z1.8.2-4
部件名称:车轴成品
材料种类:LZ50 钢
工艺条件:二次正火+回火
加热设备:井式电阻炉
观测仪器:扫描电子显微镜
放大倍率:5 000×
强度指标:R_m/675 MPa,R_{eL}/350 MPa
观测位置:典型视场
断口特征:微观形态呈蜂窝状,即韧窝特征

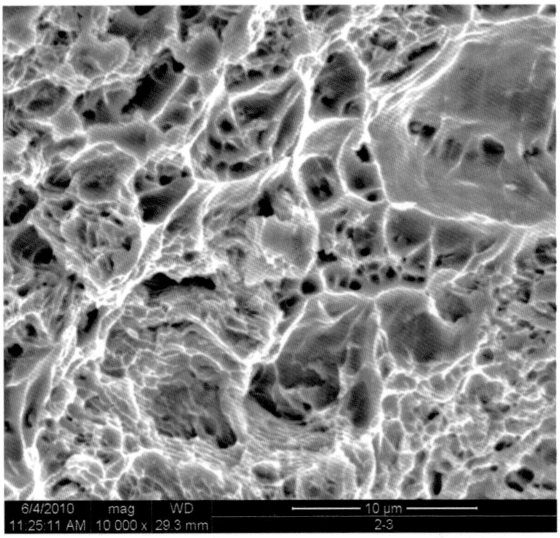

图片编号:Z1.8.2-5
部件名称:车轴成品
材料种类:LZ50 钢
工艺条件:二次正火+回火
加热设备:井式电阻炉
观测仪器:扫描电子显微镜
放大倍率:10 000×
强度指标:R_m/675 MPa,R_{eL}/350 MPa
观测位置:典型视场
断口特征:微观形态呈蜂窝状,即韧窝特征

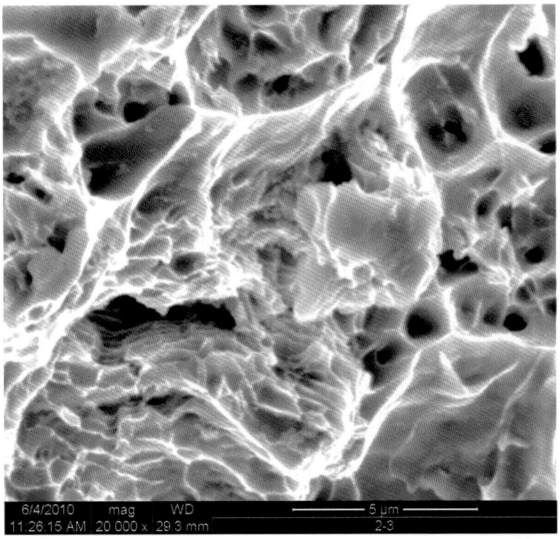

图片编号:Z1.8.2-6
部件名称:车轴成品
材料种类:LZ50 钢
工艺条件:二次正火+回火
观测仪器:扫描电子显微镜
放大倍率:20 000×
强度指标:R_m/675 MPa,R_{eL}/350 MPa
观测位置:典型视场
断口特征:微观形态呈蜂窝状,即韧窝特征

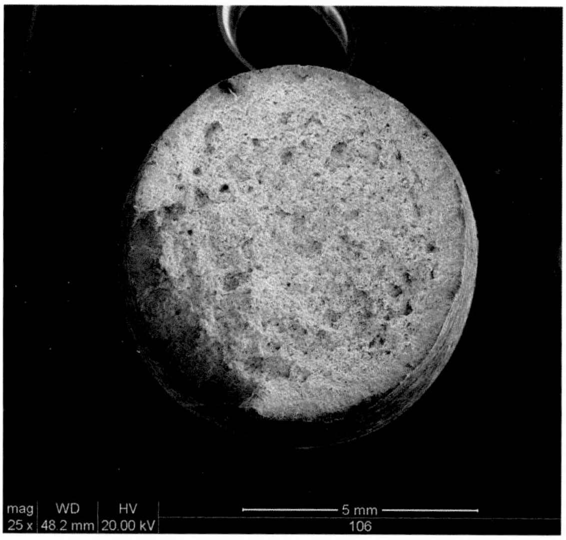

图片编号:Z1.8.2-7
部件名称:车轴成品
材料种类:LZ50(V)钢
工艺条件:二次正火+回火
观测仪器:扫描电子显微镜
放大倍率:25×
强度指标:R_m/700 MPa,R_{eL}/400 MPa
观测位置:宏观形貌
断口特征:主要呈现了纤维状特征,边缘处剪切非常明显

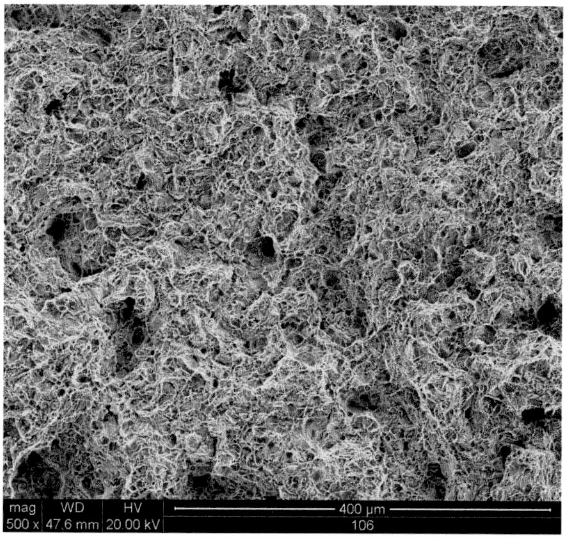

图片编号:Z1.8.2-8
部件名称:车轴成品
材料种类:LZ50(V)钢
工艺条件:二次正火+回火
观测仪器:扫描电子显微镜
放大倍率:500×
强度指标:R_m/700 MPa,R_{eL}/400 MPa
观测位置:典型视场
断口特征:纤维状特征

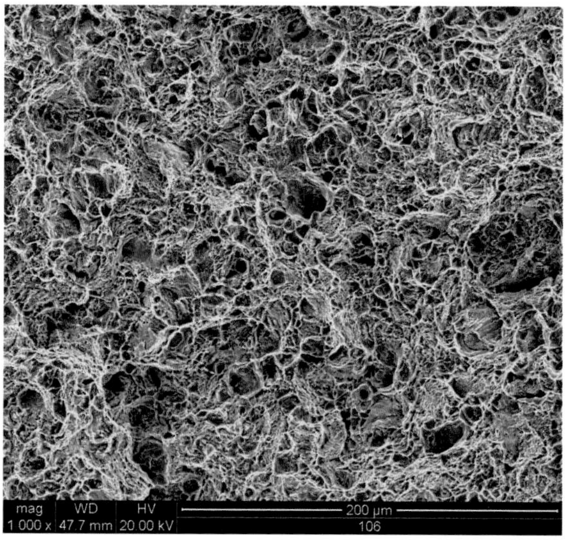

图片编号:Z1.8.2-9
部件名称:车轴成品
材料种类:LZ50(V)钢
工艺条件:二次正火+回火
观测仪器:扫描电子显微镜
放大倍率:1 000×
强度指标:R_m/700 MPa,R_{eL}/400 MPa
观测位置:典型视场
断口特征:微观形态呈蜂窝状,即韧窝特征

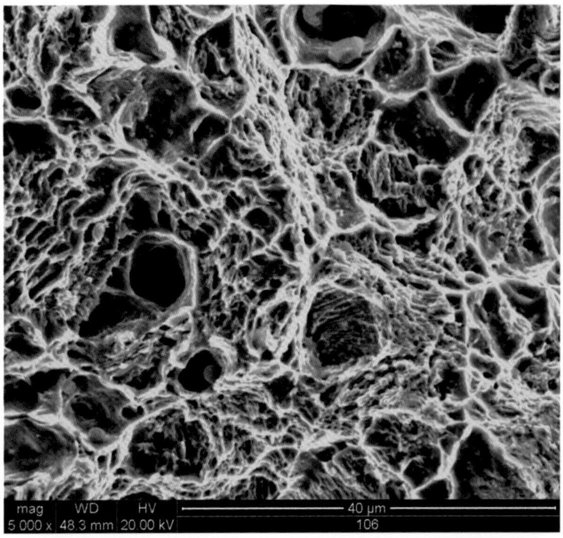

图片编号:Z1.8.2-10
部件名称:车轴成品
材料种类:LZ50(V)钢
工艺条件:二次正火+回火
观测仪器:扫描电子显微镜
放大倍率:5 000×
强度指标:R_m/700 MPa,R_{eL}/400 MPa
观测位置:典型视场
断口特征:微观形态呈蜂窝状,即韧窝特征

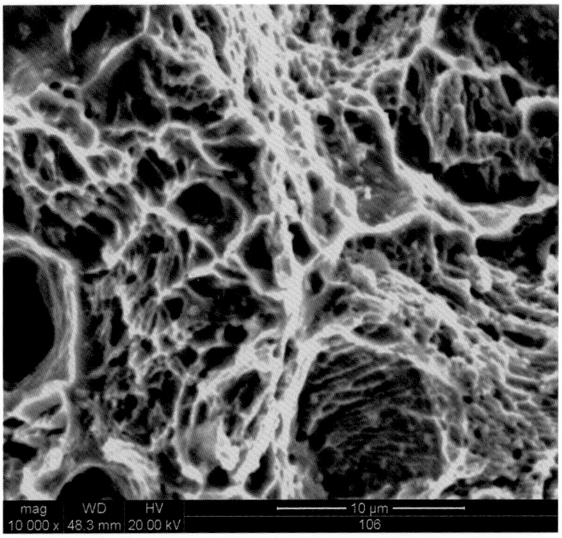

图片编号:Z1.8.2-11
部件名称:车轴成品
材料种类:LZ50(V)钢
工艺条件:二次正火+回火
观测仪器:扫描电子显微镜
放大倍率:10 000×
强度指标:R_m/700 MPa,R_{eL}/400 MPa
观测位置:典型视场
断口特征:微观形态呈蜂窝状,即韧窝特征

图片编号:Z1.8.2-12
部件名称:车轴成品
材料种类:LZ50(V)钢
工艺条件:二次正火+回火
观测仪器:扫描电子显微镜
放大倍率:20 000×
强度指标:R_m/700 MPa,R_{eL}/400 MPa
观测位置:典型视场
断口特征:微观形态呈蜂窝状,即韧窝特征

1.8.3 小　　结

(1)对两次正火+回火后的 LZ50 钢车轴、LZ50(V)钢车轴冲击试样断口在扫描电镜下进行观察发现，LZ50 钢车轴冲击断口上断裂起源处纤维区较窄，主要为放射区，剪切唇区不明显；LZ50(V)钢车轴冲击试样断口则呈现断裂起源处纤维区较宽，放射区一般，剪切唇区非常明显，这与他们的冲击值测试结果是相吻合的。上述冲击断口的特征表明，LZ50(V)钢车轴的韧性优于 LZ50 钢车轴。

(2)对两次正火加一次回火后的 LZ50 钢车轴、LZ50(V)钢车轴拉伸试样断口在扫描电镜下进行观察发现，LZ50 钢车轴拉伸断口主要呈现了纤维状特征，边缘处剪切不明显；LZ50(V)钢车轴拉伸试样断口则具有非常明显的边缘剪切特征，而且在高倍下的微观蜂窝状韧窝中有极小的颗粒物存在。

2　货车制动梁的显微组织

2.1　概　　述

制动梁是货车制动系统的重要部件，其受力情况复杂多变，主要承受瞬时加载的低周疲劳载荷，通用货车无配属的运用条件更要求制动梁的材质必须确保其在高寒地区使用的安全可靠性。所以要求制作制动梁的钢材具有优良的综合力学性能，高的强度和良好的低温冲击韧性相配合。铁道行业标准《铁路货车组合式制动梁》(TB/T 1978—2007)中规定：制动梁用钢原材料屈服强度 $R_{eL}\geqslant$460 MPa(成品制动梁架 $R_{eL}\geqslant$420 MPa)，低温(−40 ℃)冲击韧性 $A_{kv}\geqslant$27 J，疲劳寿命$\geqslant$100 万次。

目前铁路运输现场使用最多的 L-B 型组合式制动梁，是中国北车集团齐齐哈尔轨道交通装备有限责任公司专门为铁路提速、重载货车设计的新型制动梁。其外形似一个拉开的"弓"形，在结构上具有整体性好、无焊点、质量较轻等特点，原材料采用 Q460E 等级微合金化钢，钢材断面为特种十字型钢，见图 2-1。

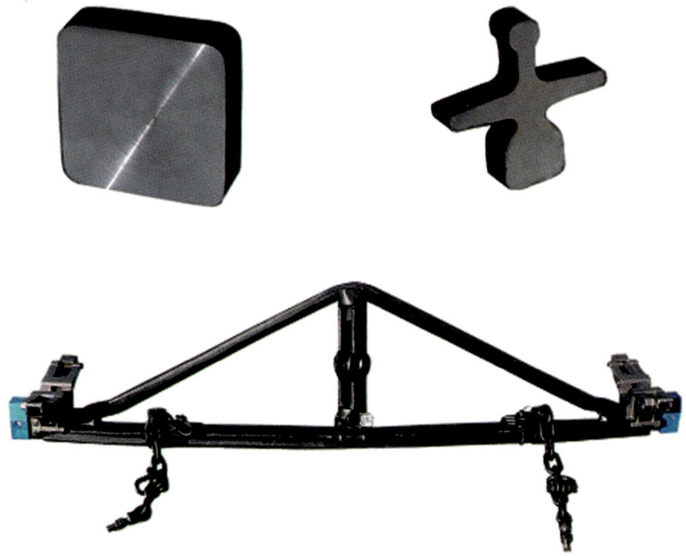

图 2-1　113 mm×113 mm 方坯和十字型钢及 L-B 型组合制动梁示意图

2.2　化学成分

L-B 型组合式制动梁采用 Q460E 等级微合金化钢为弓形梁架材质。其化学成分技术要求及试验用材料实测结果见表 2-1。

表 2-1 Q460E 微合金化钢制动梁及试验料化学成分实测结果(%)

牌号	C	P≤	S≤	Mn	Si	V	Nb	Ti	Al≥	Cr≤	Ni≤
Q460E 钢制动梁	0.10～0.20	0.020	0.015	1.00～1.70	0.25～0.55	0.02～0.20	0.015～0.060	0.02～0.20	0.015	0.70	0.70
试验料实测值	0.14	0.010	0.009	1.43	0.34	0.08	0.034	0.01	0.055	0.43	0.01

2.3 加工工艺流程

L-B 型组合式制动梁完整的热加工工艺流程是:脱硫铁水→转炉→LF 炉精炼→Q460E 微合金化钢连铸(200 mm×200 mm 方坯)→空冷(堆垛缓冷)→加热,轧制(113 mm×113 mm 方坯)→空冷(坑内缓冷)→加热,轧制(异形十字型钢)→加热→热切、拉伸、整形→冷却→回火→空冷(室内自然冷却)。

2.4 力学性能

制动梁用 Q460E 十字型钢原材料及产品力学性能的技术要求如表 2-2。

表 2-2 试验用 Q460E 十字型钢原材料力学性能

牌号	抗拉强度 R_m(MPa)	下屈服强度 R_{eL}(MPa)	伸长率 A(%)	A_{kv}(−40℃)(纵向)(J)
Q460E 十字型钢	≥550	≥460	≥17	≥27
制动梁产品	≥550	≥420	≥17	≥27

Q460E 微合金化钢在似正火状态* 下的屈服强度 R_{eL}、抗拉强度 R_m、伸长率 A、低温冲击吸收能量值 A_{kv}(−40℃)和布氏硬度 HB 与不同加热温度的关系如图 2-2、图 2-3、图 2-4 和图 2-5。

* 注:这里似正火状态是指奥氏体化加热温度较高[约(960±10)℃,是热切必需的温度],然后空冷或风冷的复合工艺,从热处理的角度命名的。

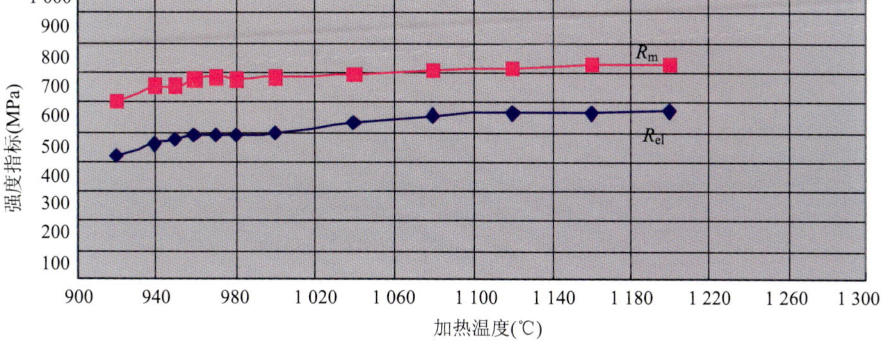

图 2-2 抗拉强度、屈服强度与加热温度的关系曲线

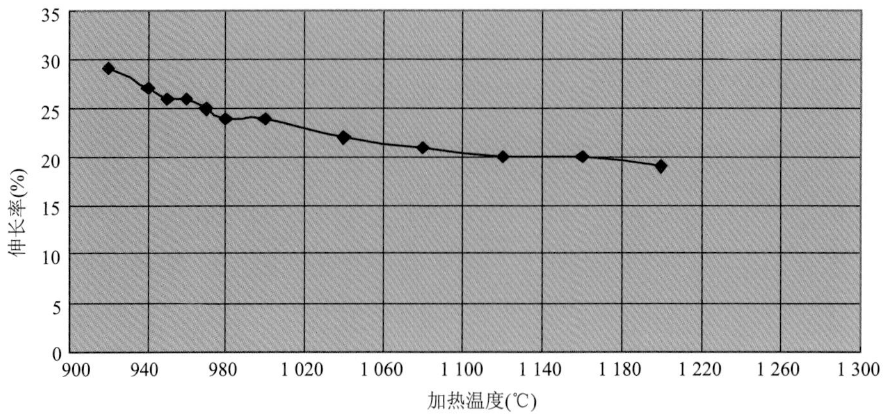

图 2-3　伸长率与加热温度的关系曲线

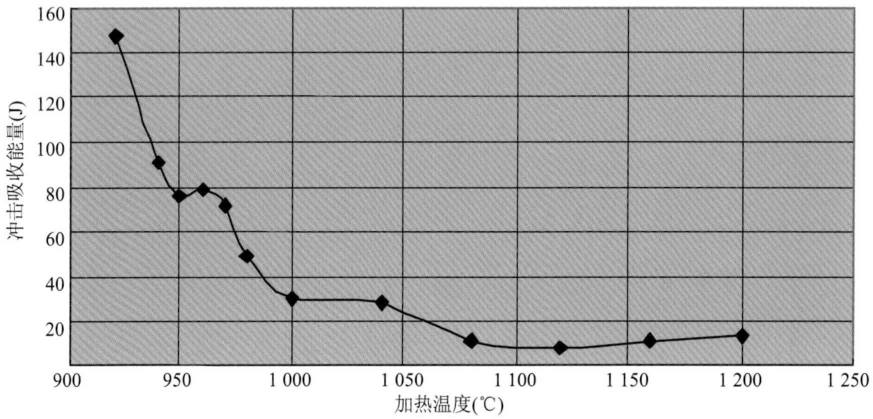

图 2-4　低温冲击吸收能量值与加热温度的关系曲线

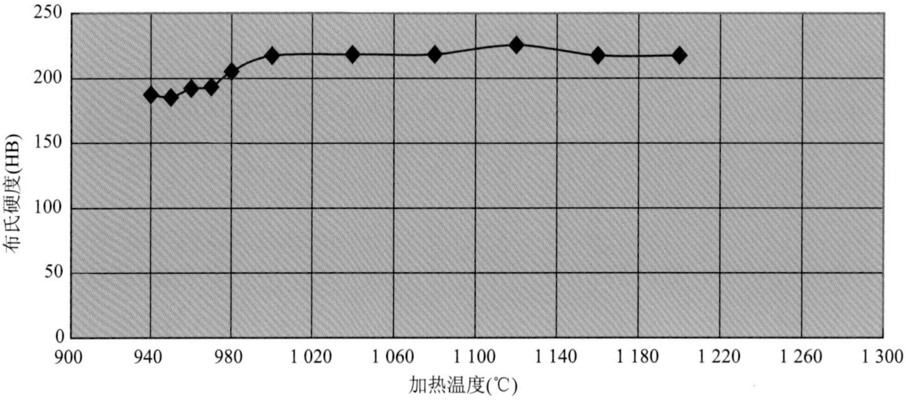

图 2-5　布氏硬度与加热温度

从上述曲线中可以总结出以下几点：

①R_{eL}、R_m 随加热温度的上升而缓慢增加；

②A 随加热温度的上升呈缓慢下降，但仍然在技术要求的指标之上；

③A_{kv}（−40 ℃）值随奥氏体化温度升高而成台阶跳跃式下降，非常敏感；

④布氏硬度在 1 000 ℃以下时随加热温度的上升而缓慢增加；1 000 ℃以上基本保持水平。

2.5　金相组织

鉴于 L-B 型组合式制动梁的原材料采用 Q460E 等级微合金化钢，其化学成分在本质上是一种低碳钢成分加上极少量的微合金化元素，而制造制动梁的各阶段工艺过程从热处理的角度基本上是参数不同的似正火工艺。所以，制动梁的金相组织主要是铁素体＋珠光体＋不等量的魏氏组织。试验研究表明，随着工艺参数的不同，上述金相组织的晶粒度、各金相组织形态和数量有较大差异，特别是魏氏组织表现最为突出，而且其对制动梁的力学性能影响也最为明显。为了不断提高制动梁的质量，必须掌握微合金化钢中魏氏组织生成机理、特征和变化规律，以及魏氏组织含量与力学性能的对应关系，下面将在微合金化钢制动梁中对魏氏组织研究的相关成果做概括性介绍。

(1)魏氏组织

Q460E 微合金化钢中的魏氏组织是由不规则状、针(片)状先析铁素体及其周围珠光体组成的有较明显边界的组织团。

(2)Q460E 微合金化钢中魏氏组织的本质

Q460E 微合金化钢在加热温度较高、冷却速度较快的条件下，当冷却经过双相区时微合金化元素(V、Ti、Al 和 Nb 等)的碳氮化合物固溶较多的区域生成的过饱和固溶的先析铁素体，和周围的珠光体共同组成的混合组织称之为先析铁素体型的魏氏组织。

(3)魏氏组织变化规律、形态特征

①随着加热温度的升高(920→1 200 ℃)，在风冷的条件下，金相显微镜观察(100×)，魏氏组织的量从几乎看不到，一直增加到 90%左右，但不是线性增加：开始较慢，然后较快，最后趋于饱和。

②金相形态(100×、500×)：魏氏组织中的先共析铁素体有不规则状、多边形、针状、条状和排条状等，而魏氏组织中珠光体的渗碳体有点状、直短条状、弯短条状等。

(4)微合金化钢与碳钢中魏氏组织对比

在产品技术条件 TB/T 1978—2007《铁路货车组合式制动梁》中，对制动梁梁架中魏氏组织控制提出了要求。当时国内可作为评定魏氏组织级别的标准只有 GB/T 13299—1991《钢的显微组织评定方法》。但 GB/T 13299—1991 是建立在碳钢研究基础上的成果，与 Q460E 微合金化钢的魏氏组织在特征、分布、规律性上有明显差异，如图 2-6 所示。所以采用国标 GB/T 13299—1991 对 Q460E 微合金化钢中的魏氏组织进行检验判定引起了不少偏差和争议。因此，对制动梁用 Q460E 微合金化钢中魏氏组织进行研究并制定专用的金相检验标准图谱是非常必要的。

(5)《铁路用微合金化钢魏氏组织金相检验图谱》标准的编制过程

①首先开展了相关资料、工艺过程调研工作。

②全面、深入研究了 Q460E 微合金化钢不同工艺条件下的宏、微观组织，特别是魏氏组织特征、变化规律、生成机理，以及对力学性能的影响，重点是对－40 ℃低温冲击吸收能量值的影响。获得了大量、系统完整的魏氏组织金相图片，继而对图片中魏氏组织进行了定量金相分析。

③进行了微合金化钢与碳钢在相同工艺条件下产生的魏氏组织特征的对比分析。

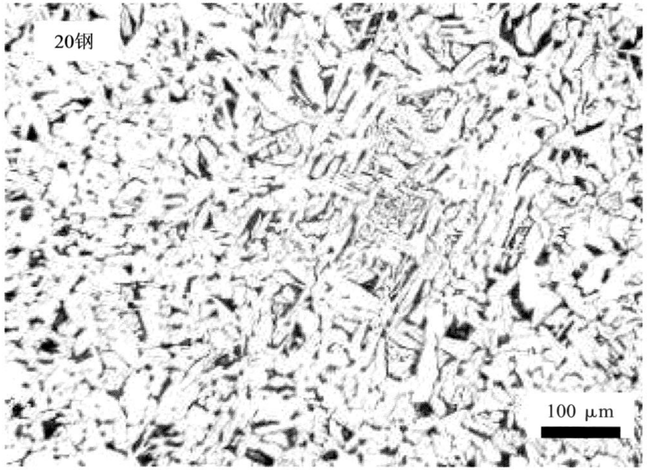

(a)碳钢

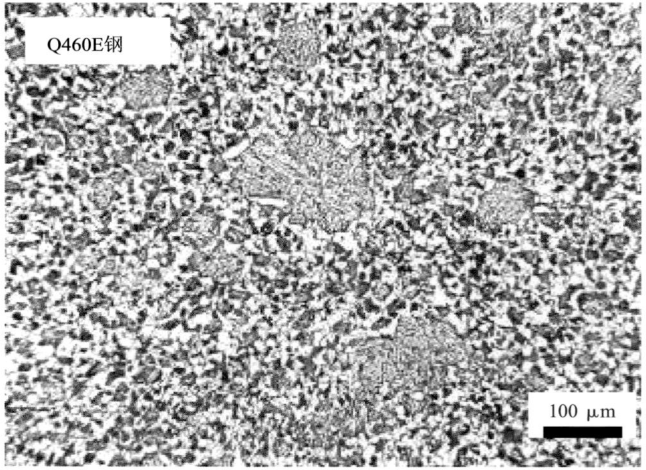

(b)微合金化钢

图2-6　加热温度1 000 ℃，风冷下的魏氏组织形态

④同时与国标 GB/T 13299—1991《钢的显微组织评定方法》编制人员进行了交流，了解国标对中、低碳钢魏氏组织分级检验的制定过程和依据。

⑤在上述工作的基础上，制定了 Q460E 微合金化钢魏氏组织的分级方法和判定准则，并配制了 Q460E 微合金钢各级别魏氏组织的金相图片，编制了“铁路用微合金化钢魏氏组织金相检验图谱”征求意见稿。

⑥将该稿发至 21 个相关工厂进行生产现场验证和意见征集，对意见汇总处理后，完成了“铁路用 Q460E 微合金化钢魏氏组织金相检验图谱”送审稿。

⑦最后，根据标准审查会上专家提出的修改意见，对标准相关条款进行了完善和补充，完成了《铁路用微合金化钢魏氏组织金相检验图谱》报批稿。

⑧铁标 TB/T 3239—2010《铁路用微合金化钢魏氏组织金相检验图谱》于 2010 年 8 月 22 日经铁道部批准发布，2011 年 2 月 1 日实施，详见附录 1。

(6)金相检验标准与制动梁产品标准的相关性

在制动梁产品标准 TB/T 1978—2007《铁路货车组合式制动梁》4.3.5 条中规定了对魏氏组织限制级别要求：“不应存在大于等于 3 级的魏氏组织”，但该标准未提供所依据的图谱标准。若勉强采用国标 GB/T 13299—1991 中的魏氏组织图谱对制动梁中的魏氏组织进行评定，试验研究表明，当 Q460E 微合金化钢中魏氏组织形态特征达到小于国标 2 级时(见图 2-7)，试样的低温冲击吸收能量值为 23 J(−40 ℃，A_{kv})；达到国标 2～3 级时(见图 2-7)，低温冲击吸收能量值仅为 14 J(−40 ℃，A_{kv})，都可造成制动梁的低温冲击性能低于 TB/T 1978—2007 规定值的下限(−40 ℃，$A_{kv}\geqslant$27 J)。这就会对制动梁的使用带来严重的安全隐患。

若按照铁标 TB/T 3239—2010 中的魏氏组织金相图谱对 Q460E 钢制动梁中的魏氏组织级别进行评定，当其中魏氏组织的级别小于或等于 C 级(见图 2-7)时，即当魏氏组织面积百分含量≤5%时，Q460E 微合金化钢低温冲击吸收能量值≥60 J(见图 2-8)，远高于 TB/T 1978—2007 规定值的下限。这将使铁路货车组合式制动梁中魏氏组织的检验、评定更准确、更严格。最重要的是铁标 TB/T 3239—2010 保证了制动梁的使用更安全。

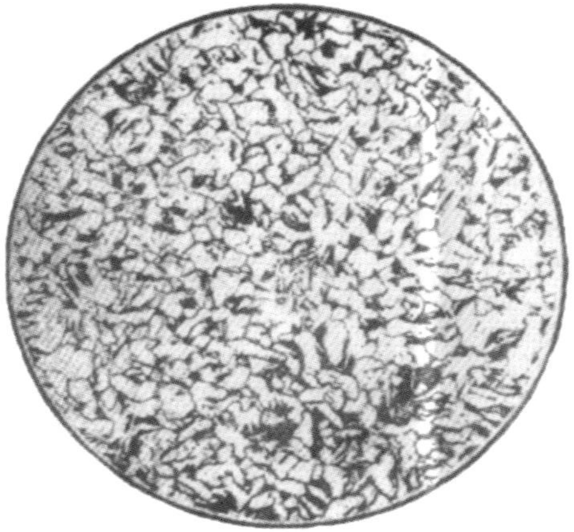

1级

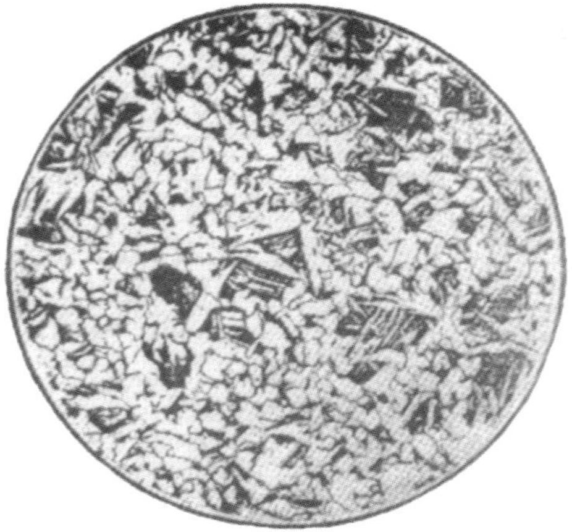

2级

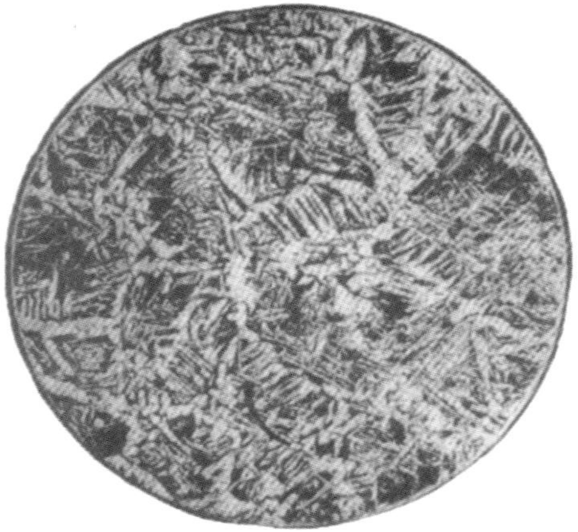

3级

国标 GB/T 13299—1991

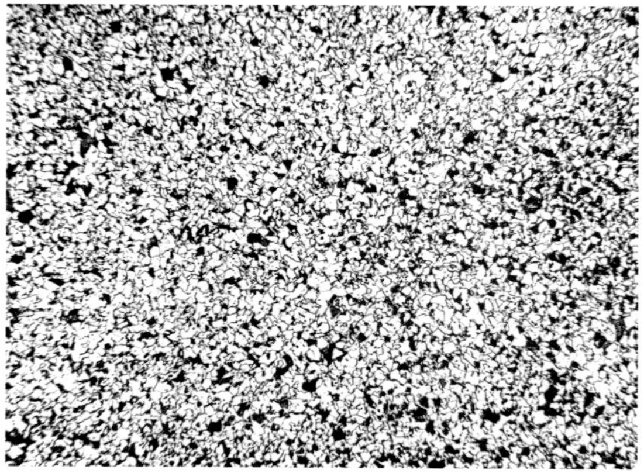

A级

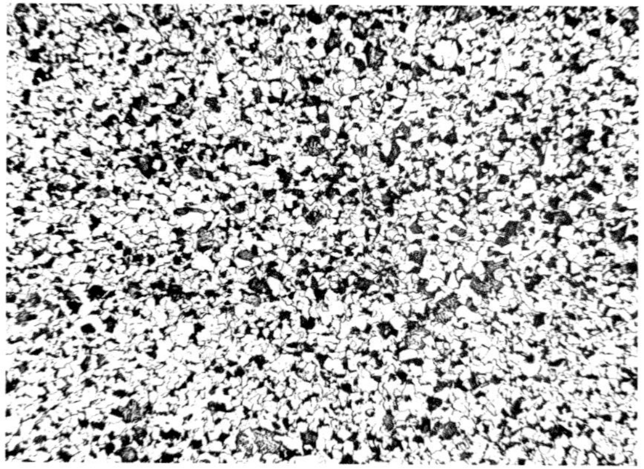

B级

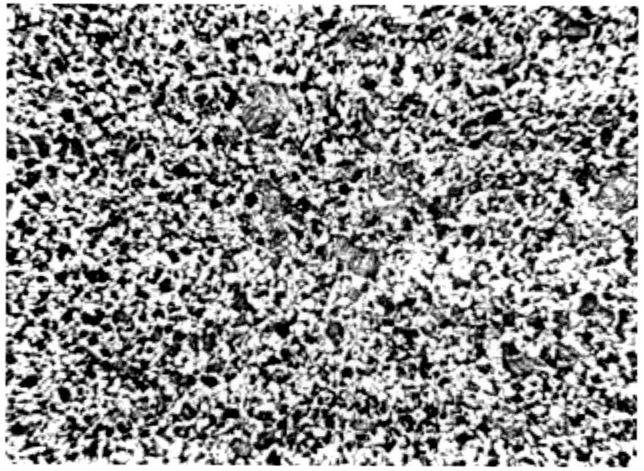

C级

铁标 TB/T 3239—2010

图2-7 魏氏组织图谱对比　100×

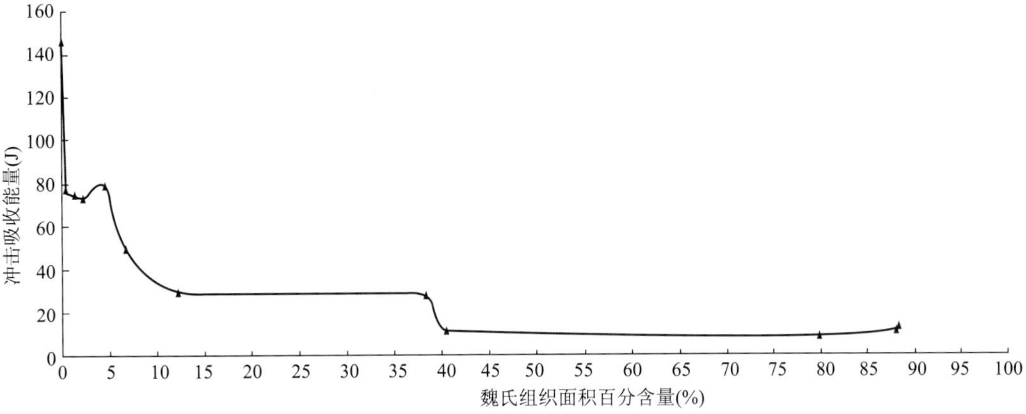

图 2-8　Q460E 钢低温冲击吸收能量值与魏氏组织面积百分含量的关系曲线

2.5.1　方　　钢

这里的方钢指的是 113 mm×113 mm 的小方钢，是由 200 mm×200 mm 的大方钢热轧制成，在以下图片说明中简称为：方钢。这种小方钢实际是十字型钢轧制厂的原材料。铁道部在 2005 年发布的运装货车[2005]474 号文中对小方钢的金相组织提出“不允许存在 2 级以上的魏氏组织”的技术要求。为了更好地进行金相组织的对比，2.5.1.1 部分给出了同一炉号方钢不同部位的金相组织，取样位置和编号如图 2-9 所示；2.5.1.2 部分则给出了不同炉号同一部位的金相组织，取样位置均为图 2-9 所示“2”位置。

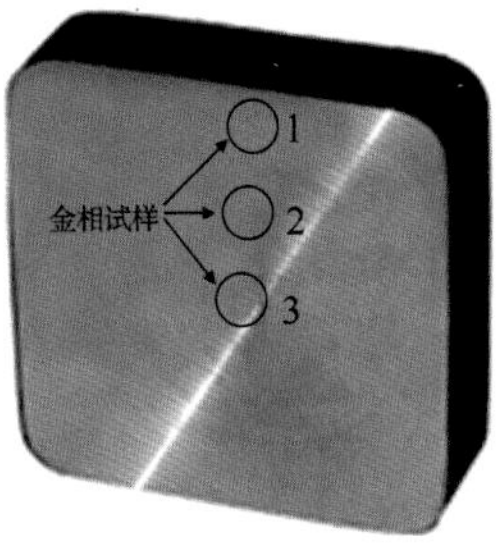

图 2-9　方钢金相试样取样示意图

2.5.1.1　同一炉号不同部位方钢

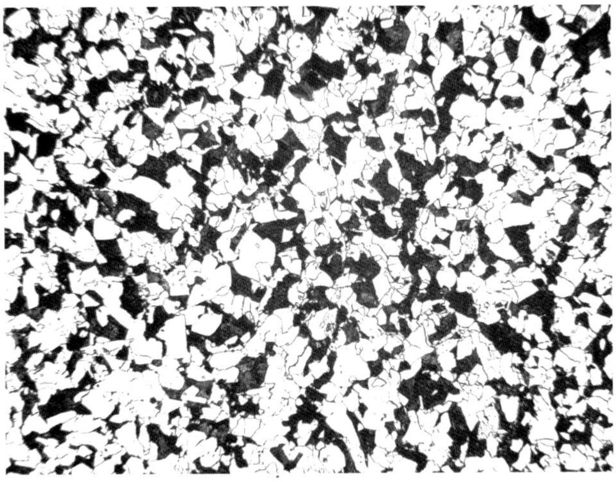

图片编号：L2.5.1.1-1
部件名称：L-B 型制动梁
材料种类：Q460E 微合金化钢
工艺条件：方钢
加热设备：燃气炉
观测仪器：金相显微镜
放大倍率：100×
试样种类：方钢横向切片磨面，(位置 1 靠近表面)
观测位置：典型视场
侵 蚀 剂：4%硝酸酒精溶液
金相组织：珠光体+铁素体
晶 粒 度：8 级

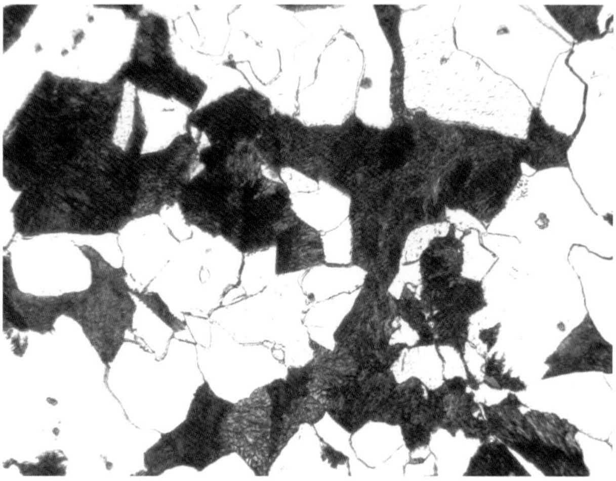

图片编号:L2.5.1.1-2
部件名称:L-B型制动梁
材料种类:Q460E微合金化钢
工艺条件:方钢
加热设备:燃气炉
观测仪器:金相显微镜
放大倍率:500×
试样种类:方钢横向切片磨面,
(位置1靠近表面)
观测位置:典型视场
侵 蚀 剂:4%硝酸酒精溶液
金相组织:珠光体+铁素体

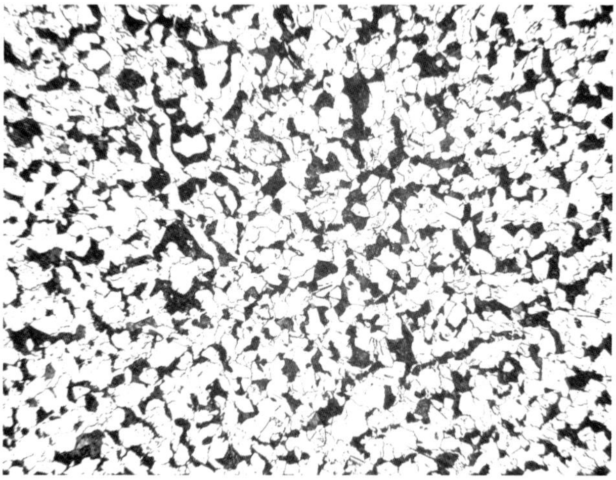

图片编号:L2.5.1.1-3
部件名称:L-B型制动梁
材料种类:Q460E微合金化钢
工艺条件:方钢
加热设备:燃气炉
观测仪器:金相显微镜
放大倍率:100×
试样种类:方钢横向切片磨面,
(图2-9位置2)
观测位置:典型视场
侵 蚀 剂:4%硝酸酒精溶液
金相组织:珠光体+铁素体
晶 粒 度:8级

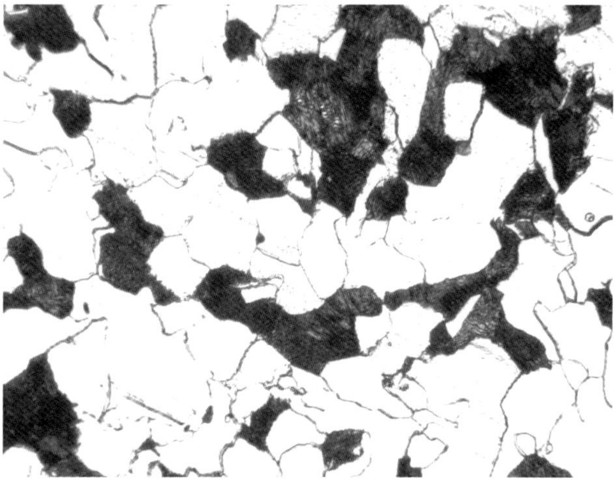

图片编号:L2.5.1.1-4
部件名称:L-B型制动梁
材料种类:Q460E微合金化钢
工艺条件:方钢
加热设备:燃气炉
观测仪器:金相显微镜
放大倍率:500×
试样种类:方钢横向切片磨面,
(图2-9位置2)
观测位置:典型视场
侵 蚀 剂:4%硝酸酒精溶液
金相组织:珠光体+铁素体

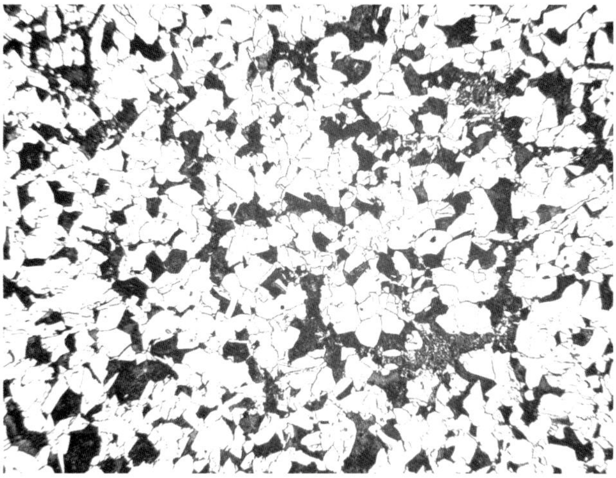

图片编号:L2.5.1.1-5
部件名称:L-B 型制动梁
材料种类:Q460E 微合金化钢
工艺条件:方钢
加热设备:燃气炉
观测仪器:金相显微镜
放大倍率:100×
试样种类:方钢横向切片磨面,
（图 2-9 位置 3）
观测位置:典型视场
侵 蚀 剂:4%硝酸酒精溶液
金相组织:珠光体＋铁素体＋魏氏组织 C 级
晶 粒 度:8 级

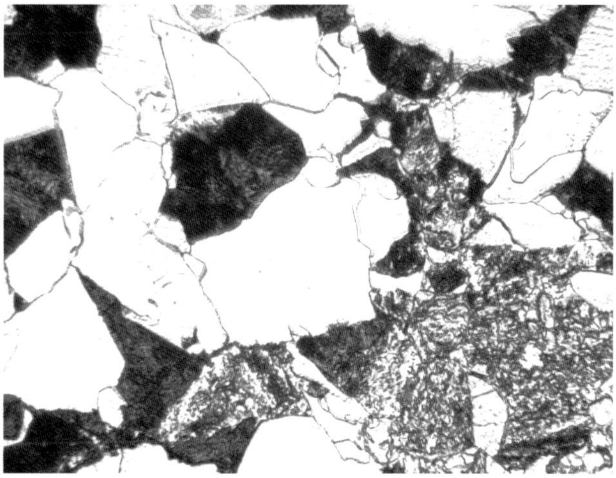

图片编号:L2.5.1.1-6
部件名称:L-B 型制动梁
材料种类:Q460E 微合金化钢
工艺条件:方钢
加热设备:燃气炉
观测仪器:金相显微镜
放大倍率:500×
试样种类:方钢横向切片磨面,
（图 2-9 位置 3）
观测位置:典型视场
侵 蚀 剂:4%硝酸酒精溶液
金相组织:珠光体＋铁素体＋魏氏组织

2.5.1.2　不同炉号同一部位方钢

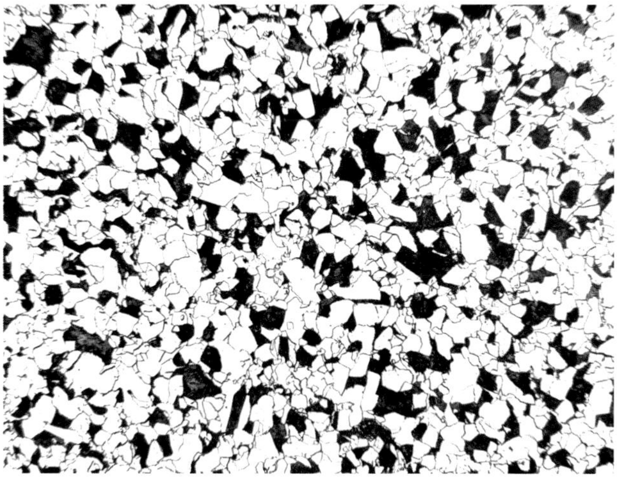

图片编号:L2.5.1.2-1
部件名称:L-B 型制动梁
材料种类:Q460E 微合金化钢
工艺阶段:方钢
加热设备:燃气炉
观测仪器:金相显微镜
放大倍率:100×
试样种类:方钢横向切片磨面
观测位置:典型视场
侵 蚀 剂:4%硝酸酒精溶液
金相组织:珠光体＋铁素体＋魏氏组织;铁素体晶粒度 7.5 级;魏氏组织 A 级

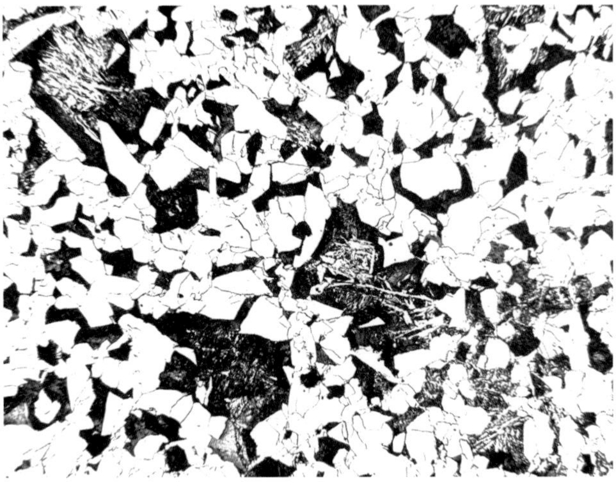

图片编号:L2.5.1.2-2
部件名称:L-B型制动梁
材料种类:Q460E微合金化钢
工艺阶段:方钢
加热设备:燃气炉
观测仪器:金相显微镜
放大倍率:100×
试样种类:方钢横向切片磨面
观测位置:典型视场
侵 蚀 剂:4%硝酸酒精溶液
金相组织:珠光体+铁素体+魏氏组织;铁素体晶粒度7级;魏氏组织D级

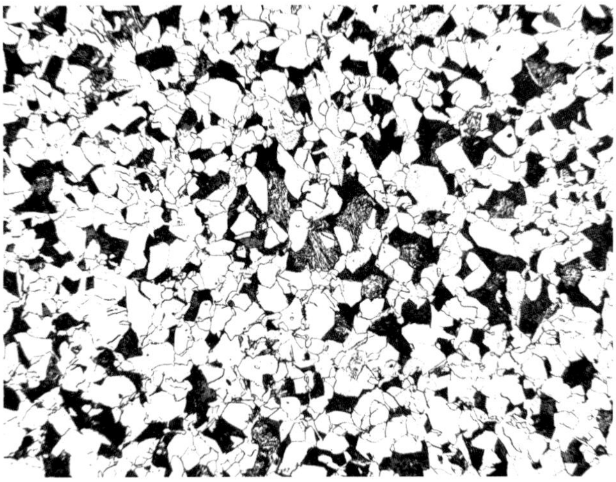

图片编号:L2.5.1.2-3
部件名称:L-B型制动梁
材料种类:Q460E微合金化钢
工艺阶段:方钢
加热设备:燃气炉
观测仪器:金相显微镜
放大倍率:100×
试样种类:方钢横向切片磨面
观测位置:典型视场
侵 蚀 剂:4%硝酸酒精溶液
金相组织:珠光体+铁素体+魏氏组织;铁素体晶粒度7.5级;魏氏组织C级

图片编号:L2.5.1.2-4
部件名称:L-B型制动梁
材料种类:Q460E微合金化钢
工艺阶段:方钢
加热设备:燃气炉
观测仪器:金相显微镜
放大倍率:100×
试样种类:方钢横向切片磨面
观测位置:典型视场
侵 蚀 剂:4%硝酸酒精溶液
金相组织:珠光体+铁素体+魏氏组织;铁素体晶粒度7级;魏氏组织E级

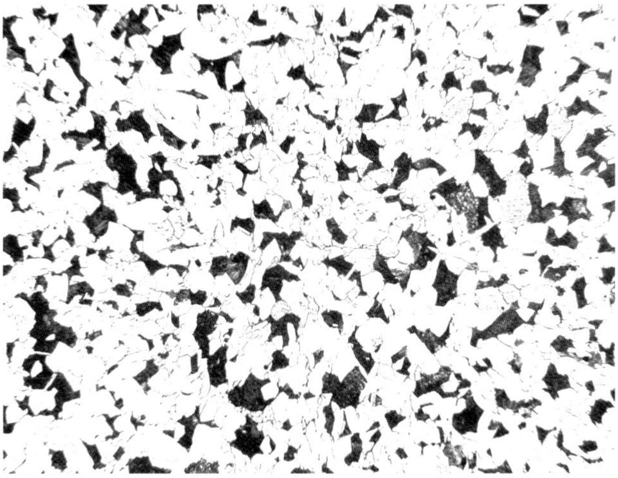

图片编号:L2.5.1.2-5
部件名称:L-B 型制动梁
材料种类:Q460E 微合金化钢
工艺阶段:方钢
加热设备:燃气炉
观测仪器:金相显微镜
放大倍率:100×
试样种类:方钢横向切片磨面
观测位置:典型视场
侵 蚀 剂:4%硝酸酒精溶液
金相组织:珠光体+铁素体+魏氏组织;铁素体晶粒度 7.5 级;魏氏组织 A 级

图片编号:L2.5.1.2-6
部件名称:L-B 型制动梁
材料种类:Q460E 微合金化钢
工艺阶段:方钢
加热设备:燃气炉
观测仪器:金相显微镜
放大倍率:100×
试样种类:方钢横向切片磨面
观测位置:典型视场
侵 蚀 剂:4%硝酸酒精溶液
金相组织:珠光体+铁素体+魏氏组织;铁素体晶粒度 7.5 级;魏氏组织 D 级

2.5.2 热轧十字型钢

十字型钢是将 113 mm×113 mm 的小方钢加热轧制成型,经堆垛冷却或缓冷坑冷却后为成品,作为制造制动梁产品的原材料。

在十字型钢热加工成制动梁前,制动梁技术条件中对十字型钢的晶粒度和金相组织没有提出具体要求。铁道部在 2005 年发布的运装货车[2005]474 号文中对 L—B 型制动梁用热轧型钢金相组织提出"不允许存在魏氏组织"的要求,同时提出"每一加热炉次检验一次"的检验频次要求。

为了更好地进行金相组织的对比,2.5.2.1 部分给出了同一炉号不同部位十字型钢的金相组织,取样位置和编号如图 2-10 所示;2.5.2.2 部分则给出了不同炉号同一部位的金相组织,取样位置均为图 2-10 所示"1"位置。

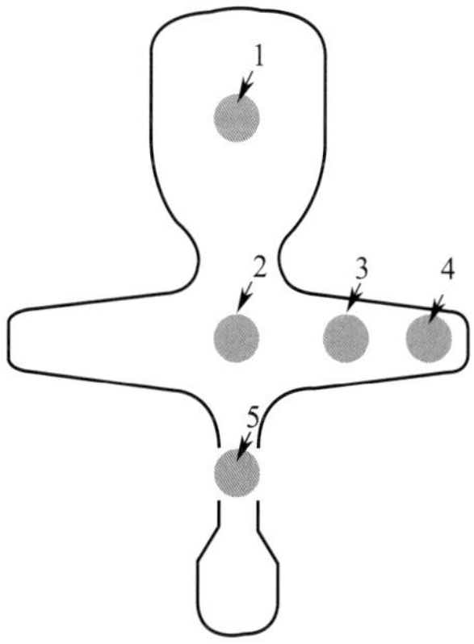

图 2-10 热轧十字型钢金相试样取样位置和编号

2.5.2.1 同一炉号不同部位十字型钢

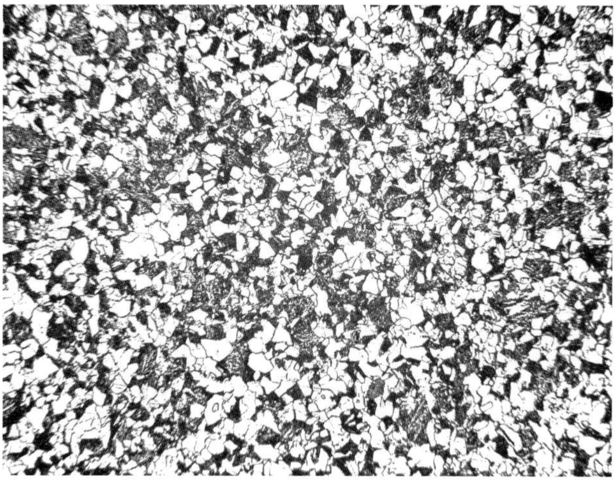

图片编号:L2.5.2.1-1
部件名称:L-B型制动梁
材料种类:Q460E微合金化钢
工艺阶段:热轧十字型钢
加热设备:燃气炉
观测仪器:金相显微镜
放大倍率:100×
试样种类:十字型钢(位置1)
观测位置:典型视场
侵 蚀 剂:4%硝酸酒精溶液
金相组织:珠光体+铁素体+魏氏组织C级
晶 粒 度:8.5级

图片编号:L2.5.2.1-2
部件名称:L-B型制动梁
材料种类:Q460E微合金化钢
工艺阶段:热轧十字型钢
加热设备:燃气炉
观测仪器:金相显微镜
放大倍率:500×
试样种类:十字型钢(位置1)
观测位置:典型视场
侵 蚀 剂:4%硝酸酒精溶液
金相组织:珠光体+铁素体+魏氏组织

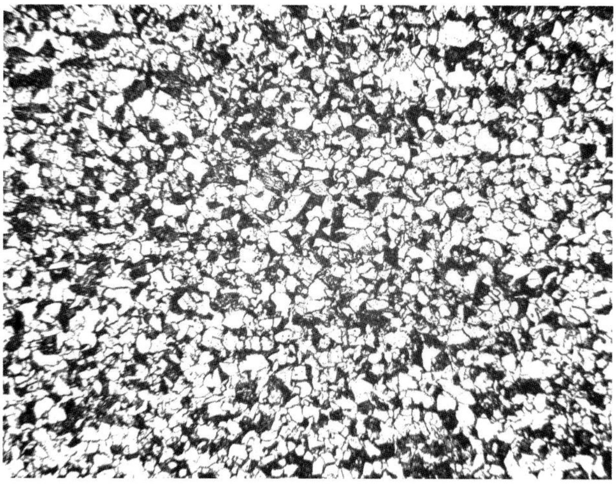

图片编号:L2.5.2.1-3
部件名称:L-B型制动梁
材料种类:Q460E微合金化钢
工艺阶段:热轧十字型钢
加热设备:燃气炉
观测仪器:金相显微镜
放大倍率:100×
试样种类:十字型钢(位置2)
观测位置:典型视场
侵 蚀 剂:4%硝酸酒精溶液
金相组织:珠光体+铁素体+魏氏组织B级
晶 粒 度:8.5级

图片编号:L2.5.2.1-4
部件名称:L-B型制动梁
材料种类:Q460E微合金化钢
工艺阶段:热轧十字型钢
加热设备:燃气炉
观测仪器:金相显微镜
放大倍率:500×
试样种类:十字型钢(位置2)
观测位置:典型视场
侵 蚀 剂:4%硝酸酒精溶液
金相组织:珠光体+铁素体+魏氏组织

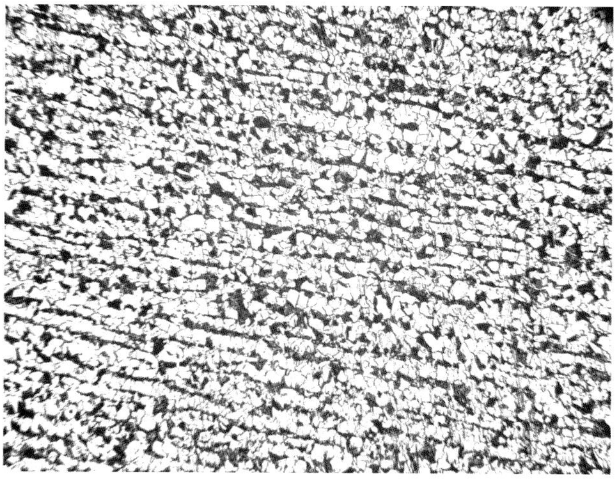

图片编号:L2.5.2.1-5
部件名称:L-B型制动梁
材料种类:Q460E微合金化钢
工艺阶段:热轧十字型钢
加热设备:燃气炉
观测仪器:金相显微镜
放大倍率:100×
试样种类:十字型钢(位置3)
观测位置:典型视场
侵 蚀 剂:4%硝酸酒精溶液
金相组织:珠光体+铁素体+魏氏组织A级
晶 粒 度:9级

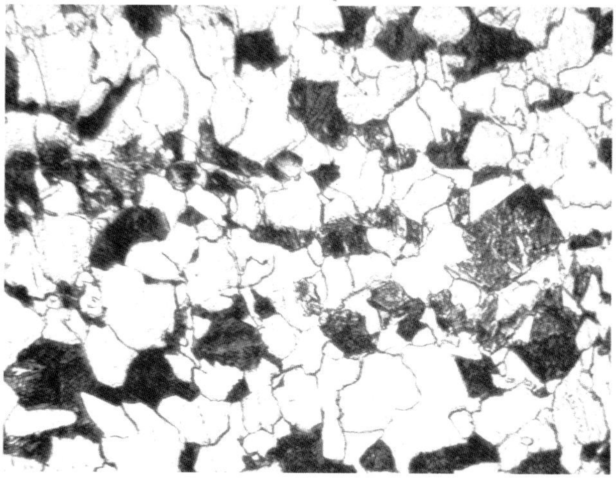

图片编号:L2.5.2.1-6
部件名称:L-B型制动梁
材料种类:Q460E微合金化钢
工艺阶段:热轧十字型钢
加热设备:燃气炉
观测仪器:金相显微镜
放大倍率:500×
试样种类:十字型钢(位置3)
观测位置:典型视场
侵 蚀 剂:4%硝酸酒精溶液
金相组织:珠光体+铁素体+魏氏组织

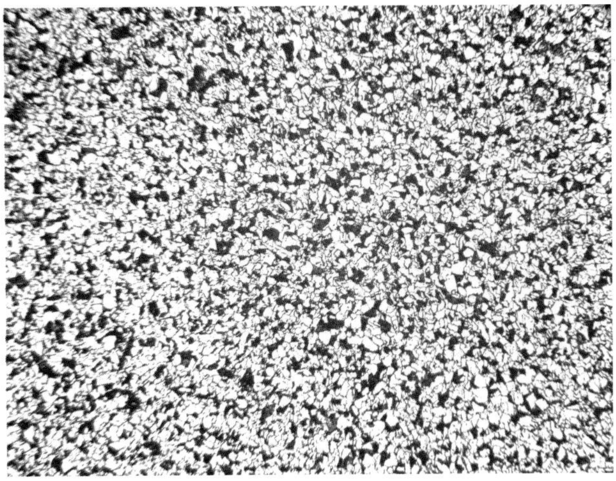

图片编号:L2.5.2.1-7
部件名称:L-B型制动梁
材料种类:Q460E微合金化钢
工艺阶段:热轧十字型钢
加热设备:燃气炉
观测仪器:金相显微镜
放大倍率:100×
试样种类:十字型钢(位置4)
观测位置:典型视场
侵 蚀 剂:4%硝酸酒精溶液
金相组织:珠光体+铁素体
晶 粒 度:10级

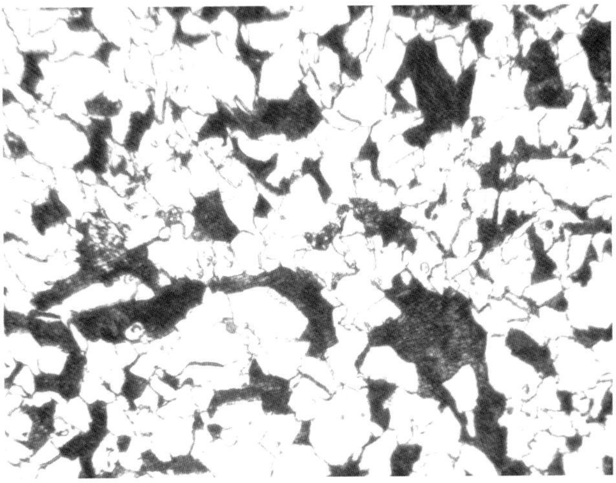

图片编号:L2.5.2.1-8
部件名称:L-B型制动梁
材料种类:Q460E微合金化钢
工艺阶段:热轧十字型钢
加热设备:燃气炉
观测仪器:金相显微镜
放大倍率:500×
试样种类:十字型钢(位置4)
观测位置:典型视场
侵 蚀 剂:4%硝酸酒精溶液
金相组织:珠光体+铁素体

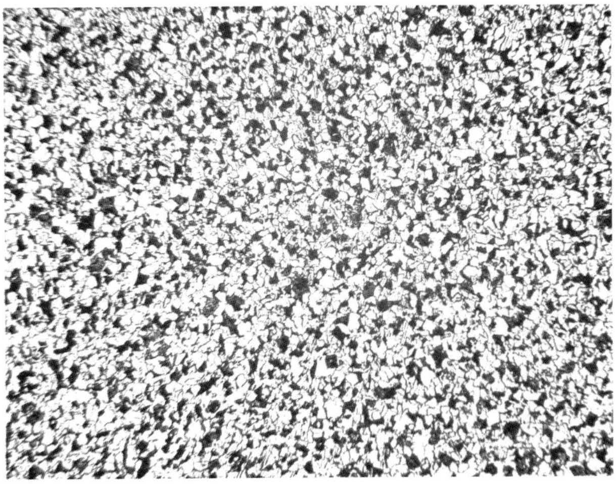

图片编号:L2.5.2.1-9
部件名称:L-B型制动梁
材料种类:Q460E微合金化钢
工艺阶段:热轧十字型钢
加热设备:燃气炉
观测仪器:金相显微镜
放大倍率:100×
试样种类:十字型钢(位置5)
观测位置:典型视场
侵 蚀 剂:4%硝酸酒精溶液
金相组织:珠光体+铁素体+魏氏组织A级
晶 粒 度:9.5级

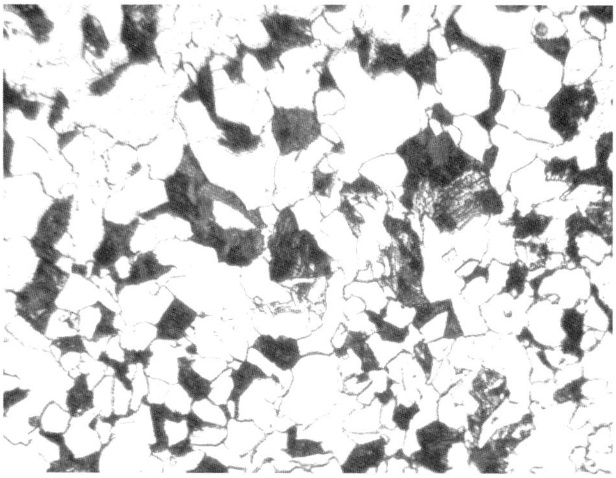

图片编号:L2.5.2.1-10
部件名称:L-B型制动梁
材料种类:Q460E微合金化钢
工艺阶段:热轧十字型钢
加热设备:燃气炉
观测仪器:金相显微镜
放大倍率:500×
试样种类:十字型钢(位置5)
观测位置:典型视场
侵 蚀 剂:4%硝酸酒精溶液
金相组织:珠光体+铁素体+魏氏组织

2.5.2.2 不同炉号同一部位十字型钢

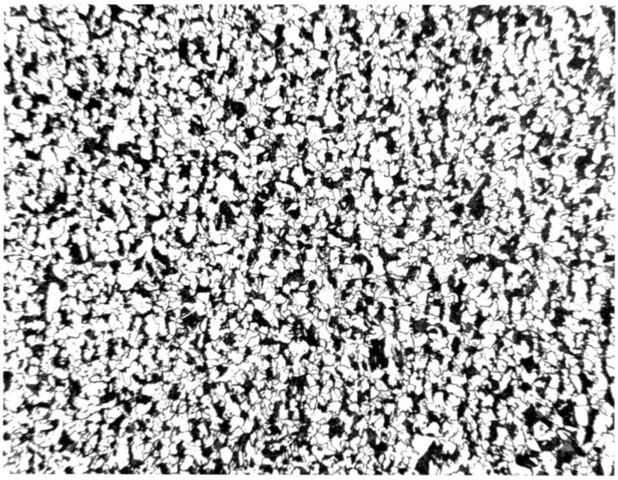

图片编号:L2.5.2.2-1
部件名称:L-B型制动梁
材料种类:Q460E微合金化钢
工艺阶段:热轧十字型钢
加热设备:燃气炉
观测仪器:金相显微镜
放大倍率:100×
试样种类:冲击试样纵向磨面
观测位置:典型视场
侵 蚀 剂:4%硝酸酒精溶液
金相组织:珠光体+铁素体+魏氏组织;铁素体晶粒度9级;魏氏组织0级

图片编号:L2.5.2.2-2
部件名称:L-B型制动梁
材料种类:Q460E微合金化钢
工艺阶段:热轧十字型钢
加热设备:燃气炉
观测仪器:金相显微镜
放大倍率:500×
试样种类:冲击试样纵向磨面
观测位置:典型视场
侵 蚀 剂:4%硝酸酒精溶液
金相组织:珠光体+铁素体+魏氏组织

图片编号:L2.5.2.2-3
部件名称:L-B 型制动梁
材料种类:Q460E 微合金化钢
工艺阶段:热轧十字型钢
加热设备:燃气炉
观测仪器:金相显微镜
放大倍率:100×
试样种类:冲击试样纵向磨面
观测位置:典型视场
侵 蚀 剂:4%硝酸酒精溶液
金相组织:珠光体+铁素体+魏氏组织;铁素体晶粒度 7 级;魏氏组织 D 级

图片编号:L2.5.2.2-4
部件名称:L-B 型制动梁
材料种类:Q460E 微合金化钢
工艺阶段:热轧十字型钢
加热设备:燃气炉
观测仪器:金相显微镜
放大倍率:500×
试样种类:冲击试样纵向磨面
观测位置:典型视场
侵 蚀 剂:4%硝酸酒精溶液
金相组织:珠光体+铁素体+魏氏组织

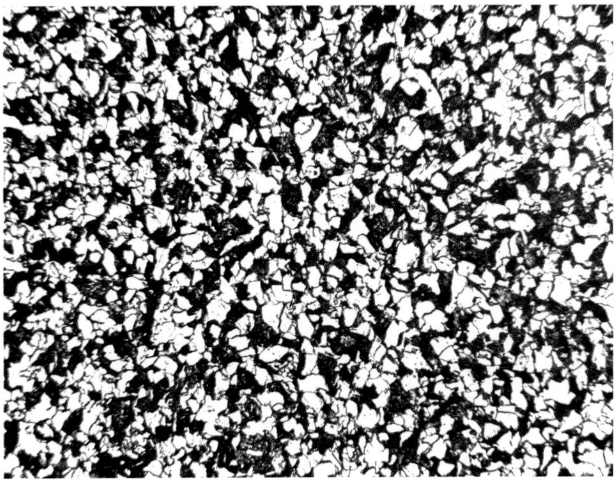

图片编号:L2.5.2.2-5
部件名称:L-B 型制动梁
材料种类:Q460E 微合金化钢
工艺阶段:热轧十字型钢
加热设备:燃气炉
观测仪器:金相显微镜
放大倍率:100×
试样种类:冲击试样纵向磨面
观测位置:典型视场
侵 蚀 剂:4%硝酸酒精溶液
金相组织:珠光体+铁素体+魏氏组织;铁素体晶粒度 8 级;魏氏组织 C 级

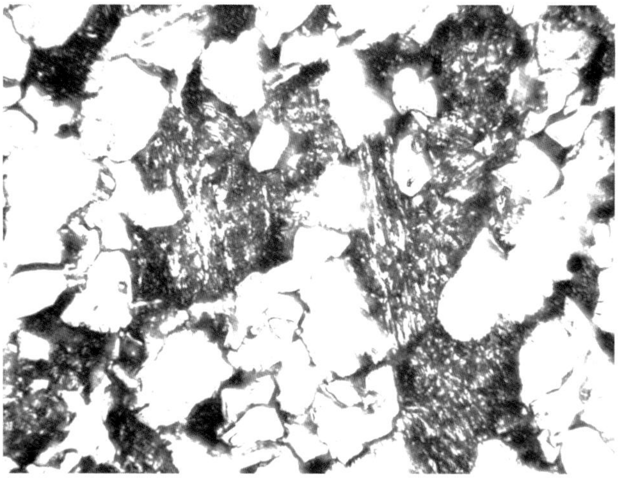

图片编号:L2.5.2.2-6
部件名称:L-B型制动梁
材料种类:Q460E微合金化钢
工艺阶段:热轧十字型钢
加热设备:燃气炉
观测仪器:金相显微镜
放大倍率:500×
试样种类:冲击试样纵向磨面
观测位置:典型视场
侵 蚀 剂:4%硝酸酒精溶液
金相组织:珠光体+铁素体+魏氏组织

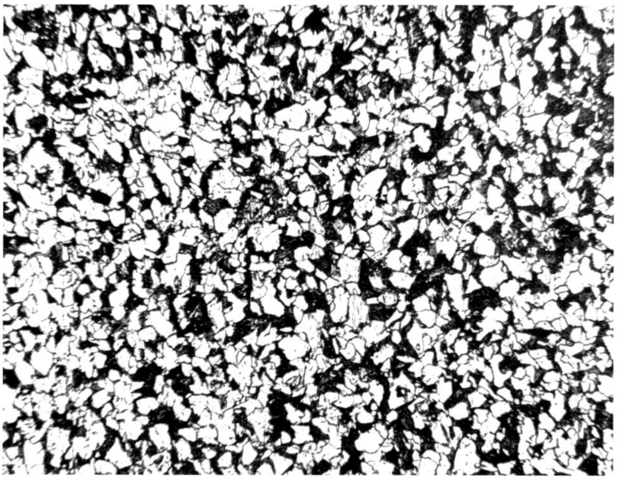

图片编号:L2.5.2.2-7
部件名称:L-B型制动梁
材料种类:Q460E微合金化钢
工艺阶段:热轧十字型钢
加热设备:燃气炉
观测仪器:金相显微镜
放大倍率:100×
试样种类:冲击试样纵向磨面
观测位置:典型视场
侵 蚀 剂:4%硝酸酒精溶液
金相组织:珠光体+铁素体+魏氏组织;铁素体晶粒度8级;魏氏组织C级

图片编号:L2.5.2.2-8
部件名称:L-B型制动梁
材料种类:Q460E微合金化钢
工艺阶段:热轧十字型钢
加热设备:燃气炉
观测仪器:金相显微镜
放大倍率:500×
试样种类:冲击试样纵向磨面
观测位置:典型视场
侵 蚀 剂:4%硝酸酒精溶液
金相组织:珠光体+铁素体+魏氏组织

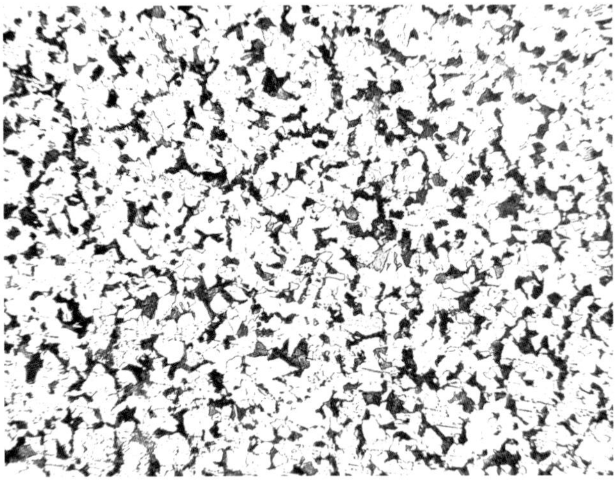

图片编号:L2.5.2.2-9
部件名称:L-B型制动梁
材料种类:Q460E微合金化钢
工艺阶段:热轧十字型钢
加热设备:燃气炉
观测仪器:金相显微镜
放大倍率:100×
试样种类:冲击试样纵向磨面
观测位置:典型视场
侵 蚀 剂:4%硝酸酒精溶液
金相组织:珠光体+铁素体+魏氏组织;铁素体晶粒度8级;魏氏组织A级

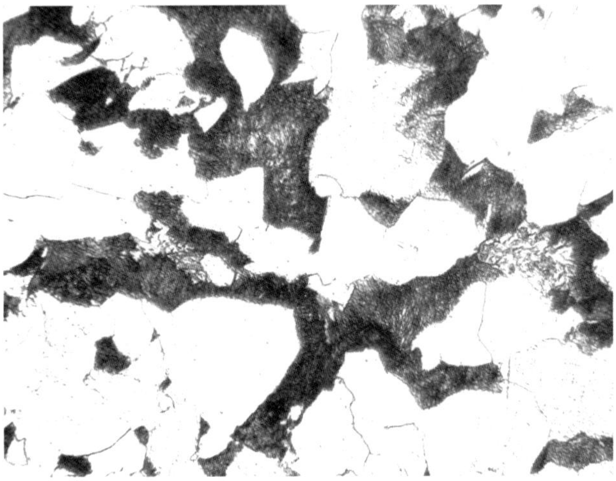

图片编号:L2.5.2.2-10
部件名称:L-B型制动梁
材料种类:Q460E微合金化钢
工艺阶段:热轧十字型钢
加热设备:燃气炉
观测仪器:金相显微镜
放大倍率:500×
试样种类:冲击试样纵向磨面
观测位置:典型视场
侵 蚀 剂:4%硝酸酒精溶液
金相组织:珠光体+铁素体+魏氏组织

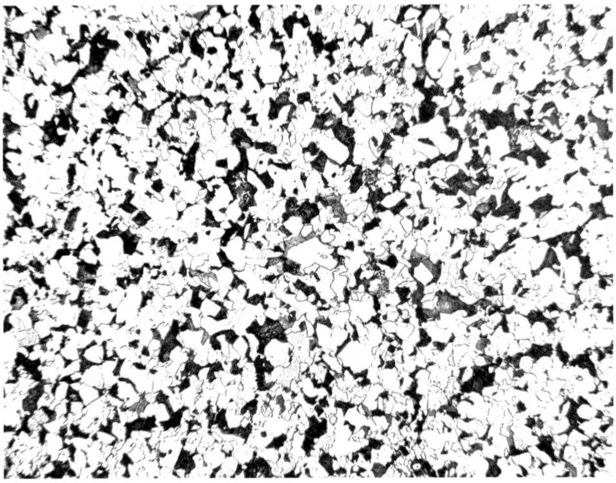

图片编号:L2.5.2.2-11
部件名称:L-B型制动梁
材料种类:Q460E微合金化钢
工艺阶段:热轧十字型钢
加热设备:燃气炉
观测仪器:金相显微镜
放大倍率:100×
试样种类:冲击试样纵向磨面
观测位置:典型视场
侵 蚀 剂:4%硝酸酒精溶液
金相组织:珠光体+铁素体+魏氏组织;铁素体晶粒度8级;魏氏组织A级

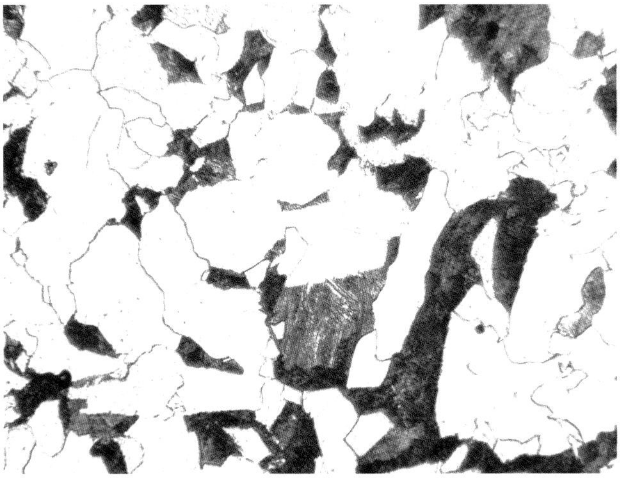

图片编号:L2.5.2.2-12
部件名称:L-B型制动梁
材料种类:Q460E微合金化钢
工艺阶段:热轧十字型钢
加热设备:燃气炉
观测仪器:金相显微镜
放大倍率:500×
试样种类:冲击试样纵向磨面
观测位置:典型视场
侵 蚀 剂:4%硝酸酒精溶液
金相组织:珠光体+铁素体+魏氏组织

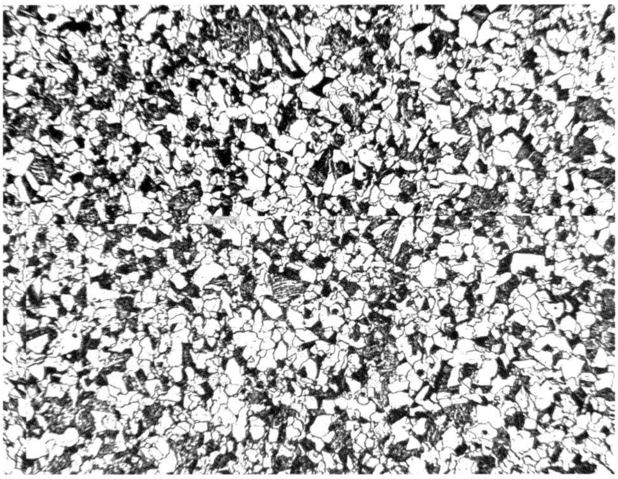

图片编号:L2.5.2.2-13
部件名称:L-B型制动梁
材料种类:Q460E微合金化钢
工艺阶段:热轧十字型钢
加热设备:燃气炉
观测仪器:金相显微镜
放大倍率:100×
试样种类:冲击试样纵向磨面
观测位置:典型视场
侵 蚀 剂:4%硝酸酒精溶液
金相组织:珠光体+铁素体+魏氏组织;铁素体晶粒度8.5级;魏氏组织C级

图片编号:L2.5.2.2-14
部件名称:L-B型制动梁
材料种类:Q460E微合金化钢
工艺阶段:热轧十字型钢
加热设备:燃气炉
观测仪器:金相显微镜
放大倍率:500×
试样种类:冲击试样纵向磨面
观测位置:典型视场
侵 蚀 剂:4%硝酸酒精溶液
金相组织:珠光体+铁素体+魏氏组织

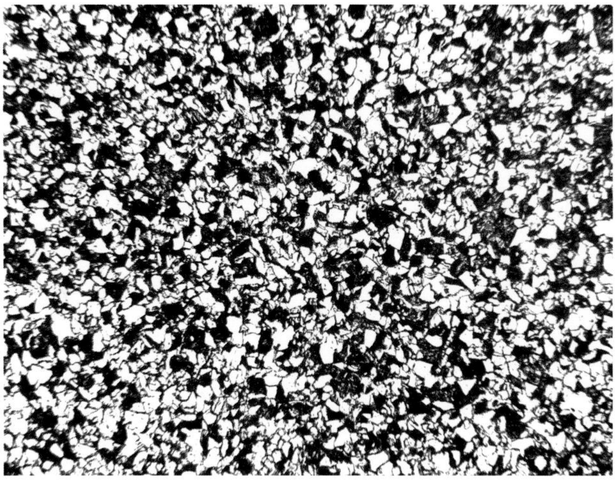

图片编号:L2.5.2.2-15
部件名称:L-B型制动梁
材料种类:Q460E微合金化钢
工艺阶段:热轧十字型钢
加热设备:燃气炉
观测仪器:金相显微镜
放大倍率:100×
试样种类:冲击试样纵向磨面
观测位置:典型视场
侵 蚀 剂:4%硝酸酒精溶液
金相组织:珠光体+铁素体+魏氏组织;铁素体晶粒度8.5级;魏氏组织B级

图片编号:L2.5.2.2-16
部件名称:L-B型制动梁
材料种类:Q460E微合金化钢
工艺阶段:热轧十字型钢
加热设备:燃气炉
观测仪器:金相显微镜
放大倍率:500×
试样种类:冲击试样纵向磨面
观测位置:典型视场
侵 蚀 剂:4%硝酸酒精溶液
金相组织:珠光体+铁素体+魏氏组织

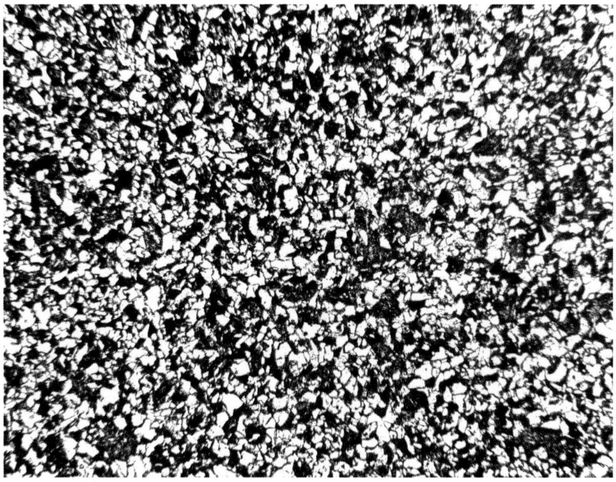

图片编号:L2.5.2.2-17
部件名称:L-B型制动梁
材料种类:Q460E微合金化钢
工艺阶段:热轧十字型钢
加热设备:燃气炉
观测仪器:金相显微镜
放大倍率:100×
试样种类:冲击试样纵向磨面
观测位置:典型视场
侵 蚀 剂:4%硝酸酒精溶液
金相组织:珠光体+铁素体+魏氏组织;铁素体晶粒度9.5级;魏氏组织B级

图片编号:L2.5.2.2-18
部件名称:L-B型制动梁
材料种类:Q460E微合金化钢
工艺阶段:热轧十字型钢
加热设备:燃气炉
观测仪器:金相显微镜
放大倍率:500×
试样种类:冲击试样纵向磨面
观测位置:典型视场
侵 蚀 剂:4%硝酸酒精溶液
金相组织:珠光体+铁素体+魏氏组织

2.5.3 制动梁梁架

用热轧十字型钢经似正火状态下热加工成制动梁,符合L-B型制动梁技术条件的金相组织主要是珠光体+铁素体+极少量魏氏组织,采用TB/T 3239—2010《Q460E微合金化钢魏氏组织金相检验图谱》进行评定,魏氏组织级别应小于等于C级。

在Q460E微合金化钢L-B型制动梁中,珠光体片层结构中的渗碳体片显得短而不规则,碳钢中珠光体的渗碳体为平行度很好的片状,而块状铁素体和碳钢相似,魏氏组织中先共析铁素体的形态有不规则状、条状、小针、粗针、排针等,但小于等于C级少量魏氏组织中先共析铁素体的形态主要为不规则状、条状或小针。

注:制动梁热加工的试验研究是在箱式电炉内完成(控温精度±5 ℃)

2.5.3.1 不同加热温度·风冷

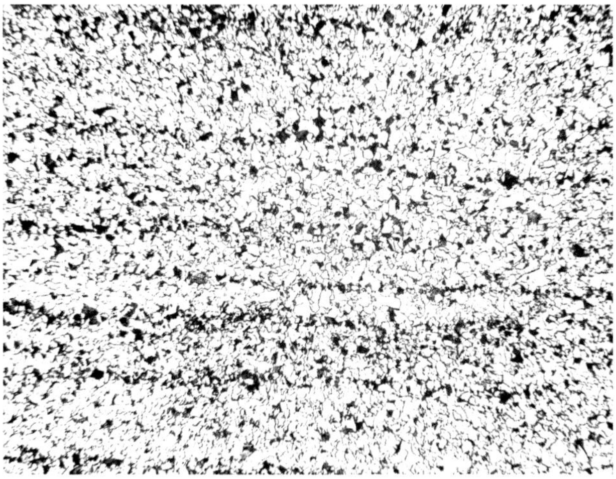

图片编号:L2.5.3-1
部件名称:L-B型制动梁
材料种类:Q460E微合金化钢
工艺条件:920 ℃,保温40 min,风冷,回火
加热设备:箱式电炉
观测仪器:金相显微镜
放大倍率:100×
试样种类:冲击试样(J119)
观测位置:典型视场
侵 蚀 剂:4%硝酸酒精溶液
金相组织:珠光体+铁素体;几乎看不到魏氏组织;铁素体晶粒度10级;魏氏组织A级;带状组织2级

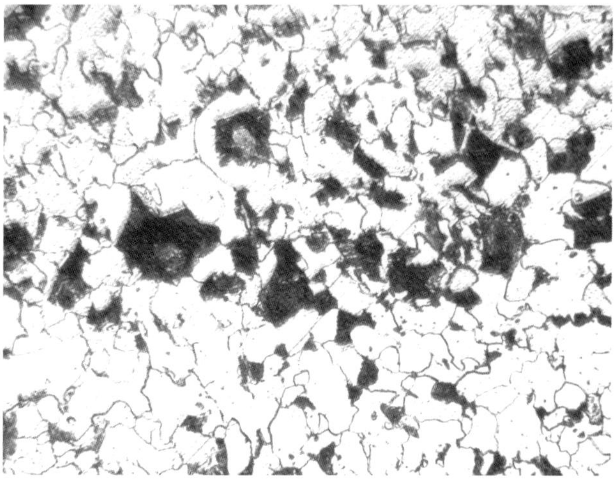

图片编号:L2.5.3-2
部件名称:L-B型制动梁
材料种类:Q460E微合金化钢
工艺条件:920 ℃,保温40 min,风冷,回火
加热设备:箱式电炉
观测仪器:金相显微镜
放大倍率:500×
试样种类:冲击试样(119 J)
观测位置:最差视场
侵 蚀 剂:4%硝酸酒精溶液
金相组织:珠光体+铁素体;极少魏氏组织

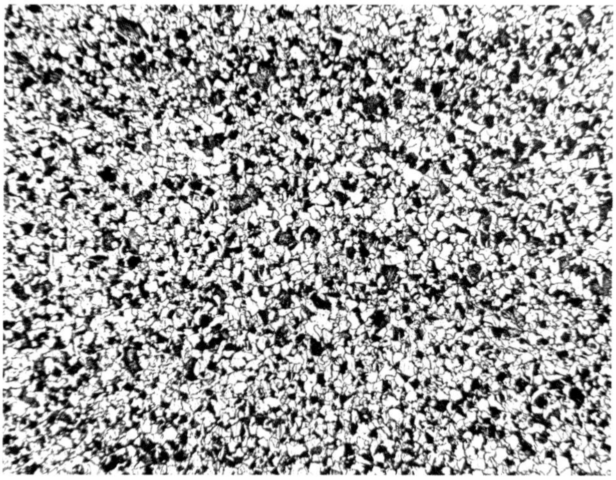

图片编号:L2.5.3-3
部件名称:L-B型制动梁
材料种类:Q460E微合金化钢
工艺条件:940 ℃,保温40 min,风冷,回火
加热设备:箱式电炉
观测仪器:金相显微镜
放大倍率:100×
试样种类:冲击试样(110 J)
观测位置:典型视场
侵 蚀 剂:4%硝酸酒精溶液
金相组织:珠光体+铁素体;极少魏氏组织;铁素体晶粒度10级;魏氏组织A级

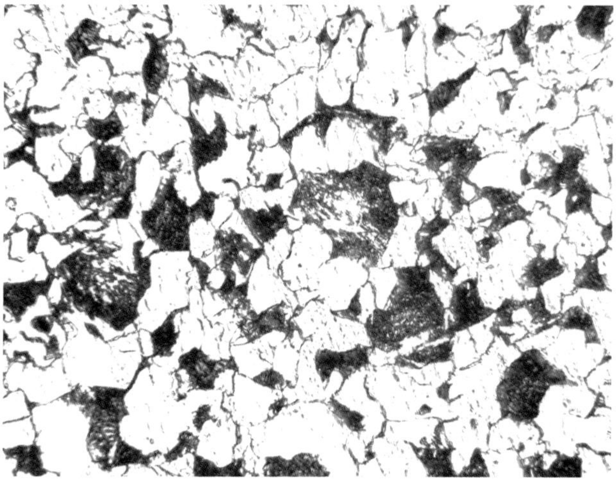

图片编号:L2.5.3-4
部件名称:L-B型制动梁
材料种类:Q460E微合金化钢
工艺条件:940 ℃,保温40 min,风冷,回火
加热设备:箱式电炉
观测仪器:金相显微镜
放大倍率:500×
试样种类:冲击试样
观测位置:最差视场
侵 蚀 剂:4%硝酸酒精溶液
金相组织:珠光体+铁素体+魏氏组织

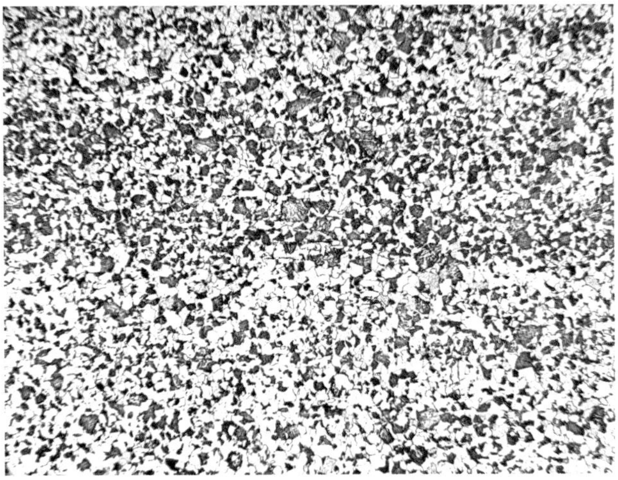

图片编号:L2.5.3-5
部件名称:L-B 型制动梁
材料种类:Q460E 微合金化钢
工艺条件:960 ℃,保温 40 min,风冷,回火
加热设备:箱式电炉
观测仪器:金相显微镜
放大倍率:100×
试样种类:冲击试样(85 J)
观测位置:典型视场
侵 蚀 剂:4%硝酸酒精溶液
金相组织:珠光体+铁素体;很少魏氏组织;铁素体晶粒度 9.5 级;魏氏组织 B 级

图片编号:L2.5.3-6
部件名称:L-B 型制动梁
材料种类:Q460E 微合金化钢
工艺条件:960 ℃,保温 40 min,风冷,回火
加热设备:箱式电炉
观测仪器:金相显微镜
放大倍率:500×
试样种类:冲击试样
观测位置:最差视场
侵 蚀 剂:4%硝酸酒精溶液
金相组织:珠光体+铁素体+魏氏组织;孤立魏氏组织团长大

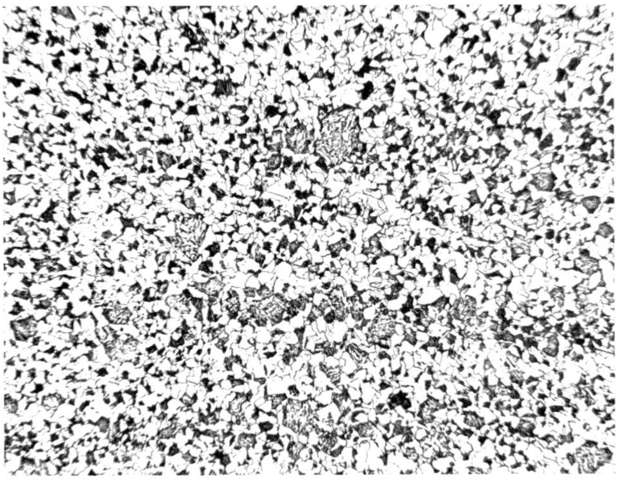

图片编号:L2.5.3-7
部件名称:L-B 型制动梁
材料种类:Q460E 微合金化钢
工艺条件:980 ℃,保温 40 min,风冷,回火
加热设备:箱式电炉
观测仪器:金相显微镜
放大倍率:100×
试样种类:冲击试样(51 J)
观测位置:典型视场
侵 蚀 剂:4%硝酸酒精溶液
金相组织:珠光体+铁素体+魏氏组织;孤立魏氏组织团开始长大。铁素体晶粒度 9 级;魏氏组织 C 级

图片编号:L2.5.3-8
部件名称:L-B型制动梁
材料种类:Q460E微合金化钢
工艺条件:980 ℃,保温40 min,风冷,回火
加热设备:箱式电炉
观测仪器:金相显微镜
放大倍率:500×
试样种类:冲击试样
观测位置:最差视场
侵 蚀 剂:4%硝酸酒精溶液
金相组织:珠光体+铁素体+魏氏组织。魏氏组织团长大

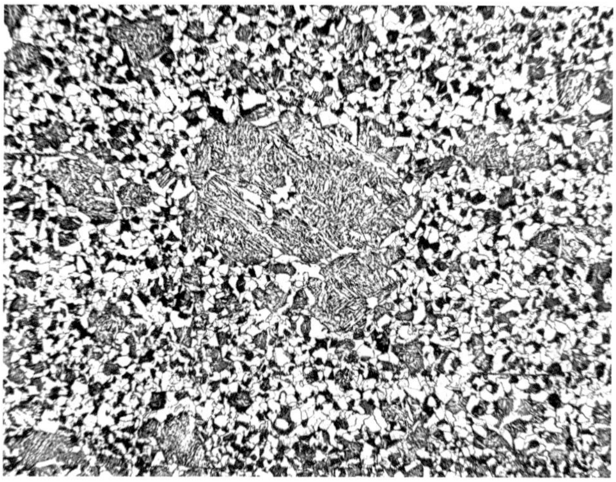

图片编号:L2.5.3-9
部件名称:L-B型制动梁
材料种类:Q460E微合金化钢
工艺条件:1 000 ℃,保温40 min,风冷,回火
加热设备:箱式电炉
观测仪器:金相显微镜
放大倍率:100×
试样种类:冲击试样(11 J)
观测位置:典型视场
侵 蚀 剂:4%硝酸酒精溶液
金相组织:珠光体+铁素体+魏氏组织;魏氏组织团开始长大,量增加;铁素体晶粒度8.5级;魏氏组织E级

图片编号:L2.5.3-10
部件名称:L-B型制动梁
材料种类:Q460E微合金化钢
工艺条件:1 000 ℃,保温40 min,风冷,回火
加热设备:箱式电炉
观测仪器:金相显微镜
放大倍率:500×
试样种类:冲击试样
观测位置:最差视场
侵 蚀 剂:4%硝酸酒精溶液
金相组织:珠光体+铁素体+魏氏组织,魏氏组织团长大

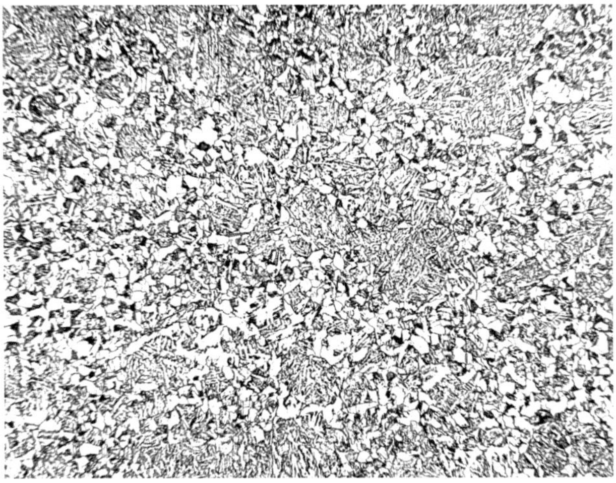

图片编号：L2.5.3-11
部件名称：L-B型制动梁
材料种类：Q460E微合金化钢
工艺条件：1 040 ℃，保温 40 min，风冷，回火
加热设备：箱式电炉
观测仪器：金相显微镜
放大倍率：100×
试样种类：冲击试样(12 J)
观测位置：典型视场
侵 蚀 剂：4%硝酸酒精溶液
金相组织：珠光体＋铁素体＋魏氏组织；魏氏组织团长大、增多；铁素体晶粒度 8 级；魏氏组织 F 级

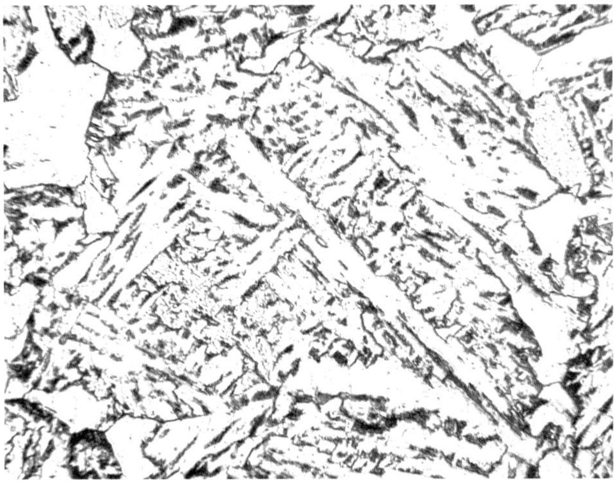

图片编号：L2.5.3-12
部件名称：L-B型制动梁
材料种类：Q460E微合金化钢
工艺条件：1 040 ℃，保温 40 min，风冷，回火
加热设备：箱式电炉
观测仪器：金相显微镜
放大倍率：100×
试样种类：冲击试样
观测位置：最差视场
侵 蚀 剂：4%硝酸酒精溶液
金相组织：珠光体＋铁素体＋魏氏组织；魏氏组织团长大

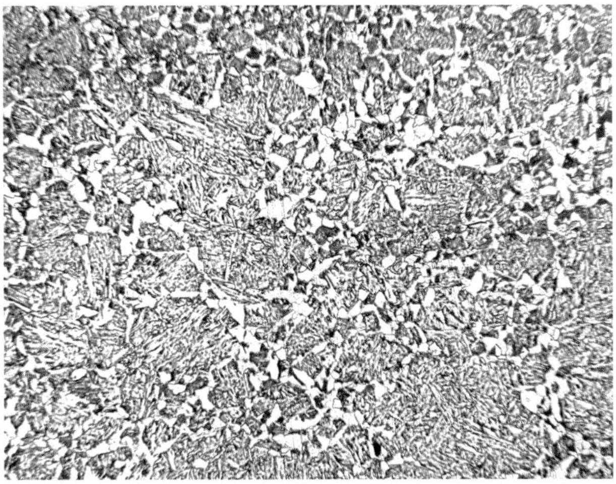

图片编号：L2.5.3-13
部件名称：L-B型制动梁
材料种类：Q460E微合金化钢
工艺条件：1 080 ℃，保温 40 min，风冷，回火
加热设备：箱式电炉
观测仪器：金相显微镜
放大倍率：100×
试样种类：冲击试样(6 J)
观测位置：典型视场
侵 蚀 剂：4%硝酸酒精溶液
金相组织：珠光体＋铁素体＋魏氏组织；魏氏组织团长大、增多；铁素体晶粒度 5～8 级；魏氏组织 F 级

图片编号:L2.5.3-14
部件名称:L-B 型制动梁
材料种类:Q460E 微合金化钢
工艺条件:1 080 ℃,保温 40 min,风冷,回火
加热设备:箱式电炉
观测仪器:金相显微镜
放大倍率:500×
试样种类:冲击试样
观测位置:最差视场
侵 蚀 剂:4%硝酸酒精溶液
金相组织:珠光体+铁素体+魏氏组织;先共析铁素体为粗针

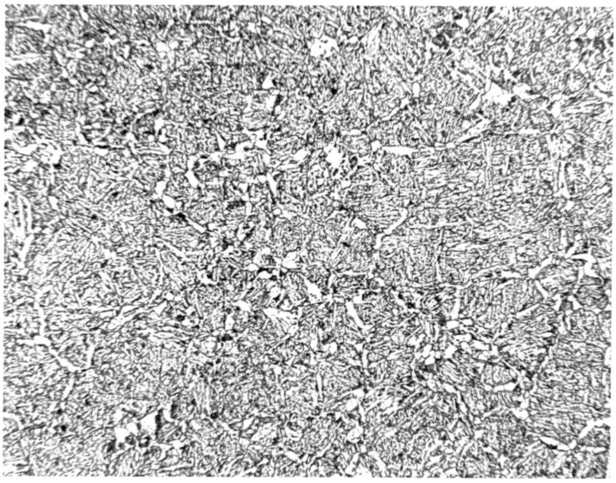

图片编号:L2.5.3-15
部件名称:L-B 型制动梁
材料种类:Q460E 微合金化钢
工艺条件:1 120 ℃,保温 40 min,风冷,回火
加热设备:箱式电炉
观测仪器:金相显微镜
放大倍率:100×
试样种类:冲击试样(4 J)
观测位置:典型视场
侵 蚀 剂:4%硝酸酒精溶液
金相组织:珠光体+铁素体+魏氏组织;块状铁素体初步成网,包围魏氏组织;铁素体晶粒度 4.5~8 级;魏氏组织 F 级

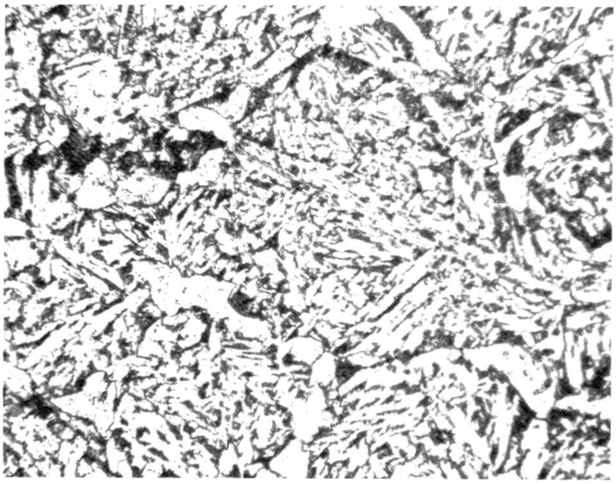

图片编号:L2.5.3-16
部件名称:L-B 型制动梁
材料种类:Q460E 微合金化钢
工艺条件:1 120 ℃,保温 40 min,风冷,回火
加热设备:箱式电炉
观测仪器:金相显微镜
放大倍率:500×
试样种类:冲击试样
观测位置:最差视场
侵 蚀 剂:4%硝酸酒精溶液
金相组织:珠光体+铁素体+魏氏组织;魏氏组织团被铁素体网包围

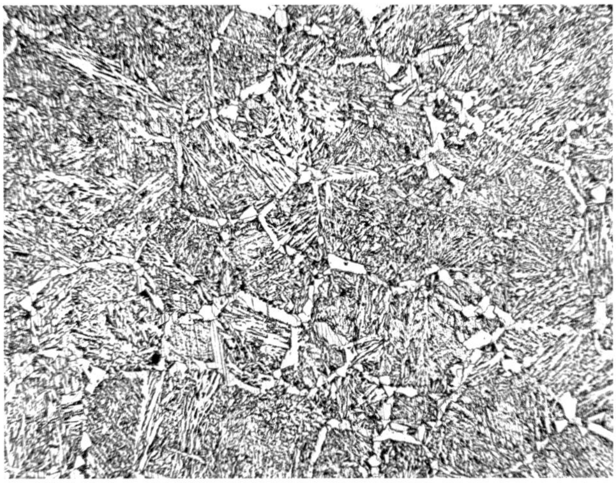

图片编号:L2.5.3-17
部件名称:L-B型制动梁
材料种类:Q460E微合金化钢
工艺条件:1 160 ℃,保温40 min,风冷,回火
加热设备:箱式电炉
观测仪器:金相显微镜
放大倍率:100×
试样种类:冲击试样(10 J)
观测位置:典型视场
侵 蚀 剂:4%硝酸酒精溶液
金相组织:珠光体+铁素体+魏氏组织;块状铁素体成网包围魏氏组织,铁素体晶粒度3.5级;魏氏组织H级

图片编号:L2.5.3-18
部件名称:L-B型制动梁
材料种类:Q460E微合金化钢
工艺条件:1 160 ℃,保温40 min,风冷,回火
加热设备:箱式电炉
观测仪器:金相显微镜
放大倍率:500×
试样种类:冲击试样
观测位置:最差视场
侵 蚀 剂:4%硝酸酒精溶液
金相组织:珠光体+铁素体+魏氏组织;魏氏组织粗针

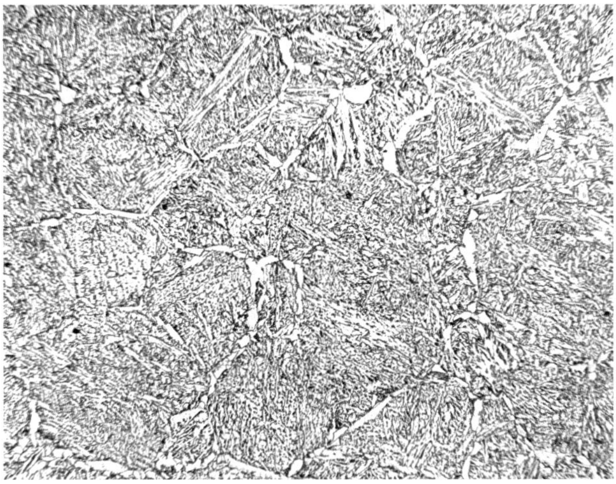

图片编号:L2.5.3-19
部件名称:L-B型制动梁
材料种类:Q460E微合金化钢
工艺条件:1 200 ℃,保温40 min,风冷,回火
加热设备:箱式电炉
观测仪器:金相显微镜
放大倍率:100×
试样种类:冲击试样(6 J)
观测位置:典型视场
侵 蚀 剂:4%硝酸酒精溶液
金相组织:珠光体+铁素体+魏氏组织;铁素体成网包围魏氏组织;铁素体晶粒度2.5级;魏氏组织H级

图片编号:L2.5.3-20
部件名称:L-B型制动梁
材料种类:Q460E微合金化钢
工艺条件:1 200 ℃,保温40 min,风冷,回火
加热设备:箱式电炉
观测仪器:金相显微镜
放大倍率:500×
试样种类:冲击试样
观测位置:最差视场
侵 蚀 剂:4%硝酸酒精溶液
金相组织:珠光体+铁素体+魏氏组织;魏氏组织粗针

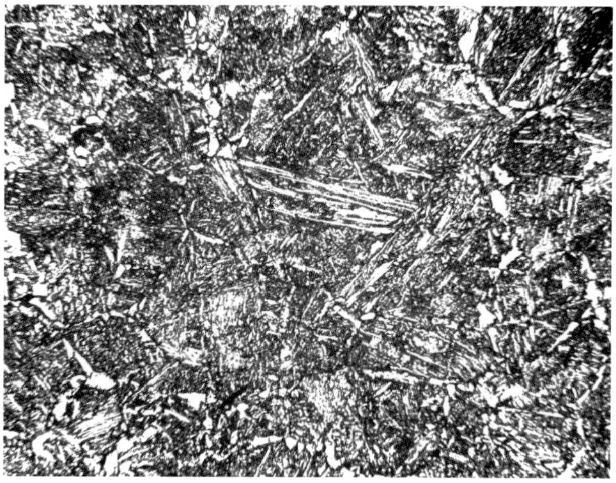

图片编号:L2.5.3-21
部件名称:L-B型制动梁
材料种类:Q460E微合金化钢
工艺条件:1 240 ℃,保温40 min,风冷,回火
加热设备:箱式电炉
观测仪器:金相显微镜
放大倍率:100×
试样种类:金相试样
观测位置:典型视场
侵 蚀 剂:4%硝酸酒精溶液
金相组织:珠光体+铁素体+魏氏组织;铁素体成网,包围魏氏组织,铁素体晶粒度2.5级;魏氏组织H级

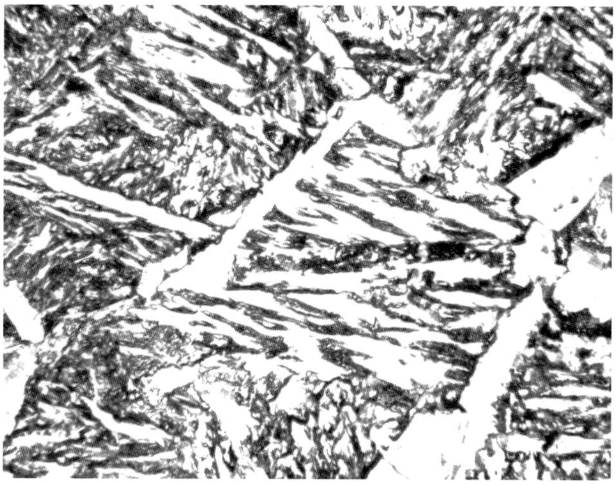

图片编号:L2.5.3-22
部件名称:L-B型制动梁
材料种类:Q460E微合金化钢
工艺条件:1 240 ℃,保温40 min,风冷,回火
加热设备:箱式电炉
观测仪器:金相显微镜
放大倍率:500×
试样种类:金相试样
观测位置:最差视场
侵 蚀 剂:4%硝酸酒精溶液
金相组织:珠光体+铁素体+魏氏组织;魏氏组织粗针

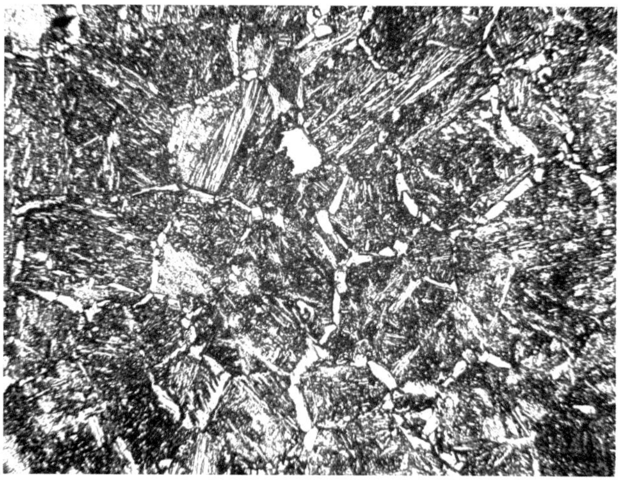

图片编号:L2.5.3-23
部件名称:L-B型制动梁
材料种类:Q460E微合金化钢
工艺条件:1 280 ℃,保温40 min,风冷,回火
加热设备:箱式电炉
观测仪器:金相显微镜
放大倍率:100×
试样种类:金相试样
观测位置:典型视场
侵 蚀 剂:4%硝酸酒精溶液
金相组织:珠光体+铁素体+魏氏组织;铁素体成网包围魏氏组织;铁素体晶粒度2.5级;魏氏组织H级

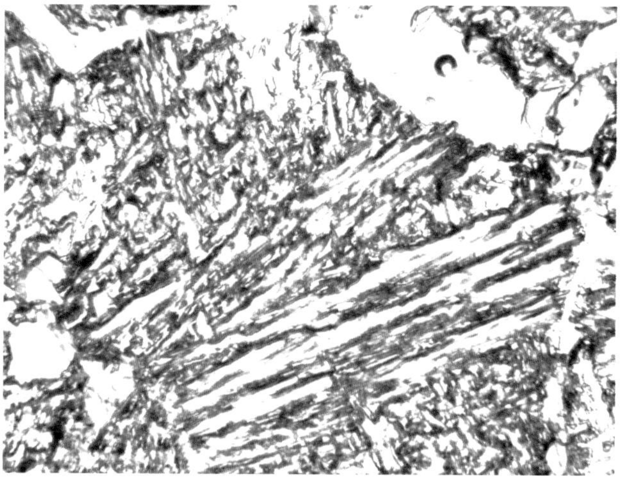

图片编号:L2.5.3-24
部件名称:L-B型制动梁
材料种类:Q460E微合金化钢
工艺条件:1 280 ℃,保温40 min,风冷,回火
加热设备:箱式电炉
观测仪器:金相显微镜
放大倍率:500×
试样种类:金相试样
观测位置:最差视场
侵 蚀 剂:4%硝酸酒精溶液
金相组织:珠光体+铁素体+魏氏组织;魏氏组织局部排针

2.5.3.2 不同加热温度·空冷

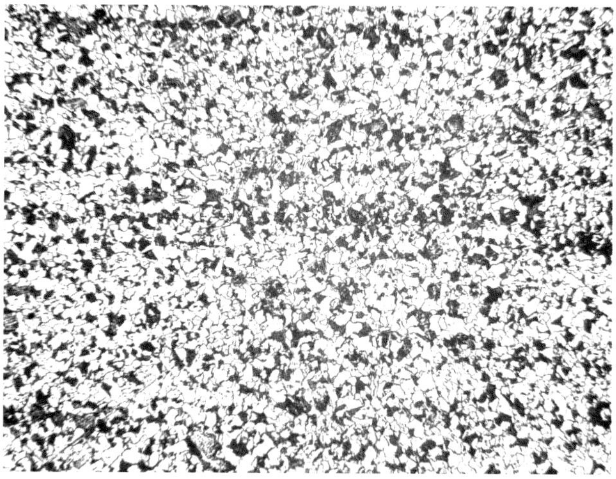

图片编号:L2.5.3-25
部件名称:L-B型制动梁
材料种类:Q460E微合金化钢
工艺条件:940 ℃,保温40 min,空冷,回火
加热设备:箱式电炉
观测仪器:金相显微镜
放大倍率:100×
试样种类:冲击试样(43 J)
观测位置:典型视场
侵 蚀 剂:4%硝酸酒精溶液
金相组织:珠光体+铁素体;极少、极小魏氏组织;铁素体晶粒度9.5级;魏氏组织A级

图片编号:L2.5.3-26
部件名称:L-B型制动梁
材料种类:Q460E微合金化钢
工艺条件:940 ℃,保温40 min,空冷,回火
加热设备:箱式电炉
观测仪器:金相显微镜
放大倍率:500×
试样种类:冲击试样
观测位置:最差视场
侵 蚀 剂:4%硝酸酒精溶液
金相组织:珠光体+铁素体+魏氏组织

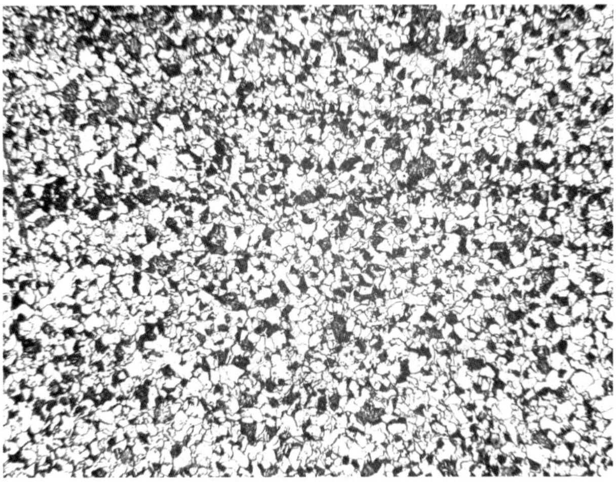

图片编号:L2.5.3-27
部件名称:L-B型制动梁
材料种类:Q460E微合金化钢
工艺条件:960 ℃,保温40 min,空冷,回火
加热设备:箱式电炉
观测仪器:金相显微镜
放大倍率:100×
试样种类:冲击试样(56 J)
观测位置:典型视场
侵 蚀 剂:4%硝酸酒精溶液
金相组织:珠光体+铁素体;很少、很小魏氏组织;铁素体晶粒度9.5级;魏氏组织B级

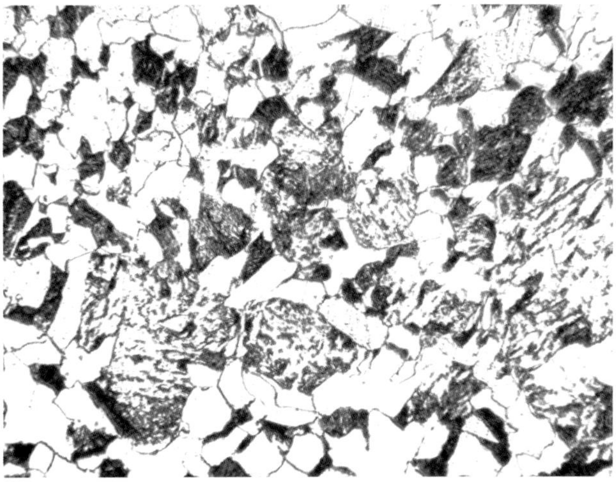

图片编号:L2.5.3-28
部件名称:L-B型制动梁
材料种类:Q460E微合金化钢
工艺条件:960 ℃,保温40 min,空冷,回火
加热设备:箱式电炉
观测仪器:金相显微镜
放大倍率:500×
试样种类:冲击试样
观测位置:最差视场
侵 蚀 剂:4%硝酸酒精溶液
金相组织:珠光体+铁素体+魏氏组织

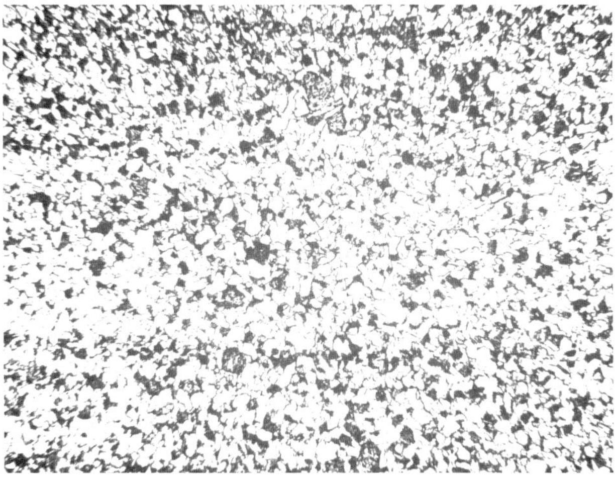

图片编号:L2.5.3-29
部件名称:L-B型制动梁
材料种类:Q460E微合金化钢
工艺条件:980 ℃,保温40 min,空冷,回火
加热设备:箱式电炉
观测仪器:金相显微镜
放大倍率:100×
试样种类:冲击试样(29 J)
观测位置:典型视场
侵 蚀 剂:4%硝酸酒精溶液
金相组织:珠光体+铁素体+魏氏组织;孤立魏氏组织团开始长大;铁素体晶粒度9级;魏氏组织C级

图片编号:L2.5.3-30
部件名称:L-B型制动梁
材料种类:Q460E微合金化钢
工艺条件:980 ℃,保温40 min,空冷,回火
加热设备:箱式电炉
观测仪器:金相显微镜
放大倍率:500×
试样种类:冲击试样
观测位置:最差视场
侵 蚀 剂:4%硝酸酒精溶液
金相组织:珠光体+铁素体+魏氏组织;孤立魏氏组织团开始长大

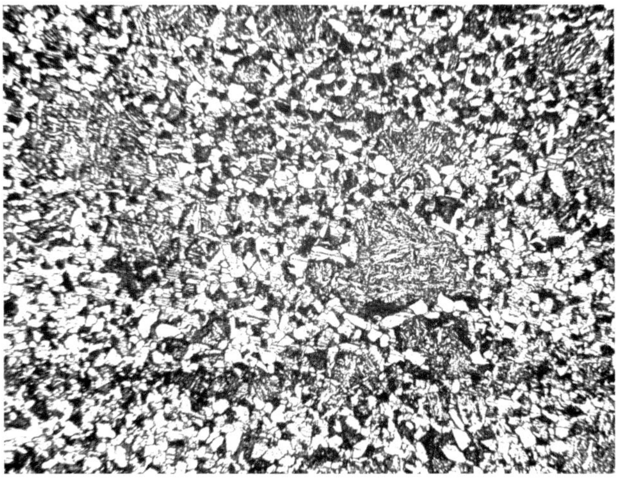

图片编号:L2.5.3-31
部件名称:L-B型制动梁
材料种类:Q460E微合金化钢
工艺条件:1 000 ℃,保温40 min,空冷,回火
加热设备:箱式电炉
观测仪器:金相显微镜
放大倍率:100×
试样种类:冲击试样(18 J)
观测位置:典型视场
侵 蚀 剂:4%硝酸酒精溶液
金相组织:珠光体+铁素体+魏氏组织;魏氏组织团开始长大;铁素体晶粒度9级;魏氏组织D级

图片编号:L2.5.3-32
部件名称:L-B型制动梁
材料种类:Q460E微合金化钢
工艺条件:1 000 ℃,保温40 min,空冷,回火
加热设备:箱式电炉
观测仪器:金相显微镜
放大倍率:500×
试样种类:冲击试样
观测位置:最差视场
侵蚀剂:4%硝酸酒精溶液
金相组织:珠光体+铁素体+魏氏组织

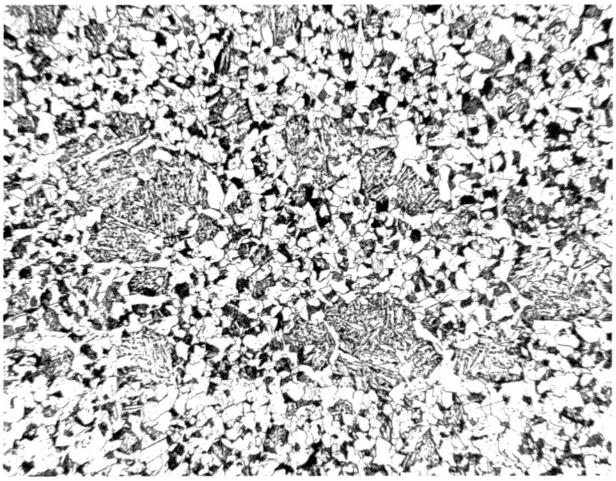

图片编号:L2.5.3-33
部件名称:L-B型制动梁
材料种类:Q460E微合金化钢
工艺条件:1 040 ℃,保温40 min,空冷,回火
加热设备:箱式电炉
观测仪器:金相显微镜
放大倍率:100×
试样种类:冲击试样(14 J)
观测位置:典型视场
侵蚀剂:4%硝酸酒精溶液
金相组织:珠光体+铁素体+魏氏组织;魏氏组织团长大、增多;铁素体晶粒度E级;魏氏组织8级

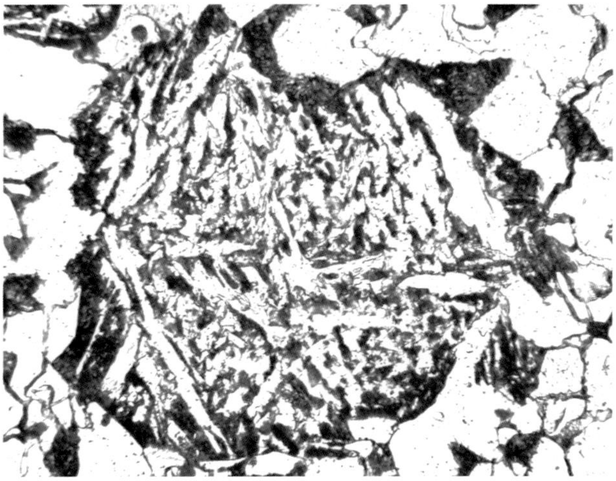

图片编号:L2.5.3-34
部件名称:L-B型制动梁
材料种类:Q460E微合金化钢
工艺条件:1 040 ℃,保温40 min,空冷,回火
加热设备:箱式电炉
观测仪器:金相显微镜
放大倍率:500×
试样种类:冲击试样
观测位置:最差视场
侵蚀剂:4%硝酸酒精溶液
金相组织:珠光体+铁素体+魏氏组织

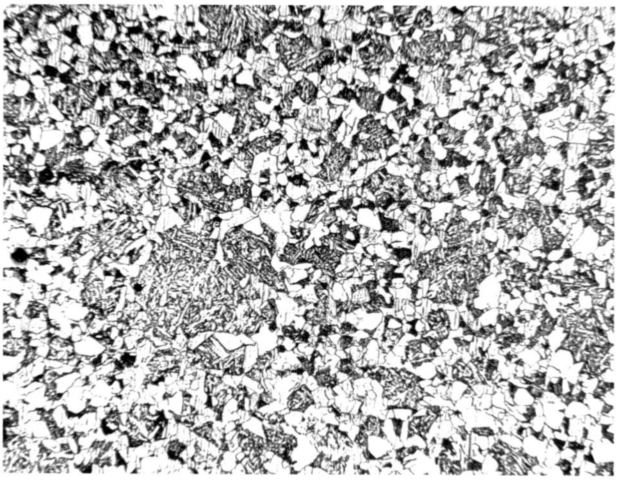

图片编号:L2.5.3-35
部件名称:L-B型制动梁
材料种类:Q460E微合金化钢
工艺条件:1 080 ℃,保温40 min,空冷,回火
加热设备:箱式电炉
观测仪器:金相显微镜
放大倍率:100×
试样种类:冲击试样(20 J)
观测位置:典型视场
侵 蚀 剂:4%硝酸酒精溶液
金相组织:珠光体+铁素体+魏氏组织;魏氏组织团长大、增多;铁素体晶粒度8级;魏氏组织E级

图片编号:L2.5.3-36
部件名称:L-B型制动梁
材料种类:Q460E微合金化钢
工艺条件:1 080 ℃,保温40 min,空冷,回火
加热设备:箱式电炉
观测仪器:金相显微镜
放大倍率:500×
试样种类:冲击试样
观测位置:最差视场
侵 蚀 剂:4%硝酸酒精溶液
金相组织:珠光体+铁素体+魏氏组织

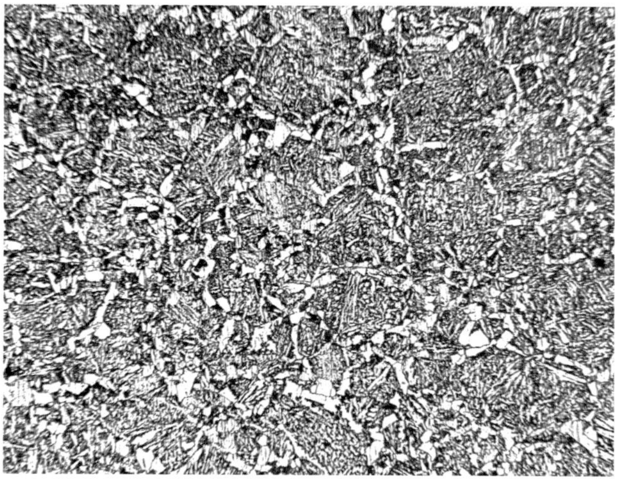

图片编号:L2.5.3-37
部件名称:L-B型制动梁
材料种类:Q460E微合金化钢
工艺条件:1 120 ℃,保温40 min,空冷,回火
加热设备:箱式电炉
观测仪器:金相显微镜
放大倍率:100×
试样种类:冲击试样(10 J)
观测位置:典型视场
侵 蚀 剂:4%硝酸酒精溶液
金相组织:珠光体+铁素体+魏氏组织;铁素体初步成网包围魏氏组织;铁素体晶粒度8级;魏氏组织F级

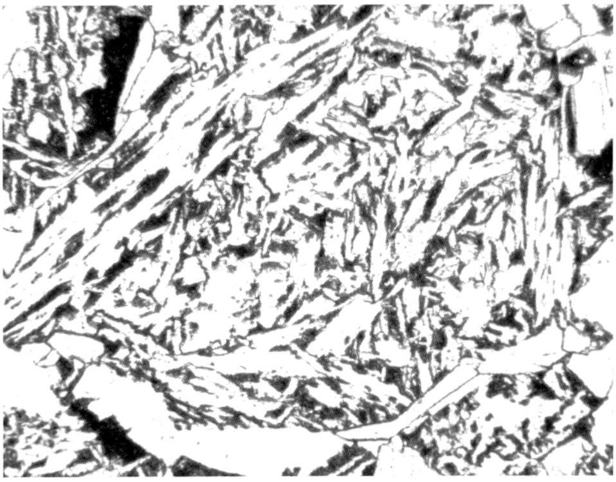

图片编号:L2.5.3-38
部件名称:L-B 型制动梁
材料种类:Q460E 微合金化钢
工艺条件:1 120 ℃,保温 40 min,空冷,回火
加热设备:箱式电炉
观测仪器:金相显微镜
放大倍率:500×
试样种类:冲击试样
观测位置:最差视场
侵 蚀 剂:4%硝酸酒精溶液
金相组织:珠光体+铁素体+魏氏组织

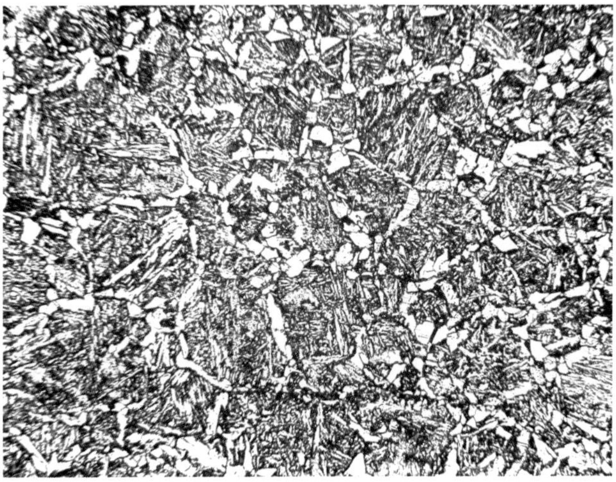

图片编号:L2.5.3-39
部件名称:L-B 型制动梁
材料种类:Q460E 微合金化钢
工艺条件:1 160 ℃,保温 40 min,空冷,回火
加热设备:箱式电炉
观测仪器:金相显微镜
放大倍率:100×
试样种类:冲击试样(8 J)
观测位置:典型视场
侵 蚀 剂:4%硝酸酒精溶液
金相组织:珠光体+铁素体+魏氏组织;铁素体成网包围魏氏组织;铁素体晶粒度 4.5 级;魏氏组织 F 级

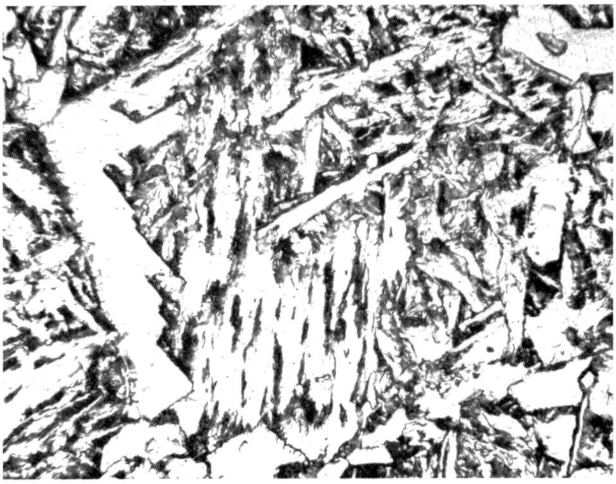

图片编号:L2.5.3-40
部件名称:L-B 型制动梁
材料种类:Q460E 微合金化钢
工艺条件:1 160 ℃,保温 40 min,空冷,回火
加热设备:箱式电炉
观测仪器:金相显微镜
放大倍率:500×
试样种类:冲击试样
观测位置:最差视场
侵 蚀 剂:4%硝酸酒精溶液
金相组织:珠光体+铁素体+魏氏组织魏氏组织粗针

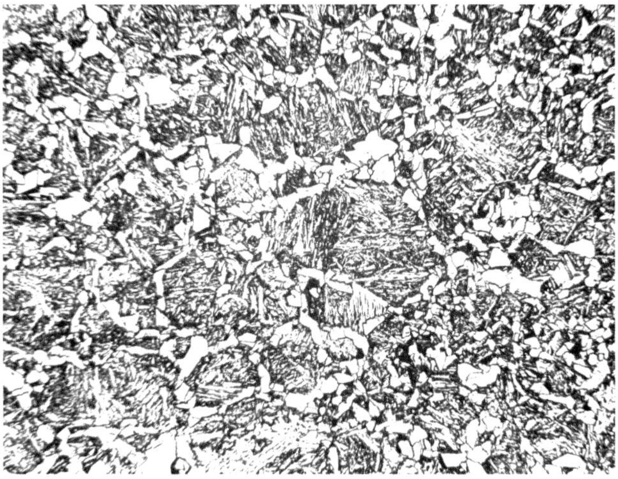

图片编号:L2.5.3-41
部件名称:L-B型制动梁
材料种类:Q460E微合金化钢
工艺条件:1 200 ℃,保温40 min,空冷,回火
加热设备:箱式电炉
观测仪器:金相显微镜
放大倍率:100×
试样种类:冲击试样(15 J)
观测位置:典型视场
侵 蚀 剂:4%硝酸酒精溶液
金相组织:珠光体+铁素体+魏氏组织;铁素体成网包围魏氏组织;铁素体晶粒度4级;魏氏组织G级

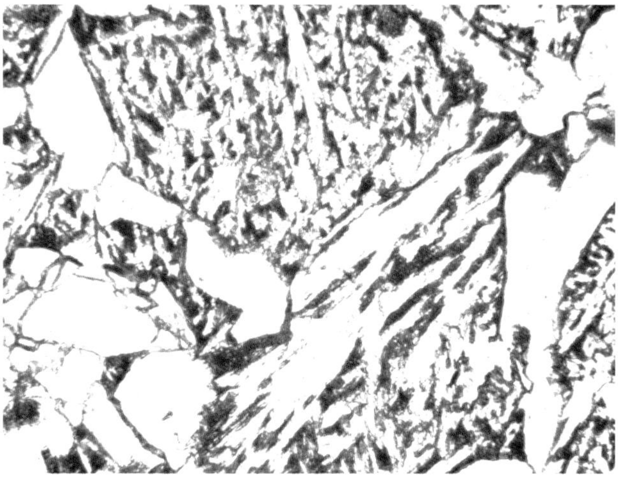

图片编号:L2.5.3-42
部件名称:L-B型制动梁
材料种类:Q460E微合金化钢
工艺条件:1 200 ℃,保温40 min,空冷,回火
加热设备:箱式电炉
观测仪器:金相显微镜
放大倍率:500×
试样种类:冲击试样
观测位置:最差视场
侵 蚀 剂:4%硝酸酒精溶液
金相组织:珠光体+铁素体+魏氏组织;魏氏组织粗针

2.5.3.3 不同加热温度·分段冷(>600 ℃空冷,<600 ℃风冷)

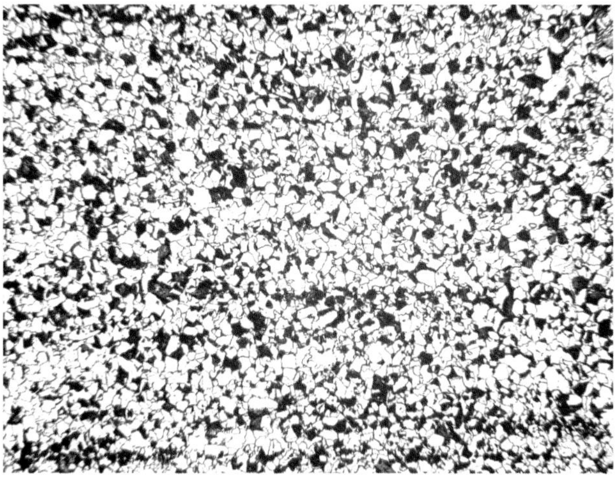

图片编号:L2.5.3-43
部件名称:L-B型制动梁
材料种类:Q460E微合金化钢
工艺条件:940 ℃,保温40 min,分段冷,回火
加热设备:箱式电炉
观测仪器:金相显微镜
放大倍率:100×
试样种类:冲击试样(37 J)
观测位置:典型视场
侵 蚀 剂:4%硝酸酒精溶液
金相组织:珠光体+铁素体;极少、极小魏氏组织;铁素体晶粒度9.5级;魏氏组织A级

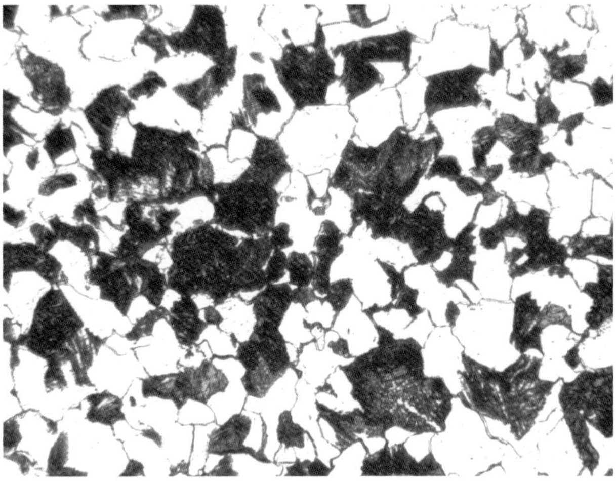

图片编号:L2.5.3-44
部件名称:L-B 型制动梁
材料种类:Q460E 微合金化钢
工艺条件:940 ℃,保温 40 min,
分段冷,回火
加热设备:箱式电炉
观测仪器:金相显微镜
放大倍率:500×
试样种类:冲击试样
观测位置:最差视场
侵 蚀 剂:4%硝酸酒精溶液
金相组织:珠光体+铁素体

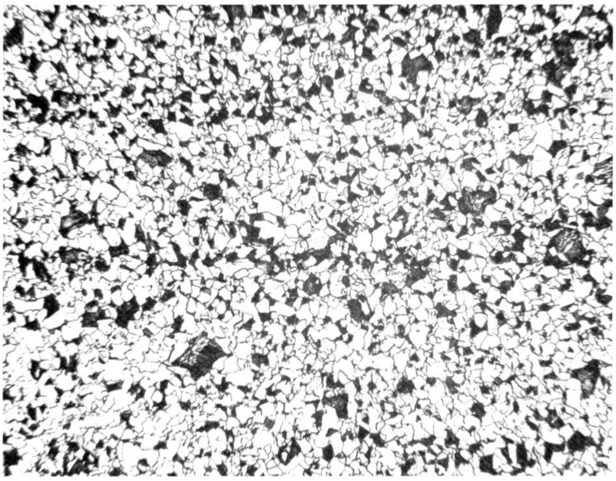

图片编号:L2.5.3-45
部件名称:L-B 型制动梁
材料种类:Q460E 微合金化钢
工艺条件:960 ℃,保温 40 min,
分段冷,回火
加热设备:箱式电炉
观测仪器:金相显微镜
放大倍率:100×
试样种类:冲击试样(78 J)
观测位置:典型视场
侵 蚀 剂:4%硝酸酒精溶液
金相组织:珠光体+铁素体;极少、极小魏氏组织;铁素体晶粒度 9 级;魏氏组织 B 级

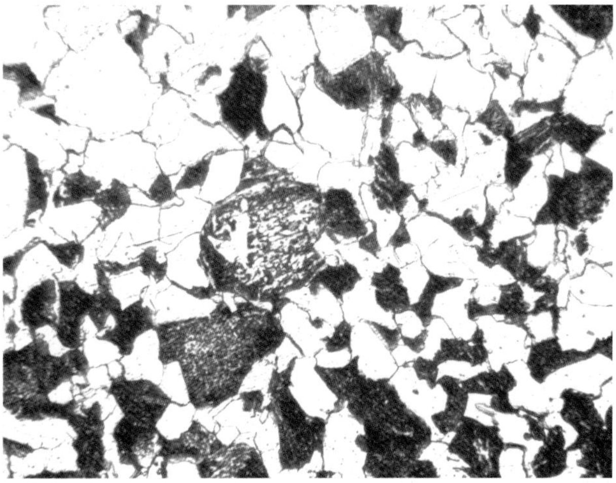

图片编号:L2.5.3-46
部件名称:L-B 型制动梁
材料种类:Q460E 微合金化钢
工艺条件:960 ℃,保温 40 min,
分段冷,回火
加热设备:箱式电炉
观测仪器:金相显微镜
放大倍率:500×
试样种类:冲击试样
观测位置:最差视场
侵 蚀 剂:4%硝酸酒精溶液
金相组织:珠光体+铁素体+魏氏组织

图片编号:L2.5.3-47
部件名称:L-B 型制动梁
材料种类:Q460E 微合金化钢
工艺条件:980 ℃,保温 40 min,分段冷,回火
加热设备:箱式电炉
观测仪器:金相显微镜
放大倍率:100×
试样种类:冲击试样(46 J)
观测位置:典型视场
侵 蚀 剂:4%硝酸酒精溶液
金相组织:珠光体+铁素体;极少、极小魏氏组织;铁素体晶粒度 9 级;魏氏组织 C 级

图片编号:L2.5.3-48
部件名称:L-B 型制动梁
材料种类:Q460E 微合金化钢
工艺条件:980 ℃,保温 40 min,分段冷,回火
加热设备:箱式电炉
观测仪器:金相显微镜
放大倍率:500×
试样种类:冲击试样
观测位置:最差视场
侵 蚀 剂:4%硝酸酒精溶液
金相组织:珠光体+铁素体+魏氏组织

2.5.3.4 不同加热温度·炉冷

注:炉冷试验指试样从高温炉中拿出,放入 400 ℃中温炉,停电随炉降至室温。

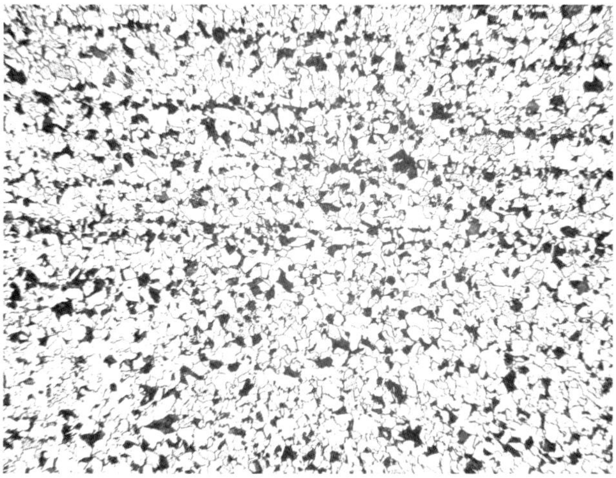

图片编号:L2.5.3-49
部件名称:L-B 型制动梁
材料种类:Q460E 微合金化钢
工艺条件:940 ℃,保温 40 min,炉冷,回火
加热设备:箱式电炉
观测仪器:金相显微镜
放大倍率:100×
试样种类:冲击试样(60 J)
观测位置:典型视场
侵 蚀 剂:4%硝酸酒精溶液
金相组织:珠光体+铁素体;极少、极小魏氏组织;铁素体晶粒度 9 级;魏氏组织 A 级

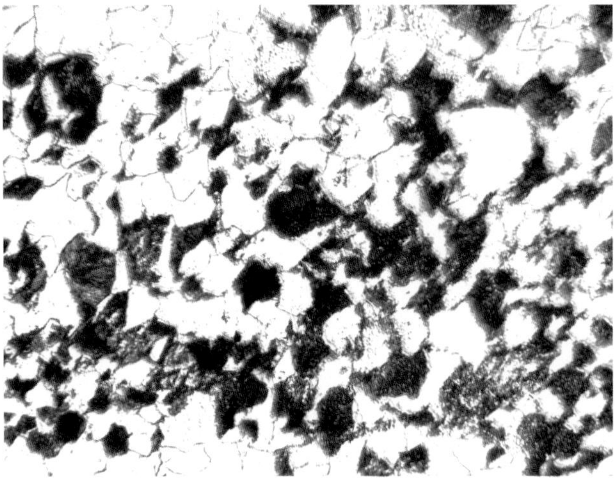

图片编号:L2.5.3-50
部件名称:L-B型制动梁
材料种类:Q460E微合金化钢
工艺条件:940 ℃,保温40 min,炉冷,回火
加热设备:箱式电炉
观测仪器:金相显微镜
放大倍率:500×
试样种类:冲击试样
观测位置:最差视场
侵 蚀 剂:4%硝酸酒精溶液
金相组织:珠光体+铁素体;极少、极小魏氏组织

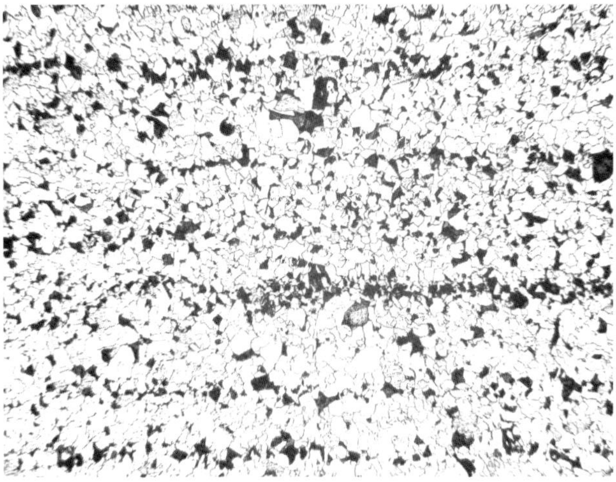

图片编号:L2.5.3-51
部件名称:L-B型制动梁
材料种类:Q460E微合金化钢
工艺条件:960 ℃,保温40 min,炉冷,回火
加热设备:箱式电炉
观测仪器:金相显微镜
放大倍率:100×
试样种类:冲击试样(68 J)
观测位置:典型视场
侵 蚀 剂:4%硝酸酒精溶液
金相组织:珠光体+铁素体;极少、极小魏氏组织;铁素体晶粒度8.5级;魏氏组织A级

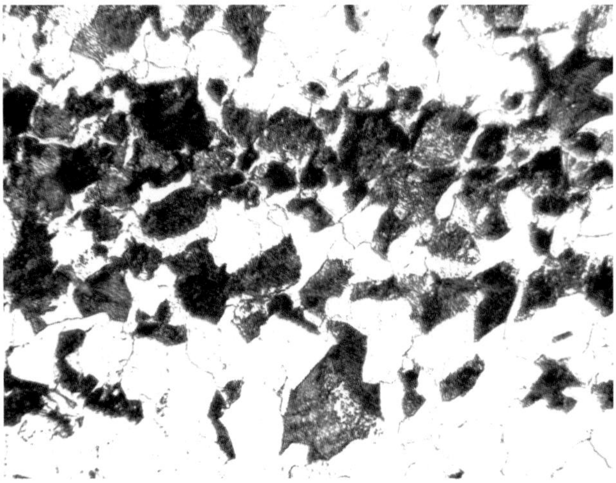

图片编号:L2.5.3-52
部件名称:L-B型制动梁
材料种类:Q460E微合金化钢
工艺条件:950 ℃,保温40 min,炉冷,回火
加热设备:箱式电炉
观测仪器:金相显微镜
放大倍率:500×
试样种类:冲击试样
观测位置:最差视场
侵 蚀 剂:4%硝酸酒精溶液
金相组织:珠光体+铁素体;极少、极小魏氏组织

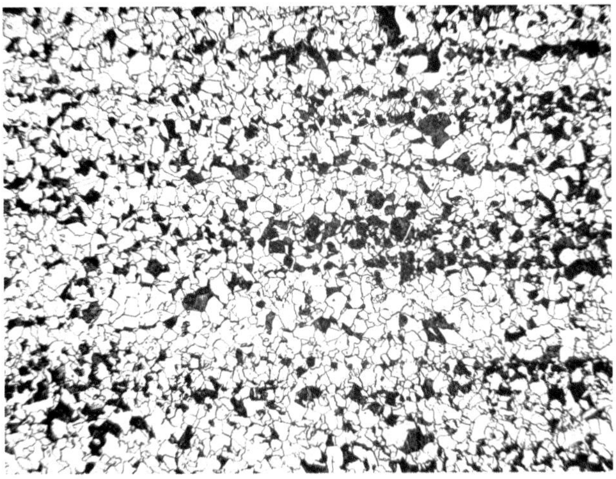

图片编号:L2.5.3-53
部件名称:L-B 型制动梁
材料种类:Q460E 微合金化钢
工艺条件:980 ℃,保温 40 min,炉冷,回火
加热设备:箱式电炉
观测仪器:金相显微镜
放大倍率:100×
试样种类:冲击试样(136 J)
观测位置:典型视场
侵 蚀 剂:4%硝酸酒精溶液
金相组织:珠光体+铁素体;极少、极小魏氏组织;铁素体晶粒度 8.5 级;魏氏组织 A 级

图片编号:L2.5.3-54
部件名称:L-B 型制动梁
材料种类:Q460E 微合金化钢
工艺条件:980 ℃,保温 40 min,炉冷,回火
加热设备:箱式电炉
观测仪器:金相显微镜
放大倍率:500×
试样种类:冲击试样
观测位置:最差视场
侵 蚀 剂:4%硝酸酒精溶液
金相组织:珠光体+铁素体

2.5.3.5 不同的加热保温时间·箱式电炉·风冷

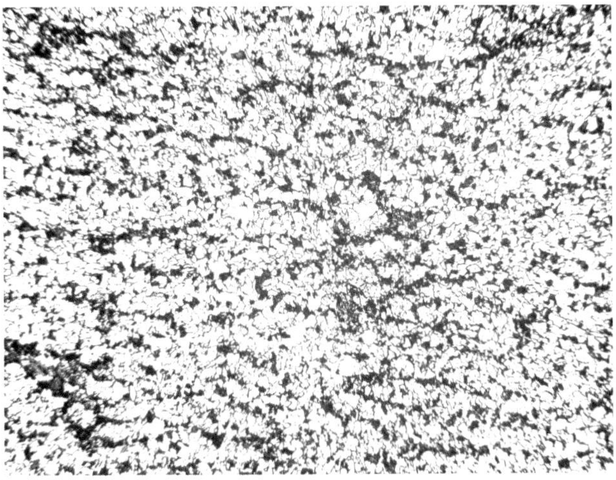

图片编号:L2.5.3-55
部件名称:L-B 型制动梁
材料种类:Q460E 微合金化钢
工艺条件:960 ℃,保温 10 min,空冷,回火
加热设备:箱式电炉
观测仪器:金相显微镜
放大倍率:500×
试样种类:冲击试样(140 J)
观测位置:典型视场
侵 蚀 剂:4%硝酸酒精溶液
金相组织:珠光体+铁素体;极少、极小魏氏组织;铁素体晶粒度 10 级;魏氏组织 A 级

图片编号:L2.5.3-56
部件名称:L-B型制动梁
材料种类:Q460E微合金化钢
工艺条件:960 ℃,保温10 min,风冷,回火
加热设备:箱式电炉
观测仪器:金相显微镜
放大倍率:500×
试样种类:冲击试样
观测位置:最差视场
侵 蚀 剂:4%硝酸酒精溶液
金相组织:珠光体+铁素体

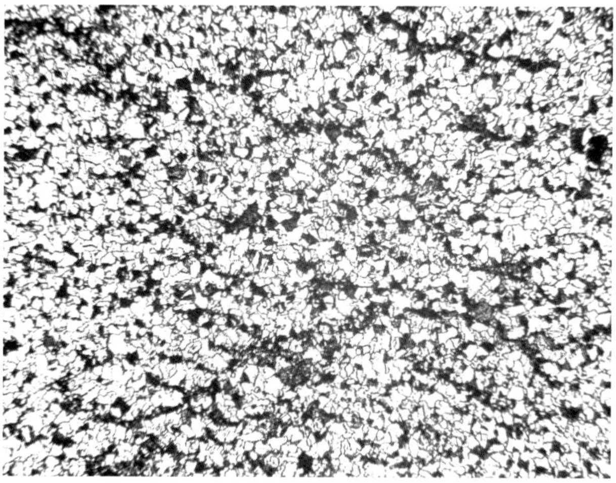

图片编号:L2.5.3-57
部件名称:L-B型制动梁
材料种类:Q460E微合金化钢
工艺条件:960 ℃,保温15 min,空冷,回火
加热设备:箱式电炉
观测仪器:金相显微镜
放大倍率:100×
试样种类:冲击试样(110 J)
观测位置:典型视场
侵 蚀 剂:4%硝酸酒精溶液
金相组织:珠光体+铁素体;极少、极小魏氏组织;铁素体晶粒度9.5级;魏氏组织B级

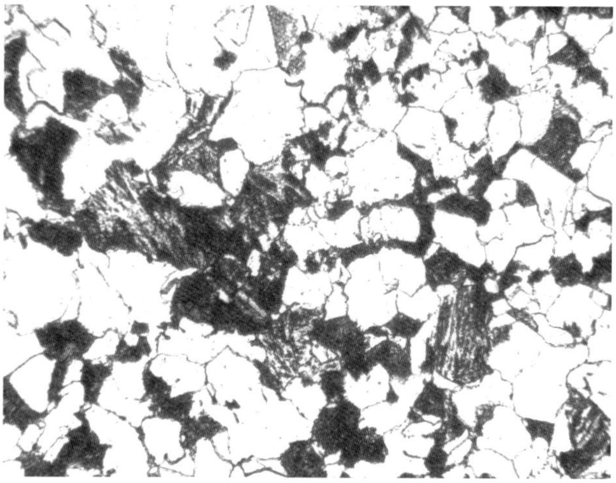

图片编号:L2.5.3-58
部件名称:L-B型制动梁
材料种类:Q460E微合金化钢
工艺条件:960 ℃,保温15 min,空冷,回火
加热设备:箱式电炉
观测仪器:金相显微镜
放大倍率:500×
试样种类:冲击试样
观测位置:最差视场
侵 蚀 剂:4%硝酸酒精溶液
金相组织:珠光体+铁素体+魏氏组织

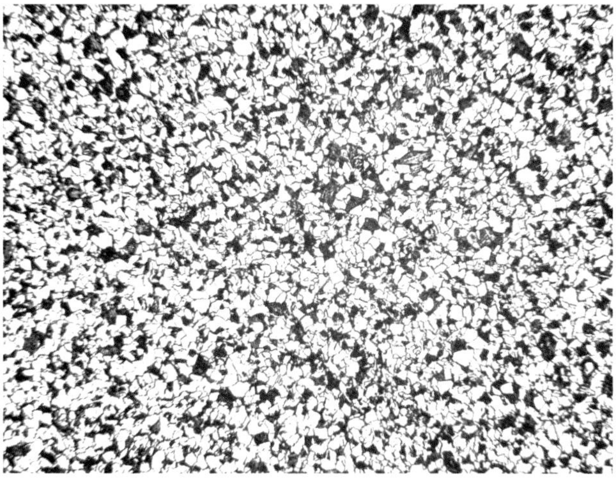

图片编号:L2.5.3-59
部件名称:L-B型制动梁
材料种类:Q460E微合金化钢
工艺条件:960 ℃,保温20 min,空冷,回火
加热设备:箱式电炉
观测仪器:金相显微镜
放大倍率:100×
试样种类:冲击试样(62 J)
观测位置:典型视场
侵 蚀 剂:4%硝酸酒精溶液
金相组织:珠光体+铁素体;极少、极小魏氏组织;铁素体晶粒度9.5级;魏氏组织B级

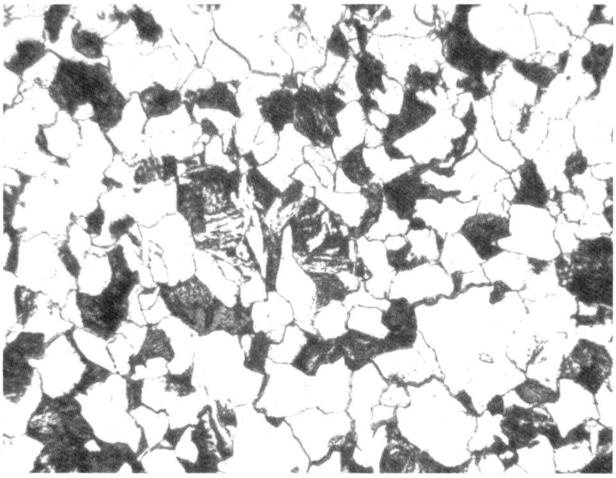

图片编号:L2.5.3-60
部件名称:L-B型制动梁
材料种类:Q460E微合金化钢
工艺条件:960 ℃,保温20 min,风冷,回火
加热设备:箱式电炉
观测仪器:金相显微镜
放大倍率:500×
试样种类:冲击试样
观测位置:最差视场
侵 蚀 剂:4%硝酸酒精溶液
金相组织:珠光体+铁素体+魏氏组织

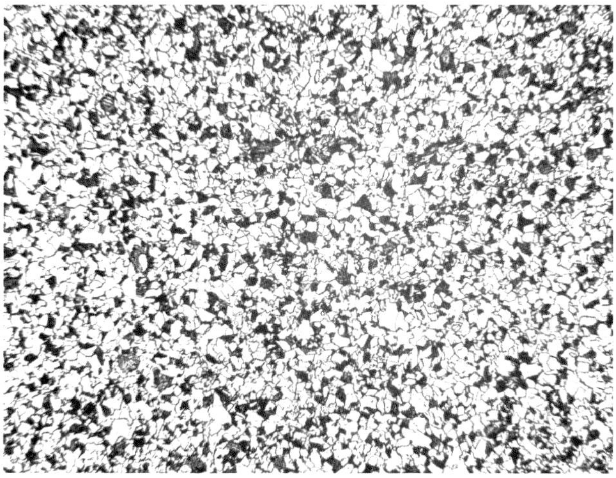

图片编号:L2.5.3-61
部件名称:L-B型制动梁
材料种类:Q460E微合金化钢
工艺条件:960 ℃,保温25 min,空冷,回火
加热设备:箱式电炉
观测仪器:金相显微镜
放大倍率:100×
试样种类:冲击试样(33 J)
观测位置:典型视场
侵 蚀 剂:4%硝酸酒精溶液
金相组织:珠光体+铁素体;极少、极小魏氏组织;铁素体晶粒度9.5级;魏氏组织B级

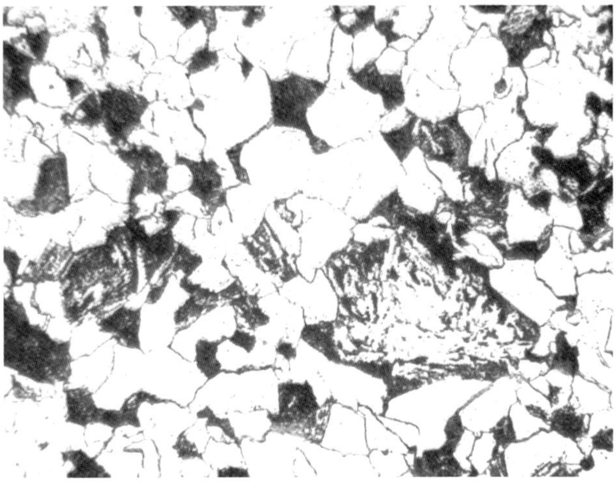

图片编号:L2.5.3-62
部件名称:L-B型制动梁
材料种类:Q460E微合金化钢
工艺条件:960 ℃,保温25 min,空冷,回火
加热设备:箱式电炉
观测仪器:金相显微镜
放大倍率:500×
试样种类:冲击试样
观测位置:最差视场
侵 蚀 剂:4%硝酸酒精溶液
金相组织:珠光体+铁素体+魏氏组织

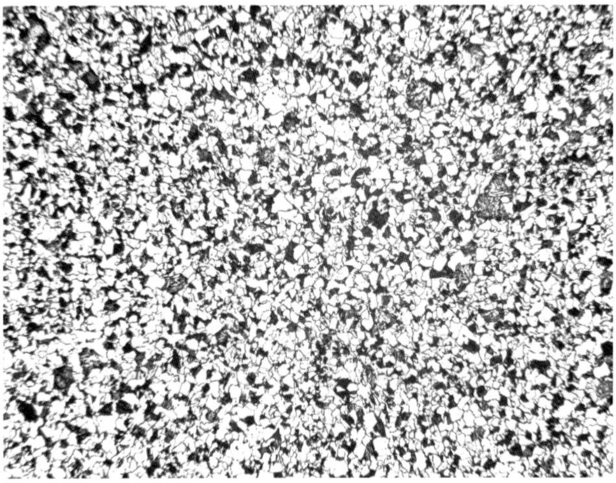

图片编号:L2.5.3-63
部件名称:L-B型制动梁
材料种类:Q460E微合金化钢
工艺条件:960 ℃,保温30 min,空冷,回火
加热设备:箱式电炉
观测仪器:金相显微镜
放大倍率:100×
试样种类:冲击试样(21 J)
观测位置:典型视场
侵 蚀 剂:4%硝酸酒精溶液
金相组织:珠光体+铁素体;极少、极小魏氏组织;铁素体晶粒度9.5级;魏氏组织B级

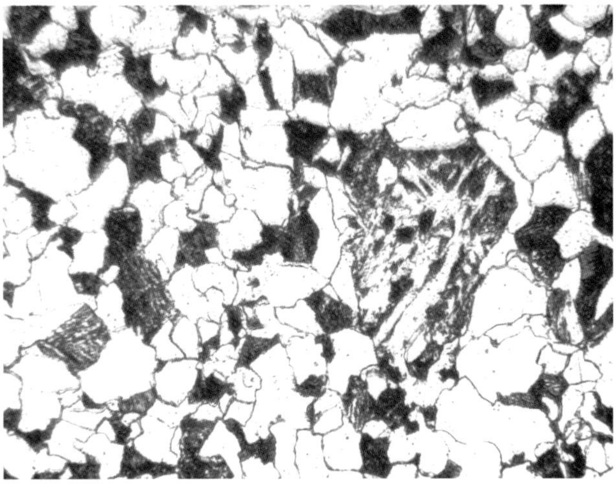

图片编号:L2.5.3-64
部件名称:L-B型制动梁
材料种类:Q460E微合金化钢
工艺条件:960 ℃,保温30 min,空冷,回火
加热设备:箱式电炉
观测仪器:金相显微镜
放大倍率:500×
试样种类:冲击试样
观测位置:最差视场
侵 蚀 剂:4%硝酸酒精溶液
金相组织:珠光体+铁素体+魏氏组织

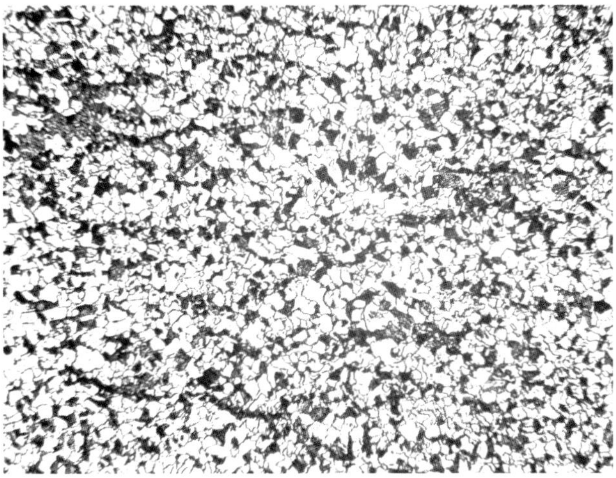

图片编号:L2.5.3-65
部件名称:L-B型制动梁
材料种类:Q460E微合金化钢
工艺条件:960 ℃,保温40 min,空冷,回火
加热设备:箱式电炉
观测仪器:金相显微镜
放大倍率:100×
试样种类:冲击试样(22 J)
观测位置:典型视场
侵 蚀 剂:4%硝酸酒精溶液
金相组织:珠光体+铁素体;极少、极小魏氏组织;铁素体晶粒度9.5级;魏氏组织C级

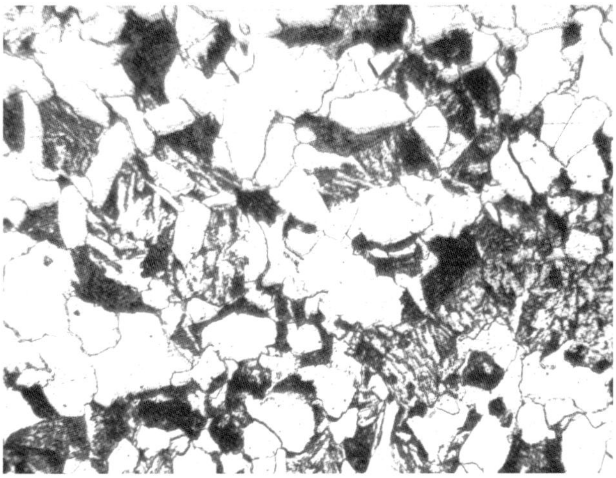

图片编号:L2.5.3-66
部件名称:L-B型制动梁
材料种类:Q460E微合金化钢
工艺条件:960 ℃,保温40 min,空冷,回火
加热设备:箱式电炉
观测仪器:金相显微镜
放大倍率:500×
试样种类:冲击试样
观测位置:最差视场
侵 蚀 剂:4%硝酸酒精溶液
金相组织:珠光体+铁素体+魏氏组织

2.5.3.6 感应加热·风冷

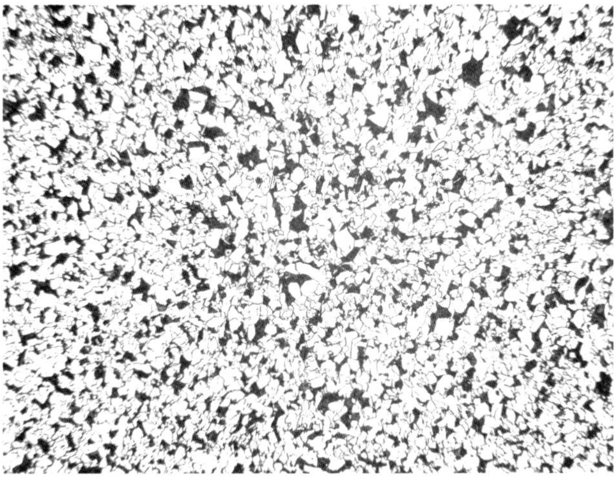

图片编号:L2.5.3-67
部件名称:L-B型制动梁
材料种类:Q460E微合金化钢
工艺条件:976 ℃,保温178 s,风冷,回火
加热设备:中频感应加热炉
观测仪器:金相显微镜
放大倍率:100×
试样种类:金相试样
观测位置:典型视场
侵 蚀 剂:4%硝酸酒精溶液
金相组织:珠光体+铁素体;铁素体晶粒度9.5级;魏氏组织A级

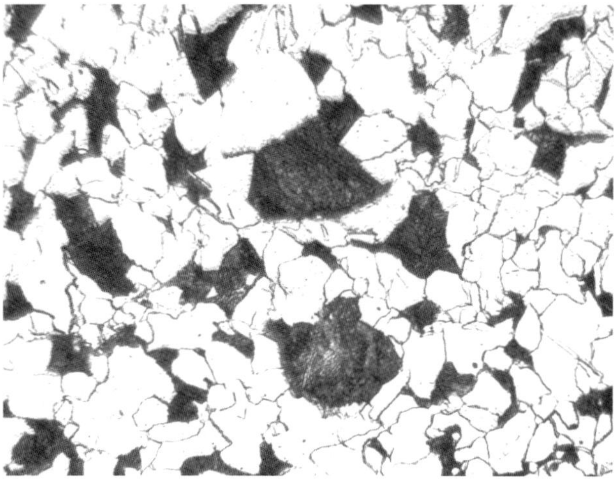

图片编号:L2.5.3-68
部件名称:L-B型制动梁
材料种类:Q460E微合金化钢
工艺条件:976 ℃,保温178 s,风冷,回火
加热设备:中频感应加热炉
观测仪器:金相显微镜
放大倍率:500×
试样种类:金相试样
观测位置:典型视场
侵 蚀 剂:4%硝酸酒精溶液
金相组织:珠光体+铁素体

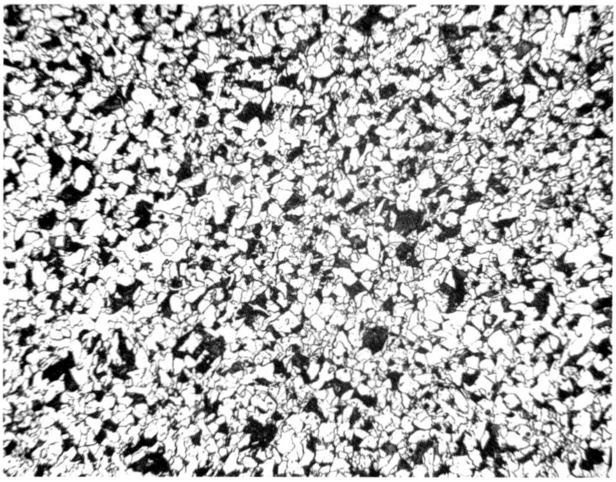

图片编号:L2.5.3-69
部件名称:L-B型制动梁
材料种类:Q460E微合金化钢
工艺条件:975 ℃,保温180 s,风冷,回火
加热设备:中频感应加热炉
观测仪器:金相显微镜
放大倍率:100×
试样种类:金相试样
观测位置:典型视场
侵 蚀 剂:4%硝酸酒精溶液
金相组织:珠光体+铁素体;铁素体晶粒度9级;魏氏组织A级

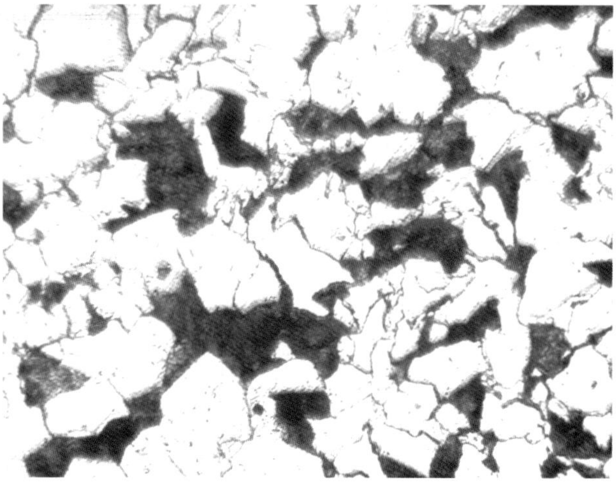

图片编号:L2.5.3-70
部件名称:L-B型制动梁
材料种类:Q460E微合金化钢
工艺条件:975 ℃,保温180 s,风冷,回火
加热设备:中频感应加热炉
观测仪器:金相显微镜
放大倍率:500×
试样种类:金相试样
观测位置:典型视场
侵 蚀 剂:4%硝酸酒精溶液
金相组织:珠光体+铁素体

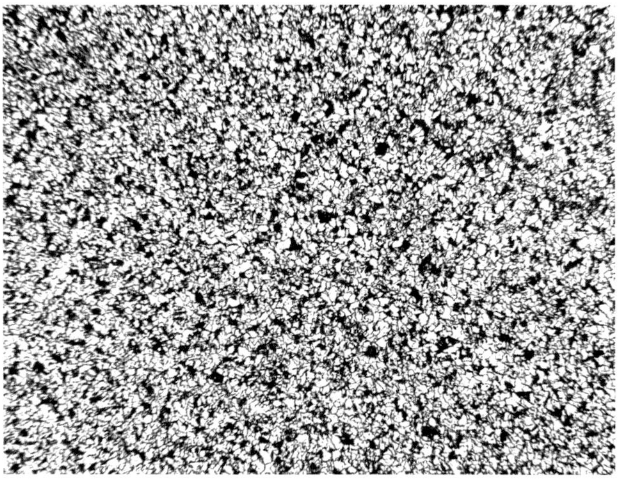

图片编号:L2.5.3-71
部件名称:L-B 型制动梁
材料种类:Q460E 微合金化钢
工艺条件:960 ℃,保温 180 s,风冷,回火
加热设备:中频感应加热炉
观测仪器:金相显微镜
放大倍率:100×
试样种类:金相试样
观测位置:典型视场
侵 蚀 剂:4%硝酸酒精溶液
金相组织:珠光体+铁素体;铁素体晶粒度 10 级;魏氏组织 A 级

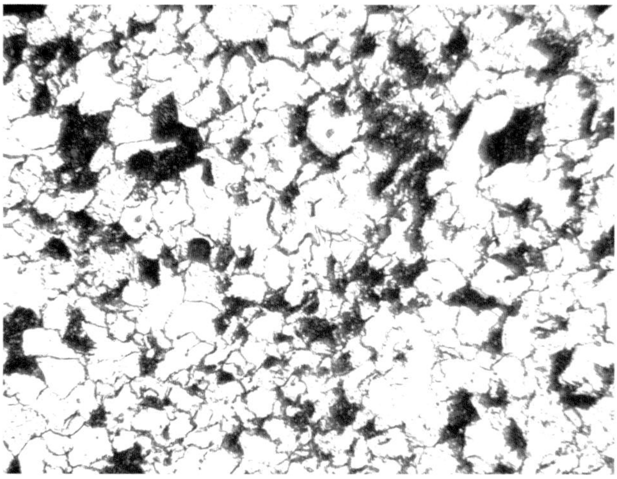

图片编号:L2.5.3-72
部件名称:L-B 型制动梁
材料种类:Q460E 微合金化钢
工艺条件:960 ℃,保温 180 s,风冷,回火
加热设备:中频感应加热炉
观测仪器:金相显微镜
放大倍率:500×
试样种类:金相试样
观测位置:典型视场
侵 蚀 剂:4%硝酸酒精溶液
金相组织:珠光体+铁素体

2.5.3.7 制动梁梁架不同部位

本节对制动梁梁架不同部位的金相组织进行了对比,取样部位、位置及其编号分别如图 2-11 和 2-12 所示,在金相组织照片右侧说明中以"位置 11"~"位置 35"(注:其中第一位数字表示图 2-11中的具体取样部位;第二位数字表示该具体部位在图 2-12 中的某一取样位置)进行标注。

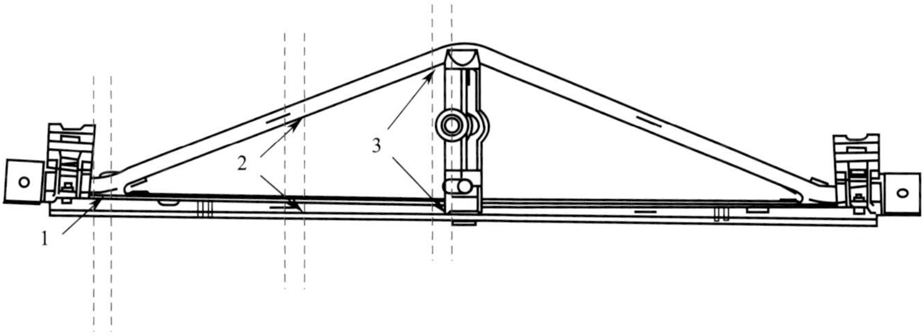

图 2-11 制动梁不同取样部位示意图

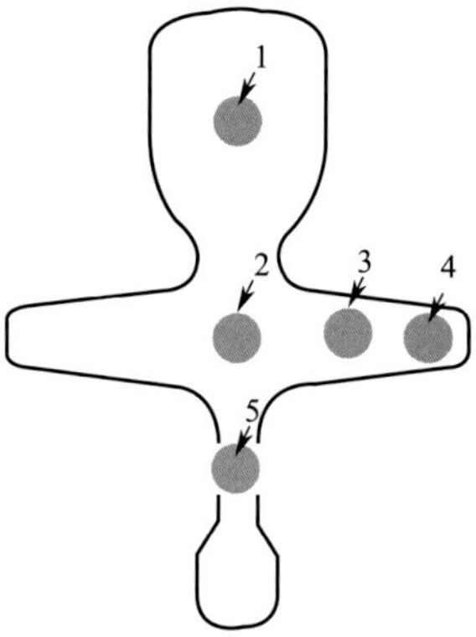

图 2-12　制动梁梁架型钢上不同具体部位取样位置示意图

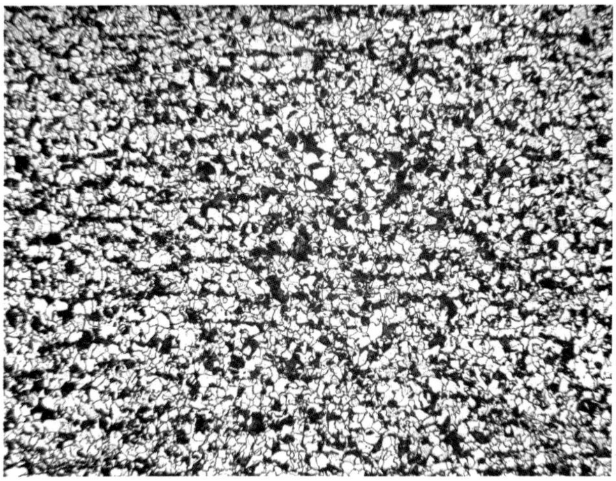

图片编号：L2.5.3.73
部件名称：L-B 型制动梁
材料种类：Q460E 微合金化钢
工艺条件：940 ℃，保温 25 min，风冷，回火
加热设备：燃气炉
观测仪器：金相显微镜
放大倍率：100×
试样种类：制动梁成品（位置 11）
观测位置：典型视场
侵 蚀 剂：4%硝酸酒精溶液
金相组织：珠光体＋铁素体
晶 粒 度：9.5 级

图片编号：L2.5.3.74
部件名称：L-B 型制动梁
材料种类：Q460E 微合金化钢
工艺条件：940 ℃，保温 25 min，风冷，回火
加热设备：燃气炉
观测仪器：金相显微镜
放大倍率：500×
试样种类：制动梁成品（位置 11）
观测位置：典型视场
侵 蚀 剂：4%硝酸酒精溶液
金相组织：珠光体＋铁素体

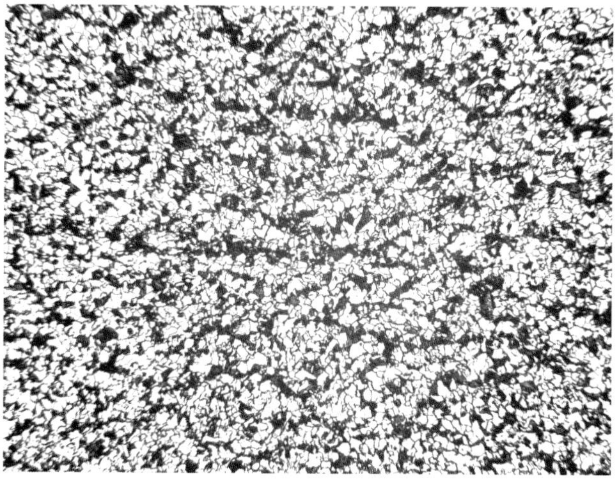

图片编号:L2.5.3.75
部件名称:L-B型制动梁
材料种类:Q460E微合金化钢
工艺条件:940 ℃,保温25 min,风冷,回火
加热设备:燃气炉
观测仪器:金相显微镜
放大倍率:100×
试样种类:制动梁成品(位置12)
观测位置:典型视场
侵 蚀 剂:4%硝酸酒精溶液
金相组织:珠光体+铁素体
晶 粒 度:9.5级

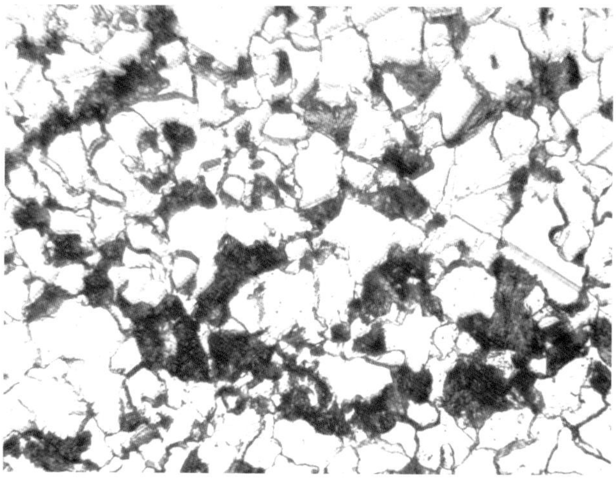

图片编号:L2.5.3.76
部件名称:L-B型制动梁
材料种类:Q460E微合金化钢
工艺条件:940 ℃,保温25 min,风冷,回火
加热设备:燃气炉
观测仪器:金相显微镜
放大倍率:500×
试样种类:制动梁成品(位置12)
观测位置:典型视场
侵 蚀 剂:4%硝酸酒精溶液
金相组织:珠光体+铁素体

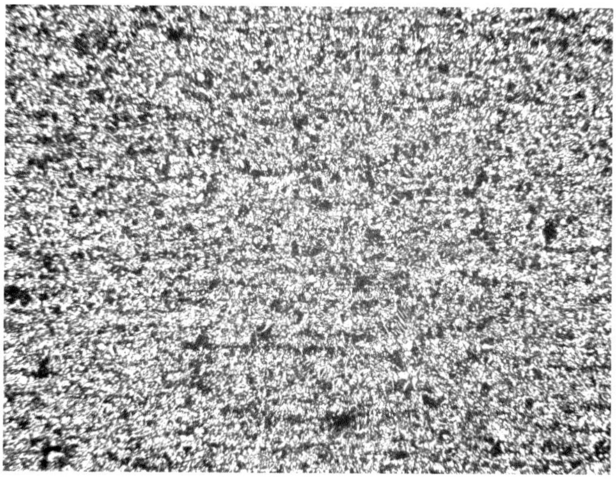

图片编号:L2.5.3.77
部件名称:L-B型制动梁
材料种类:Q460E微合金化钢
工艺条件:940 ℃,保温25 min,风冷,回火
加热设备:燃气炉
观测仪器:金相显微镜
放大倍率:100×
试样种类:制动梁成品(位置13)
观测位置:典型视场
侵 蚀 剂:4%硝酸酒精溶液
金相组织:珠光体+铁素体+魏氏组织B级
晶 粒 度:10级

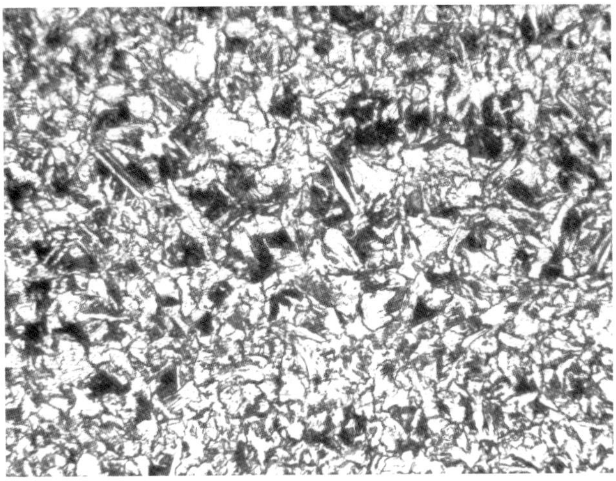

图片编号:L2.5.3.78
部件名称:L-B型制动梁
材料种类:Q460E微合金化钢
工艺条件:940 ℃,保温25 min,风冷,回火
加热设备:燃气炉
观测仪器:金相显微镜
放大倍率:500×
试样种类:制动梁成品(位置13)
观测位置:典型视场
侵 蚀 剂:4%硝酸酒精溶液
金相组织:珠光体+铁素体+魏氏组织

图片编号:L2.5.3.79
部件名称:L-B型制动梁
材料种类:Q460E微合金化钢
工艺条件:940 ℃,保温25 min,风冷,回火
加热设备:燃气炉
观测仪器:金相显微镜
放大倍率:100×
试样种类:制动梁成品(位置14)
观测位置:典型视场
侵 蚀 剂:4%硝酸酒精溶液
金相组织:珠光体+铁素体+魏氏组织A级
晶 粒 度:10级

图片编号:L2.5.3.80
部件名称:L-B型制动梁
材料种类:Q460E微合金化钢
工艺条件:940 ℃,保温25 min,风冷,回火
加热设备:燃气炉
观测仪器:金相显微镜
放大倍率:500×
试样种类:制动梁成品(位置14)
观测位置:典型视场
侵 蚀 剂:4%硝酸酒精溶液
金相组织:珠光体+铁素体+魏氏组织

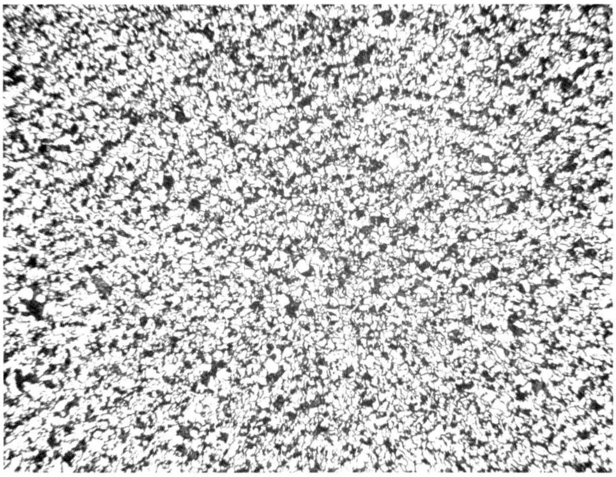

图片编号:L2.5.3.81
部件名称:L-B型制动梁
材料种类:Q460E 微合金化钢
工艺条件:940 ℃,保温 25 min,风冷,回火
加热设备:燃气炉
观测仪器:金相显微镜
放大倍率:100×
试样种类:制动梁成品(位置 15)
观测位置:典型视场
侵 蚀 剂:4%硝酸酒精溶液
金相组织:珠光体+铁素体
晶 粒 度:10 级

图片编号:L2.5.3.82
部件名称:L-B型制动梁
材料种类:Q460E 微合金化钢
工艺条件:940 ℃,保温 25 min,风冷,回火
加热设备:燃气炉
观测仪器:金相显微镜
放大倍率:500×
试样种类:制动梁成品(位置 15)
观测位置:典型视场
侵 蚀 剂:4%硝酸酒精溶液
金相组织:珠光体+铁素体

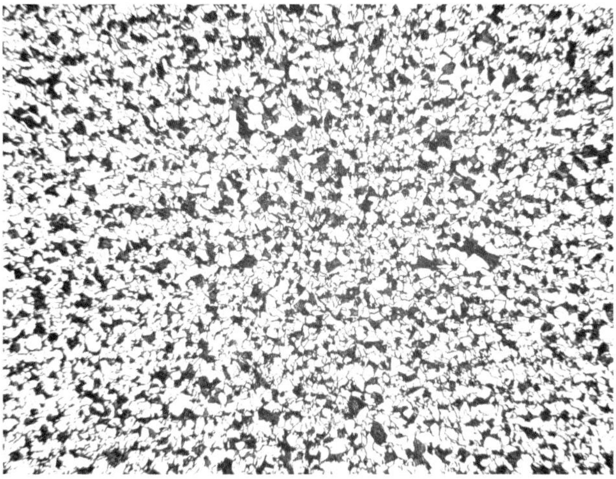

图片编号:L2.5.3.83
部件名称:L-B型制动梁
材料种类:Q460E 微合金化钢
工艺条件:940 ℃,保温 25 min,风冷,回火
加热设备:燃气炉
观测仪器:金相显微镜
放大倍率:100×
试样种类:制动梁成品(位置 21)
观测位置:典型视场
侵 蚀 剂:4%硝酸酒精溶液
金相组织:珠光体+铁素体
晶 粒 度:9.5 级

图片编号:L2.5.3.84
部件名称:L-B 型制动梁
材料种类:Q460E 微合金化钢
工艺条件:940 ℃,保温 25 min,风冷,回火
加热设备:燃气炉
观测仪器:金相显微镜
放大倍率:500×
试样种类:制动梁成品(位置 21)
观测位置:典型视场
侵 蚀 剂:4%硝酸酒精溶液
金相组织:珠光体+铁素体

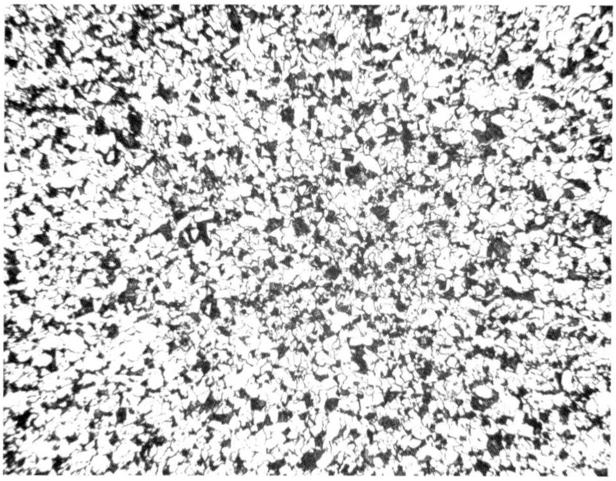

图片编号:L2.5.3.85
部件名称:L-B 型制动梁
材料种类:Q460E 微合金化钢
工艺条件:940 ℃,保温 25 min,风冷,回火
加热设备:燃气炉
观测仪器:金相显微镜
放大倍率:100×
试样种类:制动梁成品(位置 22)
观测位置:典型视场
侵 蚀 剂:4%硝酸酒精溶液
金相组织:珠光体+铁素体
晶 粒 度:9 级

图片编号:L2.5.3.86
部件名称:L-B 型制动梁
材料种类:Q460E 微合金化钢
工艺条件:940 ℃,保温 25 min,风冷,回火
加热设备:燃气炉
观测仪器:金相显微镜
放大倍率:500×
试样种类:制动梁成品(位置 22)
观测位置:典型视场
侵 蚀 剂:4%硝酸酒精溶液
金相组织:珠光体+铁素体

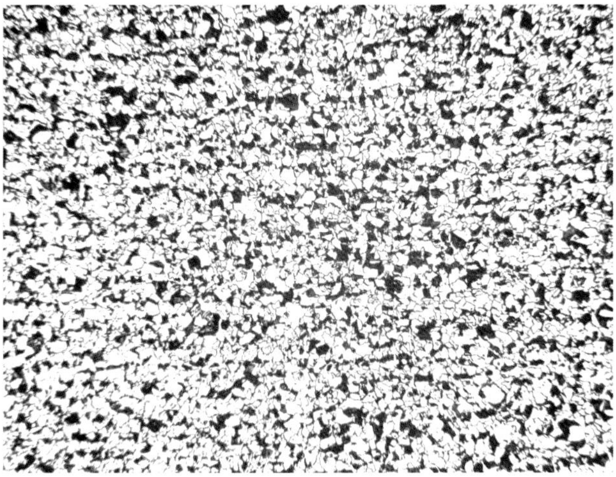

图片编号:L2.5.3.87
部件名称:L-B型制动梁
材料种类:Q460E微合金化钢
工艺条件:940 ℃,保温25 min,风冷,回火
加热设备:燃气炉
观测仪器:金相显微镜
放大倍率:100×
试样种类:制动梁成品(位置23)
观测位置:典型视场
侵 蚀 剂:4%硝酸酒精溶液
金相组织:珠光体+铁素体
晶 粒 度:9级

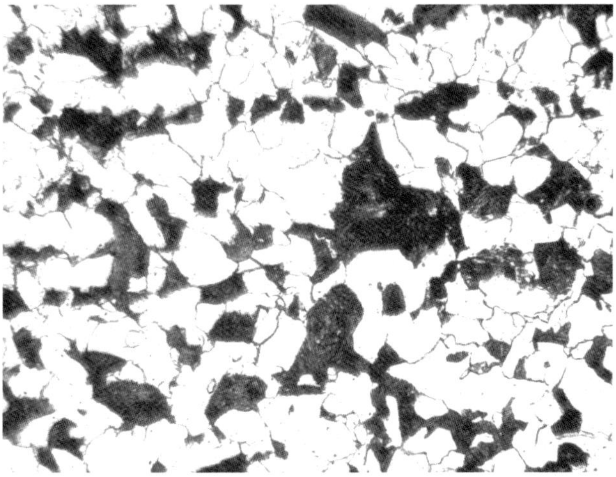

图片编号:L2.5.3.88
部件名称:L-B型制动梁
材料种类:Q460E微合金化钢
工艺条件:940 ℃,保温25 min,风冷,回火
加热设备:燃气炉
观测仪器:金相显微镜
放大倍率:500×
试样种类:制动梁成品(位置23)
观测位置:典型视场
侵 蚀 剂:4%硝酸酒精溶液
金相组织:珠光体+铁素体

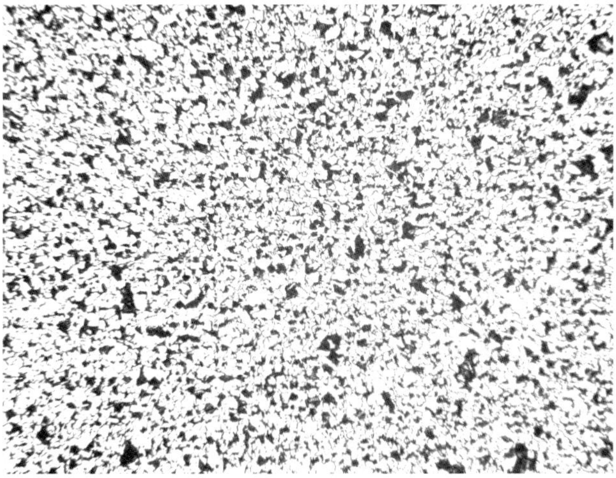

图片编号:L2.5.3.89
部件名称:L-B型制动梁
材料种类:Q460E微合金化钢
工艺条件:940 ℃,保温25 min,风冷,回火
加热设备:燃气炉
观测仪器:金相显微镜
放大倍率:100×
试样种类:制动梁成品(位置24)
观测位置:典型视场
侵 蚀 剂:4%硝酸酒精溶液
金相组织:珠光体+铁素体
晶 粒 度:9.5级

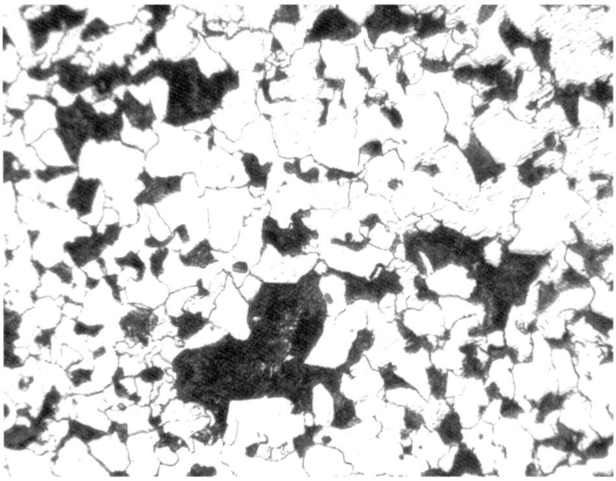

图片编号:L2.5.3.90
部件名称:L-B型制动梁
材料种类:Q460E微合金化钢
工艺条件:940 ℃,保温25 min,风冷,回火
加热设备:燃气炉
观测仪器:金相显微镜
放大倍率:500×
试样种类:制动梁成品(位置24)
观测位置:典型视场
侵 蚀 剂:4%硝酸酒精溶液
金相组织:珠光体+铁素体

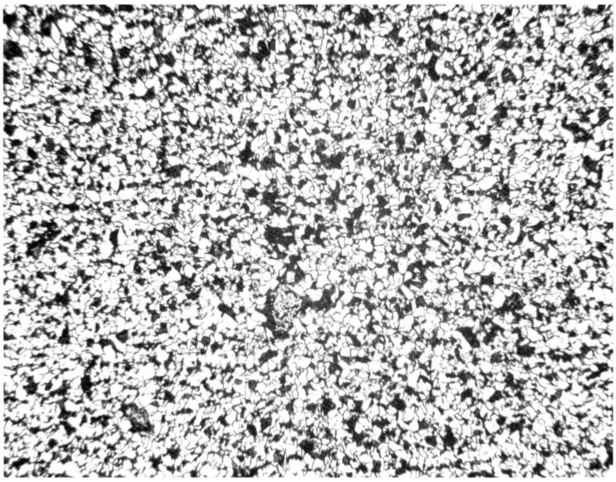

图片编号:L2.5.3.91
部件名称:L-B型制动梁
材料种类:Q460E微合金化钢
工艺条件:940 ℃,保温25 min,风冷,回火
加热设备:燃气炉
观测仪器:金相显微镜
放大倍率:100×
试样种类:制动梁成品(位置25)
观测位置:典型视场
侵 蚀 剂:4%硝酸酒精溶液
金相组织:珠光体+铁素体
晶 粒 度:9级

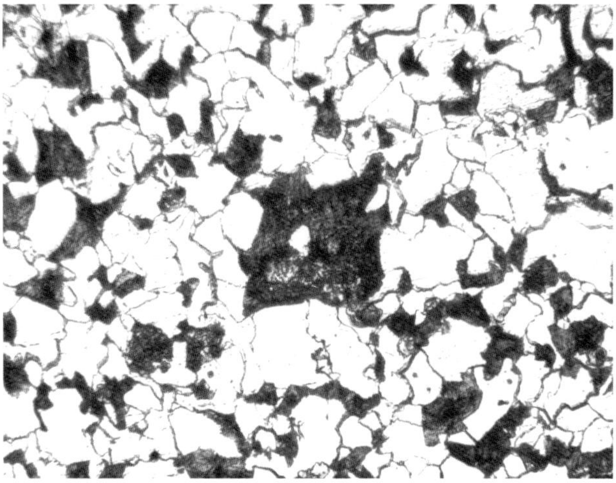

图片编号:L2.5.3.92
部件名称:L-B型制动梁
材料种类:Q460E微合金化钢
工艺条件:940 ℃,保温25 min,风冷,回火
加热设备:燃气炉
观测仪器:金相显微镜
放大倍率:500×
试样种类:制动梁成品(位置25)
观测位置:典型视场
侵 蚀 剂:4%硝酸酒精溶液
金相组织:珠光体+铁素体

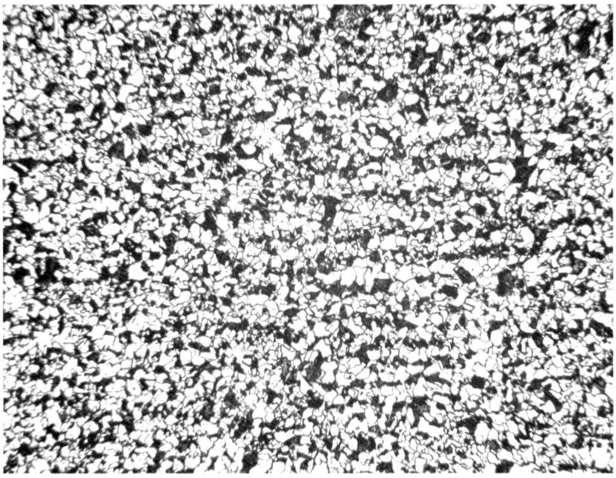

图片编号:L2.5.3.93
部件名称:L-B型制动梁
材料种类:Q460E微合金化钢
工艺条件:940 ℃,保温25 min,风冷,回火
加热设备:燃气炉
观测仪器:金相显微镜
放大倍率:100×
试样种类:制动梁成品(位置31)
观测位置:典型视场
侵 蚀 剂:4%硝酸酒精溶液
金相组织:珠光体+铁素体
晶 粒 度:9级

图片编号:L2.5.3.94
部件名称:L-B型制动梁
材料种类:Q460E微合金化钢
工艺条件:940 ℃,保温25 min,风冷,回火
加热设备:燃气炉
观测仪器:金相显微镜
放大倍率:500×
试样种类:制动梁成品(位置31)
观测位置:典型视场
侵 蚀 剂:4%硝酸酒精溶液
金相组织:珠光体+铁素体

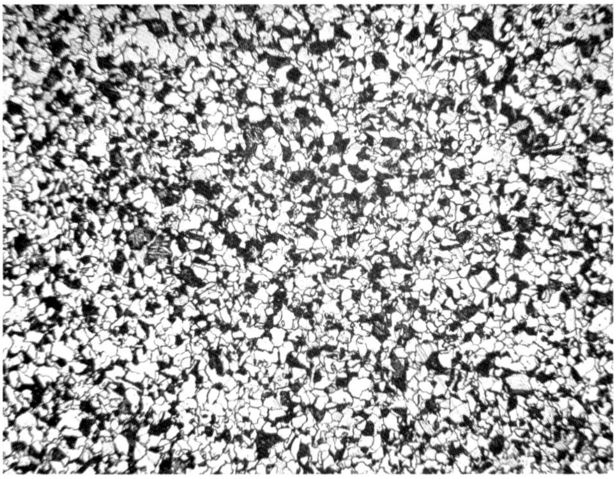

图片编号:L2.5.3.95
部件名称:L-B型制动梁
材料种类:Q460E微合金化钢
工艺条件:940 ℃,保温25 min,风冷,回火
加热设备:燃气炉
观测仪器:金相显微镜
放大倍率:100×
试样种类:制动梁成品(位置32)
观测位置:典型视场
侵 蚀 剂:4%硝酸酒精溶液
金相组织:珠光体+铁素体+魏氏组织C级
晶 粒 度:9级

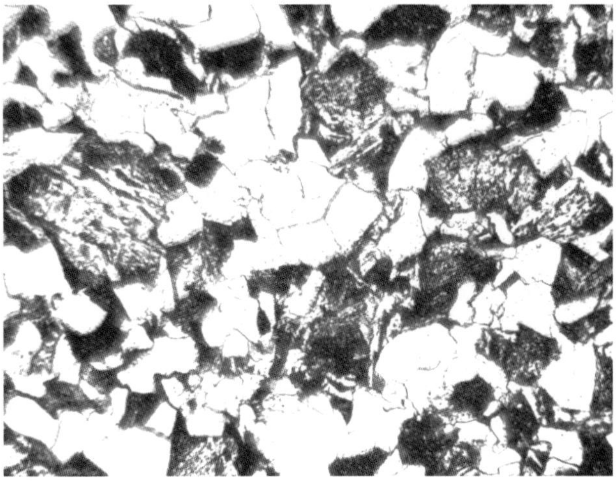

图片编号:L2.5.3.96
部件名称:L-B型制动梁
材料种类:Q460E微合金化钢
工艺条件:940 ℃,保温25 min,风冷,回火
加热设备:燃气炉
观测仪器:金相显微镜
放大倍率:500×
试样种类:制动梁成品(位置32)
观测位置:典型视场
侵 蚀 剂:4%硝酸酒精溶液
金相组织:珠光体+铁素体+魏氏组织

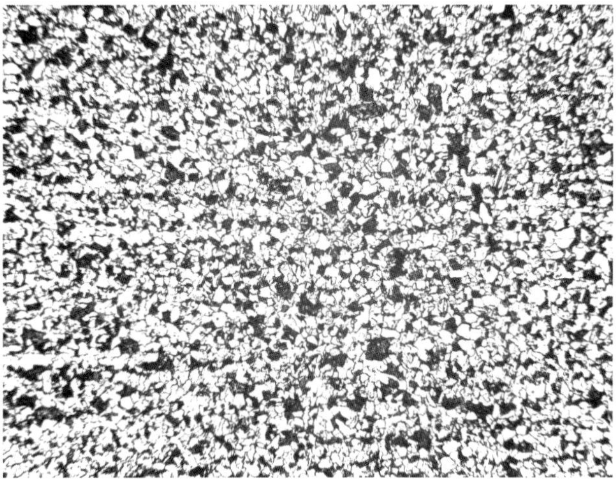

图片编号:L2.5.3.97
部件名称:L-B型制动梁
材料种类:Q460E微合金化钢
工艺条件:940 ℃,保温25 min,风冷,回火
加热设备:燃气炉
观测仪器:金相显微镜
放大倍率:100×
试样种类:制动梁成品(位置33)
观测位置:典型视场
侵 蚀 剂:4%硝酸酒精溶液
金相组织:珠光体+铁素体+魏氏组织B级
晶 粒 度:9.5级

图片编号:L2.5.3.98
部件名称:L-B型制动梁
材料种类:Q460E微合金化钢
工艺条件:940 ℃,保温25 min,风冷,回火
加热设备:燃气炉
观测仪器:金相显微镜
放大倍率:500×
试样种类:制动梁成品(位置33)
观测位置:典型视场
侵 蚀 剂:4%硝酸酒精溶液
金相组织:珠光体+铁素体+魏氏组织

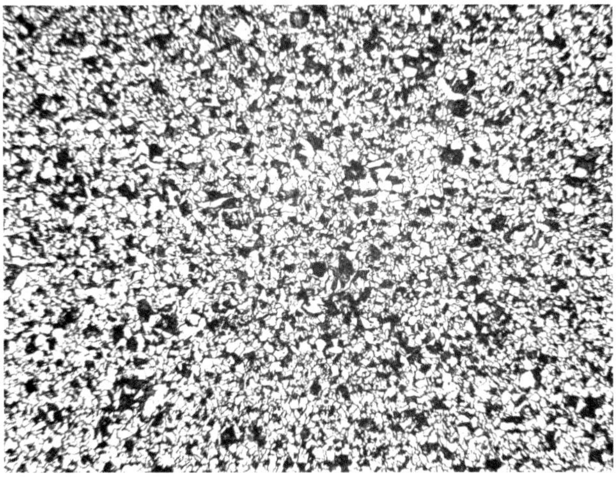

图片编号:L2.5.3.99
部件名称:L-B型制动梁
材料种类:Q460E微合金化钢
工艺条件:940 ℃,保温25 min,风冷,回火
加热设备:燃气炉
观测仪器:金相显微镜
放大倍率:100×
试样种类:制动梁成品(位置34)
观测位置:典型视场
侵 蚀 剂:4%硝酸酒精溶液
金相组织:珠光体+铁素体+魏氏组织B级
晶 粒 度:9.5级

图片编号:L2.5.3.100
部件名称:L-B型制动梁
材料种类:Q460E微合金化钢
工艺条件:940 ℃,保温25 min,风冷,回火
加热设备:燃气炉
观测仪器:金相显微镜
放大倍率:500×
试样种类:制动梁成品(位置34)
观测位置:典型视场
侵 蚀 剂:4%硝酸酒精溶液
金相组织:珠光体+铁素体+魏氏组织

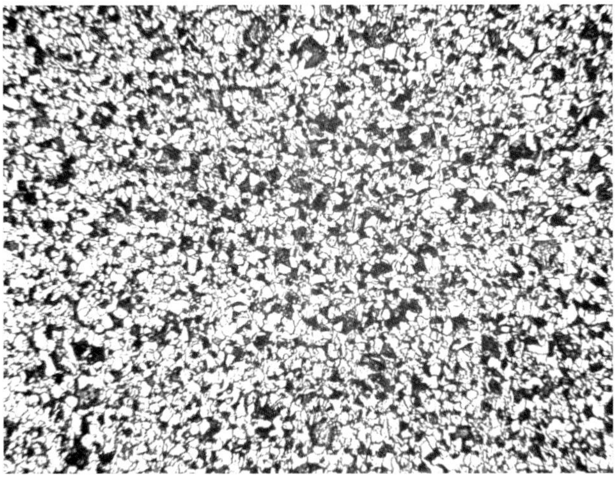

图片编号:L2.5.3.101
部件名称:L-B型制动梁
材料种类:Q460E微合金化钢
工艺条件:940 ℃,保温25 min,风冷,回火
加热设备:燃气炉
观测仪器:金相显微镜
放大倍率:100×
试样种类:制动梁成品(位置35)
观测位置:典型视场
侵 蚀 剂:4%硝酸酒精溶液
金相组织:珠光体+铁素体+魏氏组织A级
晶 粒 度:9.5级

图片编号：L2. 5. 3. 102
部件名称：L-B 型制动梁
材料种类：Q460E 微合金化钢
工艺条件：940 ℃，保温 25 min，风冷，回火
加热设备：燃气炉
观测仪器：金相显微镜
放大倍率：500×
试样种类：制动梁成品（位置 35）
观测位置：典型视场
侵 蚀 剂：4%硝酸酒精溶液
金相组织：珠光体＋铁素体＋魏氏组织

2.5.4 显微硬度

显微硬度的测定在 F11-7 型显微硬度计上进行，放大倍数为 500×。鉴于单相组织的细、小和多种单相的相互交错，压头位置不一定完全就落在测定单相上，获得的显微硬度值主要用于不同相之间的相对比较与分析。

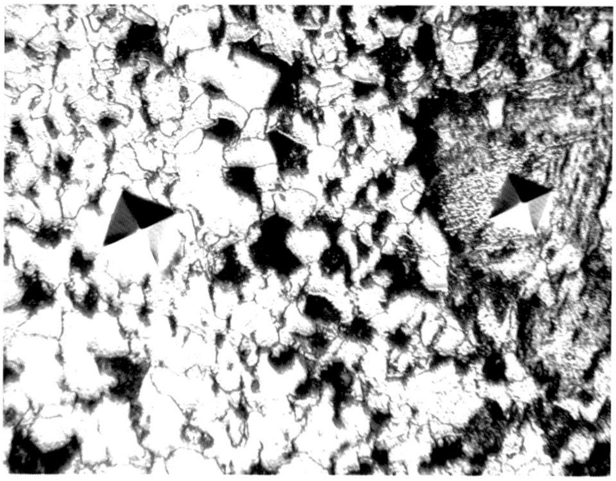

图片编号：L2. 5. 4-1
部件名称：L-B 型制动梁
材料种类：Q460E 微合金化钢
工艺条件：正火温度 920 ℃，风冷
加热设备：箱式电炉
观测仪器：维氏显微硬度计
放大倍率：500×
试样种类：制动梁成品冲击样横截面
观测位置：典型视场
侵 蚀 剂：4%硝酸酒精溶液
金相组织：珠光体＋铁素体；铁素体 170 HV；珠光体 270 HV

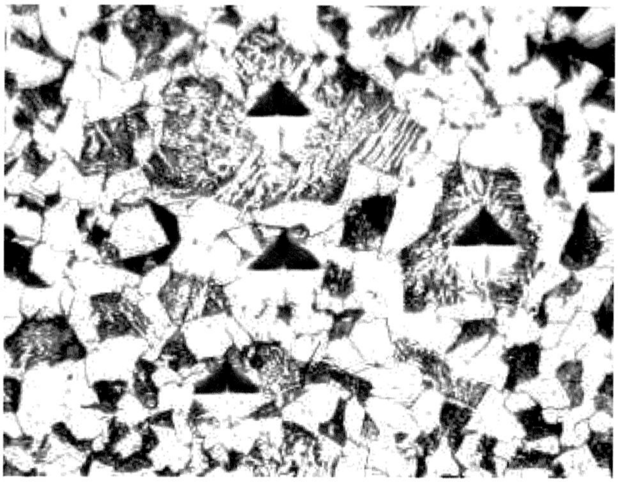

图片编号：L2. 5. 4-2
部件名称：L-B 型制动梁
材料种类：Q460E 微合金化钢
工艺条件：正火温度 950 ℃，风冷
加热设备：箱式电炉
观测仪器：维氏显微硬度计
放大倍率：500×
试样种类：制动梁成品冲击样横截面
观测位置：典型视场
侵 蚀 剂：4%硝酸酒精溶液
金相组织：珠光体＋铁素体＋魏氏组织；铁素体 200 HV；珠光体 265 HV；魏氏组织先共析铁素体 262 HV；魏氏组织似珠光体 265 HV

图片编号:L2.5.4-3
部件名称:L-B型制动梁
材料种类:Q460E微合金化钢
工艺条件:正火温度980 ℃,风冷
加热设备:箱式电炉
观测仪器:维氏显微硬度计
放大倍率:500×
试样种类:制动梁成品冲击样横截面
观测位置:典型视场
侵 蚀 剂:4%硝酸酒精溶液
金相组织:珠光体+铁素体+魏氏组织;铁素体188 HV;珠光体255 HV;魏氏组织246 HV

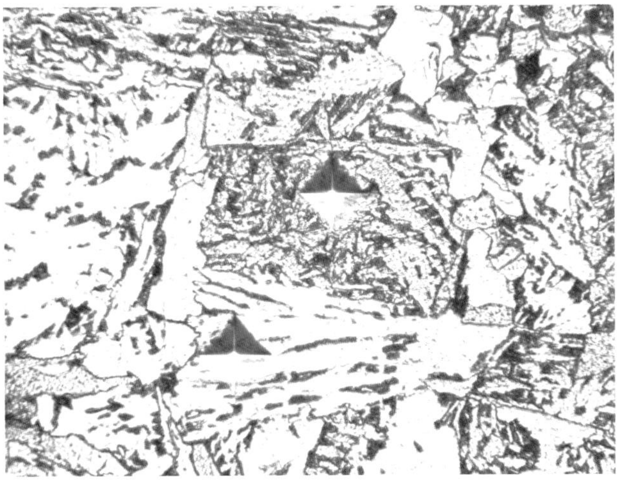

图片编号:L2.5.4-4
部件名称:L-B型制动梁
材料种类:Q460E微合金化钢
工艺条件:正火温度1 040 ℃,风冷
加热设备:箱式电炉
观测仪器:维氏显微硬度计
放大倍率:500×
试样种类:制动梁成品冲击样横截面
观测位置:典型视场
侵 蚀 剂:4%硝酸酒精溶液
金相组织:魏氏组织+铁素体;魏氏组织先共析铁素体250 HV;魏氏组织似珠光体265 HV

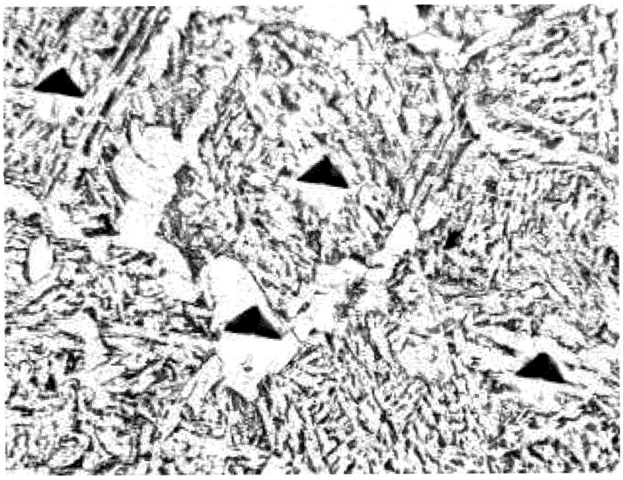

图片编号:L2.5.4-5
部件名称:L-B型制动梁
材料种类:Q460E微合金化钢
工艺条件:正火温度1 120 ℃,风冷
加热设备:箱式电炉
观测仪器:维氏显微硬度计
放大倍率:500×
试样种类:制动梁成品冲击样横截面
观测位置:典型视场
侵 蚀 剂:4%硝酸酒精溶液
金相组织:魏氏组织+铁素体;块状铁素体212 HV;魏氏组织251 HV,251 HV,245 HV

图片编号:L2.5.4-6
部件名称:L-B型制动梁
材料种类:Q460E微合金化钢
工艺条件:正火温度1 200 ℃,风冷
加热设备:箱式电炉
观测仪器:维氏显微硬度计
放大倍率:500×
试样种类:制动梁成品冲击样横截面
观测位置:典型视场
侵 蚀 剂:4%硝酸酒精溶液
金相组织:魏氏组织+铁素体;铁素体188HV;魏氏组织先共析铁素体184 HV;魏氏组织似珠光体225 HV

2.5.5 带状组织

带状组织应是轧制时形成,对纵向试样的力学性能影响不明显,而对横向试样的性能影响明显。对制动梁的切分、拉伸从推理来讲会有影响。有关这一点在制动梁的技术条件中没有具体要求,在这里仅将工作中收集到的制动梁带状组织展示在这里,以引起大家的注意并供大家参考。

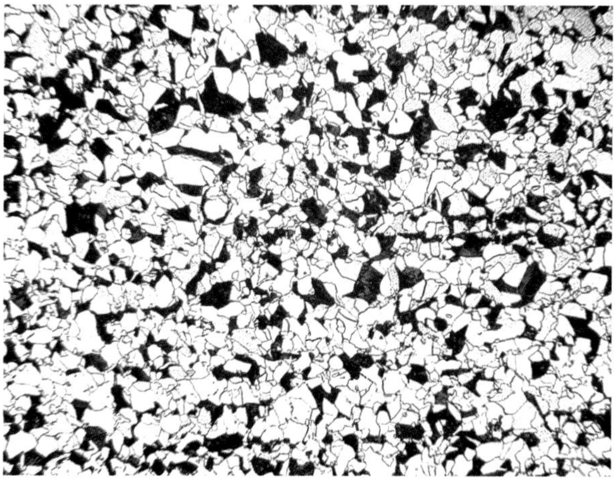

图片编号:L2.5.5-1
部件名称:L-B型制动梁
材料种类:Q460E微合金化钢
加热设备:箱式电炉
观测仪器:金相显微镜
放大倍率:100×
观测位置:典型视场
侵 蚀 剂:4%硝酸酒精溶液
金相组织:珠光体+铁素体
带状组织:0级

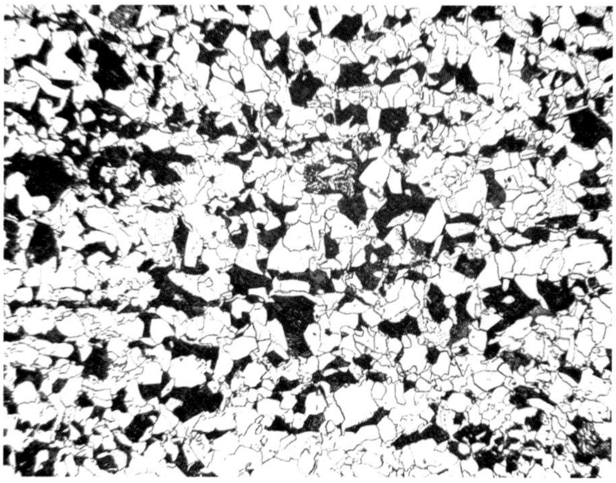

图片编号:L2.5.5-2
部件名称:L-B型制动梁
材料种类:Q460E微合金化钢
加热设备:箱式电炉
观测仪器:金相显微镜
放大倍率:100×
观测位置:典型视场
侵 蚀 剂:4%硝酸酒精溶液
金相组织:珠光体+铁素体
带状组织:0级

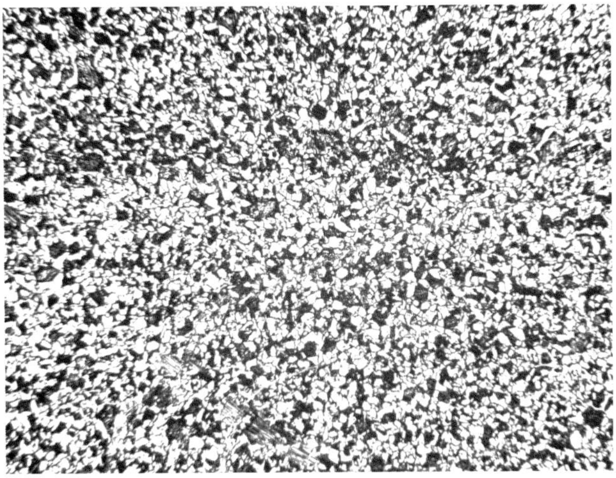

图片编号:L2.5.5-3
部件名称:L-B 型制动梁
材料种类:Q460E 微合金化钢
加热设备:箱式电炉
观测仪器:金相显微镜
放大倍率:100×
观测位置:典型视场
侵 蚀 剂:4%硝酸酒精溶液
金相组织:珠光体+铁素体
带状组织:1 级

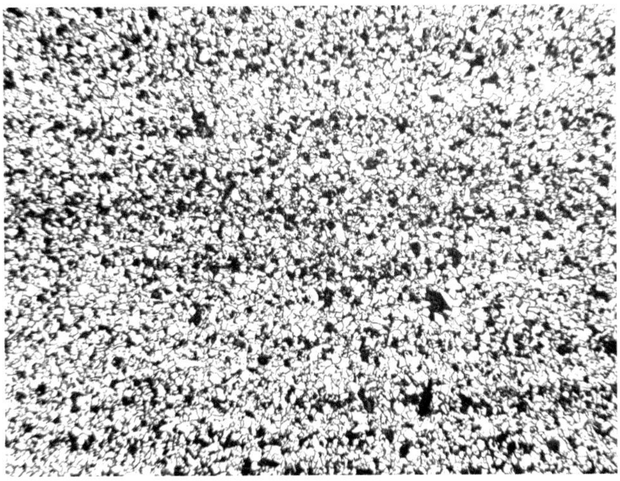

图片编号:L2.5.5-4
部件名称:L-B 型制动梁
材料种类:Q460E 微合金化钢
加热设备:箱式电炉
观测仪器:金相显微镜
放大倍率:100×
观测位置:典型视场
侵 蚀 剂:4%硝酸酒精溶液
金相组织:珠光体+铁素体
带状组织:1 级

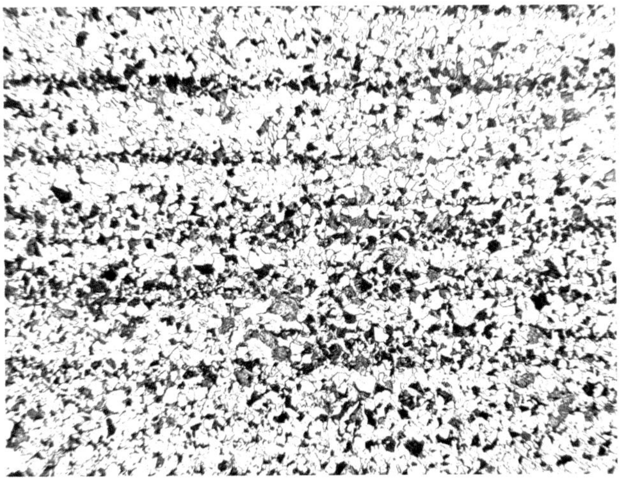

图片编号:L2.5.5-5
部件名称:L-B 型制动梁
材料种类:Q460E 微合金化钢
加热设备:箱式电炉
观测仪器:金相显微镜
放大倍率:100×
观测位置:典型视场
侵 蚀 剂:4%硝酸酒精溶液
金相组织:珠光体+铁素体
带状组织:2 级

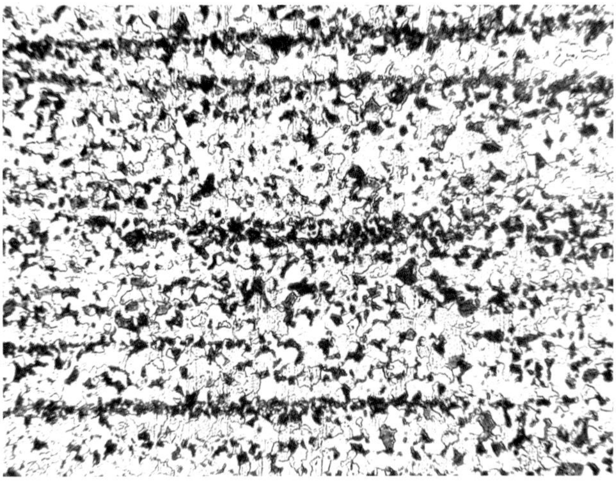

图片编号:L2.5.5-6
部件名称:L-B 型制动梁
材料种类:Q460E 微合金化钢
加热设备:箱式电炉
观测仪器:金相显微镜
放大倍率:100×
观测位置:典型视场
侵 蚀 剂:4%硝酸酒精溶液
金相组织:珠光体+铁素体
带状组织:2 级

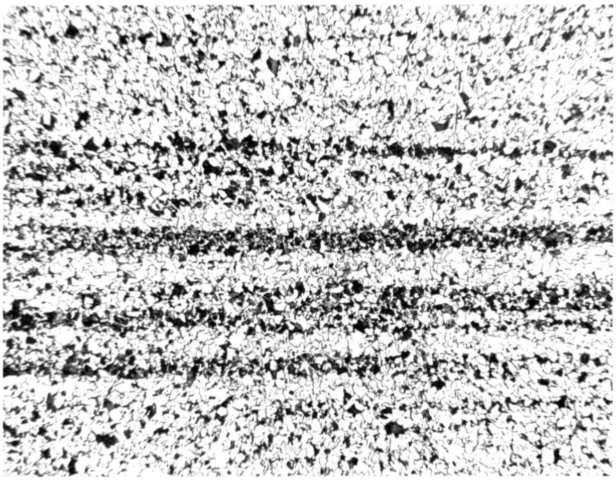

图片编号:L2.5.5-7
部件名称:L-B 型制动梁
材料种类:Q460E 微合金化钢
加热设备:箱式电炉
观测仪器:金相显微镜
放大倍率:100×
观测位置:典型视场
侵 蚀 剂:4%硝酸酒精溶液
金相组织:珠光体+铁素体
带状组织:3 级

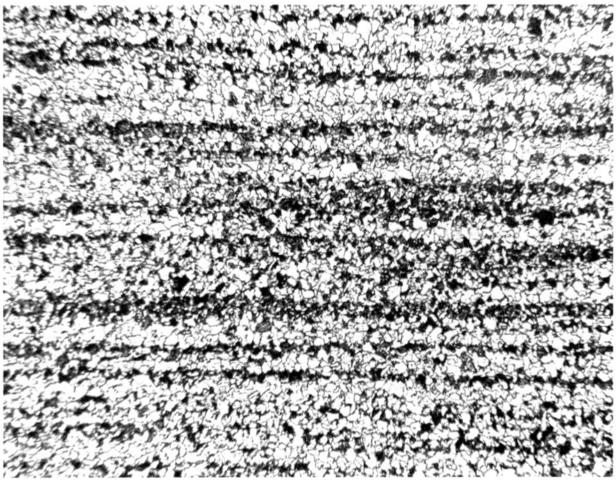

图片编号:L2.5.5-8
部件名称:L-B 型制动梁
材料种类:Q460E 微合金化钢
加热设备:箱式电炉
观测仪器:金相显微镜
放大倍率:100×
观测位置:典型视场
侵 蚀 剂:4%硝酸酒精溶液
金相组织:珠光体+铁素体
带状组织:3 级

图片编号:L2.5.5-9
部件名称:L-B 型制动梁
材料种类:Q460E 微合金化钢
加热设备:箱式电炉
观测仪器:金相显微镜
放大倍率:100×
观测位置:典型视场
侵 蚀 剂:4%硝酸酒精溶液
金相组织:珠光体+铁素体
带状组织:4 级

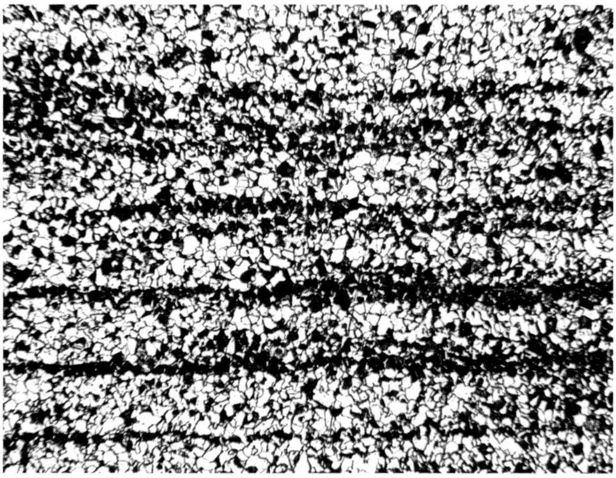

图片编号:L2.5.5-10
部件名称:L-B 型制动梁
材料种类:Q460E 微合金化钢
加热设备:箱式电炉
观测仪器:金相显微镜
放大倍率:100×
观测位置:典型视场
侵 蚀 剂:4%硝酸酒精溶液
金相组织:珠光体+铁素体
带状组织:4 级

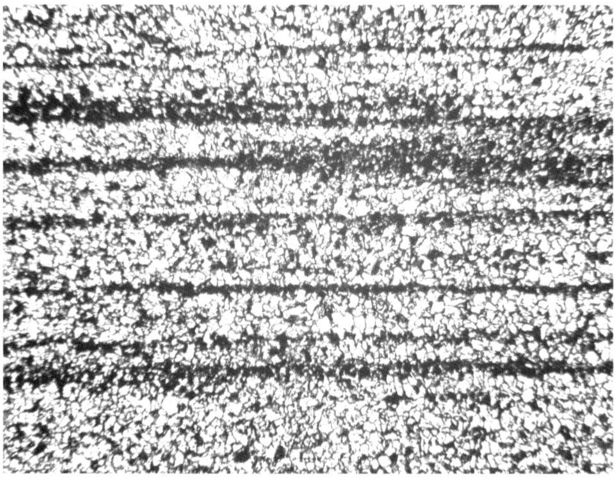

图片编号:L2.5.5-11
部件名称:L-B 型制动梁
材料种类:Q460E 微合金化钢
加热设备:箱式电炉
观测仪器:金相显微镜
放大倍率:100×
观测位置:典型视场
侵 蚀 剂:4%硝酸酒精溶液
金相组织:珠光体+铁素体
带状组织:5 级

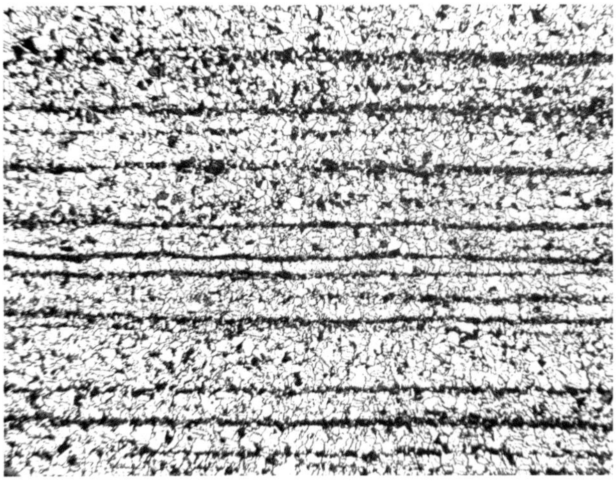

图片编号:L2.5.5-12
部件名称:L-B型制动梁
材料种类:Q460E微合金化钢
加热设备:箱式电炉
观测仪器:金相显微镜
放大倍率:100×
观测位置:典型视场
侵 蚀 剂:4%硝酸酒精溶液
金相组织:珠光体+铁素体
带状组织:5级

2.5.6 小　　结

L-B型组合式制动梁的原材料采用Q460E微合金化钢,制动梁生产的各阶段基本上是似正火工艺,其金相组织主要是铁素体+珠光体+不等量的魏氏组织,随着工艺参数的不同,上述金相组织的晶粒度、各金相组织形态和数量有较大差异,特别是魏氏组织表现最为突出。

在Q460E微合金化钢L-B型制动梁中,珠光体的片层结构在金相显微镜高放大倍数下比碳钢中的渗碳体片显得短而不规则,而块状铁素体和碳钢相似。魏氏组织中先共析铁素体的形态有不规则状、条状、小针、粗针、排针等。但C级及以下少量魏氏组织中先共析铁素体的形态主要为不规则状、条状或小针。

在显微硬度计上对金相组织进行了显微硬度的测定,并对制动梁带状组织进行了观察和评级。

2.6 扫描电镜下的组织形态

在扫描电镜下金相试样的组织特征与金相显微镜下金相试样的组织特征本质上是一样的,但在色调上正好相反。即在金相显微镜下铁素体是浅色,珠光体是深色;而在扫描电镜下铁素体是深色,珠光体是浅色。

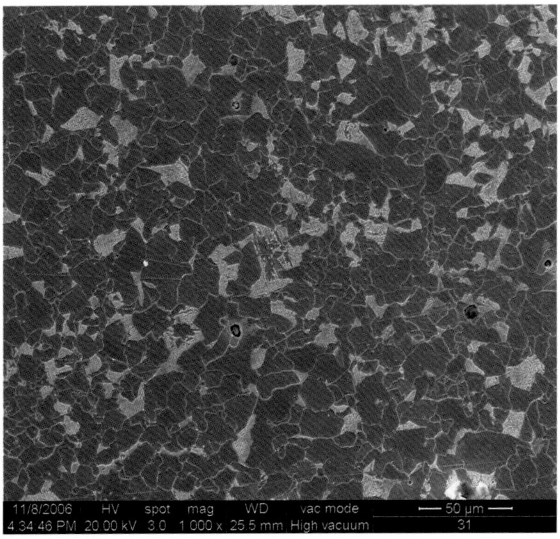

图片编号:L2.6-1
部件名称:L-B型制动梁
材料种类:Q460E微合金化钢
工艺条件:940 ℃,保温40 min,风冷,回火
A_{kv}　值:平均98.7 J
加热设备:电炉加热
观测仪器:扫描电子显微镜
放大倍率:1 000×
试样种类:冲击试样纵向磨面
观测位置:典型视场
高倍组织:珠光体+铁素体+少量魏氏组织

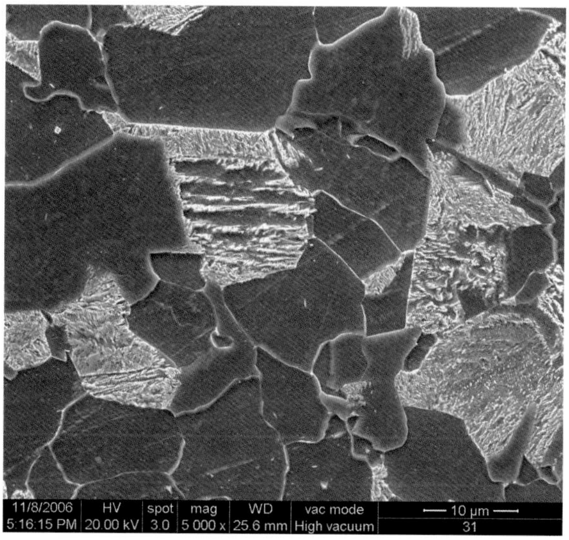

图片编号：L2.6-2
部件名称：L-B型制动梁
材料种类：Q460E微合金化钢
工艺条件：940 ℃，保温40 min，风冷，回火
A_{kv} 值：平均98.7 J
加热设备：电炉
观测仪器：扫描电子显微镜
放大倍率：5 000×
试样种类：冲击试样纵向磨面
观测位置：典型视场
高倍组织：珠光体＋铁素体＋魏氏组织

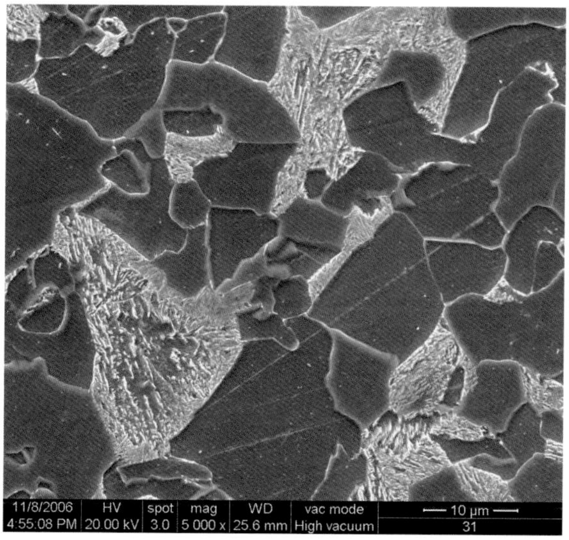

图片编号：L2.6-3
部件名称：L-B型制动梁
材料种类：Q460E微合金化钢
工艺条件：940 ℃，保温40 min，风冷，回火
A_{kv} 值：平均98.7 J
加热设备：电炉
观测仪器：扫描电子显微镜
放大倍率：5 000×
试样种类：冲击试样纵向磨面
观测位置：典型视场
高倍组织：珠光体＋铁素体＋魏氏组织

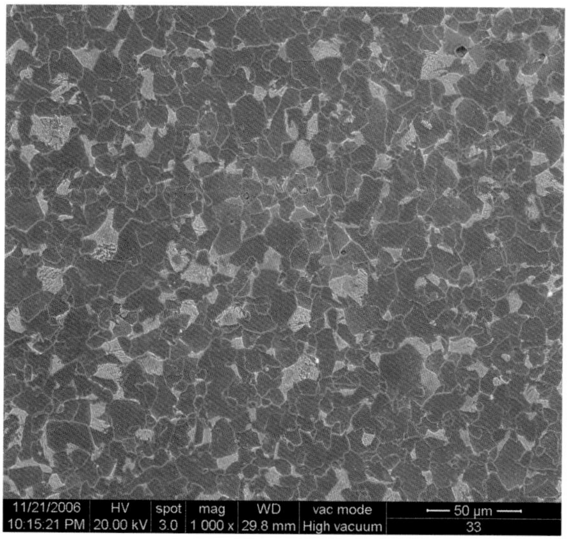

图片编号：L2.6-4
部件名称：L-B型制动梁
材料种类：Q460E微合金化钢
工艺条件：960 ℃，保温40 min，风冷，回火
A_{kv} 值：平均83.3 J
加热设备：电炉
观测仪器：扫描电子显微镜
放大倍率：1 000×
试样种类：冲击试样纵向磨面
观测位置：典型视场
高倍组织：珠光体＋铁素体＋少量魏氏组织

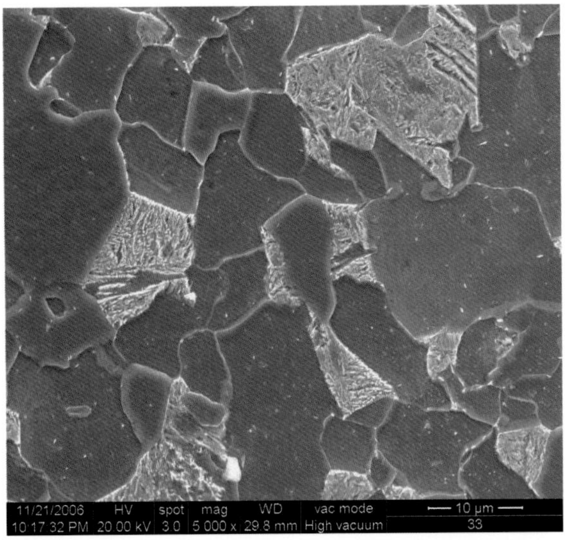

图片编号:L2. 6-5
部件名称:L-B 型制动梁
材料种类:Q460E 微合金化钢
工艺条件:960 ℃,保温 40 min,风冷,回火
A_{kv} 值:平均 83. 3 J
加热设备:电炉
观测仪器:扫描电子显微镜
放大倍率:5 000×
试样种类:冲击试样纵向磨面
观测位置:典型组织
高倍组织:珠光体+铁素体+魏氏组织

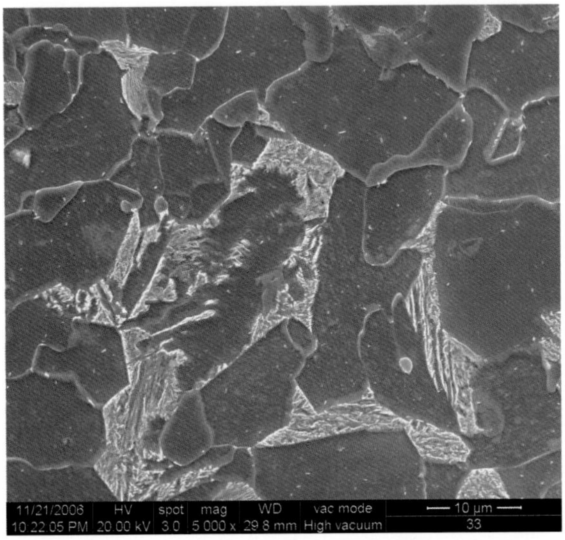

图片编号:L2. 6-6
部件名称:L-B 型制动梁
材料种类:Q460E 微合金化钢
工艺条件:960 ℃,保温 40 min,风冷,回火
A_{kv} 值:平均 83. 3 J
加热设备:电炉
观测仪器:扫描电子显微镜
放大倍率:5 000×
试样种类:冲击试样纵向磨面
观测位置:典型组织
高倍组织:珠光体+铁素体+魏氏组织

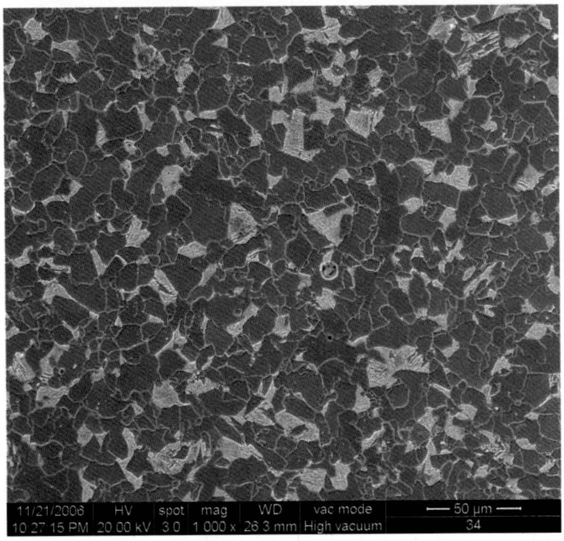

图片编号:L2. 6-7
部件名称:L-B 型制动梁
材料种类:Q460E 微合金化钢
工艺条件:970 ℃,保温 40 min,风冷,回火
A_{kv} 值:平均 73 J
加热设备:电炉
观测仪器:扫描电子显微镜
放大倍率:1 000×
试样种类:冲击试样纵向磨面
观测位置:典型视场
高倍组织:珠光体+铁素体+魏氏组织

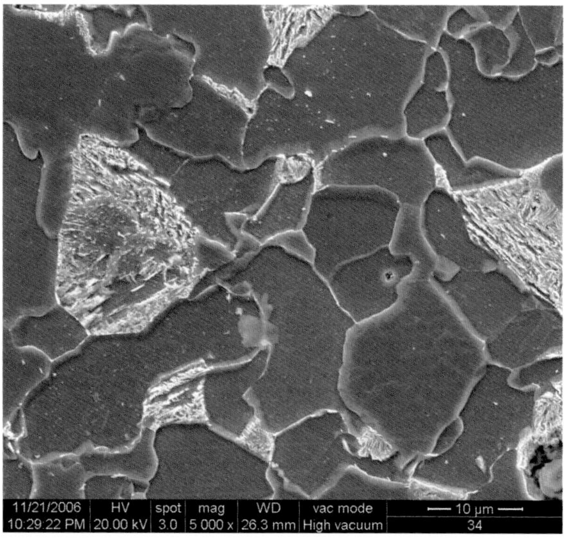

图片编号:L2.6-8
部件名称:L-B型制动梁
材料种类:Q460E微合金化钢
工艺条件:970 ℃,保温40 min,风冷,回火
A_{kv} 值:平均73 J
加热设备:电炉
观测仪器:扫描电子显微镜
放大倍率:5 000×
试样种类:冲击试样纵向磨面
观测位置:典型视场
高倍组织:珠光体+铁素体+魏氏组织

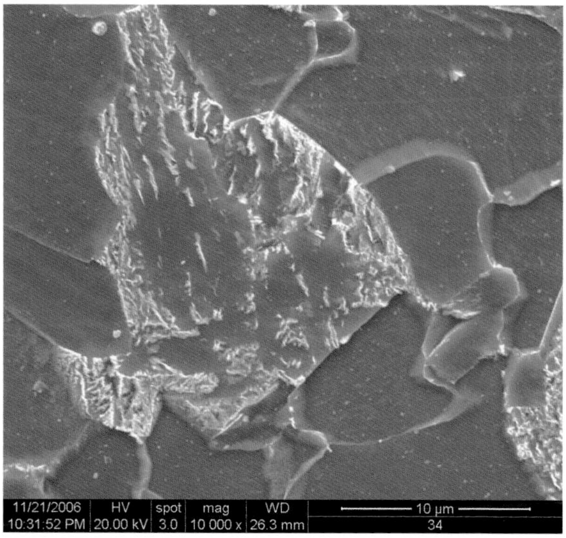

图片编号:L2.6-9
部件名称:L-B型制动梁
材料种类:Q460E微合金化钢
工艺条件:970 ℃,保温40 min,风冷,回火
A_{kv} 值:平均73 J
加热设备:电炉
观测仪器:扫描电子显微镜
放大倍率:10 000×
试样种类:冲击试样纵向磨面
观测位置:典型视场
高倍组织:珠光体+铁素体+魏氏组织

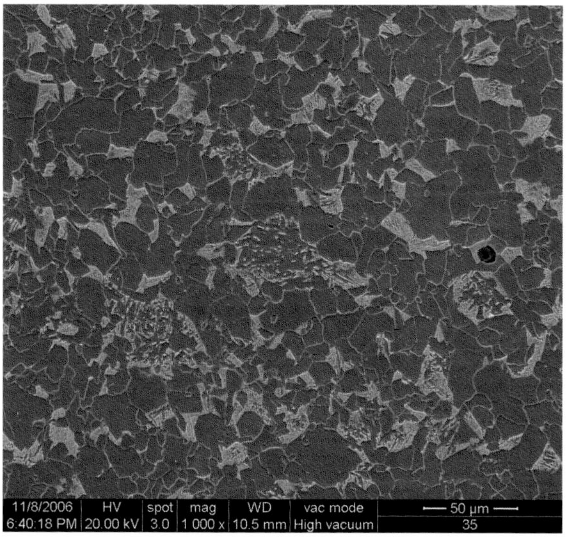

图片编号:L2.6-10
部件名称:L-B型制动梁
材料种类:Q460E微合金化钢
工艺条件:980 ℃,保温40 min,风冷,回火
A_{kv} 值:平均34.3 J
加热设备:电炉
观测仪器:扫描电子显微镜
放大倍率:1 000×
试样种类:冲击试样纵向磨面
观测位置:典型视场
高倍组织:珠光体+铁素体+魏氏组织

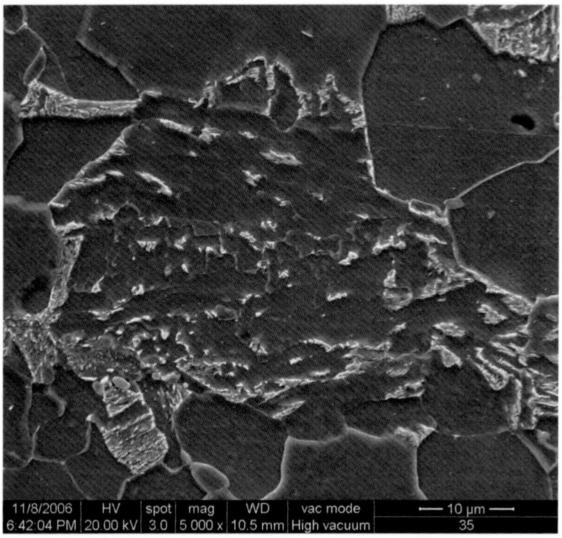

图片编号:L2.6-11
部件名称:L-B 型制动梁
材料种类:Q460E 微合金化钢
工艺条件:980 ℃,保温 40 min,风冷,回火
A_{kv} 值:平均 34.3 J
加热设备:电炉
观测仪器:扫描电子显微镜
放大倍率:5 000×
试样种类:冲击试样纵向磨面
观测位置:典型视场
高倍组织:珠光体+铁素体+魏氏组织

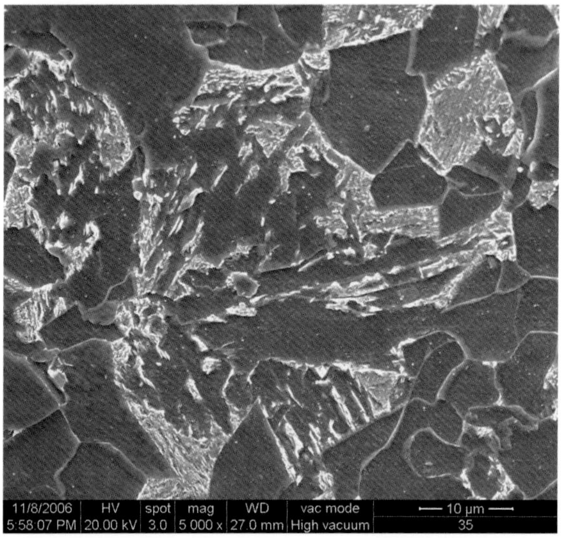

图片编号:L2.6-12
部件名称:L-B 型制动梁
材料种类:Q460E 微合金化钢
工艺条件:980 ℃,保温 40 min,风冷,回火
A_{kv} 值:平均 34.3 J
加热设备:电炉
观测仪器:扫描电子显微镜
放大倍率:5 000×
试样种类:冲击试样纵向磨面
观测位置:典型视场
高倍组织:珠光体+铁素体+魏氏组织

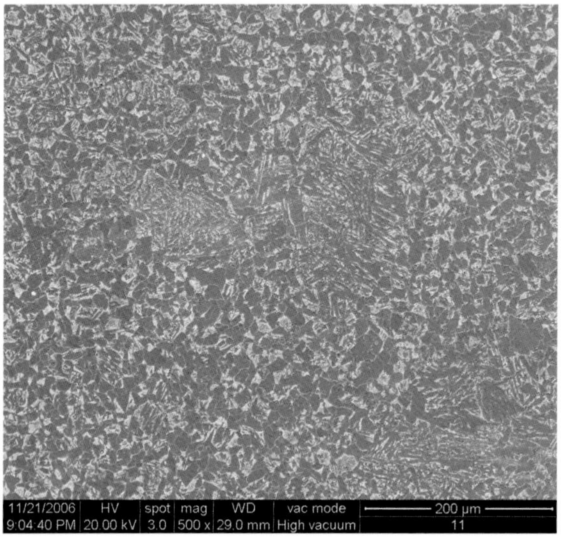

图片编号:L2.6-13
部件名称:L-B 型制动梁
材料种类:Q460E 微合金化钢
工艺条件:1 000 ℃,保温 40 min,风冷,回火
A_{kv} 值:平均 20 J
加热设备:电炉
观测仪器:扫描电子显微镜
放大倍率:500×
试样种类:冲击试样纵向磨面
观测位置:典型视场
高倍组织:珠光体+铁素体+魏氏组织

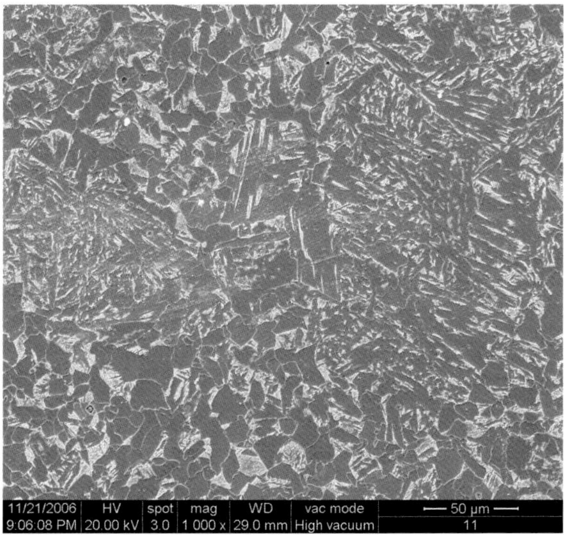

图片编号:L2.6-14
部件名称:L-B型制动梁
材料种类:Q460E微合金化钢
工艺条件:1 000 ℃,保温40 min,风冷,回火
A_{kv} 值:平均20 J
加热设备:电炉
观测仪器:扫描电子显微镜
放大倍率:1 000×
试样种类:冲击试样纵向磨面
观测位置:典型视场
高倍组织:珠光体+铁素体+魏氏组织

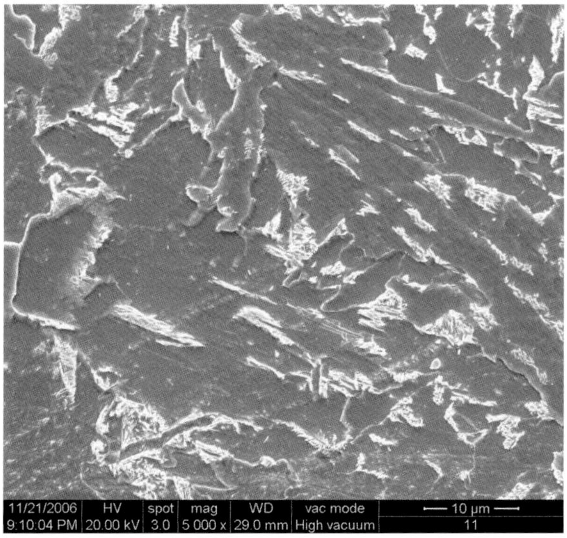

图片编号:L2.6-15
部件名称:L-B型制动梁
材料种类:Q460E微合金化钢
工艺条件:1 000 ℃,保温40 min,风冷,回火
A_{kv} 值:平均20 J
加热设备:电炉
观测仪器:扫描电子显微镜
放大倍率:5 000×
试样种类:冲击试样纵向磨面
观测位置:典型视场
高倍组织:珠光体+铁素体+魏氏组织

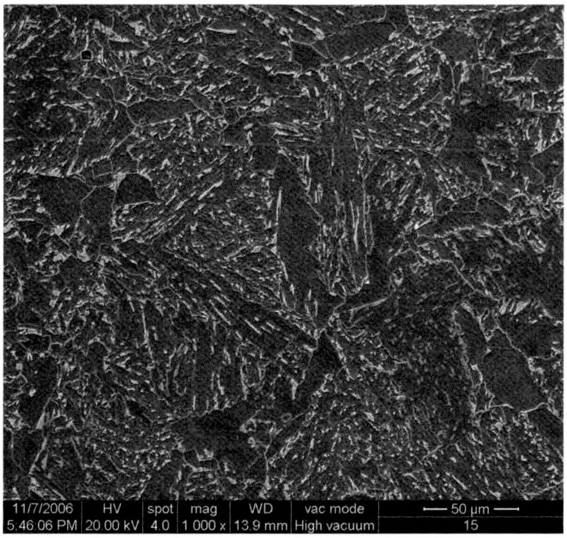

图片编号:L2.6-16
部件名称:L-B型制动梁
材料种类:Q460E微合金化钢
工艺条件:1 160 ℃,保温40 min,风冷,回火
A_{kv} 值:平均10.3 J
加热设备:电炉
观测仪器:扫描电子显微镜
放大倍率:1 000×
试样种类:冲击试样纵向磨面
观测位置:典型视场
高倍组织:珠光体+铁素体+魏氏组织

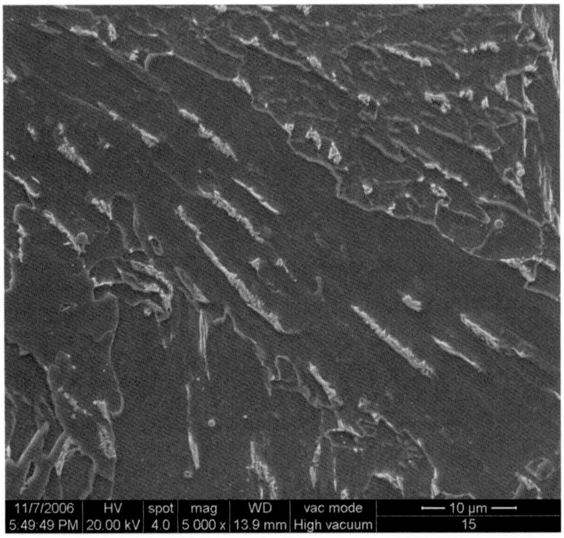

图片编号:L2.6-17
部件名称:L-B 型制动梁
材料种类:Q460E 微合金化钢
工艺条件:1 160 ℃,保温 40 min,风冷,回火
A_{kv} 值:平均 10.3 J
加热设备:电炉
观测仪器:扫描电子显微镜
放大倍率:5 000×
试样种类:冲击试样纵向磨面
观测位置:典型视场
高倍组织:珠光体+铁素体+魏氏组织

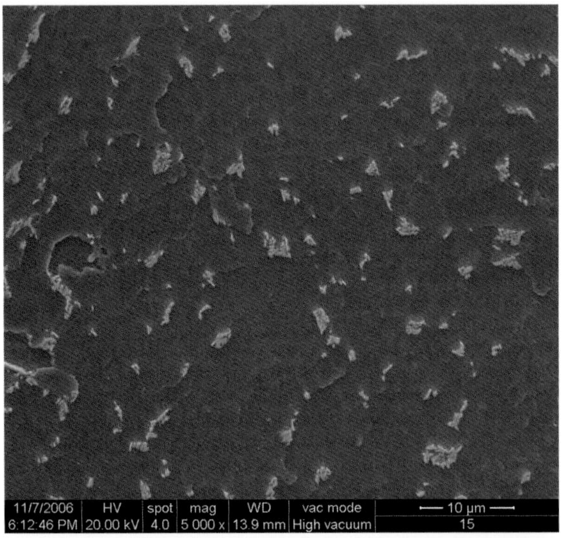

图片编号:L2.6-18
部件名称:L-B 型制动梁
材料种类:Q460E 微合金化钢
工艺条件:1 160 ℃,保温 40 min,风冷,回火
A_{kv} 值:平均 10.3 J
加热设备:电炉
观测仪器:扫描电子显微镜
放大倍率:5 000×
试样种类:冲击试样纵向磨面
观测位置:典型视场
高倍组织:珠光体+铁素体+魏氏组织

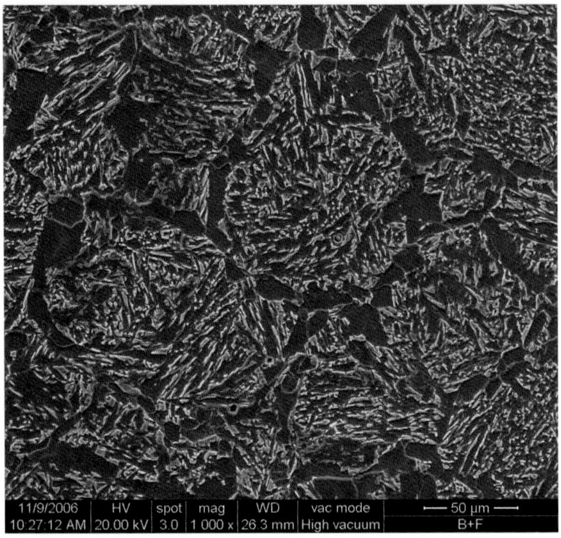

图片编号:L2.6-19
部件名称:L-B 型制动梁
材料种类:Q460E 微合金化钢
工艺条件:1 200 ℃,保温 40 min,风冷,回火
A_{kv} 值:平均 6.3 J
加热设备:电炉
观测仪器:扫描电子显微镜
放大倍率:1 000×
试样种类:冲击试样纵向磨面
观测位置:典型视场
高倍组织:珠光体+铁素体+魏氏组织

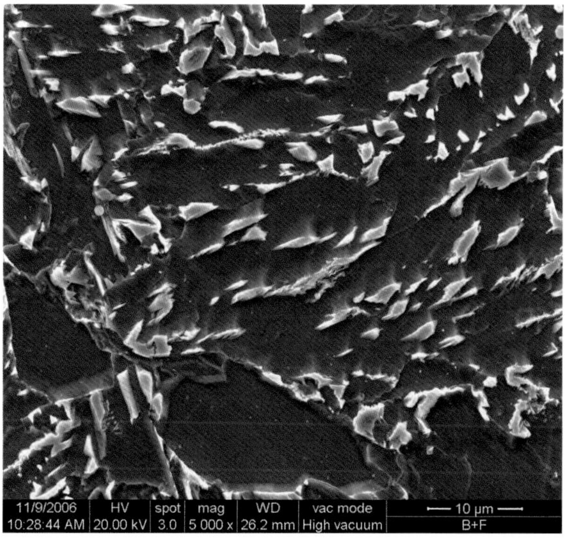

图片编号:L2.6-20
部件名称:L-B型制动梁
材料种类:Q460E微合金化钢
工艺条件:1 200 ℃,保温40 min,风冷,回火
A_{kv} 值:平均6.3 J
加热设备:电炉
观测仪器:扫描电子显微镜
放大倍率:5 000×
试样种类:冲击试样纵向磨面
观测位置:典型视场
高倍组织:珠光体+铁素体+魏氏组织

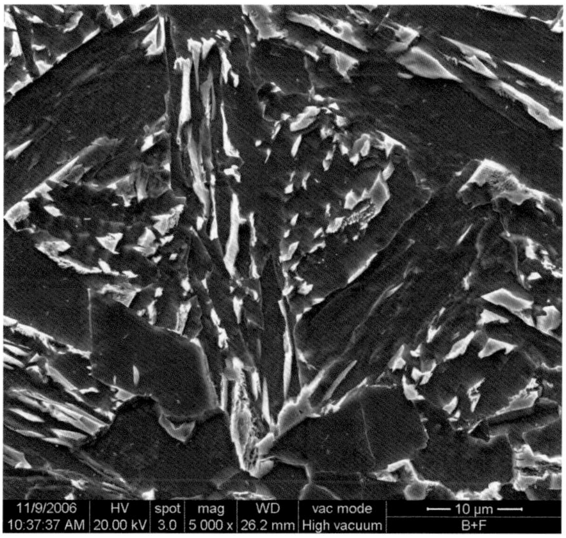

图片编号:L2.6-21
部件名称:L-B型制动梁
材料种类:Q460E微合金化钢
工艺条件:1 200 ℃,保温40 min,风冷,回火
A_{kv} 值:平均6.3 J
加热设备:电炉
观测仪器:扫描电子显微镜
放大倍率:5 000×
试样种类:冲击试样纵向磨面
观测位置:典型视场
高倍组织:珠光体+铁素体+魏氏组织

2.7 透射电镜下的组织结构

在透射电镜几万倍的放大条件下,观测Q460E微合金化钢在似正火条件下所获得的样品薄膜试样,发现了更为精细的微观结构:

(1)在块状铁素体上有C-N化合物第二相粒子和折线段状位错,在折线段状位错的转向、交会、起点、终点等往往有小直径的第二相粒子;

(2)珠光体上片状结构是由较多位错的铁素体片和一种复杂渗碳体组成,珠光体中的"渗碳体"灰度不均匀,更短、小,端头往往形成约20°的锐角,并观测到珠光体相变的过渡组织——"似珠光体";

(3)魏氏组织由先析铁素体+似珠光体组成。先析铁素体的显微特征是:先析铁素体针由多个板条组成;板条上有较多位错;板条上有少量分散的复杂渗碳体;板条间的界面上有直径小的析出物。

以上微观结构揭示了魏氏组织导致Q460E微合金化钢低温脆性的本质。

图片编号:L2.7-1
部件名称:L-B 型制动梁
材料种类:Q460E 微合金化钢
工艺阶段:十字型钢热加工后
加热设备:电炉
观测仪器:透射电子显微镜
放大倍率:20 000×
试样种类:薄膜试样
观测位置:块状铁素体
观测特征:块状铁素体上的折线状位错和析出物和小尺寸第二相质点

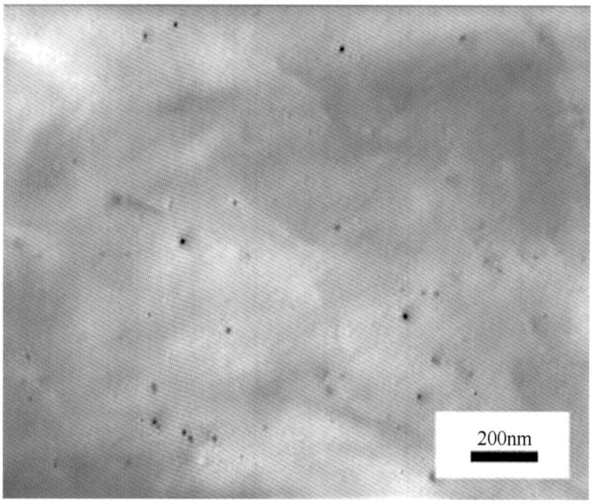

图片编号:L2.7-2
部件名称:L-B 型制动梁
材料种类:Q460E 微合金化钢
工艺阶段:十字型钢热加工后
加热设备:电炉
观测仪器:透射电子显微镜
放大倍率:50 000×
试样种类:薄膜试样
观测位置:块状铁素体
观测特征:块状铁素体上的第二相质点,大体上有 3 种尺寸:约 80 nm、约 10 nm 和<5 nm

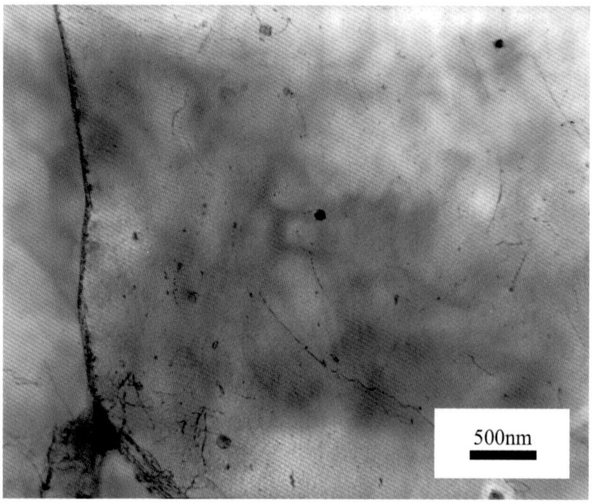

图片编号:L2.7-3
部件名称:L-B 型制动梁
材料种类:Q460E 微合金化钢
工艺阶段:十字型钢热加工后
加热设备:电炉
观测仪器:透射电子显微镜
放大倍率:20 000×
试样种类:薄膜试样
观测位置:块状铁素体
观测特征:块状铁素体和晶界上的第二相质点

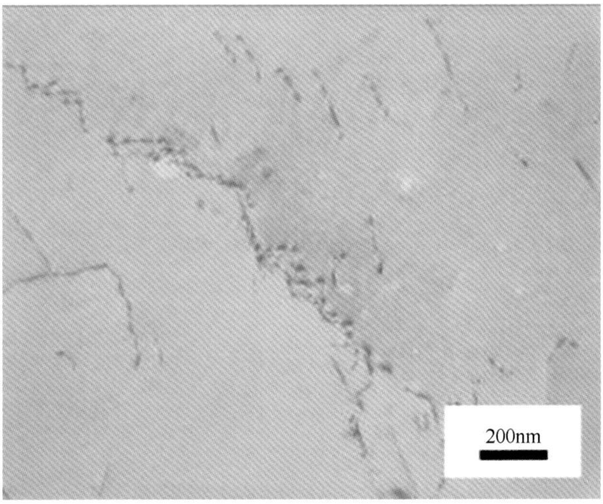

图片编号:L2.7-4
部件名称:L-B 型制动梁
材料种类:Q460E 微合金化钢
工艺阶段:十字型钢热加工后
加热设备:电炉
观测仪器:透射电子显微镜
放大倍率:50 000×
试样种类:薄膜试样
观测位置:块状铁素体
观测特征:块状铁素体的晶界上的第二相质点

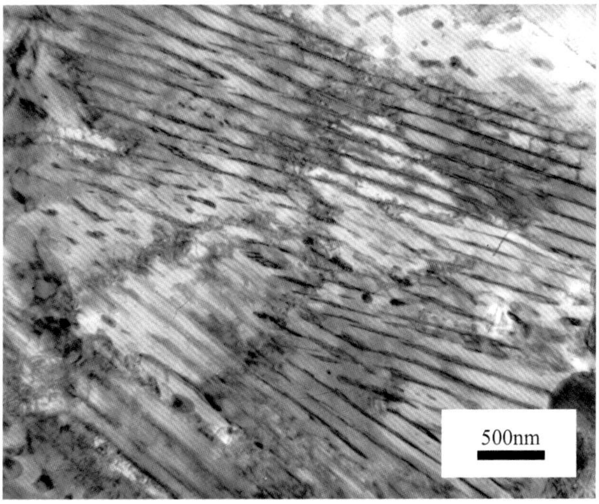

图片编号:L2.7-5
部件名称:L-B 型制动梁
材料种类:Q460E 微合金化钢
工艺阶段:十字型钢热加工后
加热设备:电炉
观测仪器:透射电子显微镜
放大倍率:20 000×
试样种类:薄膜试样
观测位置:珠光体
观测特征:珠光体中连通的铁素体片和切断的合金渗碳体

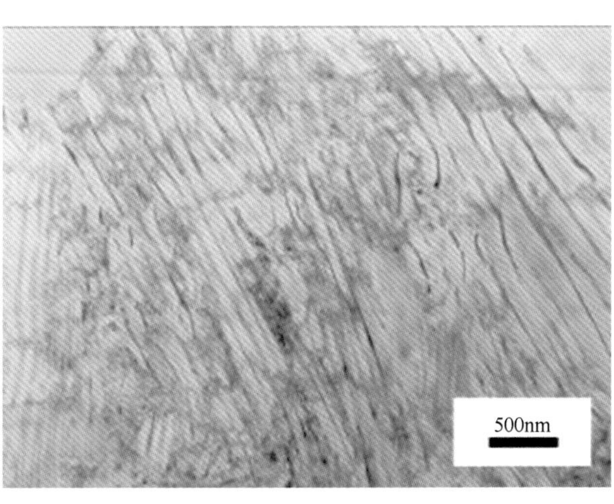

图片编号:L2.7-6
部件名称:L-B 型制动梁
材料种类:Q460E 微合金化钢
工艺阶段:十字型钢热加工后
加热设备:电炉
观测仪器:透射电子显微镜
放大倍率:20 000×
试样种类:薄膜试样
观测位置:块状铁素体
观测特征:珠光体片状结构,渗碳体片不均匀

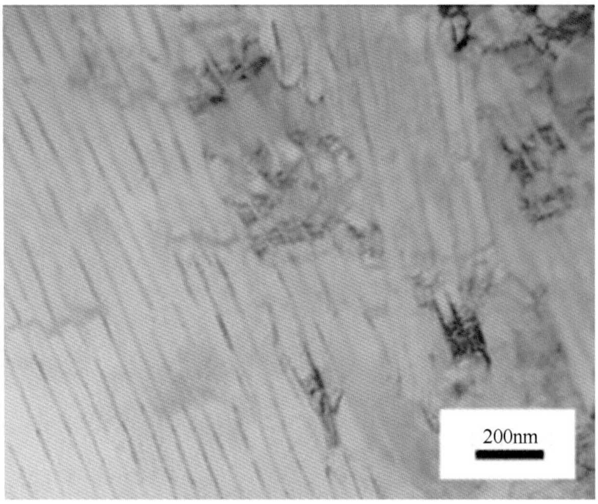

图片编号:L2. 7-7
部件名称:L-B 型制动梁
材料种类:Q460E 微合金化钢
工艺阶段:十字型钢热加工后
加热设备:电炉
观测仪器:透射电子显微镜
放大倍率:50 000×
试样种类:薄膜试样
观测位置:块状铁素体
观测特征:珠光体片状结构,铁素体片中断在 C-N 化合物上

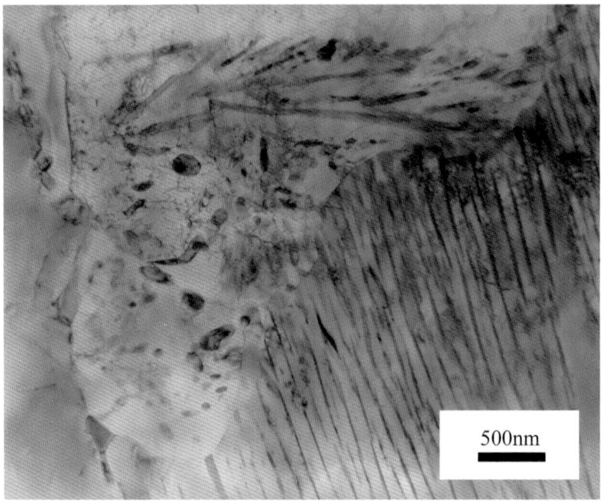

图片编号:L2. 7-8
部件名称:L-B 型制动梁
材料种类:Q460E 微合金化钢
工艺阶段:十字型钢热加工后
加热设备:电炉
观测仪器:透射电子显微镜
放大倍率:20 000×
试样种类:薄膜试样
观测位置:三叉晶界
观测特征:三叉晶界处(整体尺寸约 800 nm)有近圆形、椭圆形的合金渗碳体

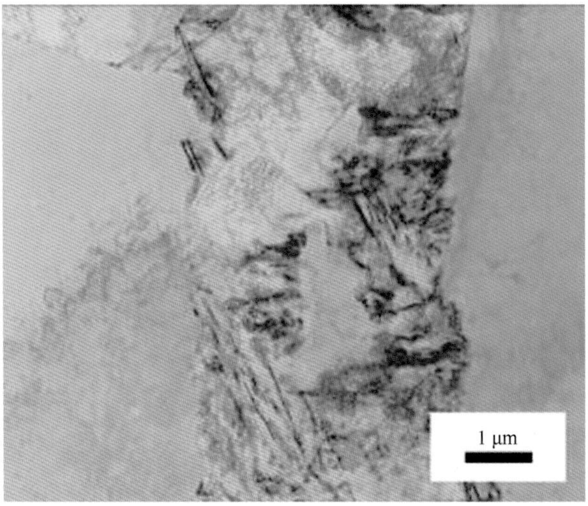

图片编号:L2. 7-9
部件名称:L-B 型制动梁
材料种类:Q460E 微合金化钢
工艺阶段:十字型钢热加工后
加热设备:电炉
观测仪器:透射电子显微镜
放大倍率:10 000×
试样种类:薄膜试样
观测位置:三叉晶界
观测特征:三叉晶界处有合金渗碳体

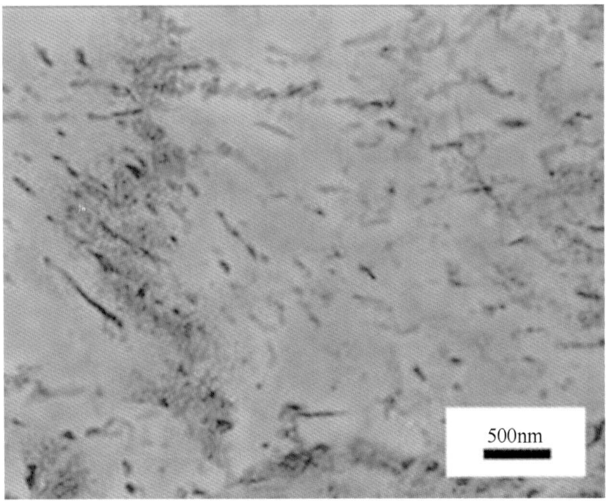

图片编号:L2.7-10
部件名称:L-B 型制动梁
材料种类:Q460E 微合金化钢
工艺阶段:十字型钢热加工后
加热设备:电炉
观测仪器:透射电子显微镜
放大倍率:20 000×
试样种类:薄膜试样
观测位置:珠光体
观测特征:似珠光体(A 型),先共析铁素体上嵌镶有分散的合金渗碳体

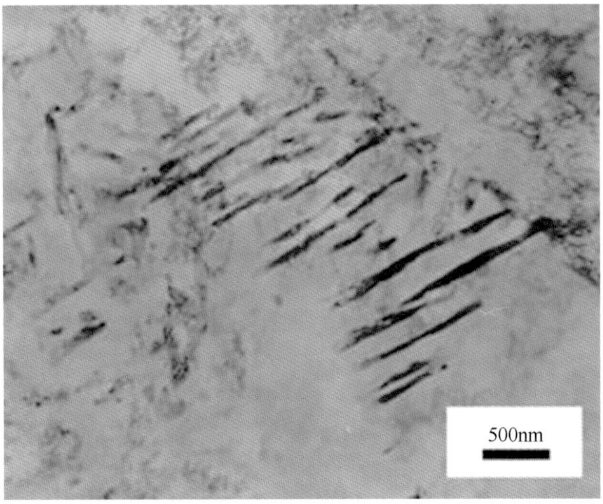

图片编号:L2.7-11
部件名称:L-B 型制动梁
材料种类:Q460E 微合金化钢
工艺阶段:十字型钢热加工后
加热设备:电炉
观测仪器:透射电子显微镜
放大倍率:30 000×
试样种类:薄膜试样
观测位置:先析铁素体
观测特征:A 型似珠光体,先析铁素体上嵌镶有平行条状合金渗碳体

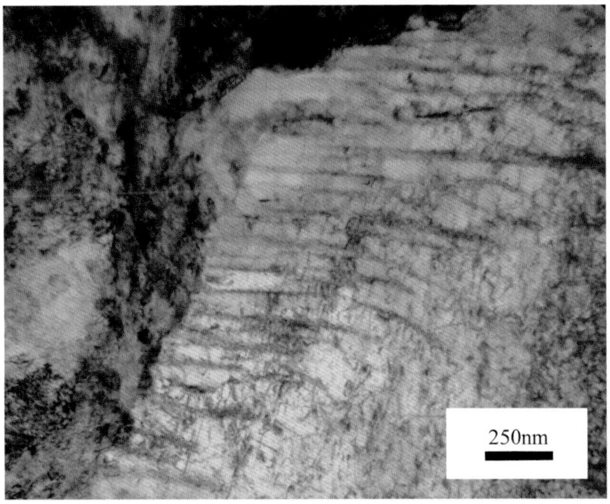

图片编号:L2.7-12
部件名称:L-B 型制动梁
材料种类:Q460E 微合金化钢
工艺阶段:十字型钢热加工后
加热设备:电炉
观测仪器:透射电子显微镜
放大倍率:30 000×
试样种类:薄膜试样
观测位置:先析铁素体
观测特征:B 型似珠光体,珠光体的合金渗碳体片插入先共析铁素体中

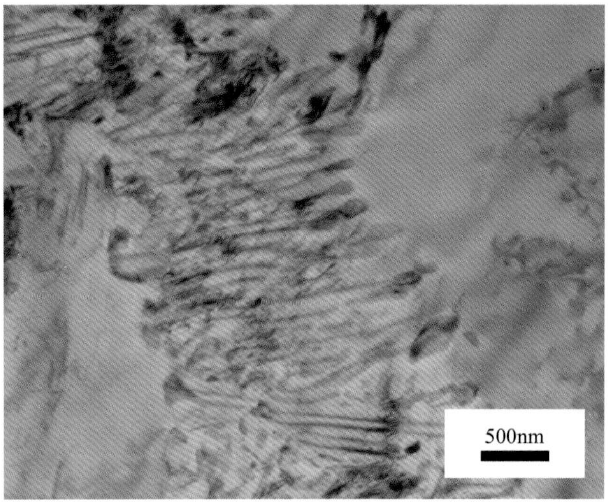

图片编号:L2.7-13
部件名称:L-B型制动梁
材料种类:Q460E微合金化钢
工艺阶段:十字型钢热加工后
加热设备:电炉
观测仪器:透射电子显微镜
放大倍率:30 000×
试样种类:薄膜试样
观测位置:先析铁素体
观测特征:C型似珠光体,转变不充分的珠光体嵌镶在先共析铁素体上

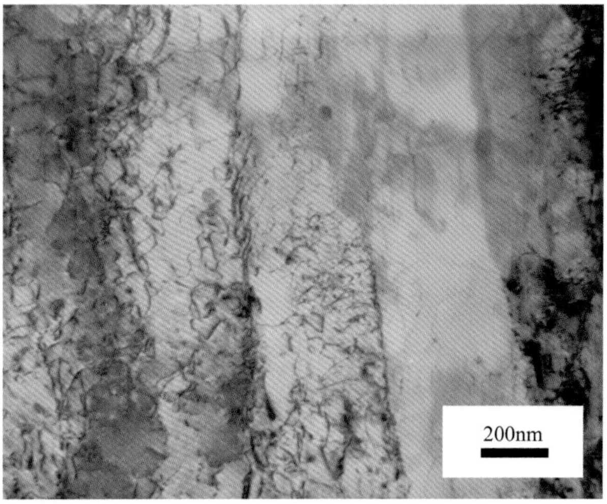

图片编号:L2.7-14
部件名称:L-B型制动梁
材料种类:Q460E微合金化钢
工艺阶段:十字型钢热加工后
加热设备:电炉
观测仪器:透射电子显微镜
放大倍率:30 000×
试样种类:薄膜试样
观测位置:先析铁素体
观测特征:板条结构,板条上有不均匀位错和第二相质点

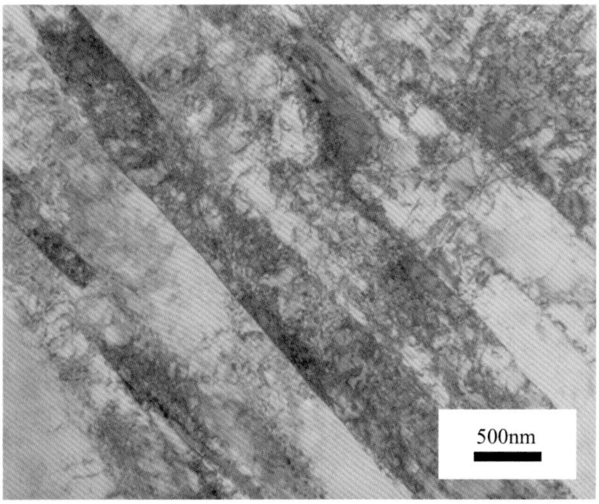

图片编号:L2.7-15
部件名称:L-B型制动梁
材料种类:Q460E微合金化钢
工艺阶段:十字型钢热加工后
加热设备:电炉
观测仪器:透射电子显微镜
放大倍率:30 000×
试样种类:薄膜试样
观测位置:先析铁素体
观测特征:板条结构,板条上有大量位错和第二相质点

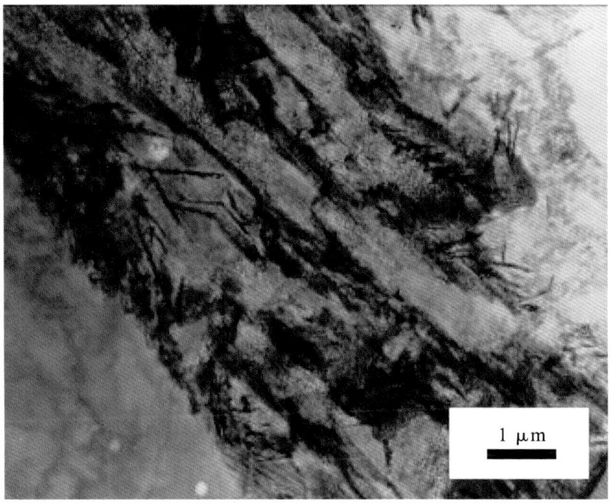

图片编号:L2.7-16
部件名称:L-B 型制动梁
材料种类:Q460E 微合金化钢
工艺阶段:十字型钢热加工后
加热设备:电炉
观测仪器:透射电子显微镜
放大倍率:30 000×
试样种类:薄膜试样
观测位置:先析铁素体
观测特征:板条结构,板条上有合金渗碳体位错和第二相质点

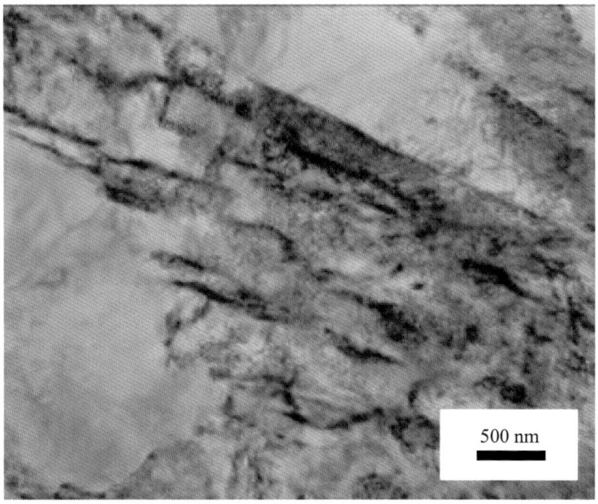

图片编号:L2.7-17
部件名称:L-B 型制动梁
材料种类:Q460E 微合金化钢
工艺阶段:十字型钢热加工后
加热设备:电炉
观测仪器:透射电子显微镜
放大倍率:30 000×
试样种类:薄膜试样
观测位置:先析铁素体
观测特征:板条结构,板条上有合金渗碳体、位错和第二相质点

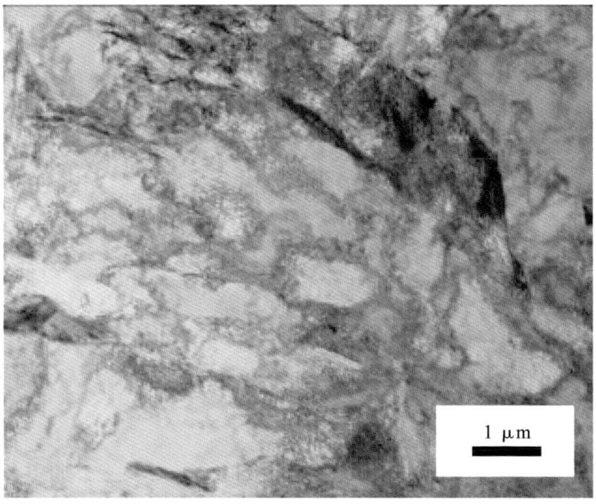

图片编号:L2.7-18
部件名称:L-B 型制动梁
材料种类:Q460E 微合金化钢
工艺阶段:十字型钢热加工后
加热设备:电炉
观测仪器:透射电子显微镜
放大倍率:30 000×
试样种类:薄膜试样
观测位置:先析铁素体
观测特征:板条结构,板条上有位错胞和端头尖形合金渗碳体

2.8 冲击试样的宏、微观断口特征

Q460E 微合金化钢在似正火条件下随着魏氏组织的增加，其冲击韧性成阶梯式下降，对应的冲击试样的宏、微观断口也呈现出规律的变化。

(1)当工艺参数选择较好，魏氏组织少、小。冲击试样断口宏观特征是 V 型缺口两端有明显收缩。微观特征是从缺口起裂、裂纹扩展、到终断区大部是韧窝，断口为韧性断口，冲击功就高。

(2)当工艺参数选择一般，魏氏组织孤立团正在长大，试样断口宏观特征是缺口两端有一定收缩。微观特征是缺口起裂处有一定宽度的韧塑带，裂纹扩展中部是准解理、解理特征。终断区为台阶式剪切区，断口为韧—脆性断口，冲击功居中。

(3)当工艺参数选择较差，魏氏组织多，试样断口宏观特征是断口平整、规则，缺口两端没有收缩。在微观特征是缺口起裂处韧塑带非常窄，断口基本均为准解理、解理，冲击功低。

2.8.1 冲击试样韧性断口

图片编号：L2.8-1
部件名称：L-B 型制动梁
材料种类：Q460E 微合金化钢
热 工 艺：950 ℃，保温 15 min，分段冷，回火
A_{kv} 值：108.1 J
加热设备：电炉
观测仪器：扫描电子显微镜
放大倍率：25×
试样种类：冲击试样断口
观测位置：整个断口
断口特征：缺口两端有明显收缩；缺口处韧塑带宽；两侧剪切唇宽

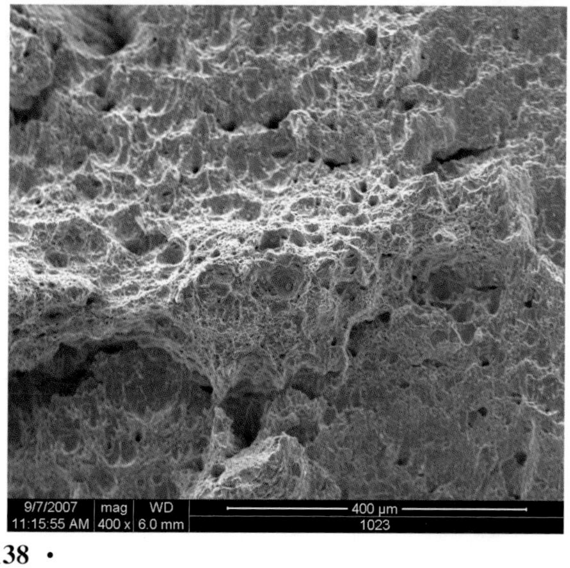

图片编号：L2.8-2
部件名称：L-B 型制动梁
材料种类：Q460E 微合金化钢
热 工 艺：950 ℃，保温 15 min，分段冷，回火
A_{kv} 值：108.1 J
加热设备：电炉
观测仪器：扫描电子显微镜
放大倍率：400×
试样种类：冲击试样断口
观测位置：缺口边缘
断口特征：韧窝

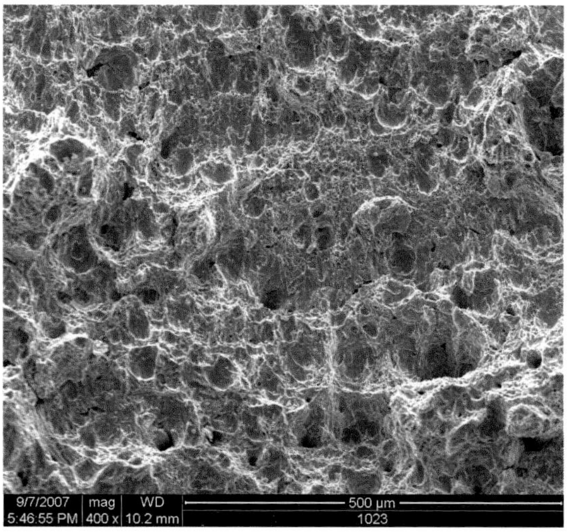

图片编号:L2.8-3
部件名称:L-B型制动梁
材料种类:Q460E微合金化钢
热　工　艺:950 ℃,保温15 min,分段冷,回火
A_{kv}　值:108.1 J
加热设备:电炉
观测仪器:扫描电子显微镜
放大倍率:400×
试样种类:冲击试样断口
观测位置:断口中部
断口特征:韧窝

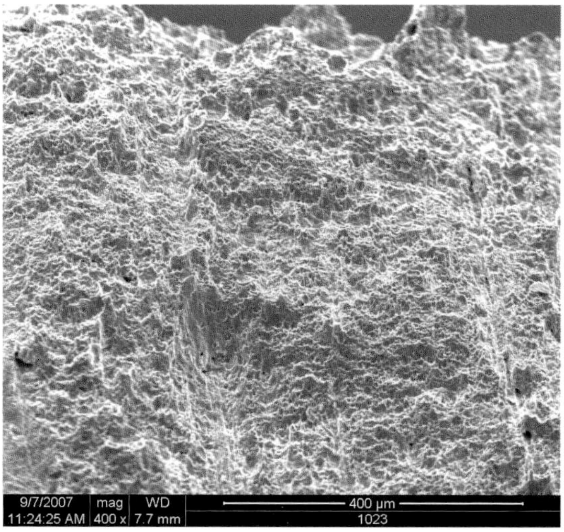

图片编号:L2.8-4
部件名称:L-B型制动梁
材料种类:Q460E微合金化钢
热　工　艺:950 ℃,保温15 min,分段冷,回火
A_{kv}　值:108.1 J
加热设备:电炉
观测仪器:扫描电子显微镜
放大倍率:400×
试样种类:冲击试样断口
观测位置:终断区
断口特征:韧窝

2.8.2 冲击试样韧—脆性断口

图片编号:L2.8-5
部件名称:L-B型制动梁
材料种类:Q460E微合金化钢
热　工　艺:970 ℃,保温40 min,风冷,回火
A_{kv}　值:69 J
加热设备:电炉
观测仪器:扫描电子显微镜
放大倍率:25×
试样种类:冲击试样断口
观测位置:整个断口
断口特征:缺口两端有收缩;缺口处韧塑带较宽;两侧剪切唇窄

图片编号:L2.8-6
部件名称:L-B型制动梁
材料种类:Q460E微合金化钢
热 工 艺:970 ℃,保温40 min,风冷,回火
A_{kv} 值:69 J
加热设备:电炉
观测仪器:扫描电子显微镜
放大倍率:100×
试样种类:冲击试样断口
观测位置:缺口边缘
断口特征:韧窝

图片编号:L2.8-7
部件名称:L-B型制动梁
材料种类:Q460E微合金化钢
热 工 艺:970 ℃,保温40 min,风冷,回火
A_{kv} 值:69 J
加热设备:电炉
观测仪器:扫描电子显微镜
放大倍率:400×
试样种类:冲击试样断口
观测位置:缺口边缘
断口特征:韧窝

图片编号:L2.8-8
部件名称:L-B型制动梁
材料种类:Q460E微合金化钢
热 工 艺:970 ℃,保温40 min,风冷,回火
A_{kv} 值:69 J
加热设备:电炉
观测仪器:扫描电子显微镜
放大倍率:400×
试样种类:冲击试样断口
观测位置:距缺口中点约3 mm
断口特征:解理、准解理

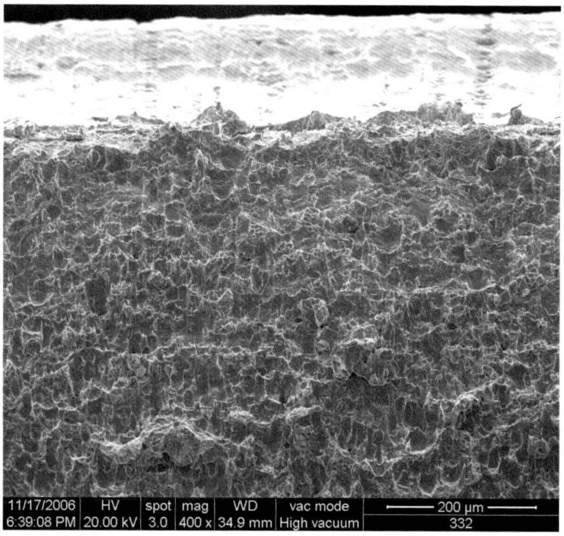

图片编号:L2.8-9
部件名称:L-B型制动梁
材料种类:Q460E微合金化钢
热 工 艺:970 ℃,保温40 min,风冷,回火
A_{kv} 值:69 J
加热设备:电炉
观测仪器:扫描电子显微镜
放大倍率:400×
试样种类:冲击试样断口
观测位置:最后断裂处
断口特征:韧窝

2.8.3 冲击试样脆性断口

图片编号:L2.8-10
部件名称:L-B型制动梁
材料种类:Q460E微合金化钢
热 工 艺:1 200 ℃,保温40 min,风冷,回火
A_{kv} 值:6 J
加热设备:电炉
观测仪器:扫描电子显微镜
放大倍率:25×
试样种类:冲击试样断口
观测位置:整个断口
断口特征:缺口两端无收缩;缺口处无韧塑带;两侧无剪切唇

图片编号:L2.8-11
部件名称:L-B型制动梁
材料种类:Q460E微合金化钢
热 工 艺:1 200 ℃,保温40 min,风冷,回火
A_{kv} 值:6 J
加热设备:电炉
观测仪器:扫描电子显微镜
放大倍率:400×
试样种类:冲击试样断口
观测位置:缺口边缘
断口特征:解理、准解理

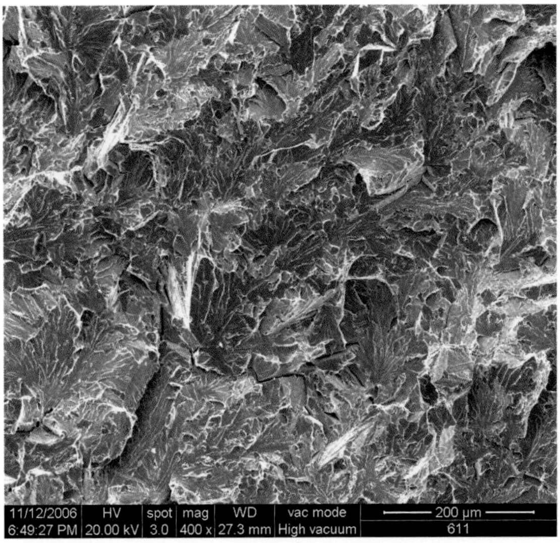

图片编号:L2.8-12
部件名称:L-B 型制动梁
材料种类:Q460E 微合金化钢
热 工 艺:1 200 ℃,保温 40 min,风冷,回火
A_{kv} 值:6 J
加热设备:电炉
观测仪器:扫描电子显微镜
放大倍率:400×
试样种类:冲击试样断口
观测位置:距缺口 1/3
断口特征:解理、准解理

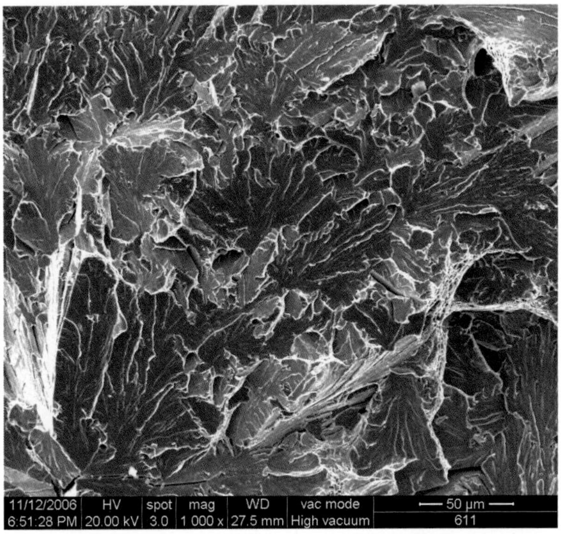

图片编号:L2.8-13
部件名称:L-B 型制动梁
材料种类:Q460E 微合金化钢
热 工 艺:1 200 ℃,保温 40 min,风冷,回火
A_{kv} 值:6 J
加热设备:电炉
观测仪器:扫描电子显微镜
放大倍率:1 000×
试样种类:冲击试样断口
观测位置:距缺口 2/3
断口特征:解理、准解理

图片编号:L2.8-14
部件名称:L-B 型制动梁
材料种类:Q460E 微合金化钢
热 工 艺:1 200 ℃,保温 40 min,风冷,回火
A_{kv} 值:6 J
加热设备:电炉
观测仪器:扫描电子显微镜
放大倍率:400×
试样种类:冲击试样断口
观测位置:最后断裂处
断口特征:解理、准解理

3　货车交叉支撑装置的显微组织

3.1　概　　述

目前，我国使用的交叉支撑装置主要有焊接型交叉支撑装置(图 3-1)和组装型交叉支撑装置(图 3-2)2 种。焊接型交叉支撑装置由 1 个下交叉杆、1 个上交叉杆、2 个扣板、4 个紧固螺栓组成。在上、下交叉杆中部焊有扣板，利用 2 组 M12 螺栓、螺母、垫圈将扣板紧固，同时把螺母焊接点固，扣板间有 4 处塞焊点、两条 U 型焊缝和两条平焊缝，把上、下交叉杆连接成一个整体。组装型交叉支撑装置由 1 个下交叉杆、1 个上交叉杆、2 个扣板、2 个 U 型弹性垫、1 个 X 型弹性垫、4 个紧固螺栓组成。在上、下交叉杆中部组装有扣板、U 型弹性垫和 X 型弹性垫，利用 2 组 M12 螺栓、螺母、垫圈将扣板紧固，同时把螺母用电焊点固，扣板间有 4 处塞焊点，把上、下交叉杆连接成一个整体。

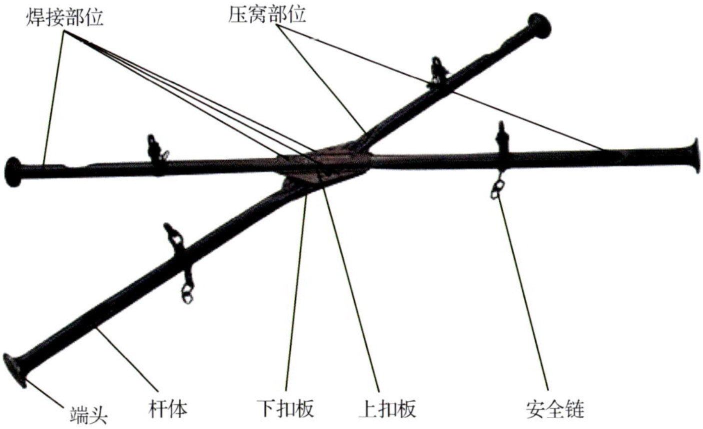

图 3-1　焊接型交叉支撑装置

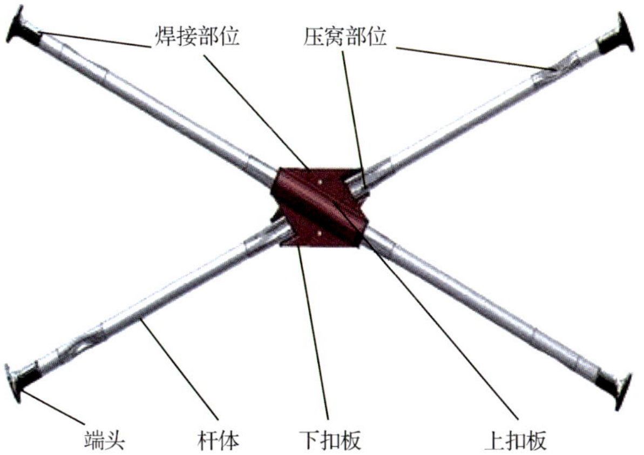

图 3-2　组装型交叉支撑装置

3.2 化学成分

交叉支撑装置基于其结构组成，可分为杆体、端头和扣板 3 部分，所使用的材料分别为 CR-1 钢、Q345D 钢和 Q235B 钢。

交叉支撑装置所用杆体材料 CR-1 钢母材的化学成分见表 3-1。

表 3-1 交叉支撑装置杆体母材化学成分

项目	编号/炉号	化学成分含量(%)					碳当量(%)
		C	Si	Mn	P	S	
标准要求	/	0.07～0.11	≤0.25	0.30～0.80	≤0.020	≤0.020	≤0.34
实测	Y704-453	0.08	0.18	0.52	0.003	0.002	0.24
实测	Y704-452	0.08	0.18	0.51	0.006	0.002	0.25
实测	327242-65430	0.08	0.19	0.50	0.002	0.003	0.23
实测	327809-65256	0.08	0.14	0.49	0.005	0.004	0.22
实测	08702550-08731	0.10	0.20	0.48	0.008	0.020	0.21
实测	08301610-08732	0.10	0.17	0.50	0.006	0.009	0.21

注：1. 杆体碳含量生产厂家内控 0.07%～0.10%，碳当量≤0.34%。

2. 上述表中碳当量计算采用下述公式：

$Ceq=C+(Mn+Si)/6+(Cr+Mo+V)/5+(Ni+Cu)/15$。

交叉支撑装置所用端头材料 Q345D 钢母材的化学成分见表 3-2。

表 3-2 交叉支撑装置端头母材化学成分

项目	炉号	化学成分含量(%)				
标准要求	/	C	Si	Mn	P	S
		≤0.18	≤0.55	1.00～1.60	≤0.030	≤0.030
		V	Nb	Ti	Al	/
		0.02～0.15	0.015～0.060	0.02～0.20	≥0.015	/
实测	08ST06578	C	Si	Mn	P	S
		0.15	0.31	1.08	0.019	0.021
		V	Nb	Ti	Al	/
		0.005	0.018	0.010	0.024	/
实测	08ST06579	C	Si	Mn	P	S
		0.15	0.29	1.04	0.019	0.020
		V	Nb	Ti	Al	/
		0.004	0.018	0.010	0.023	/
实测	08313010284	C	Si	Mn	P	S
		0.18	0.28	1.38	0.010	0.017
		V	Nb	Ti	Al	/
		0.05	/	0.03	0.028	/

续上表

项目	炉号	化学成分含量(%)				
实测	08313010285	C	Si	Mn	P	S
		0.18	0.24	1.40	0.009	0.006
		V	Nb	Ti	Al	/
		0.05	/	0.03	0.028	/

交叉支撑装置所用扣板材料 Q235B 钢母材的化学成分见表 3-3。

表 3-3 交叉支撑装置扣板母材化学成分

项目	编号/炉号	化学成分含量(%)				
		C	Si	Mn	P	S
标准要求	/	≤0.20	≤0.35	≤1.40	≤0.045	≤0.045
实测	08ST03100	0.17	0.19	0.39	0.003	0.024
实测	085435507D0	0.19	0.02	0.42	0.008	0.003
实测	0860158	0.17	0.07	0.26	0.004	0.005
实测	82842906600	0.17	0.04	0.27	0.010	0.005

杆体各部分之间采用焊接方式组对,对其进行焊接时,所使用的焊接材料为韩国现代综合株式会社 ϕ1.2 mm SuperCored81(技术规格 AWS E81T1-Ni Ⅰ)药芯焊丝,保护气体为二氧化碳。焊材要求的化学成分见表 3-4。

表 3-4 AWS E81T1-Ni Ⅰ 药芯焊丝熔敷金属化学成分

牌号	化学成分及含量(%)				
E81T1-Ni Ⅰ	C	Si	Mn	P	S
	≤0.12	≤0.80	≤1.50	≤0.030	≤0.12
	Cr	Ni	Mo	V	
	≤0.15	0.8～1.0	≤0.35	≤0.05	

3.3 加工工艺流程

交叉支撑装置主要生产过程如下:

转 K2、转 K6 焊接型交叉支撑装置:杆体下料→磷化→平头倒角→压中间窝→焊接扣板→二次压窝→组对端头→端头焊接→探伤→修补→复探→组焊安全链→浸漆→涂字→检查。

转 8G、转 8AG 型交叉支撑装置:杆体下料→磷化→加工→杆体端头定位座焊接→打磨→压大扁→压小扁→探伤→热处理→调直→组成焊接→打磨→探伤→浸漆→清洗端头端面→装配安全链→检查。

生产时,先将原材料(管材)切割至规定长度,然后对杆体中间压型,将杆体与交叉杆端头及扣板组焊后,进行两端压型,最后是涂漆、交叉杆成品检查。

3.3.1 杆体压型

交叉杆杆体共有 3 处压型,一处位于交叉杆的中央,另两处对称位于交叉杆杆体的两端。交叉杆压中间型时，为了保证组焊后交叉杆直线度、交叉杆端头平面与交叉杆中心线角度，经过反复计算和实验，确定压型时预留变形量 3～6 mm；交叉杆两端压型预留全长收缩量 1 mm。交叉杆杆体中间压型模具下模为分离式结构，上模冲下时，利用斜楔卸料结构，既保证压型尺寸，又方便卸料。交叉杆杆体两端压型模具采用回转式凸轮夹具和可调的角度板，以扣板为基准，保证压型角度。

3.3.2 扣板焊接

焊接时首先在夹具上将压完中间窝的交叉杆杆体放在交叉杆扣板上，端头放在固定的定位块上夹紧，保证焊接时端面的垂直度，另一端利用滑动的定位块调整全长，预留焊接长度收缩量 1 mm，保证交叉杆全长。点焊扣板，定位焊端头。然后焊接扣板。焊接顺序为左前方焊缝、左后方焊缝、右前方焊缝、右后方焊缝，焊接方向为从右向左。翻转杆体扣板后焊接两道 U 型焊缝。

扣板焊接的工艺为：焊接电压 20～24 V，焊接电流 150～170 A。

3.3.3 端头焊接

端头焊接采用旋转夹具。环焊缝形式。夹具采用无级变速装置，以 1 r/min 的速度自动旋转。焊接时分两道焊接端头和杆体之间的环焊缝，第一遍焊接钢管和端头根部，清渣后焊接剩余焊缝。环形对接焊缝要求表面平整，焊趾处不应有很明显的余高和凹陷现象，因此焊后对该部位进行砂轮余高打磨。

端头焊接的工艺为：焊接电压 24～28 V，焊接电流 200～240 A。

3.3.4 生产工艺特点

对交叉支撑装置的生产过程中，有两个生产工艺将对金属的显微组织产生改变，即压窝和焊接。

压窝是锻压加工的一种，通过对坯料施加外力，使其产生塑性变形改变尺寸、形状及性能，是一种利用材料的冷加工延展性来达到材料成形目的的加工方法。由于其产生了塑性变形，因此改变了材料的原始组织。

焊接是两种或两种以上同种或异种材料通过原子或分子之间的结合和扩散连接成一体的工艺过程。由于在生产过程中对材料施加了热作用，因此改变了材料的原始组织。

对材料组织的改变很难通过其他手段恢复，因此组织的改变必然带来性能的变化。只有合理受控的组织变化才能够保证材料的使用性能，对交叉支撑装置来讲必须要求加工工艺对材料组织的影响不能制约材料的性能。

3.4 力学性能

对于交叉支撑装置不同部件由于其承受载荷的情况不同，因此所需的材料力学性能也有差别。

交叉支撑装置杆体材料选用 CR-1 无缝钢管，CR-1 钢化学成分与 10 号优质碳素结构钢相近，属于渗碳钢的一种，其塑性和韧性均高，无回火脆性倾向，在冷拉状态下或正火处理后其切削性能大幅度提高，具有良好的焊接性，在冷状态下易于挤压成形和压模成形，缺点是强度低，且淬透性和淬硬性很差。由于该钢种具有良好的挤压成形和压模成形能力，故成为交叉支撑装置杆体材料的首选。

杆体材料 CR-1 钢，供货技术条件要求力学性能要求见表 3-5。

表 3-5　杆体力学性能测试结果

项目	编号	压扁试验	拉伸性能			硬度 HRB	−45 ℃纵向冲击吸收能量 A_{kv}(J)
			抗拉强度(MPa)	屈服强度(MPa)	伸长率(%)		
标准要求	/	完好	≥380	≥240	≥30	≤70	≥20
出厂	Y704-453	完好	400	295	35.0	66	34
实测	Y704-453	完好	380	250	32.0	65	21
出厂	327242-65430	完好	400	260	33.0	69	28
实测	327242-65430	完好	400	260	33.0	69	28
出厂	08702550-08731	完好	395	300	32.0	69	29
实测	08702550-08731	完好	385	255	36.5	66	26

端头材料 Q345D 相当于低合金结构钢中的 16Mn、14MnNb 等，其综合力学性能良好，低温冲击韧性、冷冲压和切削加工性都好，焊接性好，比 Q235(A3)钢的性能有全面提高，但其缺口敏感性比 Q235 钢要明显，有缺口存在时，疲劳强度低于 Q235 钢，且易发生裂纹，正火可以提高钢的塑性、冲击韧性、冷压成形性能，但其强度略有下降，一般在热轧或正火状态下使用，多用于制造受动负荷的各种焊接钢结构。交叉支撑装置的端头，承受由转向架传来的动载荷，选用 Q345D 锻件制造。

端头材料 Q345D 钢的力学性能要求见表 3-6。

表 3-6　端头力学性能测试结果

项目	编号/炉号	拉伸			−20 ℃纵向冲击吸收能量 A_{kv}(J)
		屈服强度(MPa)	抗拉强度(MPa)	伸长率(%)	
标准要求	/	≥275	470～630	≥22	≥34
实测	08ST06578	325	495	33.0	145
出厂	08ST06578	310	535	28.0	104
实测	08ST06579	335	495	33.0	151
出厂	08ST06579	310	520	34.0	142
实测	08313010284	370	535	32.0	185
出厂	08313010284	370	555	33.0	144
实测	08313010285	370	540	32.5	201
出厂	08313010285	360	560	28.0	139

扣板材料 Q235B 钢的力学性能要求见表 3-7。

表 3-7　扣板力学性能测试结果

项目	编号/炉号	拉伸			20 ℃纵向冲击吸收能量 A_{kv}(J)
		屈服强度(MPa)	抗拉强度(MPa)	伸长率(%)	
标准要求	/	≥235	370～500	≥26	≥27
实测	08ST03100	250	430	29.0	88
出厂	08ST03100	235	445	34.0	113

3.5 金相组织

3.5.1 原材料

3.5.1.1 杆体金相组织

杆体金相组织分析中首先应对 CR-1 钢的非金属夹杂物进行级别评定，评定按照 GB/T 10561—2005《钢中非金属夹杂物含量的测定标准评级图显微检验法》进行，典型的 B 类、D 类非金属夹杂物形貌如图 G3.5.1-1～图 G3.5.1-2 所示。其次，采用 100 倍的放大倍数对杆体内外表面脱碳层深度进行测量，脱碳层的典型显微组织形貌如图 G3.5.1-3～图 G3.5.1-6 所示，技术条件要求脱碳层深度应低于 0.2 mm，以保证杆体表面在压窝过程中不产生裂纹。

图 片 编 号：G3.5.1-1
放 大 倍 数：100×
材 料 名 称：CR-1 钢
观 察 部 位：原始状态
夹杂物类别：B 类细夹杂物
夹杂物级别：1.5
夹杂物描述：夹杂物无明显变形特征，颗粒带角，形态比较小，沿轧制方向间断排列

图 片 编 号：G3.5.1-2
放 大 倍 数：100×
材 料 名 称：CR-1 钢
观 察 部 位：原始状态
夹杂物类别：D 类粗、细夹杂物
夹杂物级别：粗类 0.5，细类 1.0
夹杂物描述：夹杂物呈颗粒状，无规则分布，细类夹杂物较多，粗类较少

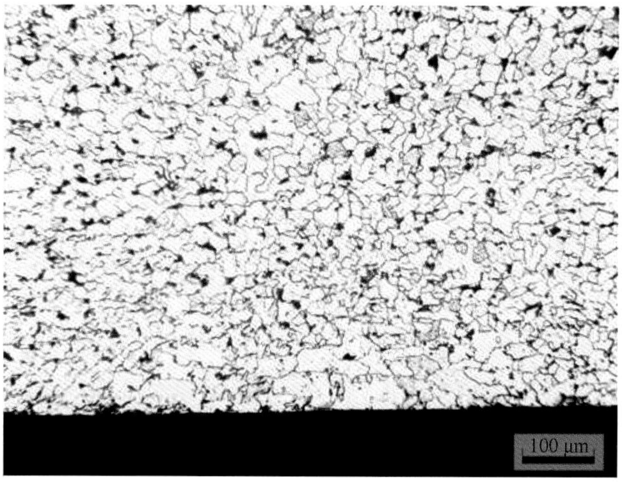

图 片 编 号:G3.5.1-3
放 大 倍 数:100×
材 料 名 称:CR-1 钢
观 察 部 位:原始状态
脱碳层类别:外侧
脱碳层厚度:0.07 mm
脱碳层描述:脱碳层厚度较薄,较均匀,无明显形变特征

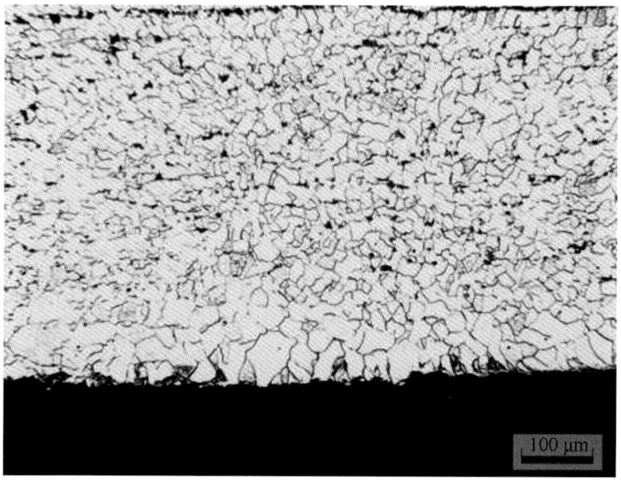

图 片 编 号:G3.5.1-4
放 大 倍 数:100×
材 料 名 称:CR-1 钢
观 察 部 位:原始状态
脱碳层类别:外侧
脱碳层厚度:0.15 mm
脱碳层描述:脱碳层较厚,较均匀,无明显形变特征。由表层至心部珠光体数量增加,碳含量递增。心部珠光体有带状连续分布特征

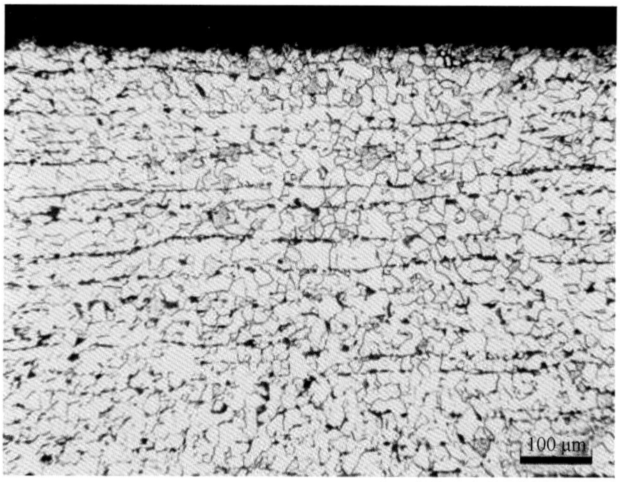

图 片 编 号:G3.5.1-5
放 大 倍 数:100×
材 料 名 称:CR-1 钢
观 察 部 位:原始状态
脱碳层类别:内侧
脱碳层厚度:0.04 mm
脱碳层描述:脱碳层厚度较薄,较均匀,无明显形变特征

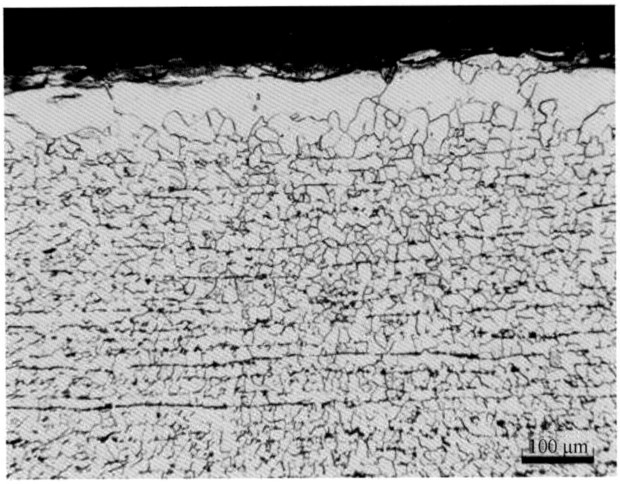

图 片 编 号:G3.5.1-6
放 大 倍 数:100×
材 料 名 称:CR-1 钢
观 察 部 位:原始状态
脱碳层类别:内侧
脱碳层厚度:0.13 mm
脱碳层描述:脱碳层较厚,较均匀,无明显形变特征,表层铁素体晶粒明显粗化。由表层至心部珠光体数量增加,带状分布愈发明显

杆体金相组织分析中对横向和纵向组织均进行了观察,该钢室温组织由铁素体和珠光体组成,其中铁素体占绝大部分。不同厂家的杆体材料金相组织如图 G3.5.1-7~图 G3.5.1-12 所示。

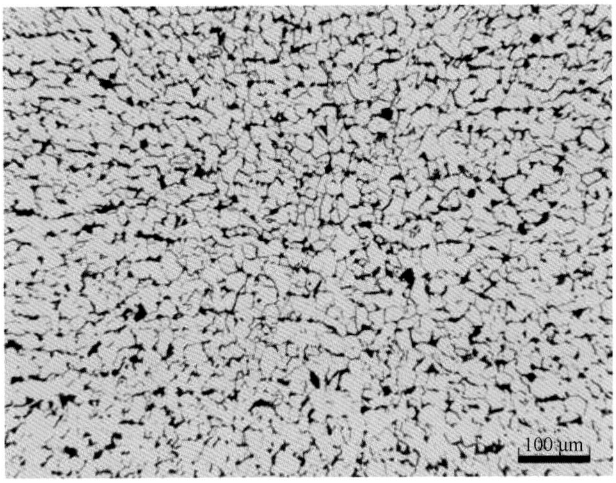

图片编号:G3.5.1-7
放大倍数:100×
材料名称:CR-1 钢
侵 蚀 剂:4%硝酸酒精溶液
观察部位:原始状态,横向
显微硬度:HV133
晶 粒 度:≥8 级
组织描述:由铁素体(白色多边形晶粒)和珠光体(黑色多边形晶粒)组成,分布均匀,存在不明显取向,铁素体占主要部分,珠光体分布于铁素体晶界(黑色线条)处

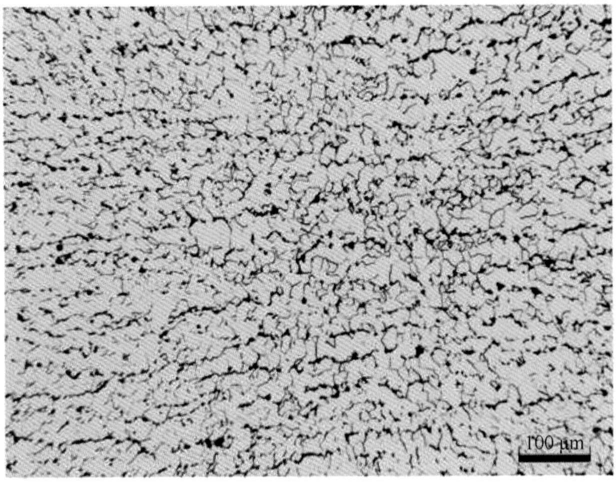

图片编号:G3.5.1-8
放大倍数:100×
材料名称:CR-1 钢
侵 蚀 剂:4%硝酸酒精溶液
观察部位:原始状态,横向
显微硬度:HV134
晶 粒 度:≥8 级
组织描述:由铁素体(白色多边形晶粒)和珠光体(黑色多边形晶粒)组成,铁素体占主要部分,珠光体分布于铁素体晶界(黑色线条)处,部分呈带状分布,但取向不明显

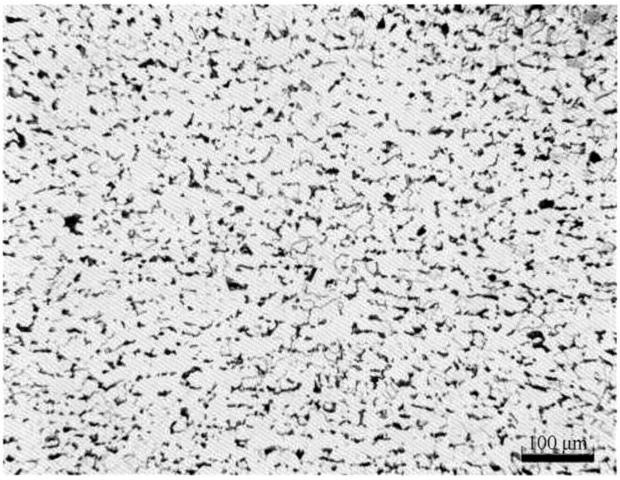

图片编号:G3.5.1-9
放大倍数:100×
材料名称:CR-1 钢
侵 蚀 剂:4%硝酸酒精溶液
观察部位:原始状态,横向
显微硬度:HV126
晶 粒 度:≥8 级
组织描述:由铁素体(白色)和珠光体(黑色)组成,铁素体占主要部分,珠光体分布于铁素体晶界。珠光体小块于铁素体区均匀分布

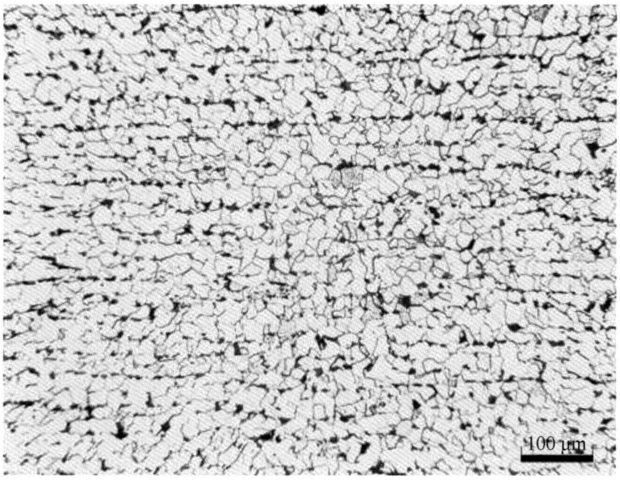

图片编号:G3.5.1-10
放大倍数:100×
材料名称:CR-1 钢
侵 蚀 剂:4%硝酸酒精溶液
观察部位:原始状态,纵向
显微硬度:HV130
晶 粒 度:≥8 级
组织描述:由铁素体(白色多边形晶粒)和珠光体(黑色多边形晶粒)组成,铁素体占主要部分,珠光体分布于铁素体晶界(黑色线条)处,并沿轧制方向呈带状分布,但无明显取向

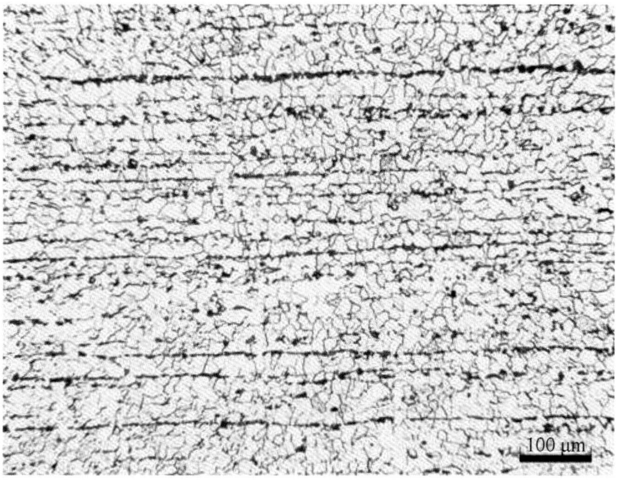

图片编号:G3.5.1-11
放大倍数:100×
材料名称:CR-1 钢
侵 蚀 剂:4%硝酸酒精溶液
观察部位:原始状态,纵向
显微硬度:HV130
晶 粒 度:≥8 级
组织描述:由铁素体(白色多边形晶粒)和珠光体(黑色多边形晶粒)组成,铁素体占主要部分,珠光体分布于铁素体晶界(黑色线条)处,并沿轧制方向呈带状分布,但无明显取向

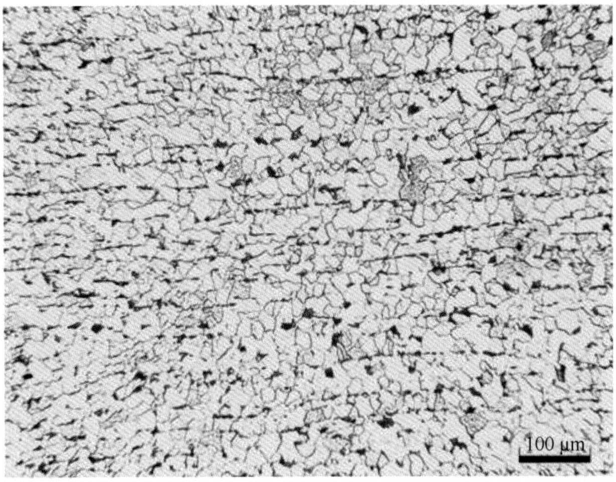

图片编号:G3. 5. 1-12
放大倍数:100×
材料名称:CR-1 钢
侵 蚀 剂:4%硝酸酒精溶液
观察部位:原始状态,纵向
显微硬度:HV131
晶 粒 度:8 级
组织描述:由铁素体(白色多边形晶粒)和珠光体(黑色多边形晶粒)组成,铁素体占主要部分,珠光体分布于铁素体晶界(黑色线条)处,并沿轧制方向呈带状分布,但无明显取向

3.5.1.2　扣板金相组织

扣板材料 Q235B 钢,含碳量小于 0.20%,仍属于亚共析钢,同 CR-1 钢类似,该钢室温组织也是铁素体与珠光体的混合物。典型的扣板金相组织如图 G3. 5. 1-13～图 G3. 5. 1-14 所示。

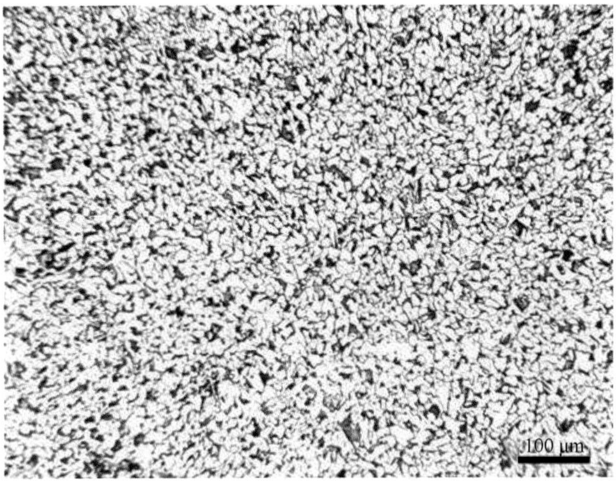

图片编号:G3. 5. 1-13
放大倍数:100×
材料名称:Q235B 钢
侵 蚀 剂:4%硝酸酒精溶液
观察部位:原始状态,横向
显微硬度:HV122
晶 粒 度:≥8 级
组织描述:由铁素体(白色)和珠光体(黑色)组成,分布均匀,铁素体组织占主要部分。组织较为细小,晶粒度较高。无明显的晶粒取向以及带状分布

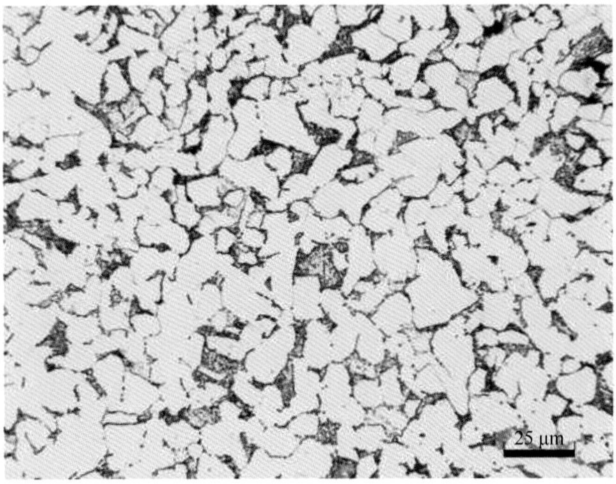

图片编号:G3. 5. 1-14
放大倍数:400×
材料名称:Q235B 钢
侵 蚀 剂:4%硝酸酒精溶液
观察部位:原始状态,横向
显微硬度:HV132
晶 粒 度:10 级
组织描述:由铁素体(白色)和珠光体(白色基体上分布有黑色带状渗碳体)组成,分布均匀,铁素体组织较多。在此放大倍数下可以观察到较明显的珠光体组织的片层状分布特征

3.5.1.3 端头金相组织

端头材料 Q345D 钢，含碳量小于 0.18%，通过添加 V、Ti、Al 等细化晶粒的元素提高钢的韧性，使得该钢种的综合机械性能得到较大提高。Q345D 钢仍属于亚共析钢，同 CR-1 钢类似，该钢室温组织也是铁素体与珠光体的混合物，但其珠光体比例较高且组织更为细密。典型的端头金相组织如图 G3.5.1-17～图 G3.5.1-18 所示。

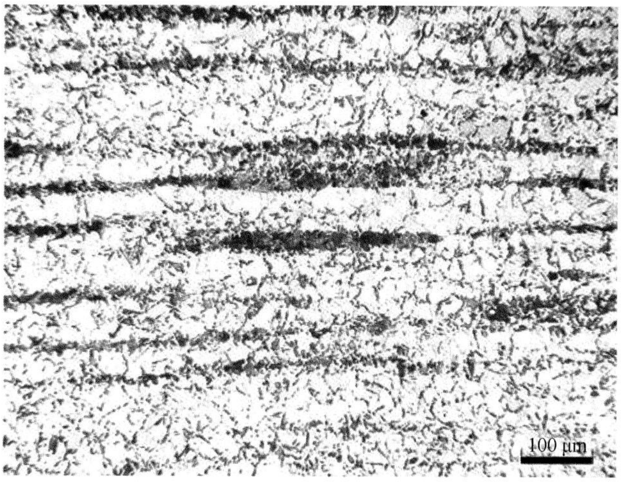

图片编号：G3.5.1-15
放大倍数：100×
材料名称：Q345D 钢
侵 蚀 剂：4%硝酸酒精溶液
观察部位：原始状态，纵向
显微硬度：铁素体 HV140
珠光体 HV166
晶 粒 度：7 级
组织描述：由铁素体（白色）和珠光体（黑色）组成，呈现明显的带状分布，铁素体组织较多，晶粒较粗

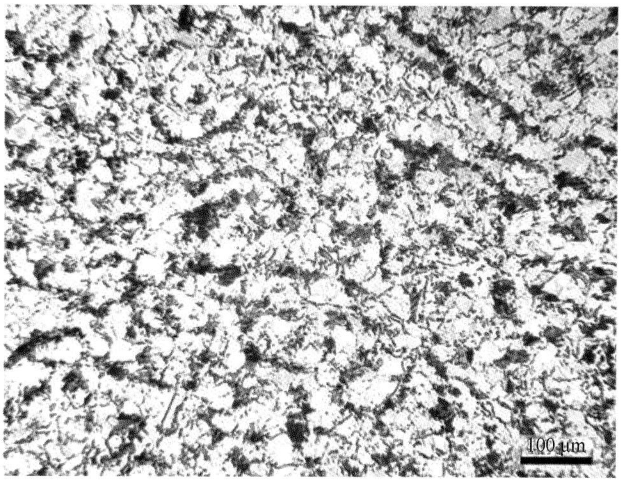

图片编号：G3.5.1-16
放大倍数：100×
材料名称：Q345D 钢
侵 蚀 剂：4%硝酸酒精溶液
观察部位：原始状态，横向
显微硬度：铁素体 HV170
珠光体 HV243
晶 粒 度：7 级
组织描述：由铁素体（白色）和珠光体（黑色）组成，分布均匀，铁素体组织较多

3.5.2 压窝加工后毛坯

交叉支撑装置生产过程中，杆体须经两次压窝工艺过程。压窝工艺利用杆体 CR-1 钢优良的可冲压性能在杆体上形成 59 mm 中间窝及 48～53 mm 的端部窝，一般采用 315T 压力机配合相应压模进行。压窝工艺一定程度上会造成显微组织尤其是晶粒的大小及方向发生改变。典型的压窝加工后的杆体金相组织如图 G3.5.2-1～图 G3.5.2-4 所示。

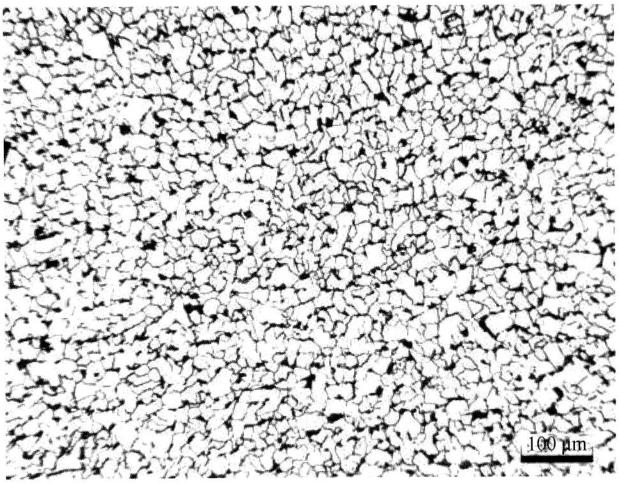

图片编号:G3.5.2-1
放大倍数:100×
材料名称:CR-1 钢
侵 蚀 剂:4%硝酸酒精溶液
观察部位:中间压窝处,横向
显微硬度:HV162
晶 粒 度:≥8 级
组织描述:部分晶粒表现出一定的非等轴特征,变形的方向性不明显。晶粒未见比原始组织的明显细化,其塑性变形量很小

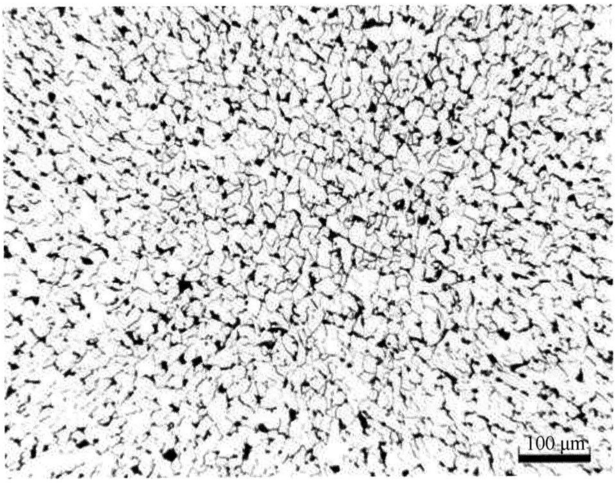

图片编号:G3.5.2-2
放大倍数:100×
材料名称:CR-1 钢
侵 蚀 剂:4%硝酸酒精溶液
观察部位:两端压窝处,横向
显微硬度:HV171
晶 粒 度:≥8 级
组织描述:部分晶粒表现出一定的非等轴特征,变形的方向性不明显。晶粒未见比原始组织的明显细化,其塑性变形量很小

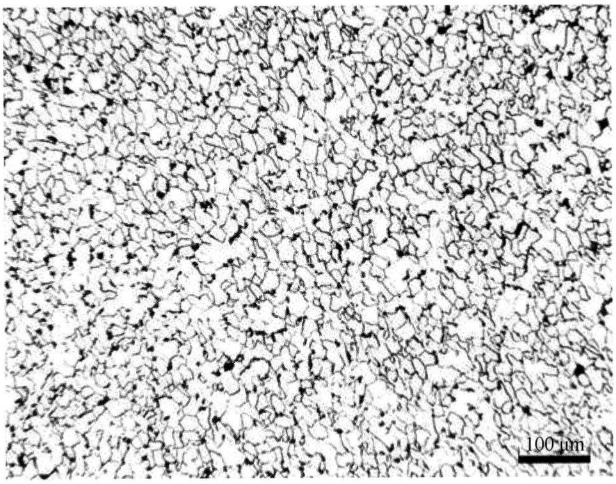

图片编号:G3.5.2-3
放大倍数:100×
材料名称:CR-1 钢
侵 蚀 剂:4%硝酸酒精溶液
观察部位:中间压窝处,横向
显微硬度:HV174
晶 粒 度:≥8 级
组织描述:较多晶粒表现出一定的非等轴特征,变形的方向性与外表面呈近 45°。晶粒未见比原始组织的明显细化,其塑性变形量很小

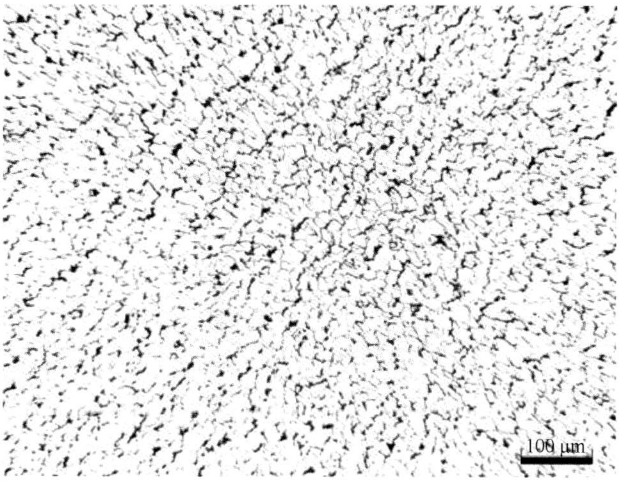

图片编号:G3.5.2-4
放大倍数:100×
材料名称:CR-1 钢
侵 蚀 剂:4%硝酸酒精溶液
观察部位:两端压窝处,横向
显微硬度:HV175
晶 粒 度:≥8 级
组织描述:较多晶粒表现出一定的非等轴特征,变形的方向性与外表面呈近 40°,一定程度上改变了带状分布的方向性。晶粒未见比原始组织的明显细化,其塑性变形量很小

3.5.3 焊接加工后毛坯

交叉支撑装置杆体与扣板、杆体与端头通过焊接工艺进行连接,焊接的热过程不可避免的造成了组织的变化。同时,杆体与扣板、杆体与端头焊接均属于用焊接的方式连接异种材料,对异种材料焊接接头进行全面组织研究一般需对焊缝以及不同钢种侧熔合区、粗晶区、混晶区、细晶区、脆化区、母材区均进行研究,在此仅对首末道焊缝、熔合区、粗晶区、细晶区等关键部位进行金相观察。另外,对于各材料母材的组织形态已在前面的章节进行了分析,在此不再进行组织观察。

3.5.3.1 熔敷金属金相组织

交叉支撑装置焊接采用韩国现代综合株式会社 ϕ1.2 mm SuperCored81(AWS A5.29 E81T1-NiⅠ)药芯焊丝,保护气体为二氧化碳。焊丝熔敷金属金相组织如图 G3.5.3-1～G3.5.3-2 所示。由 E81T1-NiⅠ药芯焊丝熔敷金属化学成分可以看出该焊接材料应属于铁素体焊材,其焊后组织为铁素体。

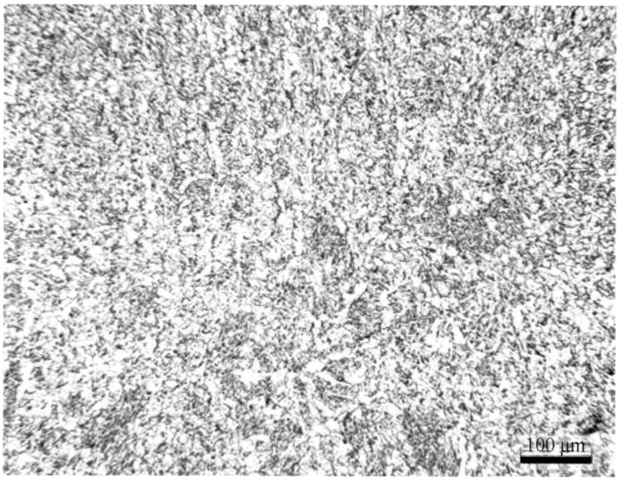

图片编号:G3.5.3-1
放大倍数:100×
材料名称:E81T1-NiⅠ焊丝熔敷金属
侵 蚀 剂:4%硝酸酒精溶液
观察部位:焊后组织
显微硬度:HV206
晶 粒 度:≥8 级
组织描述:由针状铁素体和块状铁素体组成,块状铁素体居多

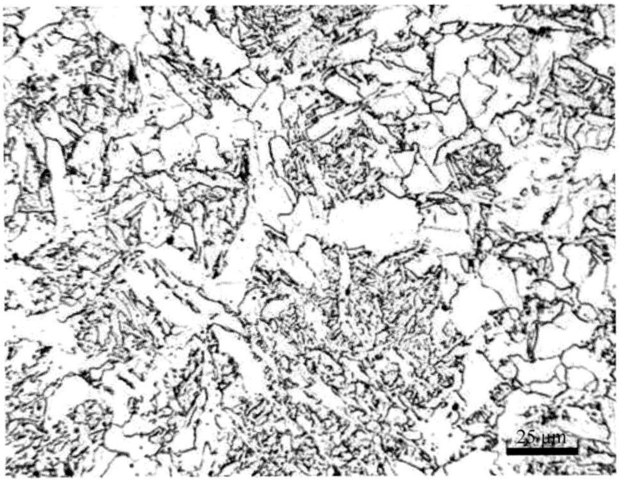

图片编号:G3.5.3-2
放大倍数:400×
材料名称:E81T1-NiⅠ焊丝熔敷金属
侵 蚀 剂:4%硝酸酒精溶液
观察部位:焊后组织
显微硬度:针状铁素体 HV225
块状铁素体 HV195
晶 粒 度:8级
组织描述:由针状铁素体和块状铁素体组成,块状铁素体居多

3.5.3.2 杆体端头焊接区金相组织

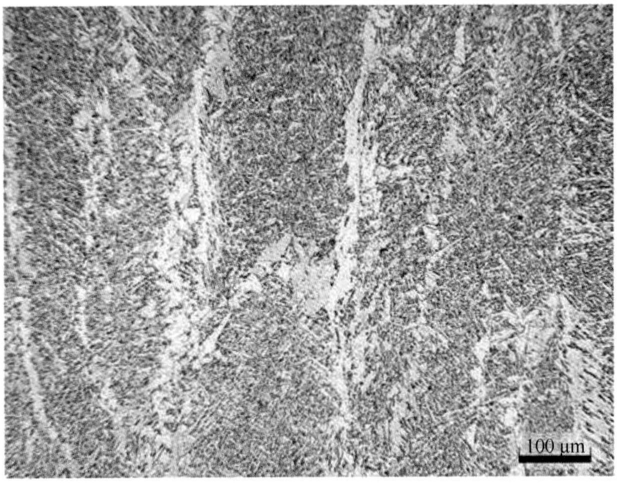

图片编号:G3.5.3-3
放大倍数:100×
观察部位:杆体与端头末道焊缝中部
侵 蚀 剂:4%硝酸酒精溶液
组织状态:焊后组织
显微硬度:HV205
晶 粒 度:8级
组织描述:针状铁素体和块状铁素体沿柱状晶界分布,针状铁素体居多。柱晶较粗,较长

图片编号:G3.5.3-4
放大倍数:100×
观察部位:杆体与端头首道焊缝上部
侵 蚀 剂:4%硝酸酒精溶液
组织状态:焊后组织
显微硬度:HV200
晶 粒 度:≥8级
组织描述:首道焊缝受末道焊缝的热影响其柱状结晶形态消失。仍由针状铁素体和块状铁素体组成

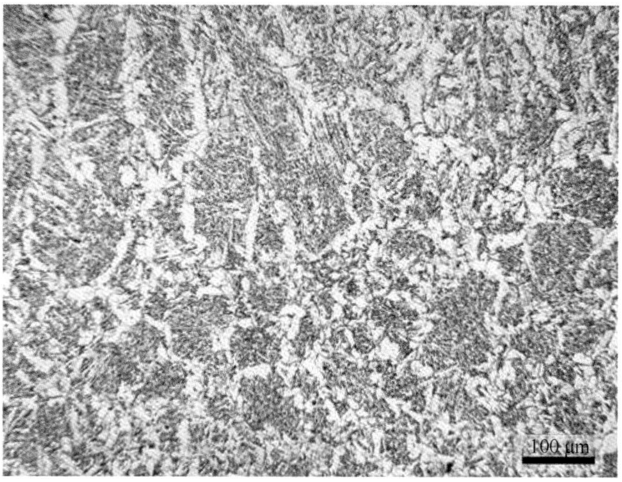

图片编号:G3.5.3-5
放大倍数:100×
观察部位:首末道焊缝结合区(层间)
侵 蚀 剂:4%硝酸酒精溶液
组织状态:焊后组织
显微硬度:HV206
晶 粒 度:8级
组织描述:上部为末道焊缝,下部为首道焊缝金属,前者保持其柱状结晶形态,后者受热影响其柱状结晶形态消失

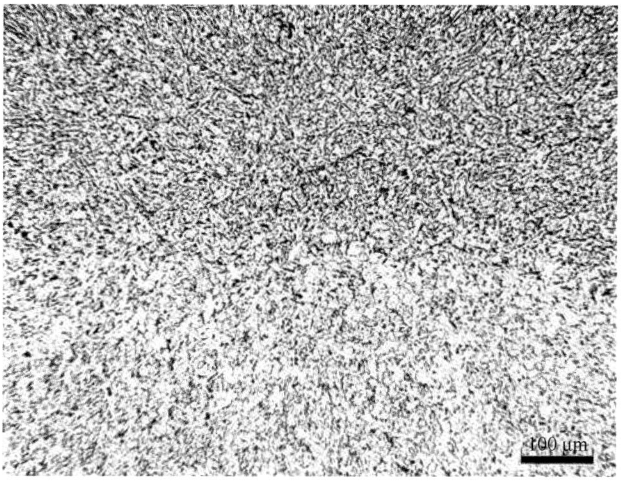

图片编号:G3.5.3-6
放大倍数:100×
观察部位:首道焊缝Q345D侧熔合线
侵 蚀 剂:4%硝酸酒精溶液
组织状态:焊接熔合线
显微硬度:HV201
晶 粒 度:≥8级
组织描述:界面区上部为Q345D(HV197),下部为首道焊缝金属(HV205)

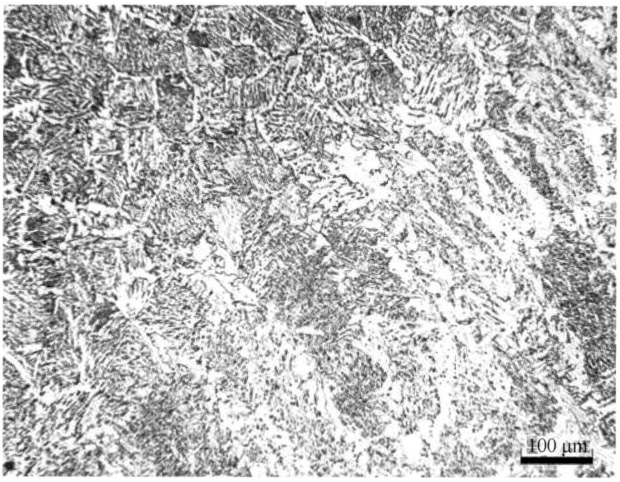

图片编号:G3.5.3-7
放大倍数:100×
观察部位:末道焊缝Q345D侧熔合线
侵 蚀 剂:4%硝酸酒精溶液
组织状态:焊接熔合线
显微硬度:HV201
晶 粒 度:5级
组织描述:界面区左上部为Q345D(HV201),右下部为末道焊缝金属(HV201),左上部过热区组织粗大,条状铁素体沿原奥氏体晶界分布,内部针状铁素体分布于珠光体基体组织上

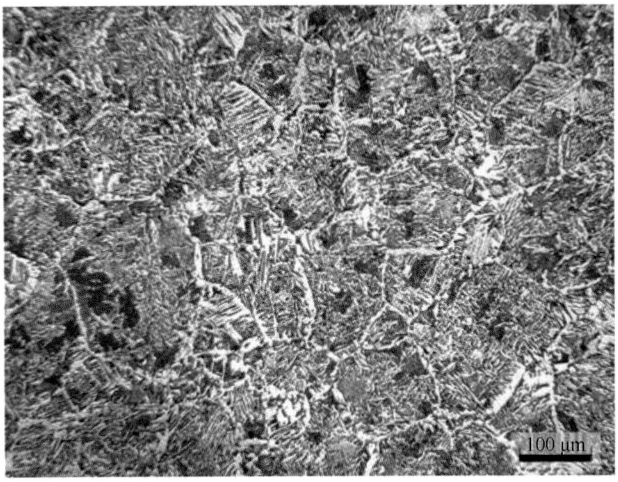

图片编号:G3. 5. 3-8
放大倍数:100×
观察部位:末道焊缝 Q345D 侧过热区
侵 蚀 剂:4%硝酸酒精溶液
组织状态:焊接过热区
显微硬度:块状铁素体 HV200
针状铁素体 HV206
晶 粒 度:4 级
组织描述:由块状铁素体和针状铁素体及少量珠光体组成,部分针状铁素体分布于珠光体基体组织上。块状铁素体沿原奥氏体晶粒分布

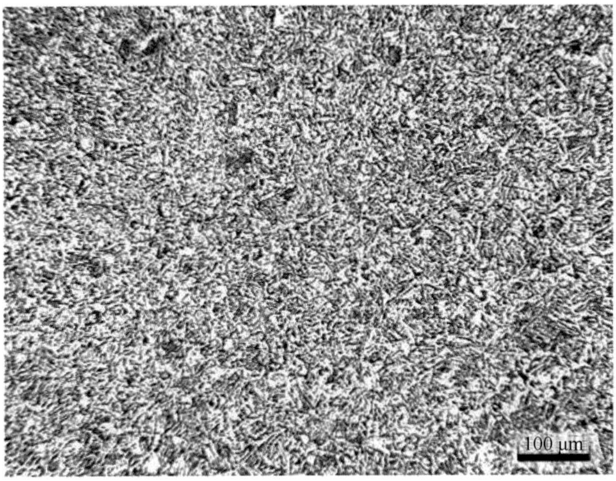

图片编号:G3. 5. 3-9
放大倍数:100×
观察部位:Q345D 侧细晶区
侵 蚀 剂:4%硝酸酒精溶液
组织状态:焊接热影响区
显微硬度:HV182
晶 粒 度:≥8 级
组织描述:受焊接热影响晶粒一定程度上得以细化,该区由粒状贝氏体及少量铁素体组成

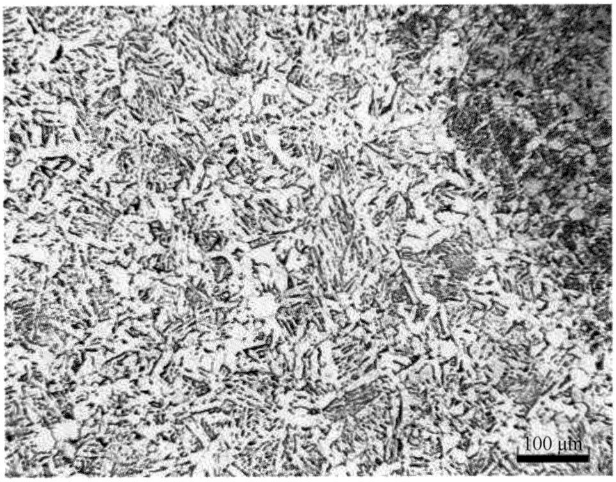

图片编号:G3. 5. 3-10
放大倍数:100×
观察部位:末道焊缝 CR-1 侧熔合线
侵 蚀 剂:4%硝酸酒精溶液
组织状态:焊接熔合线
显微硬度:HV193
晶 粒 度:5 级
组织描述:界面区左下部为 CR-1,右上部为末道焊缝金属(HV211),左下部过热区组织粗大,由块状铁素体(HV175)和针状铁素体(HV192)及部分板条铁素体组成,含极少量珠光体

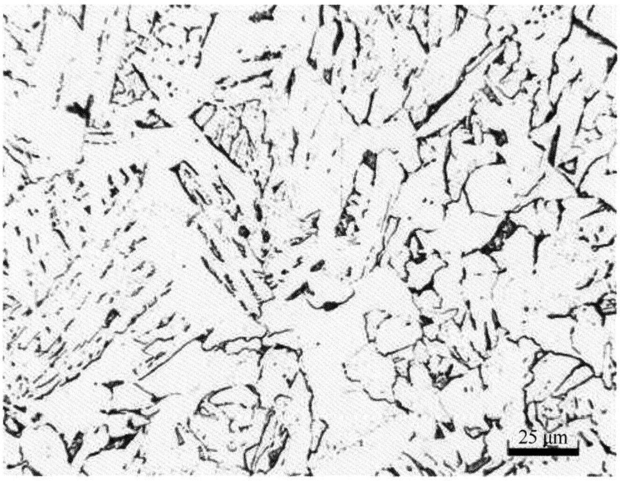

图片编号:G3.5.3-11
放大倍数:400×
观察部位:末道焊缝 CR-1 侧过热区
侵 蚀 剂:4%硝酸酒精溶液
组织状态:焊接过热区
显微硬度:HV173
晶 粒 度:6 级
组织描述:受焊接热影响晶粒长大极为严重,组织由粗大的块状铁素体和板条状铁素体组成,含极少量珠光体

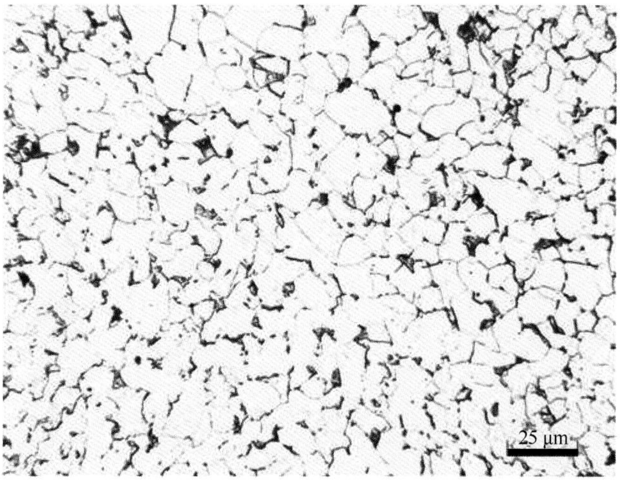

图片编号:G3.5.3-12
放大倍数:400×
观察部位:CR-1 侧细晶区
侵 蚀 剂:4%硝酸酒精溶液
组织状态:焊接热影响区
显微硬度:HV160
晶 粒 度:9 级
组织描述:受焊接热影响晶粒一定程度上得以细化,该区由块状铁素体和极少量珠光体组成,块状铁素体占主要部分

3.5.3.3 杆体扣板焊接区金相组织

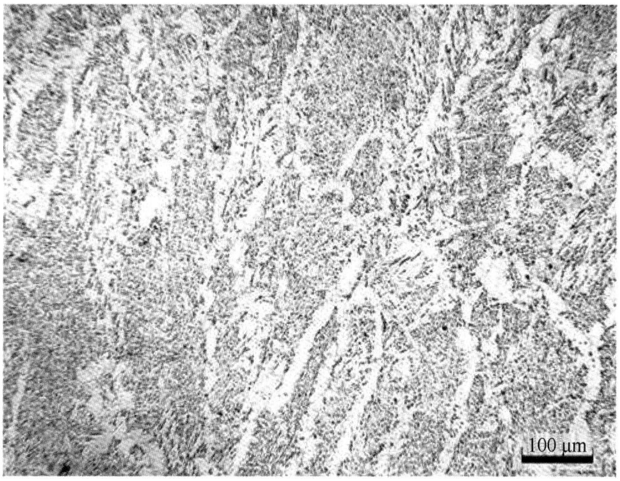

图片编号:G3.5.3-13
放大倍数:100×
观察部位:杆体与扣板焊缝中部
侵 蚀 剂:4%硝酸酒精溶液
组织状态:焊后组织
显微硬度:针状铁素体 HV239
块状铁素体 HV203
晶 粒 度:8 级
组织描述:针状铁素体和块状铁素体沿柱状晶界分布,针状铁素体居多。柱晶较粗,较长

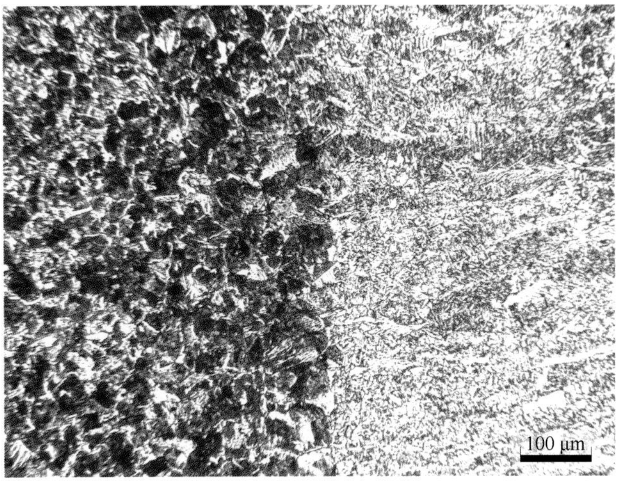

图片编号：G3.5.3-14
放大倍数：100×
观察部位：Q235 侧熔合线
侵 蚀 剂：4%硝酸酒精溶液
组织状态：焊接熔合线
晶 粒 度：7 级
组织描述：界面区右部为焊缝金属，左部为 Q235 钢，左部过热区组织粗大，焊缝柱状晶较短、较细

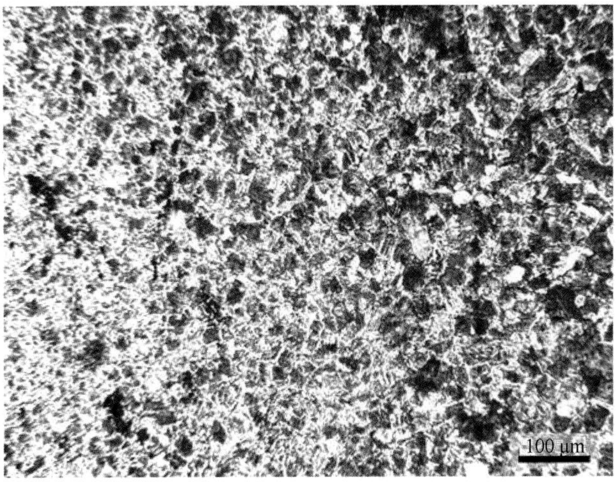

图片编号：G3.5.3-15
放大倍数：100×
观察部位：Q235 侧过热区
侵 蚀 剂：4%硝酸酒精溶液
组织状态：焊接过热区
显微硬度：块状铁素体 HV194
针状铁素体 HV207
晶 粒 度：7 级
组织描述：右上方为近焊缝过热区，晶粒粗大。过热区由白色块状铁素体和针状铁素体及珠光体(黑色块状)组成

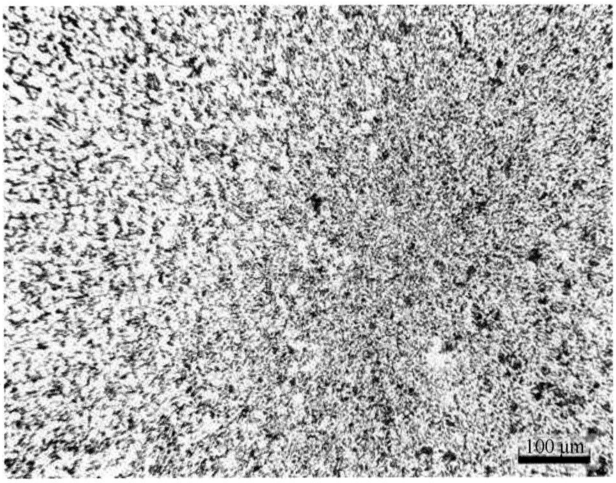

图片编号：G3.5.3-16
放大倍数：100×
材料名称：Q235 侧细晶区
侵 蚀 剂：4%硝酸酒精溶液
观察部位：焊接热影响区
显微硬度：HV172
晶 粒 度：≥8 级
组织描述：右侧为焊缝方向，左侧为母材。右半部晶粒受焊接热影响一定程度上得以细化，该区由细小块状铁素体和少量珠光体组成，铁素体占主要部分

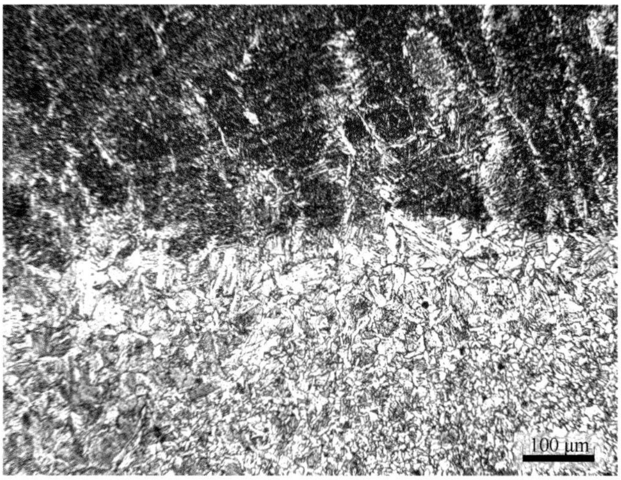

图片编号:G3.5.3-17
放大倍数:100×
材料名称:CR-1 侧熔合线
侵 蚀 剂:4%硝酸酒精溶液
观察部位:焊接熔合线
显微硬度:HV178
晶 粒 度:6 级
组织描述:界面区上部为焊缝金属，下部为 CR-1 钢，近缝过热区组织粗大，但粗晶区宽度较小，这是由于焊接的热输入较小，晶粒没有足够时间长大造成的

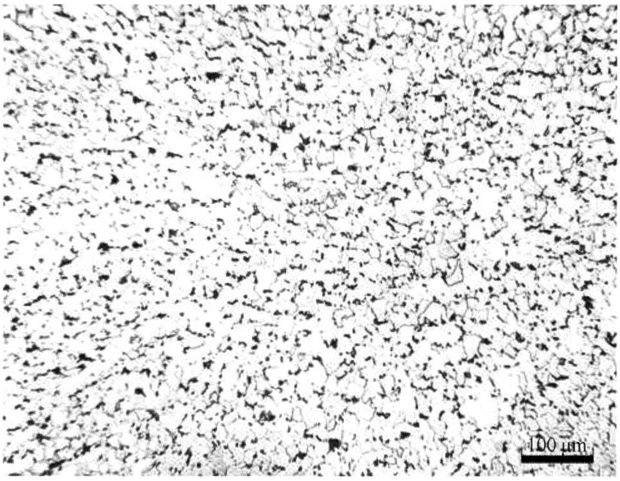

图片编号:G3.5.3-18
放大倍数:100×
材料名称:CR-1 侧细晶区
侵 蚀 剂:4%硝酸酒精溶液
观察部位:焊接热影响区
显微硬度:HV166
晶 粒 度:≥8 级
组织描述:受焊接热影响晶粒一定程度上得以细化，该区由块状铁素体和极少量珠光体组成，块状铁素体占主要部分。由于焊接热输入较小，扣板焊接的细晶区晶粒比端头焊接时的更为细小

3.5.4 小　　结

(1)原材料方面，对杆体内外表面脱碳层深度进行了测量，均满足技术条件脱碳层深度应低于 0.2 mm 的要求，杆体横向和纵向金相组织均由铁素体和珠光体组成，其中铁素体占绝大部分；扣板材料 Q235B 钢，室温组织也是铁素体与珠光体的混合物；端头材料 Q345D 钢，含碳量小于 0.18%，通过添加 V、Ti、Al 等细化晶粒的元素提高钢的韧性，该钢室温组织也是铁素体与珠光体的混合物，但其珠光体比例较高且组织更为细密。

(2)交叉支撑装置生产过程中，杆体须经两次压窝工艺过程。压窝工艺利用杆体 CR-1 钢优良的可冲压性能在杆体上形成 59 mm 中间窝及 48～53 mm 的端部窝，压窝工艺一定程度上造成显微组织尤其是晶粒的大小及方向发生了改变。

(3)交叉支撑装置杆体与扣板、杆体与端头通过焊接工艺进行连接，且均属于异种材料焊接，对首末道焊缝、熔和区、粗晶区、细晶区等关键部位进行金相观察，发现焊接的热过程不可避免的造成了组织的变化。

3.6 拉伸、冲击断口特征及高倍组织

为进一步研究交叉支撑装置用材料经过断裂这一动态过程后的微观组织形态，分别对杆体和端头的拉伸与冲击试样进行扫描电镜下微观形态的观察，试样分别来自大连中信、成都宝钢、大连无缝、首钢新钢和东北特钢。

3.6.1 杆体试样

图片编号：G3.6-1
放大倍数：50×
试样名称：杆体拉伸断口
观察部位：宏观断口
力学性能：抗拉强度 390 MPa，屈服强度 260 MPa，伸长率 43.5%
形貌描述：由试样心部开始断裂，直至近试样表面后拉断形成剪切唇。心部起裂区表面表现出一定的高低不平，说明材料韧性较好

图片编号：G3.6-2
放大倍数：1 000×
试样名称：杆体拉伸断口
观察部位：断口中心区
力学性能：抗拉强度 390 MPa，屈服强度 260 MPa，伸长率 43.5%
形貌描述：该部位位于起裂区，断口微观形貌由等轴韧窝组成，呈现典型的韧性断裂特征，同时该试样伸长率较高，说明该材料韧性很好

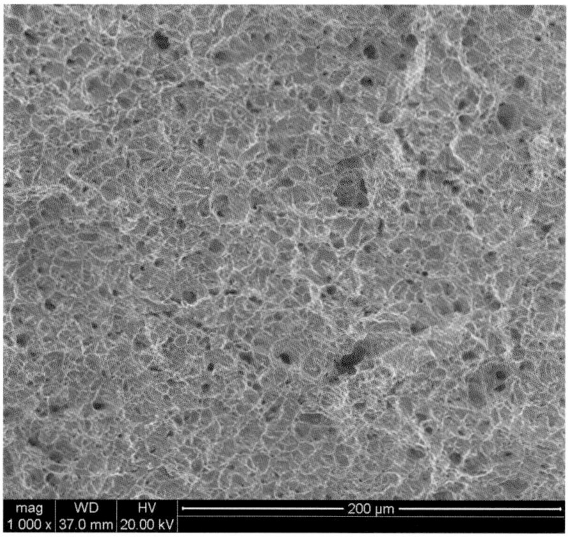

图片编号:G3.6-3
放大倍数:1 000×
试样名称:杆体拉伸断口
观察部位:断口边缘区
力学性能:抗拉强度 390 MPa,屈服强度 260 MPa,伸长率 43.5%
形貌描述:该部位位于断裂剪切唇处,断口由等轴韧窝组成,仍呈现典型的韧性断裂特征

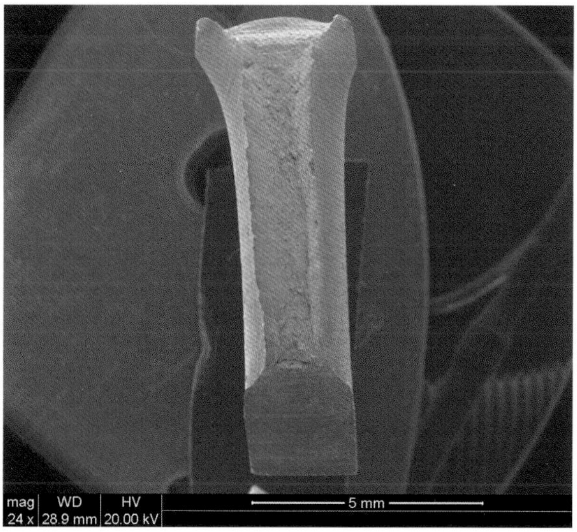

图片编号:G3.6-4
放大倍数:25×
试样名称:杆体冲击断口
观察部位:宏观断口
力学性能:−45 ℃冲击功 30 J
形貌描述:由试样缺口处(试样下部)开始断裂,向上撕裂直至形成剪切唇。宏观表面表现出一定的高低差异较大,剪切唇比例较大,说明材料韧性较好

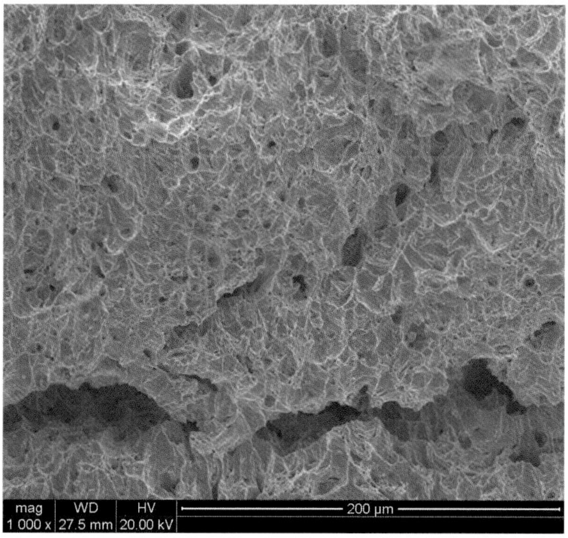

图片编号:G3.6-5
放大倍数:1 000×
试样名称:杆体冲击断口
观察部位:近缺口区
力学性能:−45 ℃冲击功 30 J
形貌描述:该部位位于断口起裂纤维区,断口微观形貌由剪切唇状韧窝组成,属于典型的韧性断裂特征,低温下的冲击功也较高

图片编号:G3.6-6
放大倍数:1 000×
试样名称:杆体冲击断口
观察部位:裂纹扩展区
力学性能:−45 ℃冲击功 30 J
形貌描述:该部位位于裂纹扩展区,断口微观形貌由剪切唇状韧窝组成,韧窝边缘出现一定的类抛物线形状,属韧性断裂特征

图片编号:G3.6-7
放大倍数:50×
试样名称:杆体拉伸断口
观察部位:宏观断口
力学性能:抗拉强度 380 MPa,屈服强度 255 MPa,伸长率 43.5%
形貌描述:由试样心部开始断裂,直至近试样表面后拉断形成剪切唇。心部起裂区表面表现出一定的高低不平,说明材料韧性较好

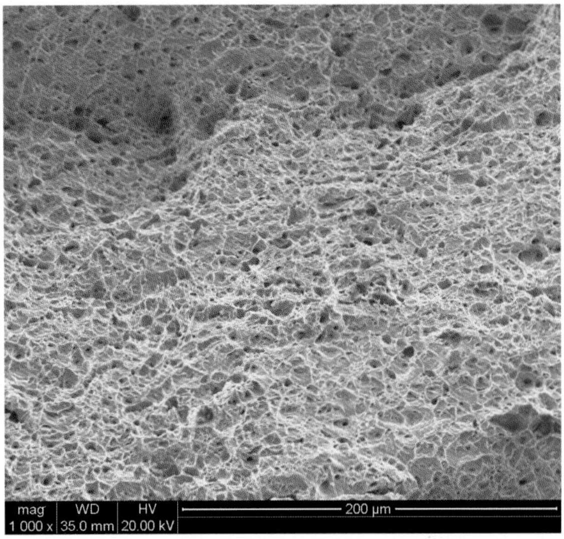

图片编号:G3.6-8
放大倍数:1 000×
试样名称:杆体拉伸断口
观察部位:断口中心区
力学性能:抗拉强度 380 MPa,屈服强度 255 MPa,伸长率 43.5%
形貌描述:该部位位于起裂区,断口微观形貌由等轴韧窝组成,呈现典型的韧性断裂特征,同时该试样伸长率较高,说明该材料韧性很好

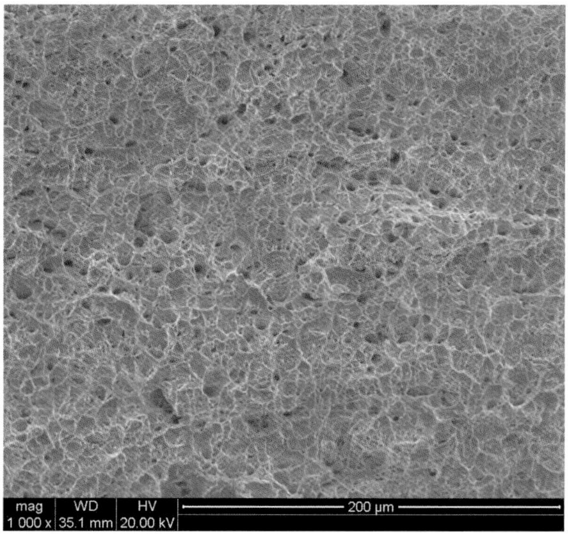

图片编号:G3.6-9
放大倍数:1 000×
试样名称:杆体拉伸断口
观察部位:断口边缘区
力学性能:抗拉强度 380 MPa,屈服强度 255 MPa,伸长率 43.5%
形貌描述:该部位位于断裂剪切唇处,断口由等轴韧窝组成,仍呈现典型的韧性断裂特征

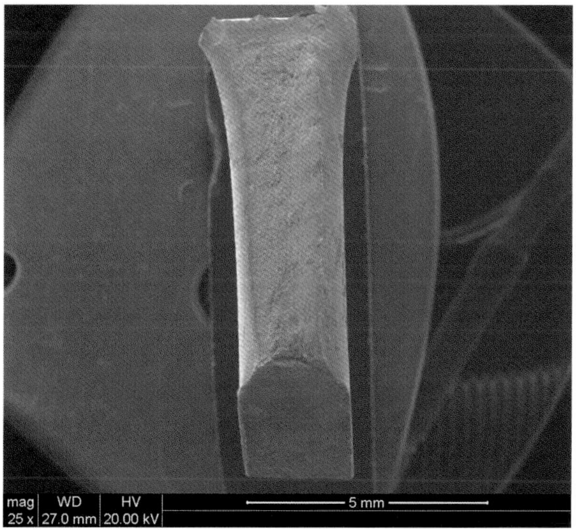

图片编号:G3.6-10
放大倍数:25×
试样名称:杆体冲击断口
观察部位:宏观断口
力学性能:−45 ℃冲击功 31 J
形貌描述:由试样缺口处(试样下部)开始断裂,向上撕裂直至形成剪切唇。剪切唇比例较大,说明材料韧性较好

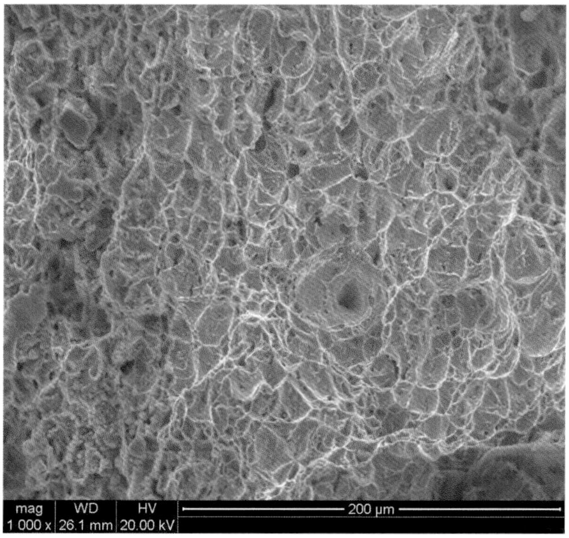

图片编号:G3.6-11
放大倍数:1 000×
试样名称:杆体冲击断口
观察部位:近缺口区
力学性能:−45 ℃冲击功 31 J
形貌描述:该部位位于断口起裂纤维区,断口微观形貌由剪切唇状韧窝组成,属于典型的韧性断裂特征,低温下的冲击功也较高

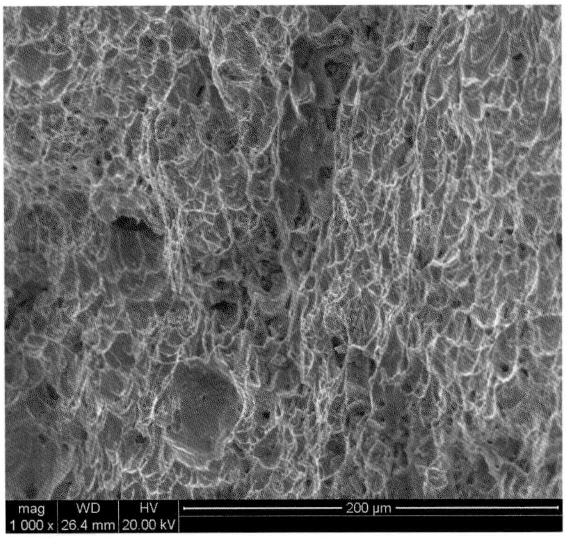

图片编号:G3. 6-12
放大倍数:1 000×
试样名称:杆体冲击断口
观察部位:裂纹扩展区
力学性能:−45 ℃冲击功 31 J
形貌描述:该部位位于裂纹扩展区，断口微观形貌由等轴韧窝和剪切唇状韧窝组成，部分韧窝边缘出现一定的类抛物线形状，属韧性断裂特征

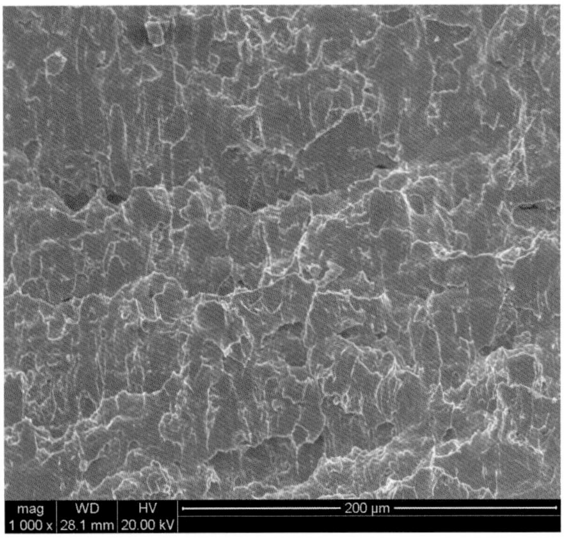

图片编号:G3. 6-13
放大倍数:1 000×
试样名称:杆体冲击断口
观察部位:终断区
力学性能:−45 ℃冲击功 31 J
形貌描述:该部位位于试样终断区，断口微观形貌由剪切唇状韧窝组成，断口内有撕裂岭存在，属韧性断裂特征

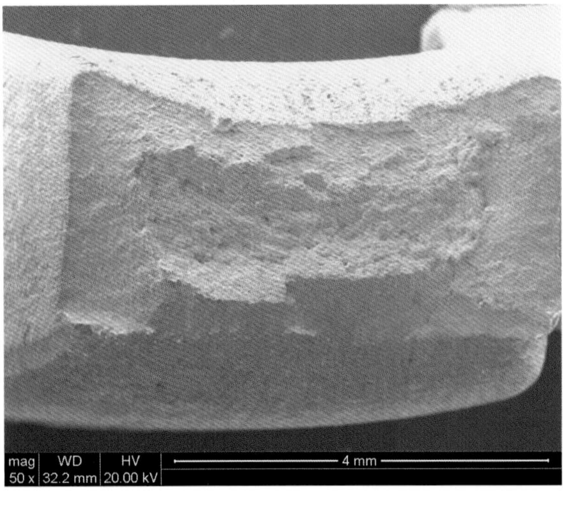

图片编号:G3. 6-14
放大倍数:50×
试样名称:杆体拉伸断口
观察部位:宏观断口
力学性能:抗拉强度 390 MPa，屈服强度 270 MPa，伸长率 41.5%
形貌描述:由试样心部开始断裂，直至近试样表面后拉断形成剪切唇。心部起裂区表面表现出一定的高低不平，剪切唇较大，说明材料韧性较好

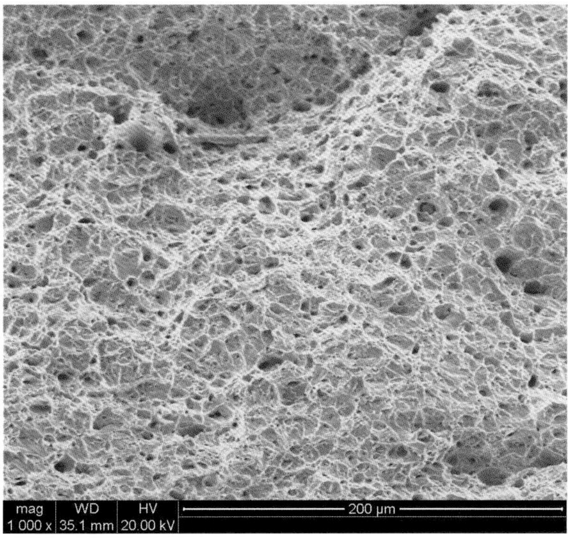

图片编号:G3.6-15
放大倍数:1 000×
试样名称:杆体拉伸断口
观察部位:断口中心区
力学性能:抗拉强度 390 MPa,屈服强度 270 MPa,伸长率 41.5%
形貌描述:该部位位于起裂区,断口微观形貌由等轴韧窝组成,呈现典型的韧性断裂特征,同时该试样伸长率较高,说明该材料韧性很好

图片编号:G3.6-16
放大倍数:1 000×
试样名称:杆体拉伸断口
观察部位:断口边缘区
力学性能:抗拉强度 390 MPa,屈服强度 270 MPa,伸长率 41.5%
形貌描述:该部位位于断裂剪切唇处,断口由等轴韧窝组成,仍呈现典型的韧性断裂特征

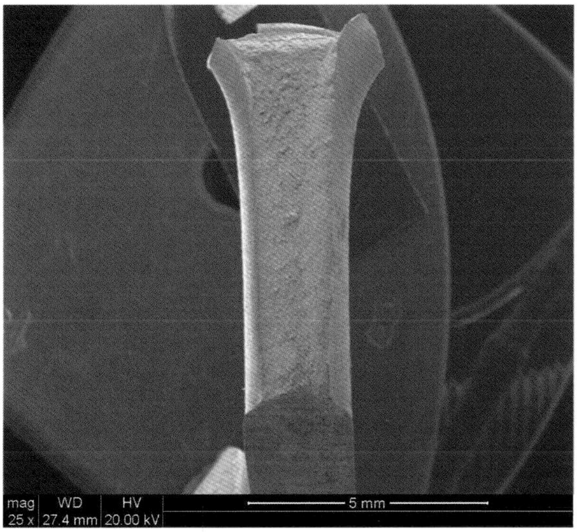

图片编号:G3.6-17
放大倍数:25×
试样名称:杆体冲击断口
观察部位:宏观断口
力学性能:−45 ℃冲击功 27 J
形貌描述:由试样缺口处(试样下部)开始断裂,向上撕裂直至形成剪切唇。剪切唇较大,材料韧性较好

图片编号:G3.6-18
放大倍数:1 000×
试样名称:杆体冲击断口
观察部位:近缺口区
力学性能:−45 ℃冲击功 27 J
形貌描述:该部位位于断口起裂纤维区,断口微观形貌由等轴韧窝和剪切唇状韧窝组成,属于典型的韧性断裂特征

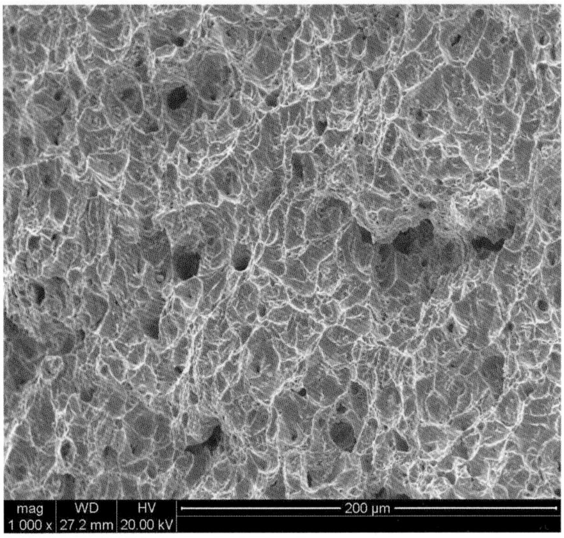

图片编号:G3.6-19
放大倍数:1 000×
试样名称:杆体冲击断口
观察部位:裂纹扩展区
力学性能:−45 ℃冲击功 27 J
形貌描述:该部位位于裂纹扩展区,断口微观形貌由等轴韧窝和剪切唇状韧窝组成,部分韧窝边缘出现一定的类抛物线形状,属韧性断裂特征

3.6.2 端头试样

图片编号:G3.6-20
放大倍数:50×
试样名称:端头拉伸断口
观察部位:宏观断口
力学性能:抗拉强度 620 MPa,屈服强度 450 MPa,伸长率 32.0%
形貌描述:由试样心部开始断裂,直至近试样表面后拉断形成剪切唇。心部起裂区表面表现出一定的高低不平,剪切唇较大,说明材料韧性较好

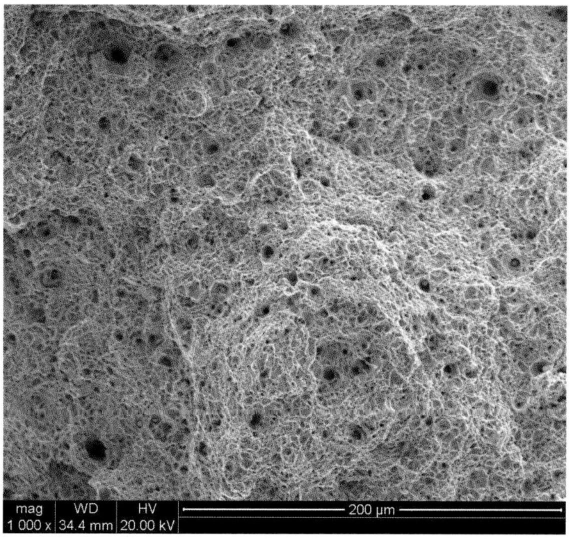

图片编号:G3.6-21
放大倍数:1 000×
试样名称:端头拉伸断口
观察部位:断口中心区
力学性能:抗拉强度 620 MPa,屈服强度 450 MPa,伸长率 32.0%
形貌描述:该部位位于起裂区,断口微观形貌由接近等轴状韧窝组成,但等轴特征不明显,整体呈韧性断裂特征

图片编号:G3.6-22
放大倍数:1 000×
试样名称:端头拉伸断口
观察部位:断口边缘区
力学性能:抗拉强度 620 MPa,屈服强度 450 MPa,伸长率 32.0%
形貌描述:该部位位于断裂剪切唇处,断口微观形貌由接近等轴状韧窝组成,但等轴特征不明显,仍呈韧性断裂特征

图片编号:G3.6-23
放大倍数:25×
试样名称:端头冲击断口
观察部位:宏观断口
力学性能:−20 ℃冲击功 219 J
形貌描述:由试样缺口处(试样下部)开始断裂,向上撕裂直至形成剪切唇。剪切唇比例较大,材料韧性较好

图片编号:G3.6-24
放大倍数:1 000×
试样名称:端头冲击断口
观察部位:近缺口区
力学性能:−20 ℃冲击功 219 J
形貌描述:该部位位于断口起裂区,断口微观形貌由等轴韧窝组成,可见撕裂高低差异,属于典型的韧性断裂特征

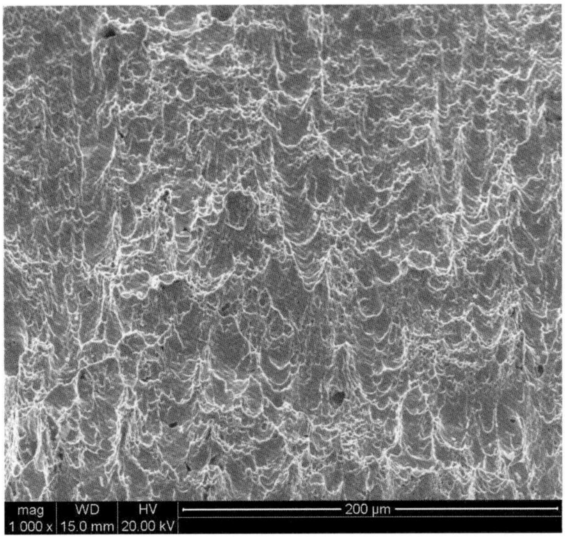

图片编号:G3.6-25
放大倍数:1 000×
试样名称:端头冲击断口
观察部位:终断区
力学性能:−20 ℃冲击功 219 J
形貌描述:该部位位于裂纹扩展区,断口微观形貌由剪切唇状韧窝组成,大部分韧窝边缘出现一定的类抛物线形状,属韧性断裂特征

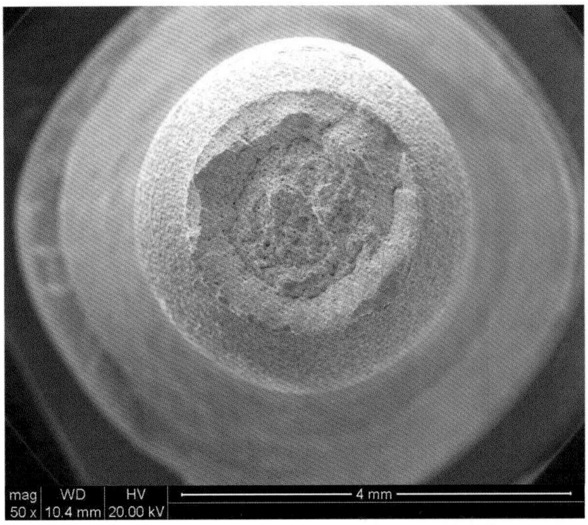

图片编号:G3.6-26
放大倍数:50×
试样名称:端头拉伸断口
观察部位:宏观断口
力学性能:抗拉强度 550 MPa,屈服强度 340 MPa,伸长率 35.0%
形貌描述:由试样心部开始断裂,直至近试样表面后拉断形成剪切唇。心部起裂区表面表现出一定的高低不平,剪切唇较大,说明材料韧性较好

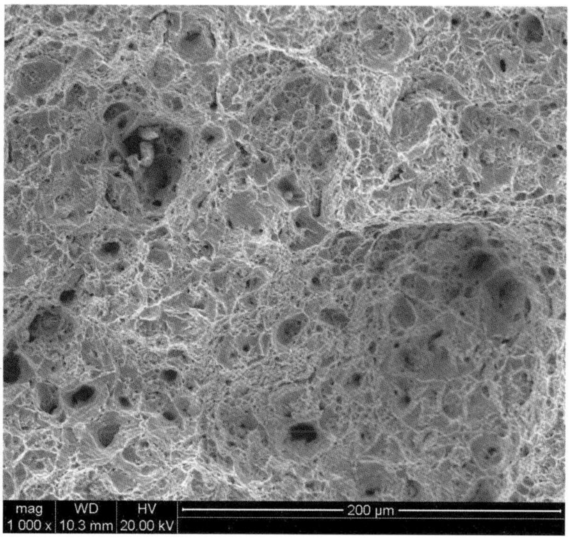

图片编号：G3. 6-27
放大倍数：1 000×
试样名称：端头拉伸断口
观察部位：断口中心区
力学性能：抗拉强度 550 MPa，屈服强度 340 MPa，伸长率 35.0%
形貌描述：该部位位于起裂区，断口微观形貌由等轴状韧窝组成，可见撕裂高低差异，属于典型的韧性断裂特征

图片编号：G3. 6-28
放大倍数：1 000×
试样名称：端头拉伸断口
观察部位：断口边缘区
力学性能：抗拉强度 550 MPa，屈服强度 340 MPa，伸长率 35.0%
形貌描述：该部位位于断裂剪切唇处，断口微观形貌由等轴状韧窝和剪切唇韧窝组成，仍呈韧性断裂特征

图片编号：G3. 6-29
放大倍数：25×
试样名称：端头冲击断口
观察部位：宏观断口
力学性能：－20 ℃冲击功 86 J
形貌描述：由试样缺口处（试样下部）开始断裂，向上撕裂直至形成剪切唇

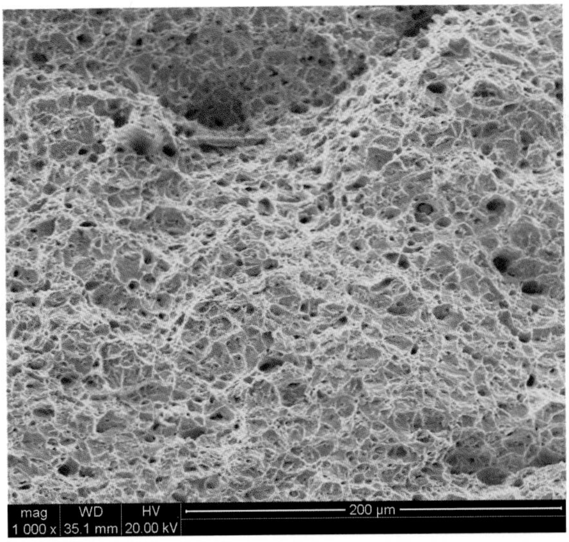

图片编号:G3.6-30
放大倍数:1 000×
试样名称:端头冲击断口
观察部位:近缺口区
力学性能:−20 ℃冲击功 86 J
形貌描述:该部位位于断口起裂区，断口微观形貌由等轴韧窝组成，属于典型的韧性断裂特征

图片编号:G3.6-31
放大倍数:1 000×
试样名称:端头冲击断口
观察部位:裂纹扩展区
力学性能:−20 ℃冲击功 86 J
形貌描述:该部位位于裂纹扩展区，断口微观形貌以剪切唇状韧窝为主，含有部分等轴韧窝，部分韧窝边缘出现一定的类抛物线形状，属韧性断裂特征

4　货车钩尾框的显微组织

4.1 概　　述

钩尾框是铁路车辆上车钩缓冲装置的重要组成部分，在车辆牵引、连挂和发生缓冲作用时，直接完成车辆间纵向力的传递。锻造钩尾框是根据铁道部要求，为适应中国铁路大提速、万吨重载列车的运输要求，自主研发的产品，如图 4-1 和图 4-2 所示，其中采用了大量的新技术和新工艺，其锻造、调质处理、焊接等热加工工艺过程技术要求较高。为保证产品质量，提高产品在运用中的安全可靠性，对其显微组织特征进行了深入系统的研究。

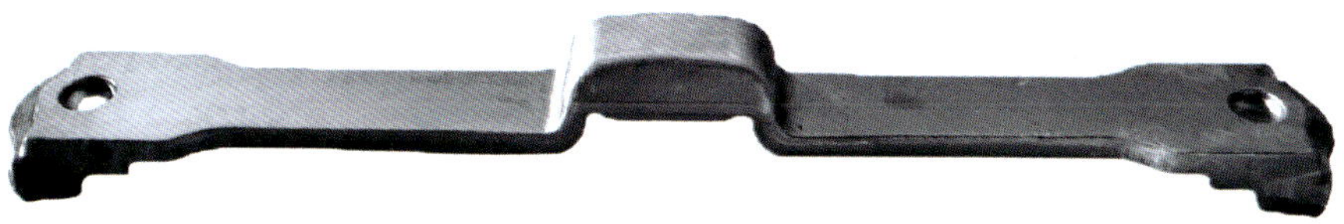

图 4-1　锻造钩尾框展开毛坯

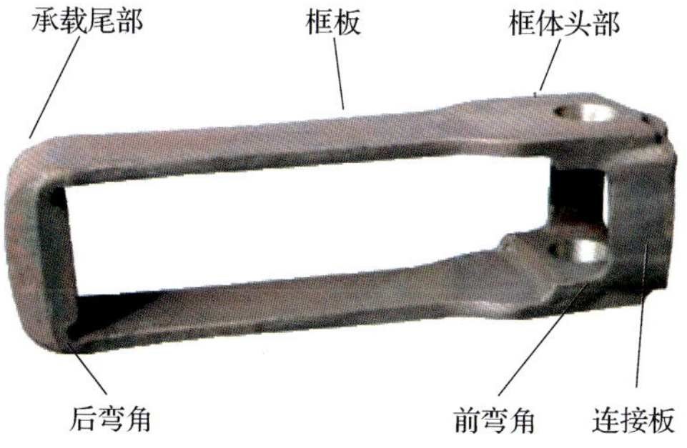

图 4-2　锻造钩尾框示意图

4.2　化学成分

根据铁道部运输局运装货车[2005]78 号文，在《锻造钩尾框技术条件(暂行)》中，对钩尾框化学成分作出了要求，详见表 4-1。

表 4-1　化学成分要求(%)

元素	C	Si	Mn	S	P	Cr	Ni	Mo	Cu
含量	0.24～0.28	0.20～0.40	1.2～1.5	≤0.025	≤0.025	0.4～0.6	0.35～0.55	0.2～0.3	≤0.2

4.3 加工工艺流程

锻造钩尾框制造过程一般分为制坯、模锻、弯曲和焊接几个步骤，其中制坯是指将下料得到的坯件锻压初步变形，得到形状和尺寸接近钩尾框的展开坯料；模锻成形是将制坯后的坯料放入终锻模膛内，整体终锻出形状和尺寸合乎要求的钩尾框展开毛坯；弯曲成形是将切边后的展开毛坯在弯曲模中弯曲成形为U型；焊接是组合焊接形成钩尾框头部的上下连接板。

具体工艺流程为：钢坯检验→锯切坯料→加热→锻造→热打标记→焊前加工→焊接→焊后保温→超声波探伤及磁粉探伤→铣框板上下面→铣尾部承载面→铣框板内侧面→铣 *R*13 及切面→加工钩尾销孔→修磨→调质处理→力学性能及晶粒度检测→抛丸→整体磁粉探伤→涂漆→交验。

4.4 力学性能

《锻造钩尾框技术条件(暂行)》对钩尾框力学性能作出了要求，详见表 4-2，表中同时给出了辊锻和自由锻毛坯及热处理前后的力学性能实测值。

表 4-2 力学性能要求

类别		拉伸性能				冲击性能(−40℃，2 mmV 型缺口)	
		屈服强度(MPa)	抗拉强度(MPa)	断后伸长率(%)	断面伸缩率(%)	最低值(J)	平均值(J)
连铸钢坯		550	860	18.0	52.5	5.0	5.7
辊锻	毛坯框板	550	860	18.0	50.5	4.0	4.7
	热处理前框板	685	910	18.5	52.5	5.0	5.7
	热处理后框板	940	1 010	16.0	66.0	40.0	41.7
	毛坯尾部	575	840	17.5	48.0	5.0	5.0
	热处理前尾部	610	875	18.0	50.0	4.0	5.0
	热处理后尾部	885	960	19.5	64.0	33.0	36.0
自由锻	毛坯框板	775	1 170	13.0	36.0	4.0	4.3
	热处理前框板	685	890	15.0	49.5	4.0	4.3
	热处理后框板	815	925	18.0	66.5	92.0	106.0
	毛坯尾部	645	1 010	14.0	39.0	4.0	4.7
	热处理前尾部	630	830	16.0	46.0	4.0	4.7
	热处理后尾部	790	901	16.5	65.5	46.0	51.0
技术条件(热处理后模拟试块)		≥690	≥850	≥14	≥30	≥27	

4.5 低倍组织与金相组织

锻造钩尾框金相组织涉及以下三个方面的研究工作。包括：1. 不同热加工过程：热轧钢坯→锻造制坯→模锻成形→头部连接板焊接→整体调制处理；2. 不同锻造制坯方式：自由锻制坯，辊锻制坯；3. 不同部位：锻造钩尾框尾部、弯角和框板。为便于读者对照图片全面了解锻造钩尾框金相组织特征，对上述研究结果进行了归纳，见表 4-3，并将成品钩尾框晶粒度测量结果汇总于表 4-4。

另外，为了更好地反映锻造钩尾框用材的组织特征，在每小节金相组织图片之前先对相应部位的低倍组织进行了介绍。

表 4-3　锻造钩尾框各部位不同工艺阶段金相组织情况

<table>
<tr><th colspan="3" rowspan="2">工艺阶段</th><th colspan="3">钩尾框各部位金相组织</th></tr>
<tr><th>承载尾部</th><th>弯角</th><th>框板</th></tr>
<tr><td colspan="3">连铸钢坯</td><td colspan="3">珠光体＋铁素体</td></tr>
<tr><td rowspan="2">锻造毛坯</td><td colspan="2">辊锻</td><td rowspan="2">粒状珠光体、粒状贝氏体和铁素体，残留锻态分布形貌</td><td rowspan="2">粒状珠光体、粒状贝氏体和铁素体，残留锻态分布形貌</td><td rowspan="2">粒状珠光体、粒状贝氏体和铁素体，残留锻态分布形貌</td></tr>
<tr><td colspan="2">自由锻</td></tr>
<tr><td rowspan="2">热处理前</td><td colspan="2">辊锻</td><td rowspan="2">粒状珠光体、粒状贝氏体和铁素体，残留锻态分布形貌</td><td rowspan="2">粒状珠光体、粒状贝氏体和铁素体，残留锻态分布形貌</td><td rowspan="2">粒状珠光体、粒状贝氏体和铁素体，残留锻态分布形貌</td></tr>
<tr><td colspan="2">自由锻</td></tr>
<tr><td rowspan="2">热处理后</td><td colspan="2">辊锻</td><td rowspan="2">回火索氏体</td><td rowspan="2">回火索氏体</td><td rowspan="2">回火索氏体</td></tr>
<tr><td colspan="2">自由锻</td></tr>
<tr><td rowspan="8">焊接连接板</td><td rowspan="4">热处理前</td><td>细晶区</td><td colspan="3">珠光体＋铁素体</td></tr>
<tr><td>粗晶区</td><td colspan="3">贝氏体</td></tr>
<tr><td>熔合线</td><td colspan="3">贝氏体</td></tr>
<tr><td>焊缝</td><td colspan="3">贝氏体＋少量铁素体</td></tr>
<tr><td rowspan="4">热处理后</td><td>细晶区</td><td colspan="3">回火索氏体</td></tr>
<tr><td>粗晶区</td><td colspan="3">回火索氏体</td></tr>
<tr><td>熔合线</td><td colspan="3">回火索氏体</td></tr>
<tr><td>焊缝</td><td colspan="3">贝氏体＋回火索氏体</td></tr>
</table>

表 4-4　锻造钩尾框成品各部位晶粒度情况

部位	晶粒度级别
框板	9～10 级
前弯角	8～9 级
后弯角	8～9 级
承载尾部	9～10 级

4.5.1　钩尾框钢坯

4.5.1.1　钢坯低倍组织

钩尾框连铸钢坯的横、纵向低倍组织如图 K4.5.1.1-1～图 K4.5.1.1-8 所示。依据《锻造钩尾框技术条件（暂行）》进行钩尾框连铸钢坯低倍组织检验、评定。

图片编号:K4. 5. 1. 1-1
部件名称:钩尾框钢坯
工艺条件:连铸
观测仪器:NIKON COOLPIX 995
观测位置:典型视场
侵 蚀 剂:盐酸溶液(加热)
低倍组织:一般疏松 0. 5 级
中心疏松 0. 5 级

图片编号:K4. 5. 1. 1-2
部件名称:钩尾框钢坯
工艺条件:连铸
观测仪器:NIKON COOLPIX 995
观测位置:典型视场
侵 蚀 剂:盐酸溶液(加热)
低倍组织:一般疏松 0. 5 级
中心疏松 0. 5 级

图片编号:K4. 5. 1. 1-3
部件名称:钩尾框钢坯
工艺条件:连铸
观测仪器:NIKON COOLPIX 995
观测位置:典型视场
侵 蚀 剂:盐酸溶液(加热)
低倍组织:一般疏松 0. 5 级
中心疏松 0. 5 级

图片编号:K4.5.1.1-4
部件名称:钩尾框钢坯
工艺条件:连铸
观测仪器:NIKON COOLPIX 995
观测位置:典型视场
侵 蚀 剂:盐酸溶液(加热)
低倍组织:一般疏松 0.5 级
中心疏松 0.5 级

图片编号:K4.5.1.1-5
部件名称:钩尾框钢坯
工艺条件:连铸
观测仪器:NIKON COOLPIX 995
观测位置:典型视场
侵 蚀 剂:盐酸溶液(加热)
低倍组织:一般疏松 0.5 级
中心疏松 0.5 级

图片编号:K4.5.1.1-6
部件名称:钩尾框钢坯
工艺条件:连铸
观测仪器:NIKON COOLPIX 995
观测位置:典型视场
侵 蚀 剂:盐酸溶液(加热)
低倍组织:一般疏松 0.5 级
中心疏松 0.5 级
锭型偏析 0.5 级

图片编号:K4.5.1.1-7
部件名称:钩尾框钢坯
工艺条件:连铸
观测仪器:NIKON COOLPIX 995
观测位置:典型视场
侵 蚀 剂:盐酸溶液(加热)
低倍组织:一般疏松 0.5 级
中心疏松 0.5 级

图片编号:K4.5.1.1-8
部件名称:钩尾框钢坯
工艺条件:连铸
观测仪器:NIKON COOLPIX 995
观测位置:典型视场
侵 蚀 剂:盐酸溶液(加热)
低倍组织:一般疏松 0.5 级

4.5.1.2　钢坯金相组织

在金相显微镜和扫描电镜下对连铸金相组织进行观察分析,取样部位为钢坯横截面 1/2 半径处,钢坯金相组织照片如图 K4.5.1.2-1～K4.5.1.2-6 所示。

图片编号:K4.5.1.2-1
部件名称:钩尾框钢坯
工艺条件:连铸
观测仪器:金相显微镜
放大倍率:100×
观测位置:典型视场
侵 蚀 剂:4%硝酸酒精溶液
金相组织:珠光体+铁素体

图片编号:K4.5.1.2-2
部件名称:钩尾框钢坯
工艺条件:连铸
观测仪器:金相显微镜
放大倍率:400×
观测位置:典型视场
侵 蚀 剂:4%硝酸酒精溶液
金相组织:珠光体+铁素体

图片编号:K4.5.1.2-3
部件名称:钩尾框钢坯
工艺条件:连铸
观测仪器:金相显微镜
放大倍率:100×
观测位置:典型视场
侵 蚀 剂:4%硝酸酒精溶液
金相组织:珠光体+铁素体

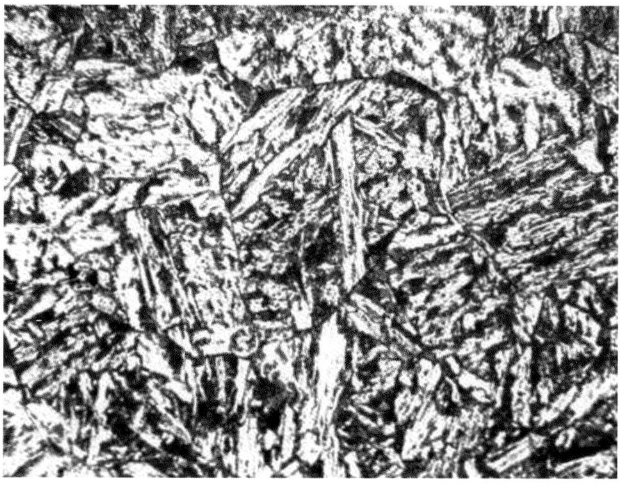

图片编号:K4.5.1.2-4
部件名称:钩尾框钢坯
工艺条件:连铸
观测仪器:金相显微镜
放大倍率:400×
观测位置:典型视场
侵 蚀 剂:4%硝酸酒精溶液
金相组织:珠光体+铁素体

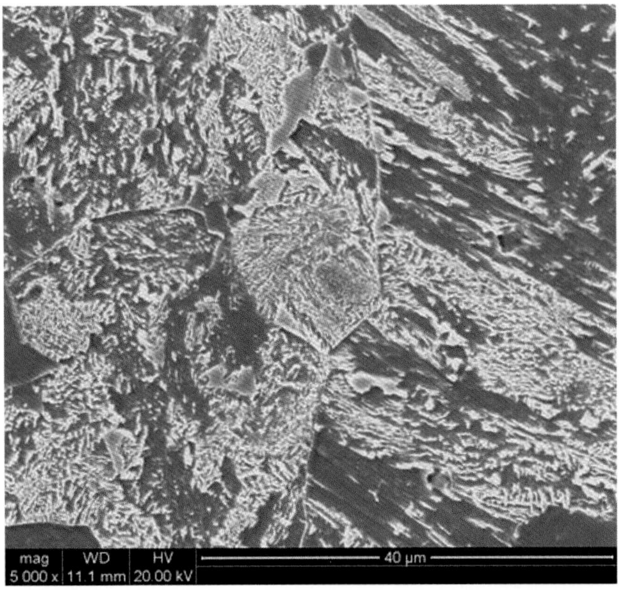

图片编号:K4.5.1.2-5
部件名称:钩尾框钢坯
工艺条件:连铸
观测仪器:扫描电子显微镜
放大倍率:5 000×
观测位置:典型视场
侵 蚀 剂:4%硝酸酒精溶液
金相组织:珠光体+铁素体

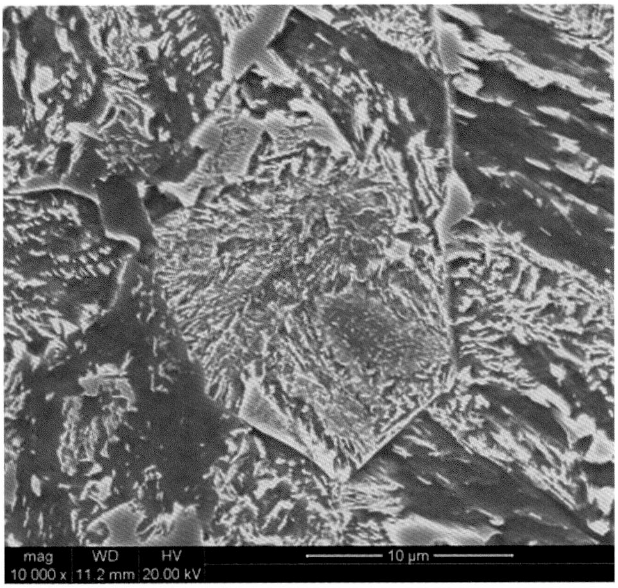

图片编号:K4.5.1.2-6
部件名称:钩尾框钢坯
工艺条件:连铸
观测仪器:扫描电子显微镜
放大倍率:10 000×
观测位置:典型视场
侵 蚀 剂:4%硝酸酒精溶液
金相组织:珠光体+铁素体

4.5.2 锻造毛坯

对钩尾框锻造毛坯的加工,根据加工设备的不同,有辊锻、自由锻两种方式。本节分别对采用辊锻和自由锻的钩尾框锻造毛坯进行了显微组织观察,取样位置如图 4-3 所示。

图 4-3 钩尾框锻造毛坯取样示意图

4.5.2.1 辊锻毛坯

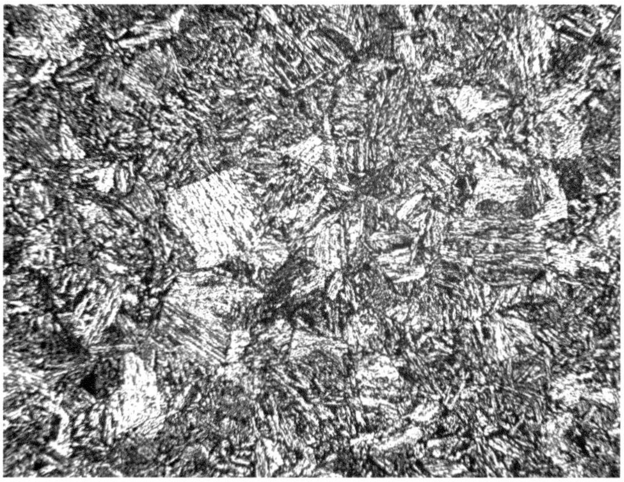

图片编号:K4.5.2.1-1
部件名称:钩尾框锻造毛坯
工艺条件:辊锻
观测仪器:金相显微镜
放大倍率:100×
观测位置:典型视场
侵 蚀 剂:4%硝酸酒精溶液
金相组织:粒状珠光体、粒状贝氏体和铁素体,残留锻态分布形貌

图片编号:K4.5.2.1-2
部件名称:钩尾框锻造毛坯
工艺条件:辊锻
观测仪器:金相显微镜
放大倍率:400×
观测位置:典型视场
侵 蚀 剂:4%硝酸酒精溶液
金相组织:粒状珠光体、粒状贝氏体和铁素体,残留锻态分布形貌

图片编号:K4.5.2.1-3
部件名称:钩尾框锻造毛坯
工艺条件:辊锻
观测仪器:金相显微镜
放大倍率:100×
观测位置:典型视场
侵 蚀 剂:4%硝酸酒精溶液
金相组织:粒状珠光体、粒状贝氏体和铁素体,残留锻态分布形貌

图片编号:K4.5.2.1-4
部件名称:钩尾框锻造毛坯
工艺条件:辊锻
观测仪器:金相显微镜
放大倍率:400×
观测位置:典型视场
侵 蚀 剂:4%硝酸酒精溶液
金相组织:粒状珠光体、粒状贝氏体和铁素体,残留锻态分布形貌

4.5.2.2 自由锻毛坯

图片编号:K4.5.2.2-1
部件名称:钩尾框锻造毛坯
工艺条件:自由锻
观测仪器:金相显微镜
放大倍率:100×
观测位置:典型视场
侵 蚀 剂:4%硝酸酒精溶液
金相组织:粒状珠光体、粒状贝氏体和铁素体,残留锻态分布形貌

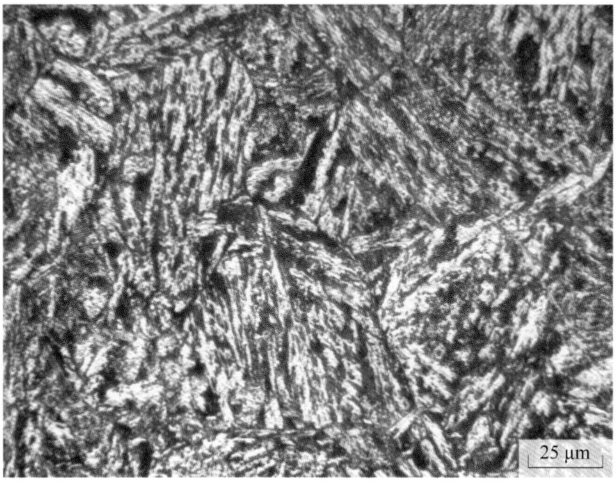

图片编号:K4.5.2.2-2
部件名称:钩尾框锻造毛坯
工艺条件:自由锻
观测仪器:金相显微镜
放大倍率:400×
观测位置:典型视场
侵 蚀 剂:4%硝酸酒精溶液
金相组织:粒状珠光体、粒状贝氏体和铁素体,残留锻态分布形貌

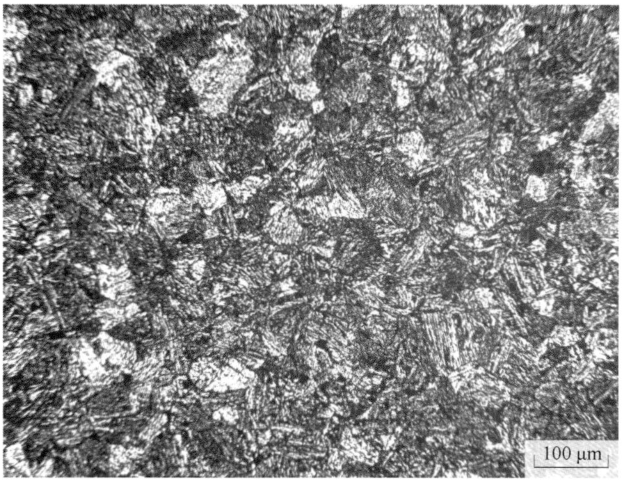

图片编号:K4.5.2.2-3
部件名称:钩尾框锻造毛坯
工艺条件:自由锻
观测仪器:金相显微镜
放大倍率:100×
观测位置:典型视场
侵 蚀 剂:4%硝酸酒精溶液
金相组织:粒状珠光体、粒状贝氏体和铁素体,残留锻态分布形貌

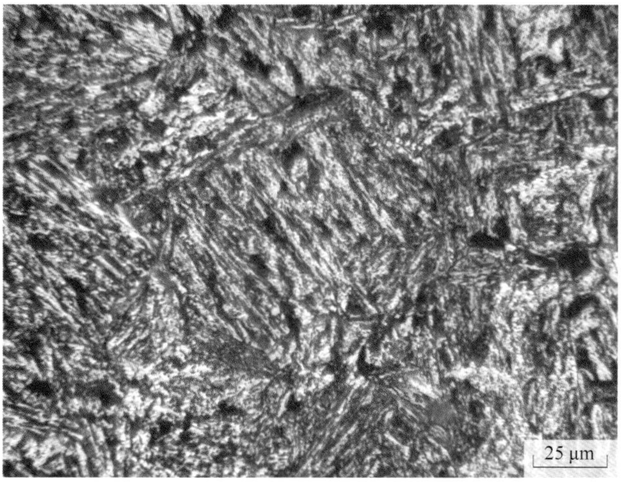

图片编号:K4.5.2.2-4
部件名称:钩尾框锻造毛坯
工艺条件:自由锻
观测仪器:金相显微镜
放大倍率:400×
观测位置:典型视场
侵 蚀 剂:4%硝酸酒精溶液
金相组织:粒状珠光体、粒状贝氏体和铁素体,残留锻态分布形貌

4.5.3 热处理前钩尾框

对采用辊锻和采用自由锻生产的热处理前承载尾部试样进行了低倍组织观察以及弯角处的显微组织分析,取样位置如图 4-4 所示,结果如下。

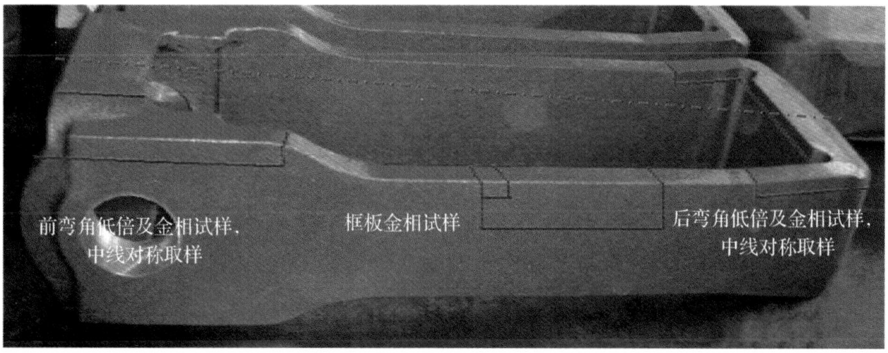

图 4-4 热处理前钩尾框毛坯取样示意图

4.5.3.1 辊锻热处理前承载尾部及弯角组织

图片编号:K4.5.3.1-1
辊锻钩尾框尾部弯角金相取样示意图2#-13

图片编号:K4.5.3.1-2
部件名称:辊锻钩尾框
工艺条件:热处理前
取样位置:尾部 2-13
观测仪器:NIKON COOLPIX 995
侵 蚀 剂:盐酸溶液(加热)
低倍组织:一般疏松 0.5 级

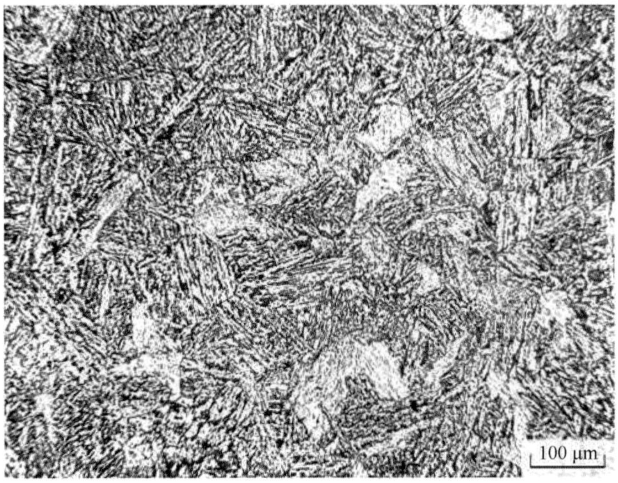

图片编号:K4.5.3.1-3
部件名称:辊锻钩尾框
工艺条件:热处理前
取样位置:尾部弯角 2-1
观测仪器:金相显微镜
放大倍率:100×
观测位置:典型视场
侵 蚀 剂:4%硝酸酒精溶液
金相组织:粒状珠光体、粒状贝氏体和铁素体,残留锻态分布形貌

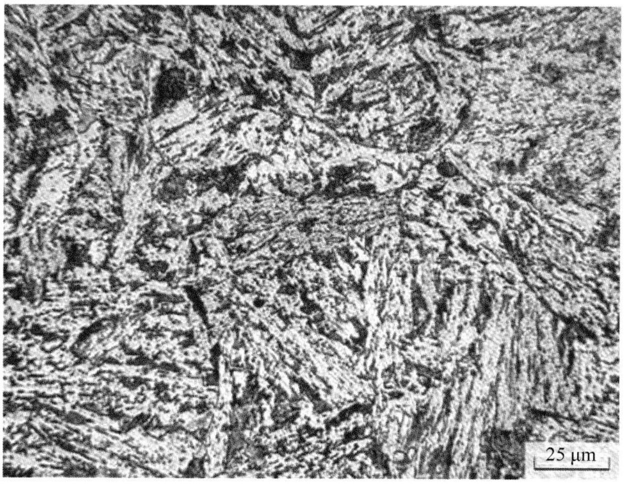

图片编号:K4.5.3.1-4
部件名称:辊锻钩尾框
工艺条件:热处理前
取样位置:尾部弯角 2-1
观测仪器:金相显微镜
放大倍率:400×
观测位置:典型视场
侵 蚀 剂:4%硝酸酒精溶液
金相组织:粒状珠光体、粒状贝氏体和铁素体,残留锻态分布形貌

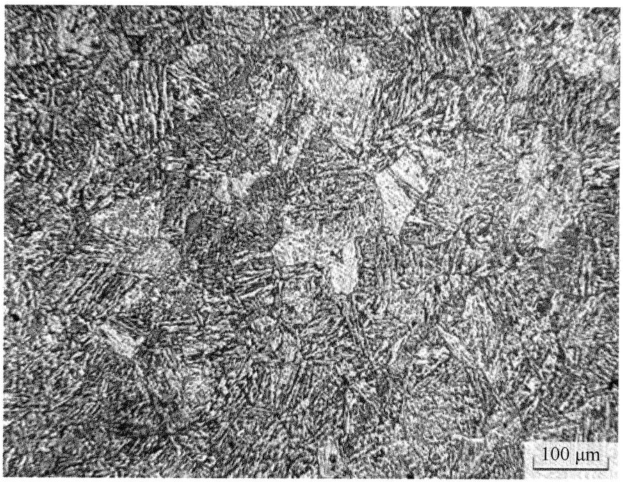

图片编号:K4.5.3.1-5
部件名称:辊锻钩尾框
工艺条件:热处理前
取样位置:尾部弯角 2-2
观测仪器:金相显微镜
放大倍率:100×
观测位置:典型视场
侵 蚀 剂:4%硝酸酒精溶液
金相组织:粒状珠光体、粒状贝氏体和铁素体,残留锻态分布形貌

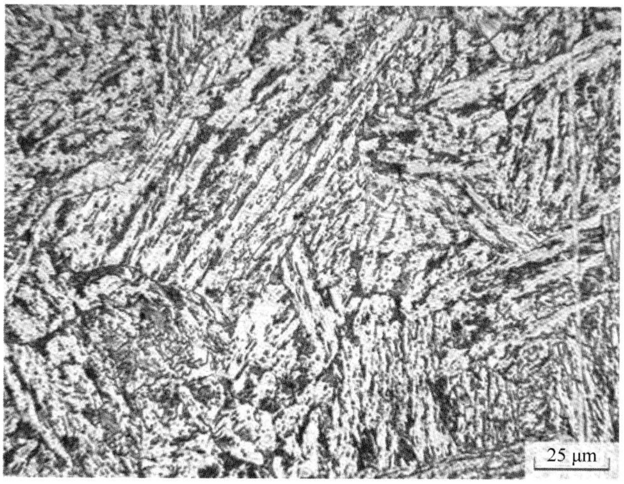

图片编号:K4.5.3.1-6
部件名称:辊锻钩尾框
工艺条件:热处理前
取样位置:尾部弯角 2-2
观测仪器:金相显微镜
放大倍率:400×
观测位置:典型视场
侵 蚀 剂:4%硝酸酒精溶液
金相组织:粒状珠光体、粒状贝氏体和铁素体,残留锻态分布形貌

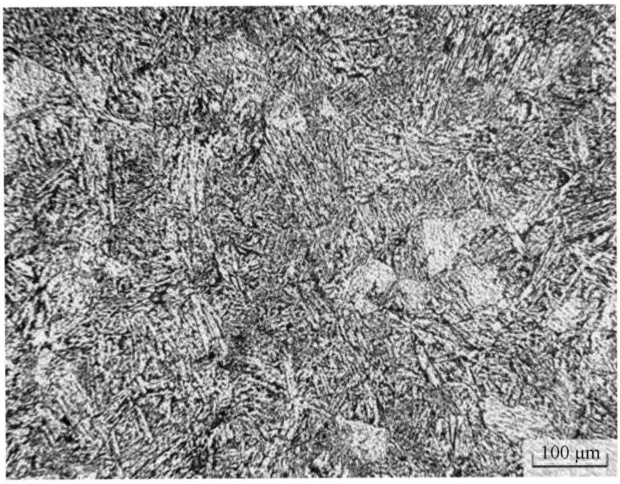

图片编号:K4.5.3.1-7
部件名称:辊锻钩尾框
工艺条件:热处理前
取样位置:尾部弯角 2-3
观测仪器:金相显微镜
放大倍率:100×
观测位置:典型视场
侵 蚀 剂:4%硝酸酒精溶液
金相组织:粒状珠光体、粒状贝氏体和铁素体,残留锻态分布形貌

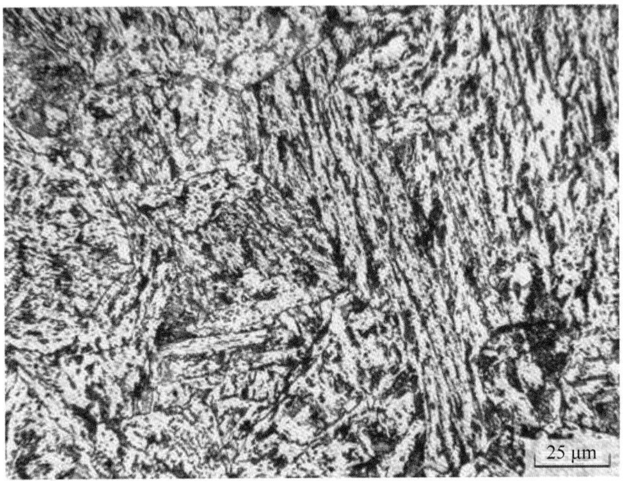

图片编号:K4.5.3.1-8
部件名称:辊锻钩尾框
工艺条件:热处理前
取样位置:尾部弯角 2-3
观测仪器:金相显微镜
放大倍率:400×
观测位置:典型视场
侵 蚀 剂:4%硝酸酒精溶液
金相组织:粒状珠光体、粒状贝氏体和铁素体,残留锻态分布形貌

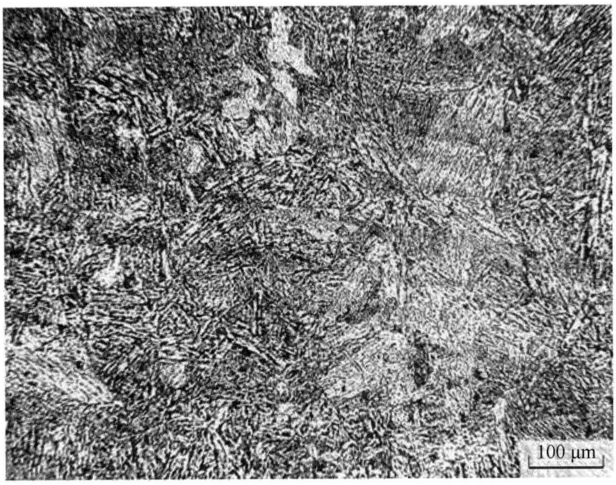

图片编号:K4.5.3.1-9
部件名称:辊锻钩尾框
工艺条件:热处理前
取样位置:尾部弯角 2-4
观测仪器:金相显微镜
放大倍率:100×
观测位置:典型视场
侵 蚀 剂:4%硝酸酒精溶液
金相组织:粒状珠光体、粒状贝氏体和铁素体,残留锻态分布形貌

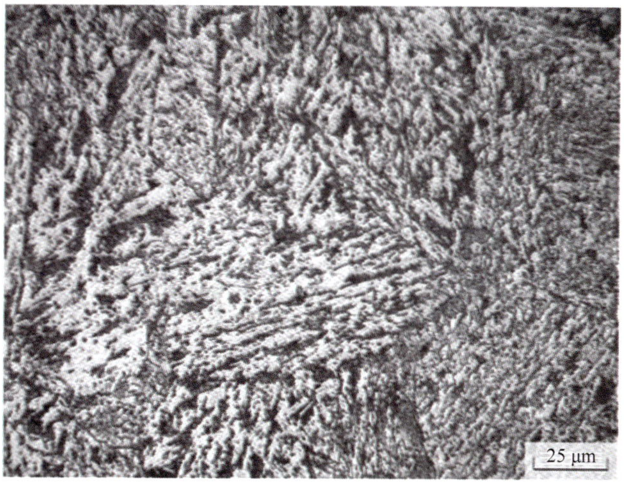

图片编号:K4.5.3.1-10
部件名称:辊锻钩尾框
工艺条件:热处理前
取样位置:尾部弯角 2-4
观测仪器:金相显微镜
放大倍率:400×
观测位置:典型视场
侵 蚀 剂:4%硝酸酒精溶液
金相组织:粒状珠光体、粒状贝氏体和铁素体,残留锻态分布形貌

4.5.3.2 自由锻热处理前承载尾部及弯角组织

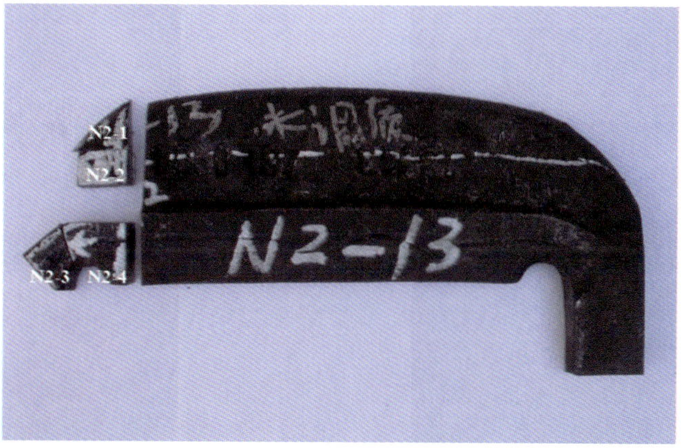

K4.5.3.2-1
自由锻钩尾框尾部弯角金相取样示意图 N2-13

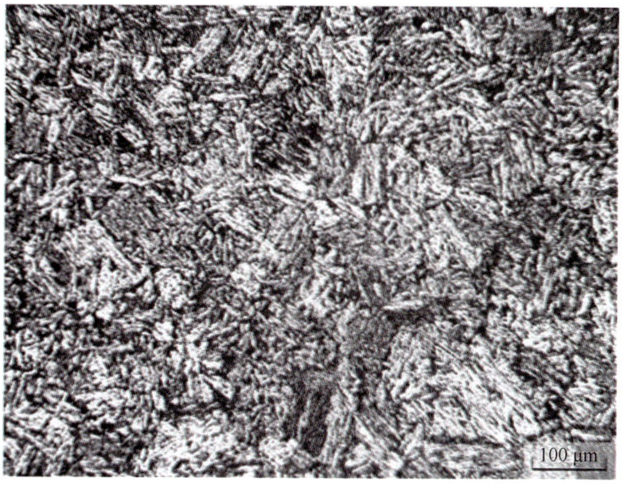

图片编号:K4.5.3.2-2
部件名称:自由锻钩尾框
工艺条件:热处理前
取样位置:尾部弯角 N2-1
观测仪器:金相显微镜
放大倍率:100×
观测位置:典型视场
侵 蚀 剂:4%硝酸酒精溶液
金相组织:粒状珠光体、粒状贝氏体和铁素体,残留锻态分布形貌

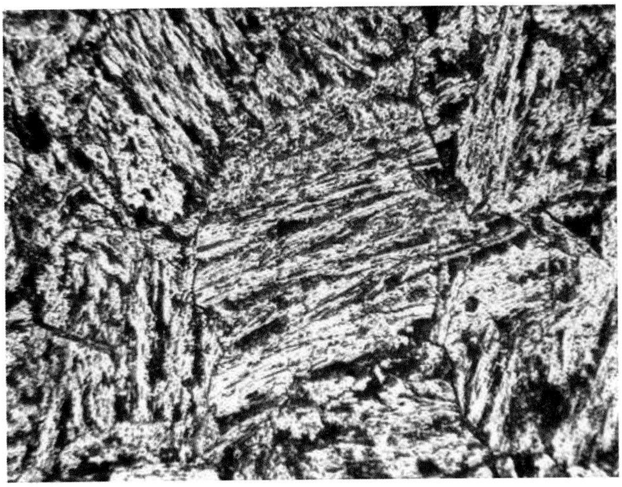

图片编号:K4.5.3.2-3
部件名称:自由锻钩尾框
工艺条件:热处理前
取样位置:尾部弯角 N2-1
观测仪器:金相显微镜
放大倍率:400×
观测位置:典型视场
侵 蚀 剂:4%硝酸酒精溶液
金相组织:粒状珠光体、粒状贝氏体和铁素体,残留锻态分布形貌

图片编号:K4.5.3.2-4
部件名称:自由锻钩尾框
工艺条件:热处理前
取样位置:尾部弯角 N2-2
观测仪器:金相显微镜
放大倍率:100×
观测位置:典型视场
侵 蚀 剂:4%硝酸酒精溶液
金相组织:粒状珠光体、粒状贝氏体和铁素体,残留锻态分布形貌

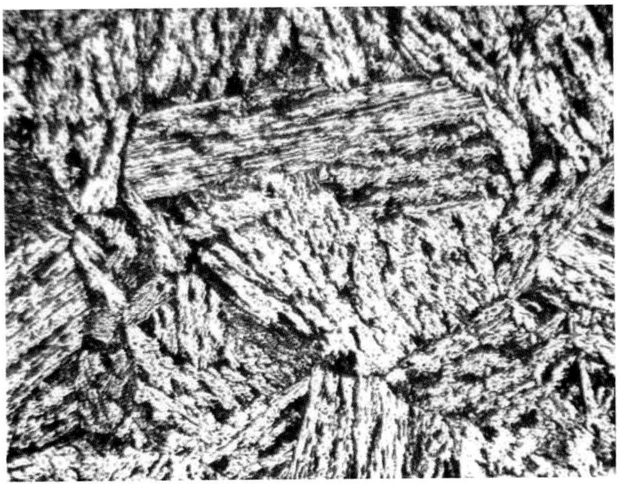

图片编号:K4.5.3.2-5
部件名称:自由锻钩尾框
工艺条件:热处理前
取样位置:尾部弯角 N2-2
观测仪器:金相显微镜
放大倍率:400×
观测位置:典型视场
侵 蚀 剂:4%硝酸酒精溶液
金相组织:粒状珠光体、粒状贝氏体和铁素体,残留锻态分布形貌

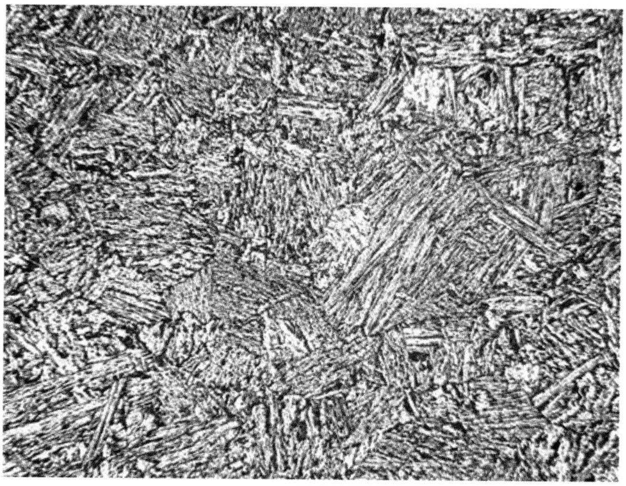

图片编号:K4.5.3.2-6
部件名称:自由锻钩尾框
工艺条件:热处理前
取样位置:尾部弯角 N2-4
观测仪器:金相显微镜
放大倍率:100×
观测位置:典型视场
侵 蚀 剂:4%硝酸酒精溶液
金相组织:粒状珠光体、粒状贝氏体和铁素体,残留锻态分布形貌

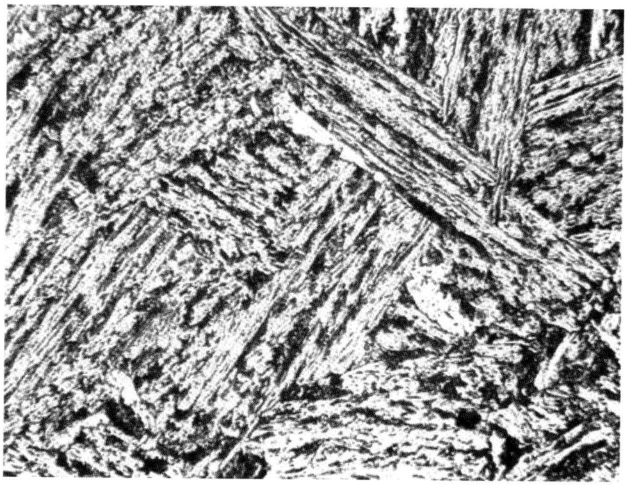

图片编号:K4.5.3.2-7
部件名称:自由锻钩尾框
工艺条件:热处理前
取样位置:尾部弯角 N2-4
观测仪器:金相显微镜
放大倍率:400×
观测位置:典型视场
侵 蚀 剂:4%硝酸酒精溶液
金相组织:粒状珠光体、粒状贝氏体和铁素体,残留锻态分布形貌

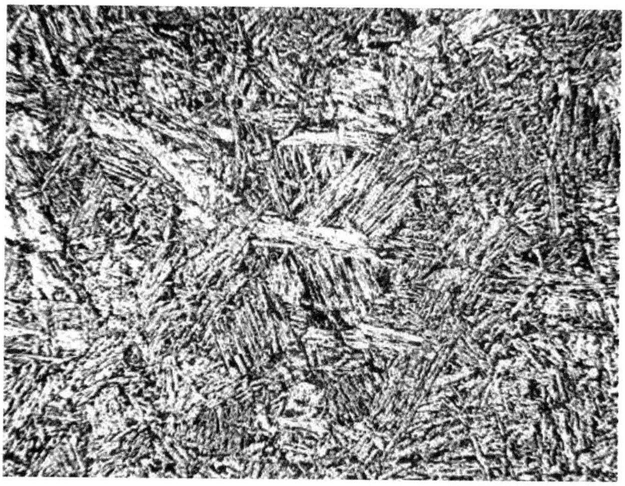

图片编号:K4.5.3.2-8
部件名称:自由锻钩尾框
工艺条件:热处理前
取样位置:尾部弯角 N2-3
观测仪器:金相显微镜
放大倍率:100×
观测位置:典型视场
侵 蚀 剂:4%硝酸酒精溶液
金相组织:粒状珠光体、粒状贝氏体和铁素体,残留锻态分布形貌

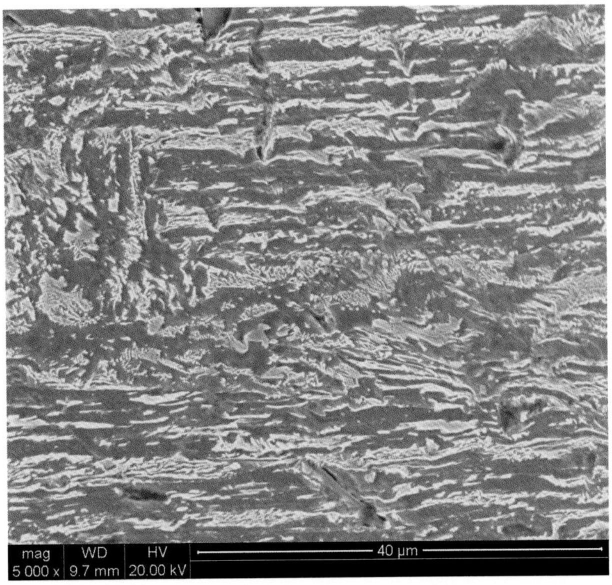

图片编号:K4.5.3.2-9
部件名称:自由锻钩尾框
工艺条件:热处理前
取样位置:尾部弯角 N2-3
观测仪器:扫描电子显微镜
放大倍率:5 000×
观测位置:上图中部区域放大
侵 蚀 剂:4%硝酸酒精溶液
金相组织:粒状珠光体、粒状贝氏体和铁素体,残留锻态分布形貌

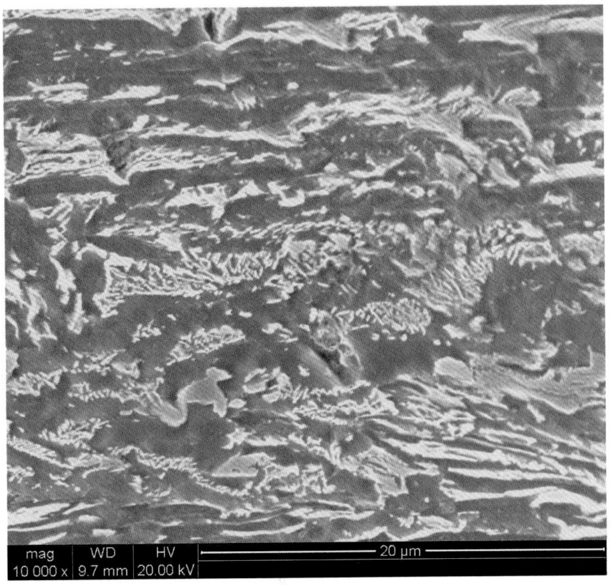

图片编号:K4.5.3.2-10
部件名称:自由锻钩尾框
工艺条件:热处理前
取样位置:尾部弯角 N2-3
观测仪器:扫描电子显微镜
放大倍率:10 000×
观测位置:上图中部区域放大
侵 蚀 剂:4%硝酸酒精溶液
金相组织:粒状珠光体、粒状贝氏体和铁素体,残留锻态分布形貌

4.5.3.3 辊锻热处理前前弯角低倍

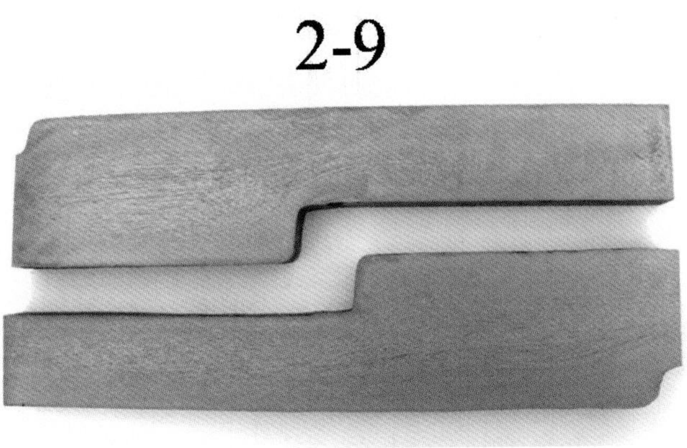

图片编号:K4.5.3.3-1
部件名称:辊锻钩尾框
工艺条件:热处理前
取样位置:前弯角 2-9
观测仪器:NIKON COOLPIX 995
侵 蚀 剂:盐酸溶液(加热)
低倍组织:一般疏松 0.5 级

2-10

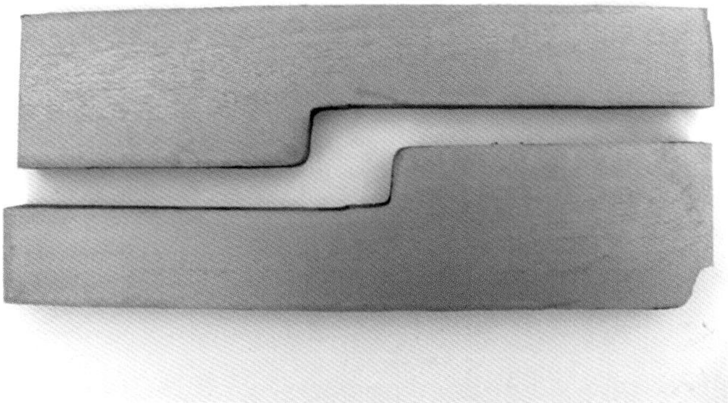

图片编号:K4.5.3.3-2
部件名称:辊锻钩尾框
工艺条件:热处理前
取样位置:前弯角 2-10
观测仪器:NIKON COOLPIX 995
侵 蚀 剂:盐酸溶液(加热)
低倍组织:一般疏松 0.5 级

4.5.3.4 自由锻热处理前前弯角低倍

N2- 9

图片编号:K4.5.3.4-1
部件名称:自由锻钩尾框
工艺条件:热处理前
取样位置:前弯角 N2-9
观测仪器:NIKON COOLPIX 995
侵 蚀 剂:盐酸溶液(加热)
低倍组织:一般疏松 0.5 级

N2- 10

图片编号:K4.5.3.4-2
部件名称:自由锻钩尾框
工艺条件:热处理前
取样位置:前弯角 N2-10
观测仪器:NIKON COOLPIX 995
侵 蚀 剂:盐酸溶液(加热)
低倍组织:一般疏松 0.5 级

4.5.3.5 辊锻热处理前框板组织

图片编号:K4.5.3.5-1
部件名称:辊锻钩尾框
工艺条件:热处理前
观测仪器:金相显微镜
放大倍率:100×
观测位置:典型视场
侵 蚀 剂:4%硝酸酒精溶液
金相组织:粒状珠光体、粒状贝氏体和铁素体,残留锻态分布形貌

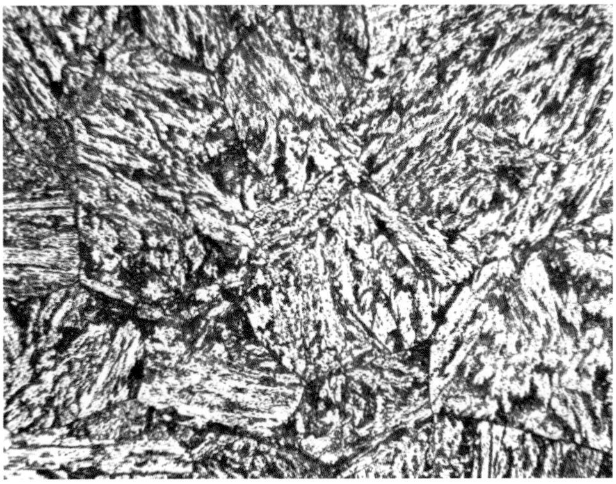

图片编号:K4.5.3.5-2
部件名称:辊锻钩尾框
工艺条件:热处理前
观测仪器:金相显微镜
放大倍率:400×
观测位置:典型视场
侵 蚀 剂:4%硝酸酒精溶液
金相组织:粒状珠光体、粒状贝氏体和铁素体,残留锻态分布形貌

4.5.3.6 自由锻热处理前框板组织

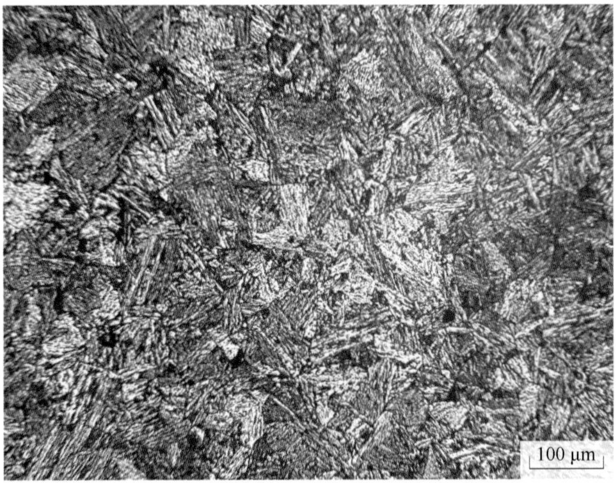

图片编号:K4.5.3.6-1
部件名称:自由锻钩尾框
工艺条件:热处理前
观测仪器:金相显微镜
放大倍率:100×
观测位置:典型视场
侵 蚀 剂:4%硝酸酒精溶液
金相组织:粒状珠光体、粒状贝氏体和铁素体,残留锻态分布形貌

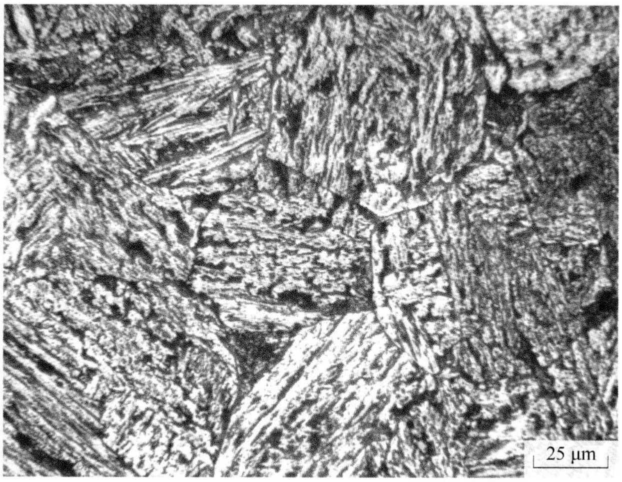

图片编号:K4.5.3.6-2
部件名称:自由锻钩尾框
工艺条件:热处理前
观测仪器:金相显微镜
放大倍率:400×
观测位置:典型视场
侵 蚀 剂:4%硝酸酒精溶液
金相组织:粒状珠光体、粒状贝氏体和铁素体,残留锻态分布形貌

4.5.4 热处理后钩尾框

对热处理后(淬火+回火)的锻造钩尾框承载尾部试样进行了低倍组织观察以及弯角处的显微组织分析,取样位置如图 4-5 所示,结果如下。

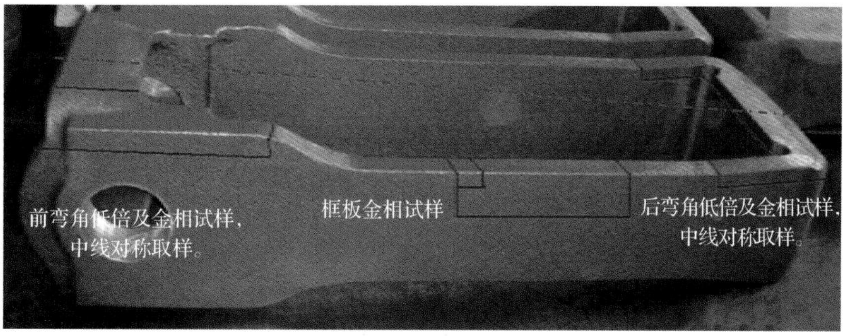

图 4-5 热处理后钩尾框毛坯取样示意图

4.5.4.1 辊锻热处理后承载尾部及弯角组织

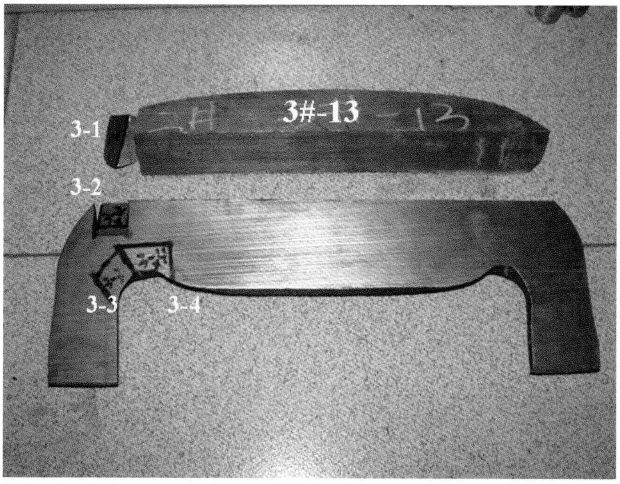

图片编号:K4.5.4.1-1
辊锻热处理后钩尾框尾部弯角金相取样示意图 3#-13

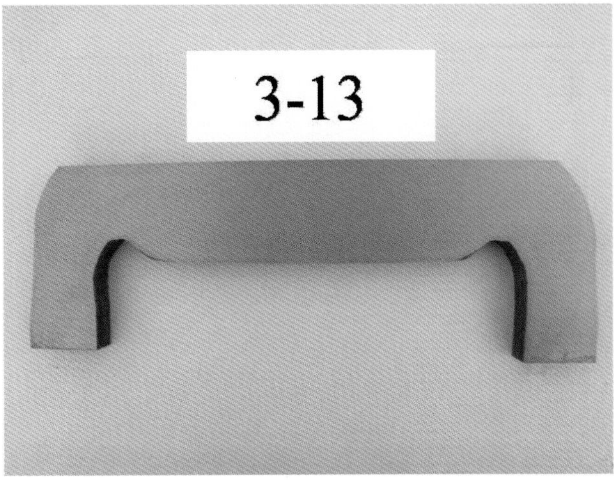

图片编号:K4.5.4.1-2
部件名称:辊锻钩尾框
工艺条件:淬火+回火热处理
取样位置:尾部3#-13
观测仪器:NIKON COOLPIX 995
侵 蚀 剂:盐酸溶液(加热)
低倍组织:一般疏松0.5级

图片编号:K4.5.4.1-3
部件名称:辊锻钩尾框
工艺条件:淬火+回火热处理
观测仪器:金相显微镜
放大倍率:100×
观测位置:典型视场
侵 蚀 剂:4%硝酸酒精溶液
金相组织:回火索氏体

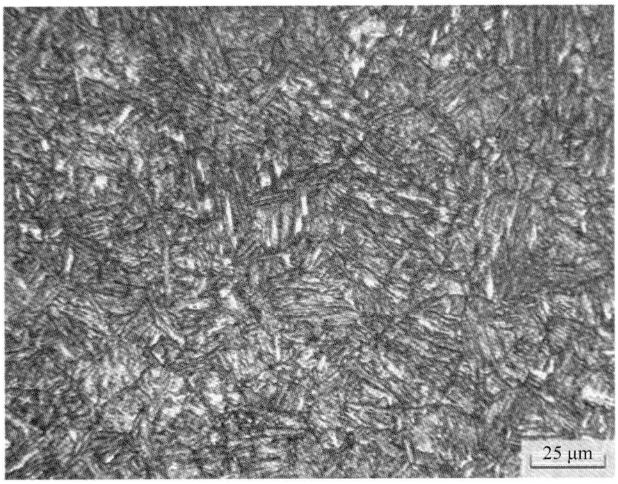

图片编号:K4.5.4.1-4
部件名称:辊锻钩尾框
工艺条件:淬火+回火热处理
观测仪器:金相显微镜
放大倍率:400×
观测位置:典型视场
侵 蚀 剂:4%硝酸酒精溶液
金相组织:回火索氏体

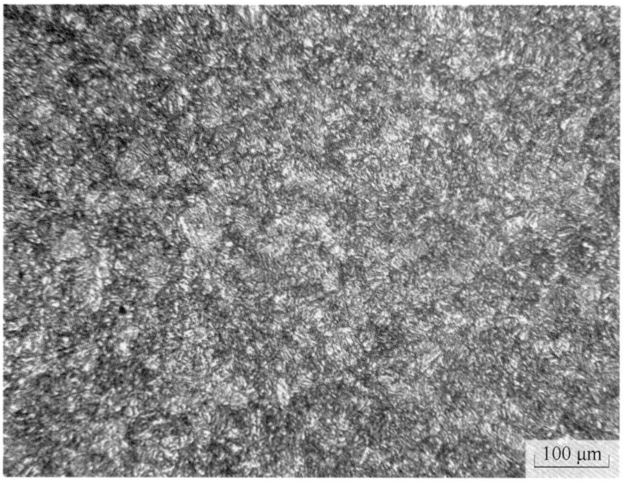

图片编号:K4.5.4.1-5
部件名称:辊锻钩尾框
工艺条件:淬火+回火热处理
观测仪器:金相显微镜
放大倍率:100×
观测位置:典型视场
侵 蚀 剂:4%硝酸酒精溶液
金相组织:回火索氏体

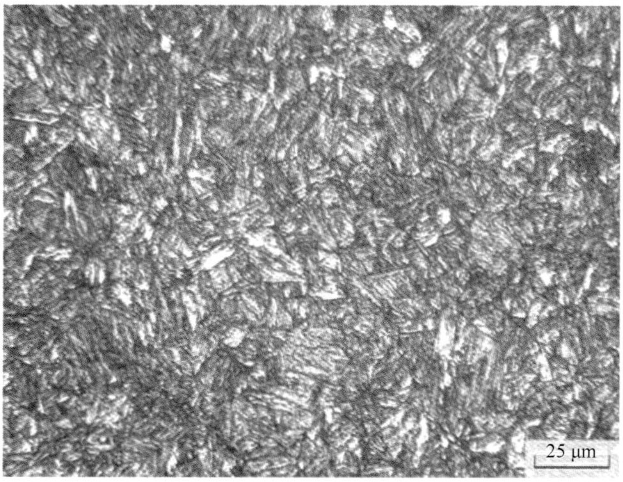

图片编号:K4.5.4.1-6
部件名称:辊锻钩尾框
工艺条件:淬火+回火热处理
观测仪器:金相显微镜
放大倍率:400×
观测位置:典型视场
侵 蚀 剂:4%硝酸酒精溶液
金相组织:回火索氏体

图片编号:K4.5.4.1-7
部件名称:辊锻钩尾框
工艺条件:淬火+回火热处理
观测仪器:金相显微镜
放大倍率:100×
观测位置:典型视场
侵 蚀 剂:4%硝酸酒精溶液
金相组织:回火索氏体

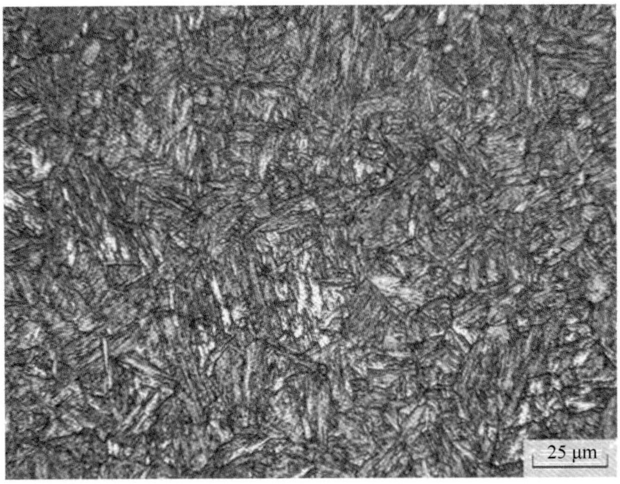

图片编号:K4.5.4.1-8
部件名称:辊锻钩尾框
工艺条件:淬火+回火热处理
观测仪器:金相显微镜
放大倍率:400×
观测位置:典型视场
侵 蚀 剂:4%硝酸酒精溶液
金相组织:回火索氏体

图片编号:K4.5.4.1-9
部件名称:辊锻钩尾框
工艺条件:淬火+回火热处理
观测仪器:金相显微镜
放大倍率:100×
观测位置:典型视场
侵 蚀 剂:4%硝酸酒精溶液
金相组织:回火索氏体

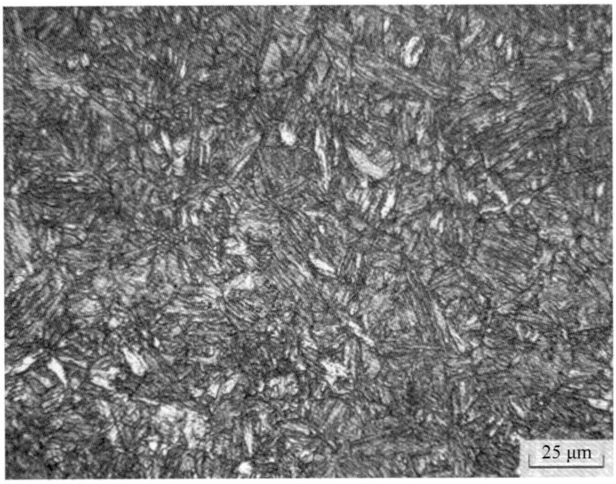

图片编号:K4.5.4.1-10
部件名称:辊锻钩尾框
工艺条件:淬火+回火热处理
观测仪器:金相显微镜
放大倍率:400×
观测位置:典型视场
侵 蚀 剂:4%硝酸酒精溶液
金相组织:回火索氏体

4.5.4.2 自由锻热处理后承载尾部及弯角组织

图片编号:K4.5.4.2-1
自由锻热处理后钩尾框尾部弯角金相取样示意图

图片编号:K4.5.4.2-2
部件名称:自由锻钩尾框
工艺条件:淬火+回火热处理
观测仪器:金相显微镜
放大倍率:100×
观测位置:典型视场
侵 蚀 剂:4%硝酸酒精溶液
金相组织:回火索氏体

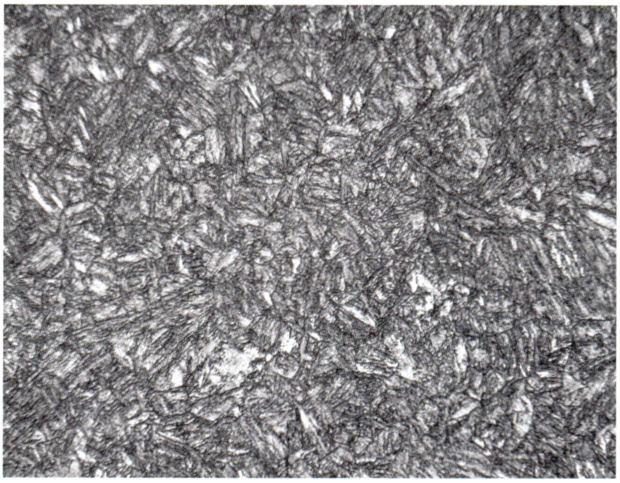

图片编号:K4.5.4.2-3
部件名称:自由锻钩尾框
工艺条件:淬火+回火热处理
观测仪器:金相显微镜
放大倍率:400×
观测位置:典型视场
侵 蚀 剂:4%硝酸酒精溶液
金相组织:回火索氏体

图片编号:K4.5.4.2-4
部件名称:自由锻钩尾框
工艺条件:淬火+回火热处理
观测仪器:金相显微镜
放大倍率:100×
观测位置:典型视场
侵 蚀 剂:4%硝酸酒精溶液
金相组织:回火索氏体

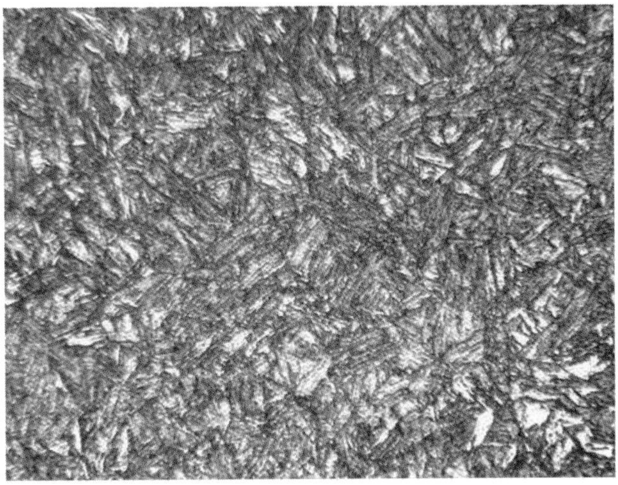

图片编号:K4.5.4.2-5
部件名称:自由锻钩尾框
工艺条件:淬火+回火热处理
观测仪器:金相显微镜
放大倍率:400×
观测位置:典型视场
侵 蚀 剂:4%硝酸酒精溶液
金相组织:回火索氏体

图片编号:K4.5.4.2-6
部件名称:自由锻钩尾框
工艺条件:淬火+回火热处理
观测仪器:金相显微镜
放大倍率:100×
观测位置:典型视场
侵 蚀 剂:4%硝酸酒精溶液
金相组织:回火索氏体

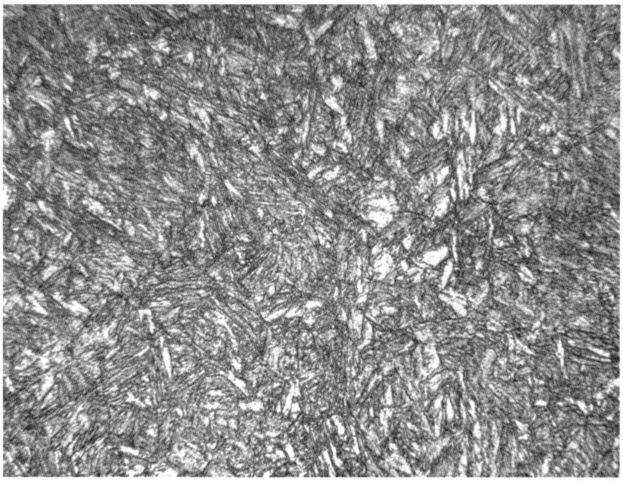

图片编号:K4.5.4.2-7
部件名称:自由锻钩尾框
工艺条件:淬火+回火热处理
观测仪器:金相显微镜
放大倍率:400×
观测位置:典型视场
侵 蚀 剂:4%硝酸酒精溶液
金相组织:回火索氏体

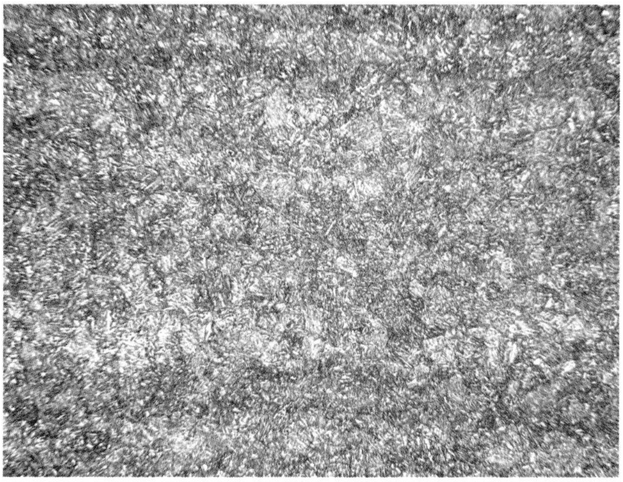

图片编号:K4.5.4.2-8
部件名称:自由锻钩尾框
工艺条件:淬火+回火热处理
观测仪器:金相显微镜
放大倍率:100×
观测位置:典型视场
侵 蚀 剂:4%硝酸酒精溶液
金相组织:回火索氏体

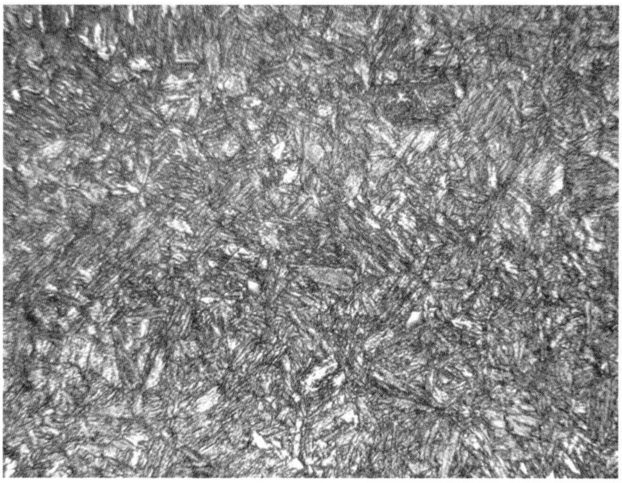

图片编号:K4.5.4.2-9
部件名称:自由锻钩尾框
工艺条件:淬火+回火热处理
观测仪器:金相显微镜
放大倍率:400×
观测位置:典型视场
侵 蚀 剂:4%硝酸酒精溶液
金相组织:回火索氏体

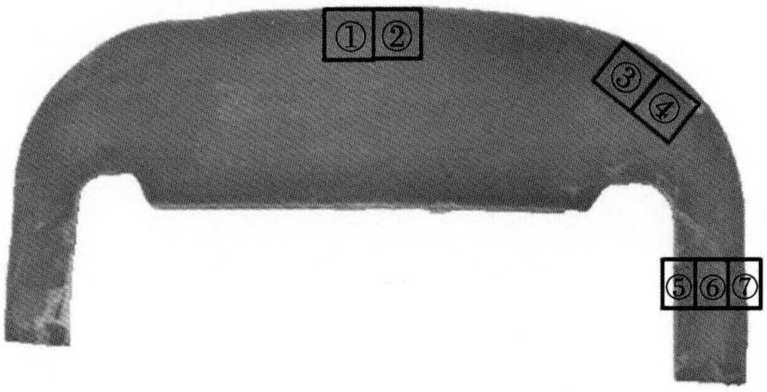

图片编号:K4.5.4.2-10
自由锻热处理后钩尾框后弯角热酸浸低倍组织及金相取样示意图

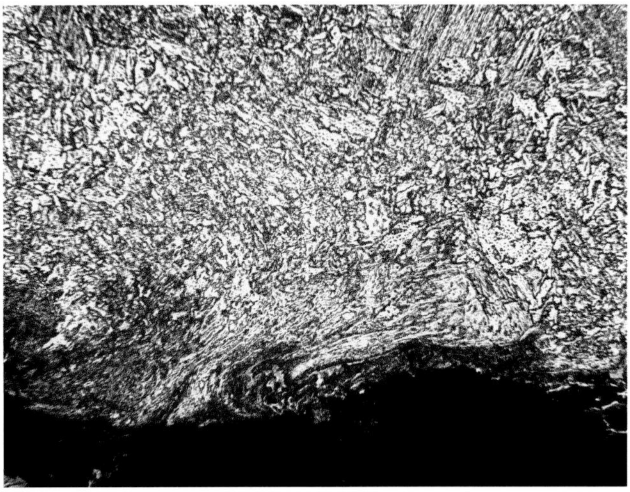

图片编号:K4.5.4.2-11
部件名称:自由锻钩尾框
工艺条件:淬火+回火热处理
观测仪器:金相显微镜
放大倍率:200×
观测位置:后弯角①处边缘变形特征
侵 蚀 剂:4%硝酸酒精溶液
金相组织:回火索氏体

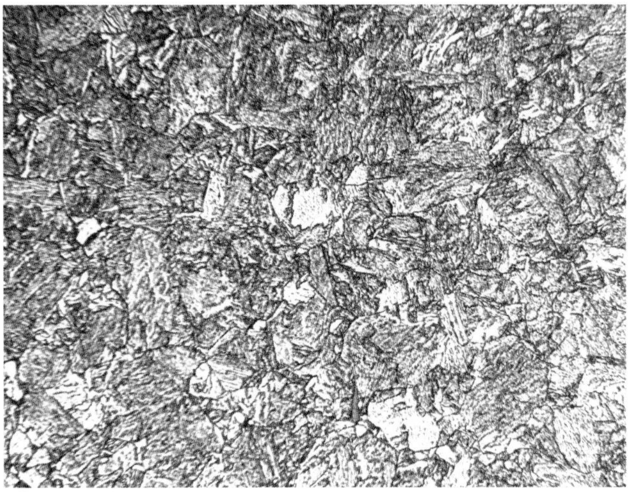

图片编号:K4.5.4.2-12
部件名称:自由锻钩尾框
工艺条件:淬火+回火热处理
观测仪器:金相显微镜
放大倍率:400×
观测位置:后弯角①处典型视场
侵 蚀 剂:4%硝酸酒精溶液
金相组织:回火索氏体
晶 粒 度:8~9 级

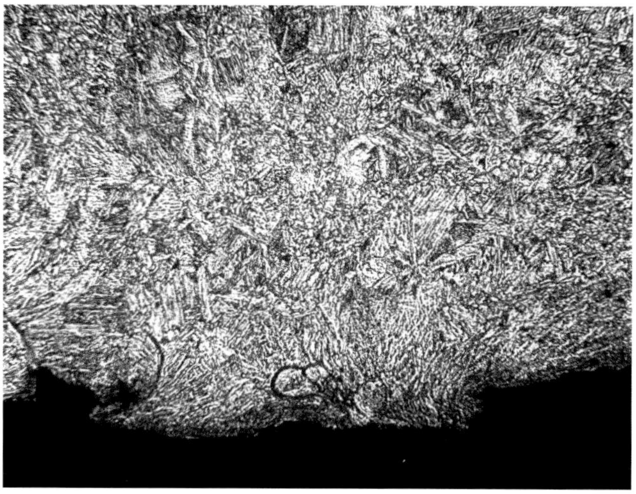

图片编号:K4.5.4.2-13
部件名称:自由锻钩尾框
工艺条件:淬火+回火热处理
观测仪器:金相显微镜
放大倍率:200×
观测位置:后弯角②处边缘变形特征
侵 蚀 剂:4%硝酸酒精溶液
金相组织:回火索氏体

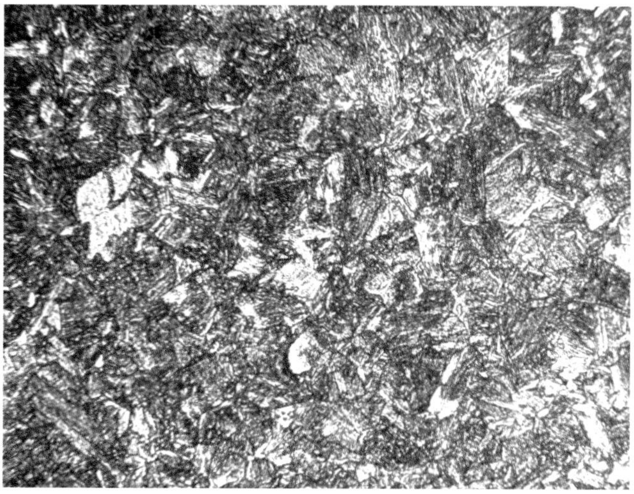

图片编号:K4.5.4.2-14
部件名称:自由锻钩尾框
工艺条件:淬火+回火热处理
观测仪器:金相显微镜
放大倍率:400×
观测位置:后弯角②处典型视场
侵 蚀 剂:4%硝酸酒精溶液
金相组织:回火索氏体
晶 粒 度:8~9级

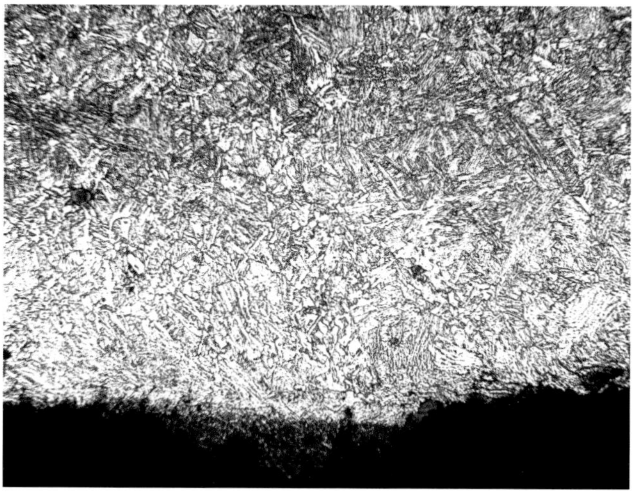

图片编号:K4.5.4.2-15
部件名称:自由锻钩尾框
工艺条件:淬火+回火热处理
观测仪器:金相显微镜
放大倍率:200×
观测位置:后弯角③处边缘特征
侵 蚀 剂:4%硝酸酒精溶液
金相组织:回火索氏体

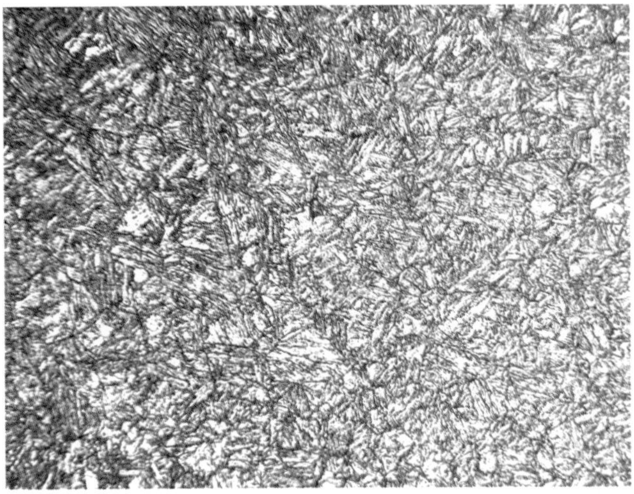

图片编号:K4.5.4.2-16
部件名称:自由锻钩尾框
工艺条件:淬火+回火热处理
观测仪器:金相显微镜
放大倍率:400×
观测位置:后弯角③处典型视场
侵 蚀 剂:4%硝酸酒精溶液
金相组织:回火索氏体
晶 粒 度:8~9级

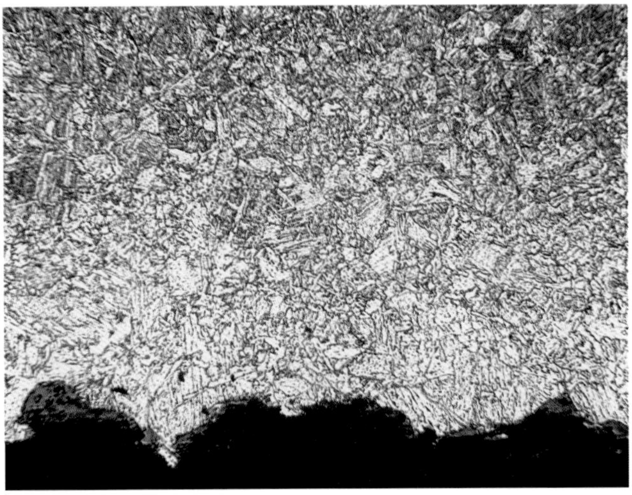

图片编号:K4.5.4.2-17
部件名称:自由锻钩尾框
工艺条件:淬火+回火热处理
观测仪器:金相显微镜
放大倍率:200×
观测位置:后弯角④处边缘特征
侵 蚀 剂:4%硝酸酒精溶液
金相组织:回火索氏体

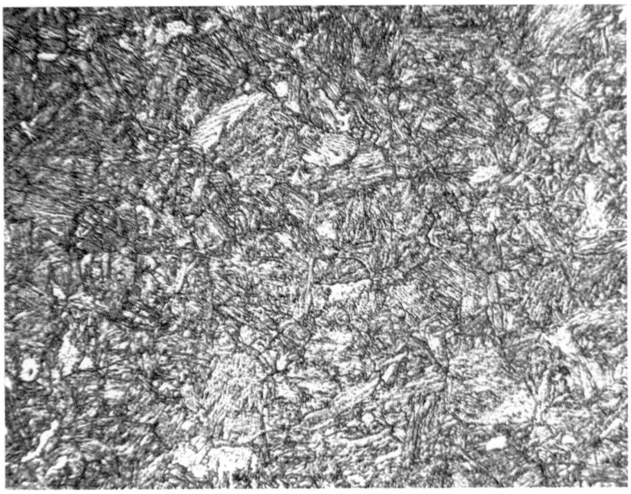

图片编号:K4.5.4.2-18
部件名称:自由锻钩尾框
工艺条件:淬火+回火热处理
观测仪器:金相显微镜
放大倍率:400×
观测位置:后弯角④处典型视场
侵 蚀 剂:4%硝酸酒精溶液
金相组织:回火索氏体
晶 粒 度:8~9级

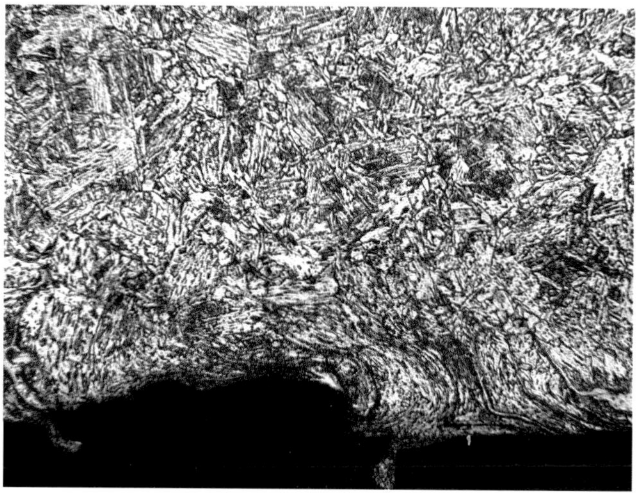

图片编号:K4.5.4.2-19
部件名称:自由锻钩尾框
工艺条件:淬火+回火热处理
观测仪器:金相显微镜
放大倍率:200×
观测位置:后弯角⑤处边缘变形特征
侵 蚀 剂:4%硝酸酒精溶液
金相组织:回火索氏体

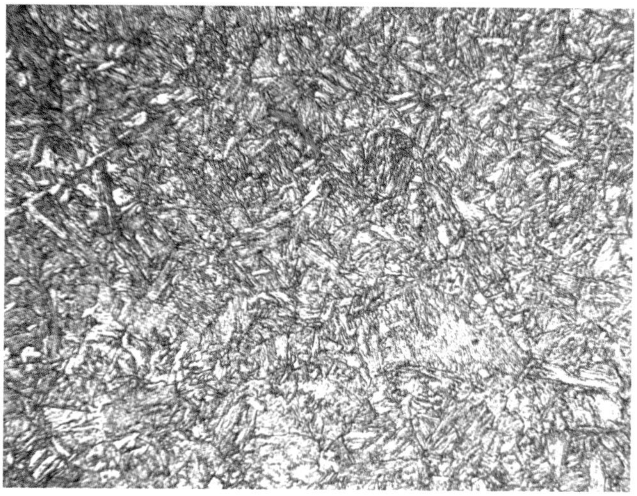

图片编号:K4.5.4.2-20
部件名称:自由锻钩尾框
工艺条件:淬火+回火热处理
观测仪器:金相显微镜
放大倍率:400×
观测位置:后弯角⑤处典型视场
侵 蚀 剂:4%硝酸酒精溶液
金相组织:回火索氏体
晶 粒 度:8~9级

图片编号:K4.5.4.2-21
部件名称:自由锻钩尾框
工艺条件:淬火+回火热处理
观测仪器:金相显微镜
放大倍率:400×
观测位置:后弯角⑥处典型视场
侵 蚀 剂:4%硝酸酒精溶液
金相组织:回火索氏体
晶 粒 度:8~9级

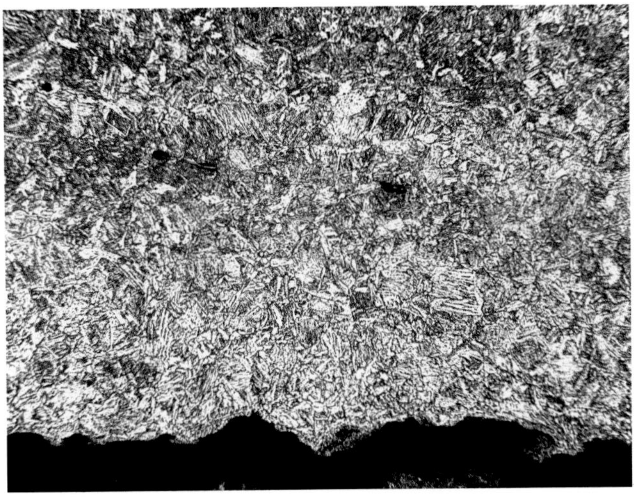

图片编号:K4.5.4.2-22
部件名称:自由锻钩尾框
工艺条件:淬火+回火热处理
观测仪器:金相显微镜
放大倍率:200×
观测位置:后弯角⑦处边缘特征
侵 蚀 剂:4%硝酸酒精溶液
金相组织:回火索氏体

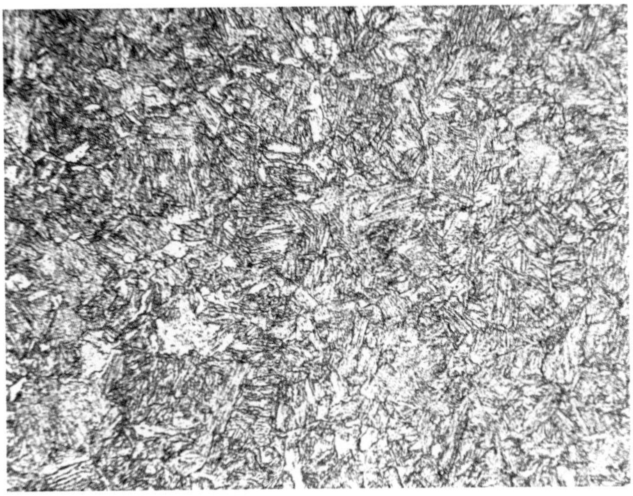

图片编号:K4.5.4.2-23
部件名称:自由锻钩尾框
工艺条件:淬火+回火热处理
观测仪器:金相显微镜
放大倍率:400×
观测位置:后弯角⑦处典型视场
侵 蚀 剂:4%硝酸酒精溶液
金相组织:回火索氏体
晶 粒 度:8~9 级

4.5.4.3 辊锻热处理后前弯角低倍

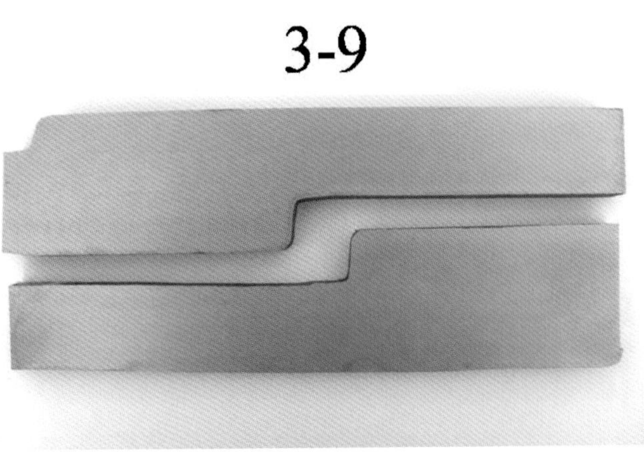

图片编号:K4.5.4.3-1
部件名称:辊锻钩尾框
工艺条件:淬火+回火热处理
取样位置:前弯角 3-9
观测仪器:NIKON COOLPIX 995
侵 蚀 剂:盐酸溶液(加热)
低倍组织:一般疏松 0.5 级

3-10

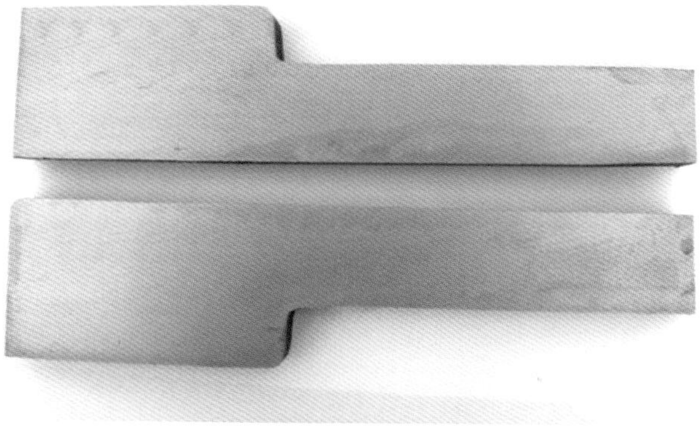

图片编号:K4.5.4.3-2
部件名称:辊锻钩尾框
工艺条件:淬火+回火热处理
取样位置:前弯角 3-10
观测仪器:NIKON COOLPIX 995
侵 蚀 剂:盐酸溶液(加热)
低倍组织:一般疏松 0.5 级

4.5.4.4 自由锻热处理后前弯角低倍

N3- 9

图片编号:K4.5.4.4-1
部件名称:自由锻钩尾框
工艺条件:淬火+回火热处理
取样位置:前弯角 N3-9
观测仪器:NIKON COOLPIX 995
侵 蚀 剂:盐酸溶液(加热)
低倍组织:一般疏松 0.5 级

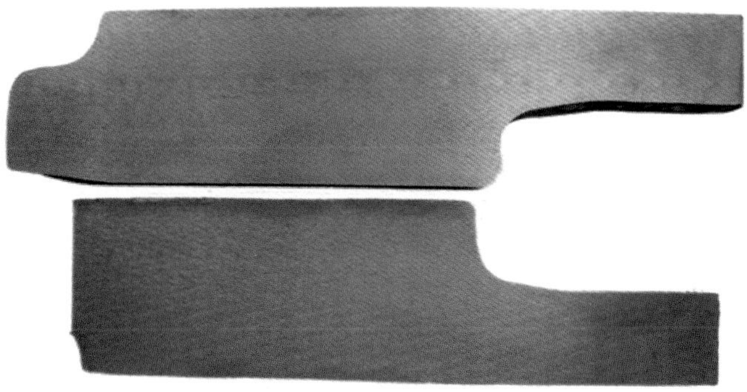

N3-10

图片编号:K4.5.4.4-2
部件名称:自由锻钩尾框
工艺条件:淬火+回火热处理
取样位置:前弯角 N3-10
观测仪器:NIKON COOLPIX 995
侵 蚀 剂:盐酸溶液(加热)
低倍组织:一般疏松 0.5 级

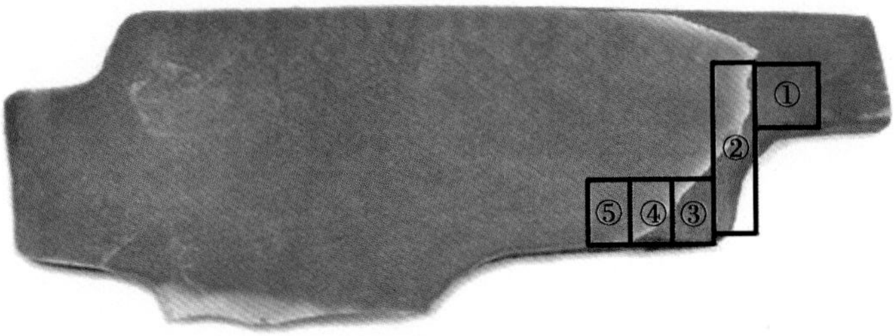

图片编号:K4.5.4.4-3
自由锻热处理后钩尾框前弯角热酸浸低倍组织及金相取样示意图

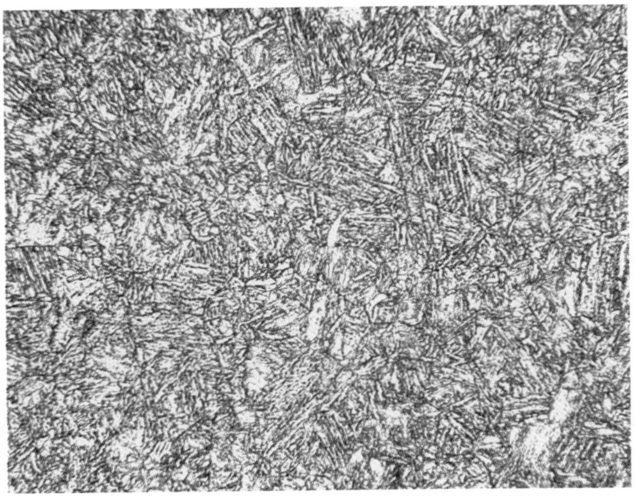

图片编号:K4.5.4.4-4
部件名称:自由锻钩尾框
工艺条件:淬火+回火热处理
观测仪器:金相显微镜
放大倍率:400×
观测位置:前弯角①处典型视场
侵 蚀 剂:4%硝酸酒精溶液
金相组织:回火索氏体
晶 粒 度:8~9 级

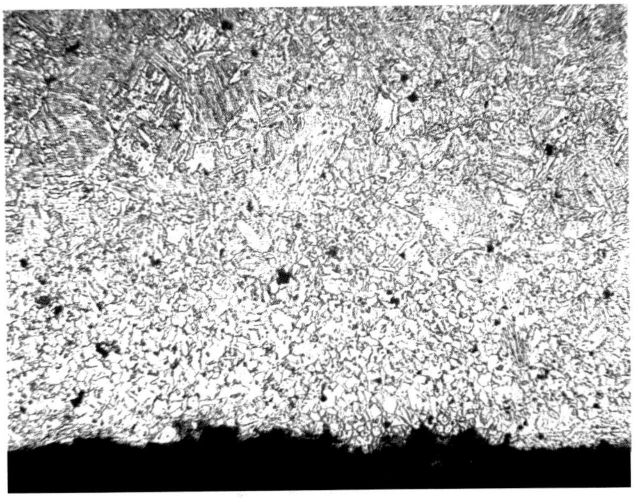

图片编号:K4.5.4.4-5
部件名称:自由锻钩尾框
工艺条件:淬火+回火热处理
观测仪器:金相显微镜
放大倍率:100×
观测位置:前弯角①处
脱碳层 0.126 mm
侵 蚀 剂:4%硝酸酒精溶液
金相组织:回火索氏体
晶 粒 度:8~9 级

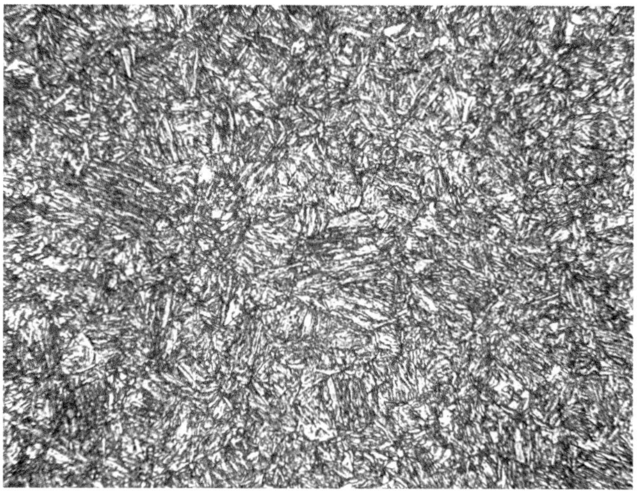

图片编号:K4.5.4.4-6
部件名称:自由锻钩尾框
工艺条件:淬火+回火热处理
观测仪器:金相显微镜
放大倍率:400×
观测位置:前弯角②处典型视场
侵 蚀 剂:4%硝酸酒精溶液
金相组织:回火索氏体
晶 粒 度:8~9级

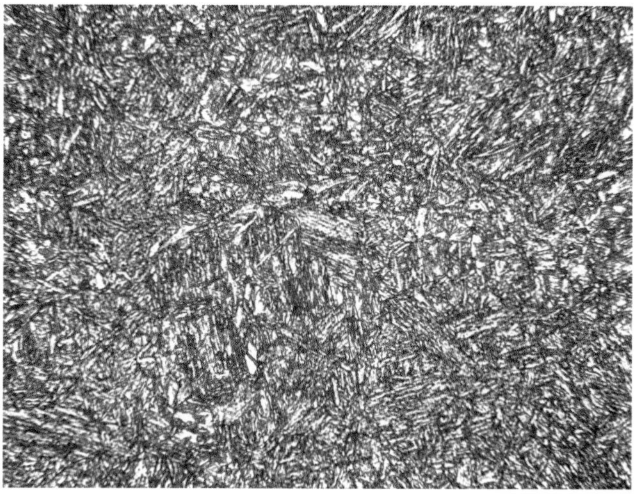

图片编号:K4.5.4.4-7
部件名称:自由锻钩尾框
工艺条件:淬火+回火热处理
观测仪器:金相显微镜
放大倍率:400×
观测位置:前弯角③处典型视场
侵 蚀 剂:4%硝酸酒精溶液
金相组织:回火索氏体
晶 粒 度:8~9级

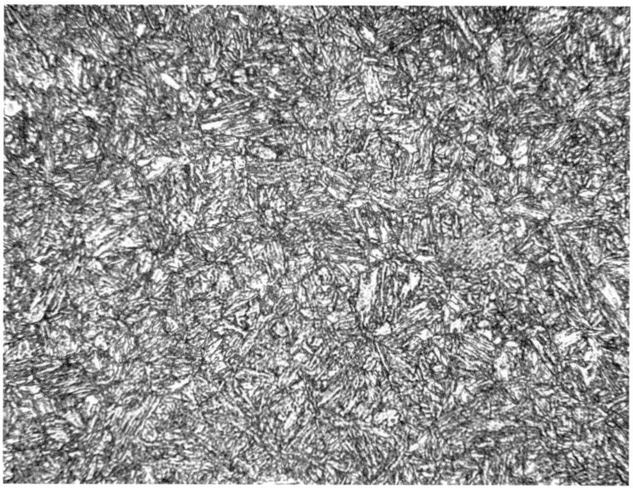

图片编号:K4.5.4.4-8
部件名称:自由锻钩尾框
工艺条件:淬火+回火热处理
观测仪器:金相显微镜
放大倍率:400×
观测位置:前弯角④处典型视场
侵 蚀 剂:4%硝酸酒精溶液
金相组织:回火索氏体
晶 粒 度:8~9级

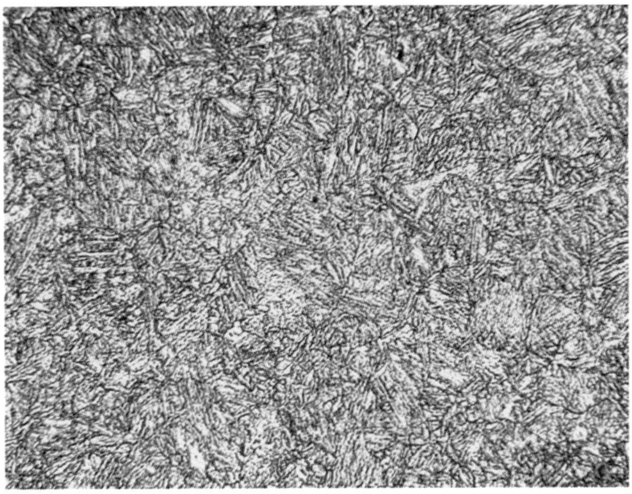

图片编号:K4.5.4.4-9
部件名称:自由锻钩尾框
工艺条件:淬火+回火热处理
观测仪器:金相显微镜
放大倍率:400×
观测位置:前弯角⑤处典型视场
侵 蚀 剂:4%硝酸酒精溶液
金相组织:回火索氏体
晶 粒 度:8~9 级

4.5.4.5 热处理过程中(淬火未回火时)框板组织

图片编号:K4.5.4.5-1
部件名称:钩尾框毛坯
工艺条件:热处理淬火未回火
观测仪器:金相显微镜
放大倍率:100×
观测位置:框板典型视场
侵 蚀 剂:4%硝酸酒精溶液
金相组织:马氏体

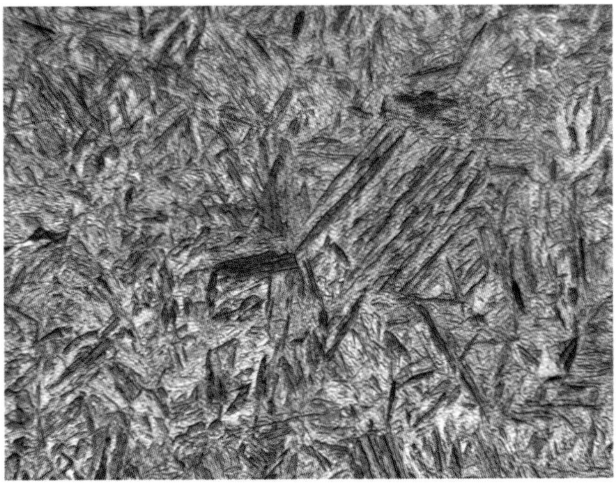

图片编号:K4.5.4.5-2
部件名称:钩尾框毛坯
工艺条件:热处理淬火未回火
观测仪器:金相显微镜
放大倍率:500×
观测位置:框板典型视场
侵 蚀 剂:4%硝酸酒精溶液
金相组织:马氏体
HRC :41.3 43.7 45.1

图片编号:K4.5.4.5-3
部件名称:钩尾框毛坯
工艺条件:热处理淬火未回火
观测仪器:金相显微镜
放大倍率:100×
观测位置:框板典型视场
侵 蚀 剂:4%硝酸酒精溶液
金相组织:马氏体

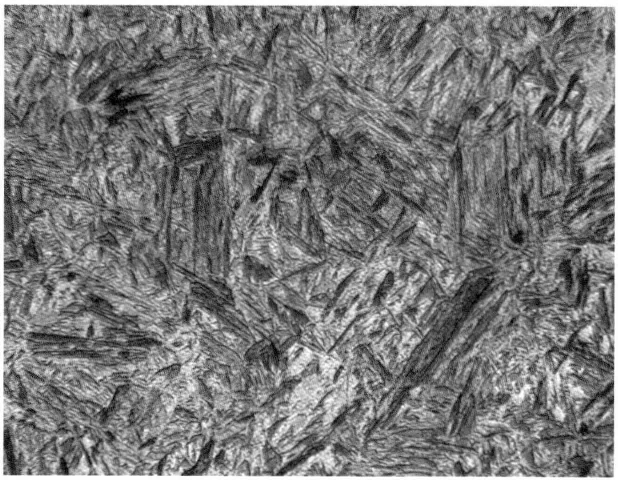

图片编号:K4.5.4.5-4
部件名称:钩尾框毛坯
工艺条件:热处理淬火未回火
观测仪器:金相显微镜
放大倍率:500×
观测位置:框板典型视场
侵 蚀 剂:4%硝酸酒精溶液
金相组织:马氏体
HRC :43.9 46.1 46.9

4.5.4.6 辊锻热处理后框板组织

图片编号:K4.5.4.6-1
部件名称:辊锻钩尾框
工艺条件:淬火+回火热处理
观测仪器:金相显微镜
放大倍率:100×
观测位置:3-12 框板典型视场
侵 蚀 剂:4%硝酸酒精溶液
金相组织:回火索氏体

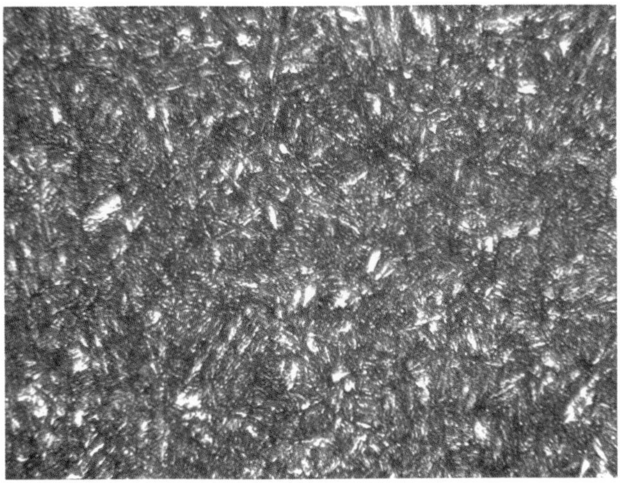

图片编号:K4.5.4.6-2
部件名称:辊锻钩尾框
工艺条件:淬火+回火热处理
观测仪器:金相显微镜
放大倍率:400×
观测位置:3-12 框板典型视场
侵 蚀 剂:4%硝酸酒精溶液
金相组织:回火索氏体

4.5.4.7 自由锻热处理后框板组织

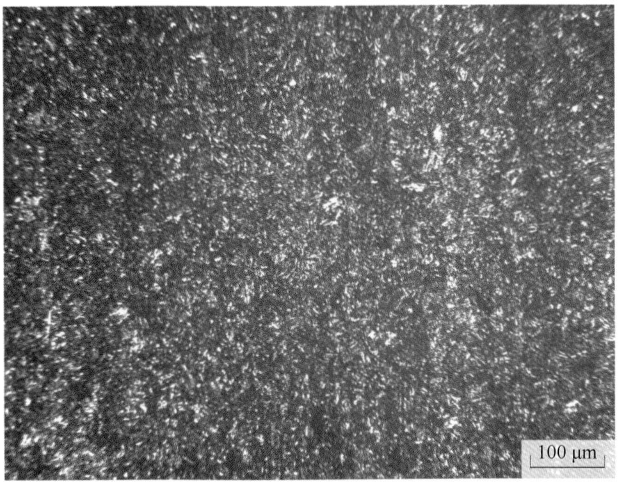

图片编号:K4.5.4.7-1
部件名称:自由锻钩尾框
工艺条件:淬火+回火热处理
观测仪器:金相显微镜
放大倍率:100×
观测位置:N3-12 框板典型视场
侵 蚀 剂:4%硝酸酒精溶液
金相组织:回火索氏体

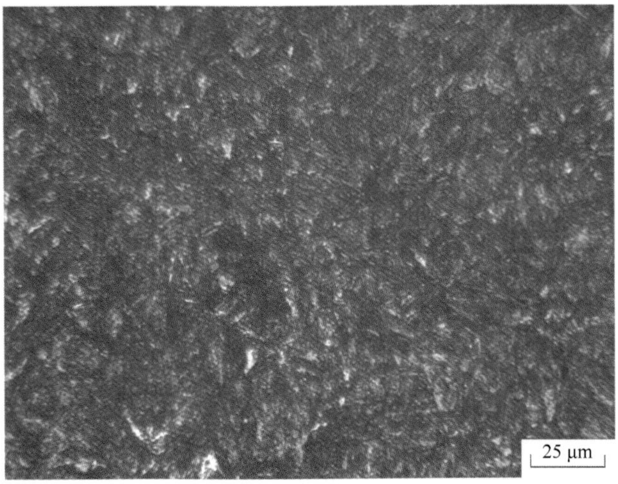

图片编号:K4.5.4.7-2
部件名称:自由锻钩尾框
工艺条件:淬火+回火热处理
观测仪器:金相显微镜
放大倍率:400×
观测位置:N3-12 框板典型视场
侵 蚀 剂:4%硝酸酒精溶液
金相组织:回火索氏体

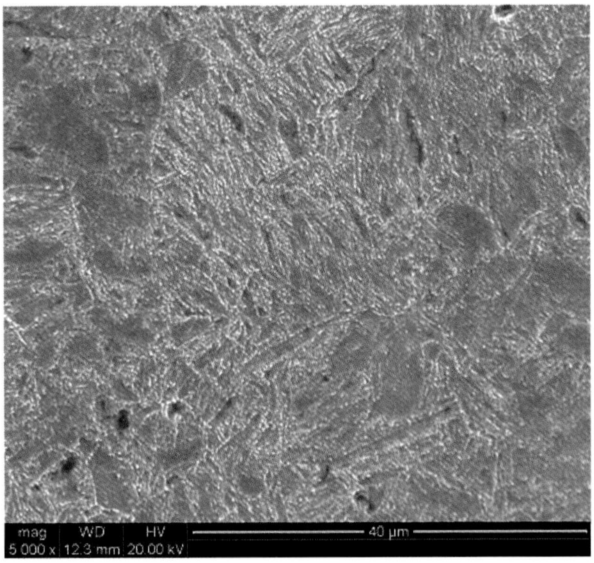

图片编号:K4.5.4.7-3
部件名称:自由锻钩尾框
工艺条件:淬火+回火热处理
观测仪器:扫描电子显微镜
放大倍率:5 000×
观测位置:框板典型视场
侵 蚀 剂:4%硝酸酒精溶液
金相组织:回火索氏体

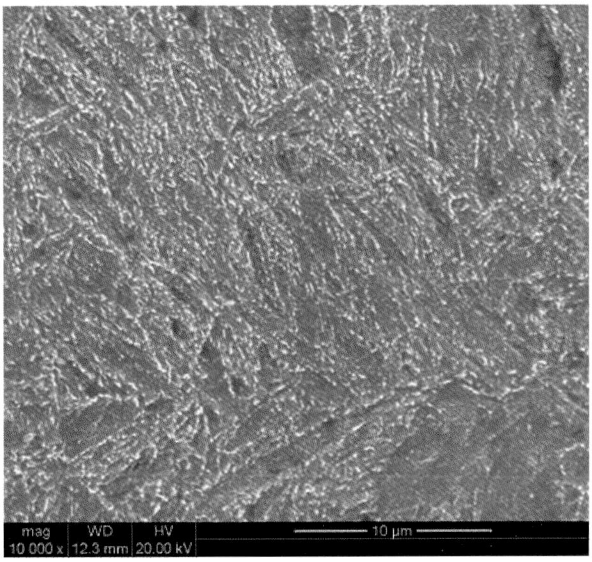

图片编号:K4.5.4.7-4
部件名称:自由锻钩尾框
工艺条件:淬火+回火热处理
观测仪器:扫描电子显微镜
放大倍率:10 000×
观测位置:框板典型视场
侵 蚀 剂:4%硝酸酒精溶液
金相组织:回火索氏体

4.5.4.8 钩尾框晶粒度

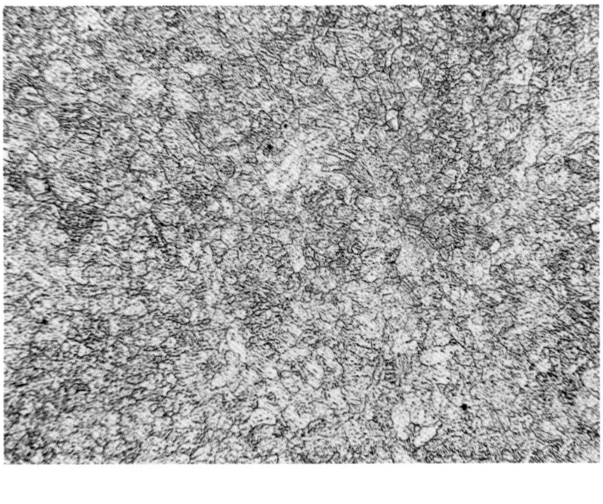

图片编号:K4.5.4.8-1
部件名称:自由锻钩尾框
工艺条件:淬火+回火热处理
观测仪器:金相显微镜
放大倍率:100×
观测位置:框板典型视场
侵 蚀 剂:5%苦味酸乙醇溶液
金相组织:回火索氏体
晶 粒 度:8.5~9级

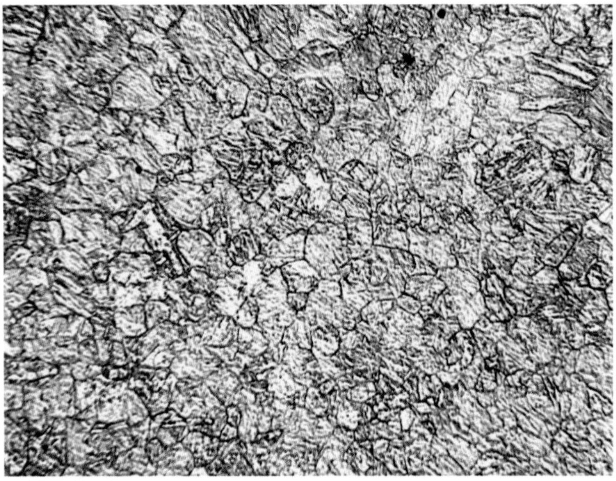

图片编号:K4.5.4.8-2
部件名称:自由锻钩尾框
工艺条件:淬火+回火热处理
观测仪器:金相显微镜
放大倍率:200×
观测位置:框板典型视场
侵 蚀 剂:5%苦味酸乙醇溶液
金相组织:回火索氏体
晶 粒 度:8.5～9 级

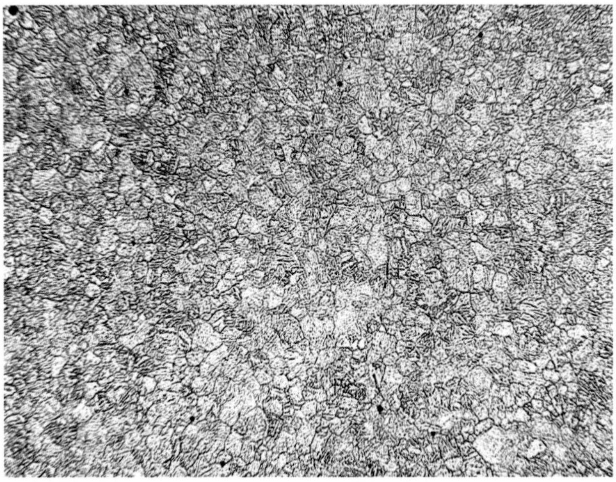

图片编号:K4.5.4.8-3
部件名称:自由锻钩尾框
工艺条件:淬火+回火热处理
观测仪器:金相显微镜
放大倍率:100×
观测位置:框板典型视场
侵 蚀 剂:5%苦味酸乙醇溶液
金相组织:回火索氏体
晶 粒 度:8～9 级

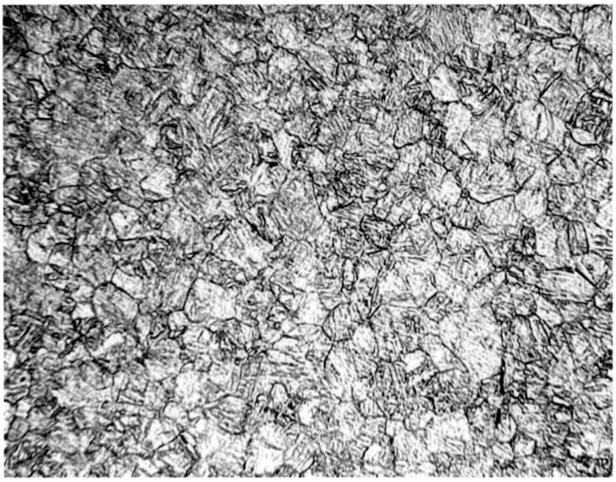

图片编号:K4.5.4.8-4
部件名称:自由锻钩尾框
工艺条件:淬火+回火热处理
观测仪器:金相显微镜
放大倍率:200×
观测位置:框板典型视场
侵 蚀 剂:5%苦味酸乙醇溶液
金相组织:回火索氏体
晶 粒 度:8～9 级

4.5.5 连接板焊缝

对于锻造钩尾框连接板焊缝区焊接组织,由于熔焊热源依靠高温集中熔化焊缝区金属,并向工件传导热量,必然引起焊缝及附近区域金属的组织和性能发生变化。同时,整个焊接接头由焊缝区、熔合区、热影响区构成,由于各点与焊缝中心距离不同,所受的最高加热温度不同,相当于对焊接接头区域进行了一次不同规范的热处理，因此焊接接头的各部位会出现不同的组织变化和性能变化。

本节对锻造钩尾框连接板焊接组织进行了显微组织金相分析，取样部位如图 4-6 所示，重点对锻造钩尾框连接板焊缝区的冲击试样（图 4-7）进行了微观组织观察，对比研究了热处理前后该焊缝区域显微组织的变化。

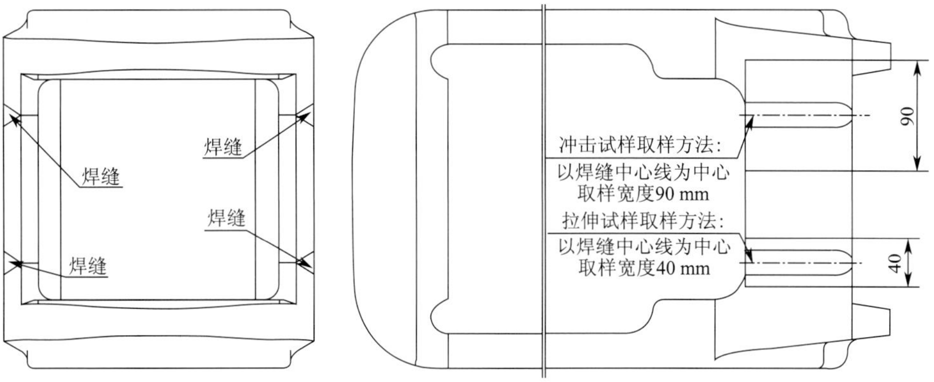

图 4-6　锻造钩尾框焊缝区试验样品取样示意图

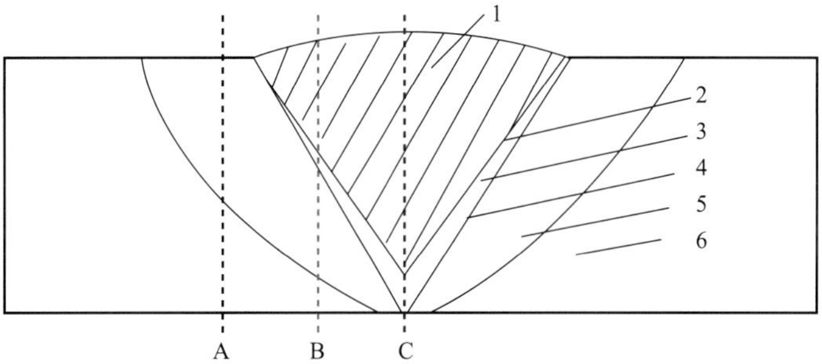

图 4-7　焊接接头宏观结构及冲击试样制取示意图

1—焊缝金属（焊肉）；2—焊前坡口面；3—母材金属熔化区；4—熔合线；5—热影响区；6—母材；

A—热影响区开缺口处；B—熔合线区开缺口处；C—焊肉区开缺口处

4.5.5.1　热处理前焊缝各区域金相组织

图片编号：K4.5.5.1-1

部件名称：钩尾框毛坯

工艺条件：热处理前

观测仪器：金相显微镜

放大倍率：100×

观测位置：母材组织典型视场

侵 蚀 剂：4%硝酸酒精溶液

金相组织：贝氏体

图片编号:K4.5.5.1-2
部件名称:钩尾框毛坯
工艺条件:热处理前
观测仪器:金相显微镜
放大倍率:100×
观测位置:细晶区组织典型视场
侵 蚀 剂:4%硝酸酒精溶液
金相组织:铁素体+珠光体细晶区受焊接热影响,属于正火区,晶粒细化明显

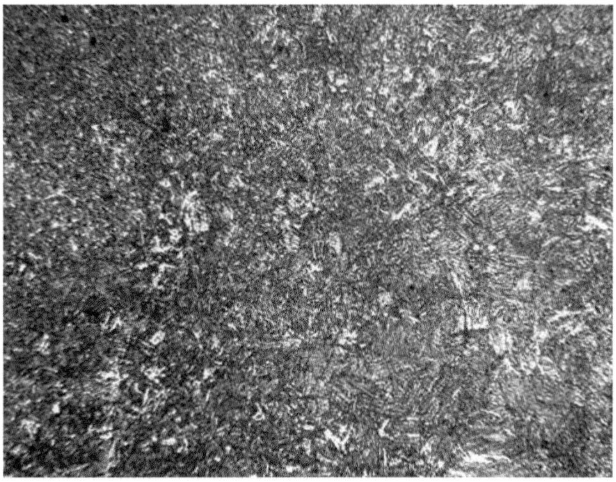

图片编号:K4.5.5.1-3
部件名称:钩尾框毛坯
工艺条件:热处理前
观测仪器:金相显微镜
放大倍率:100×
观测位置:粗晶区组织典型视场
侵 蚀 剂:4%硝酸酒精溶液
金相组织:贝氏体

图片编号:K4.5.5.1-4
部件名称:钩尾框毛坯
工艺条件:热处理前
观测仪器:金相显微镜
放大倍率:100×
观测位置:熔合线组织典型视场
侵 蚀 剂:4%硝酸酒精溶液
金相组织:熔合线部位及粗晶区为粗大的贝氏体组织

图片编号:K4.5.5.1-5
部件名称:钩尾框毛坯
工艺条件:热处理前
观测仪器:金相显微镜
放大倍率:100×
观测位置:焊肉组织典型视场
侵 蚀 剂:4%硝酸酒精溶液
金相组织:焊肉为贝氏体,组织较细,未热处理前可看出较明显的柱晶特征

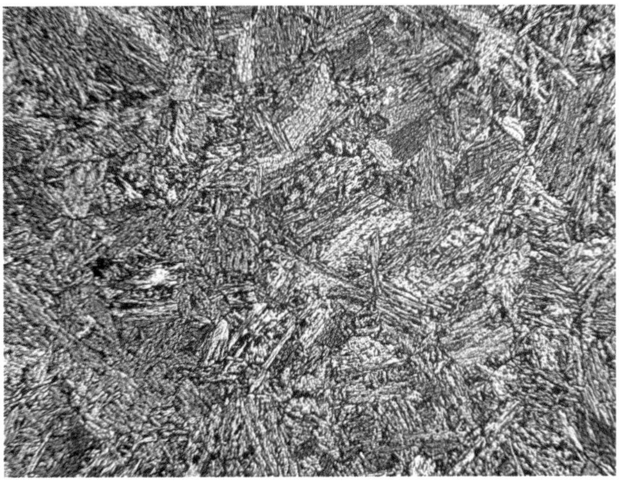

图片编号:K4.5.5.1-6
部件名称:钩尾框毛坯
工艺条件:热处理前
观测仪器:金相显微镜
放大倍率:100×
观测位置:母材组织典型视场
侵 蚀 剂:4%硝酸酒精溶液
金相组织:贝氏体

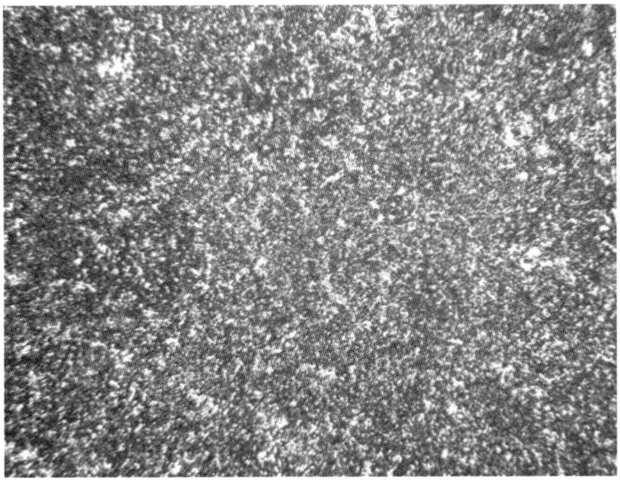

图片编号:K4.5.5.1-7
部件名称:钩尾框毛坯
工艺条件:热处理前
观测仪器:金相显微镜
放大倍率:100×
观测位置:细晶区组织典型视场
侵 蚀 剂:4%硝酸酒精溶液
金相组织:铁素体+珠光体细晶区受焊接热影响,属于正火区,晶粒细化明显

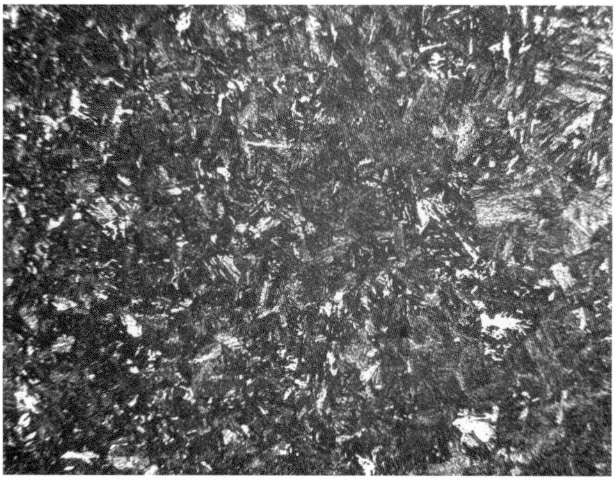

图片编号:K4.5.5.1-8
部件名称:钩尾框毛坯
工艺条件:热处理前
观测仪器:金相显微镜
放大倍率:100×
观测位置:粗晶区组织典型视场
侵 蚀 剂:4%硝酸酒精溶液
金相组织:贝氏体

图片编号:K4.5.5.1-9
部件名称:钩尾框毛坯
工艺条件:热处理前
观测仪器:金相显微镜
放大倍率:100×
观测位置:熔合线组织典型视场
侵 蚀 剂:4%硝酸酒精溶液
金相组织:熔合线部位及粗晶区为粗大的贝氏体组织

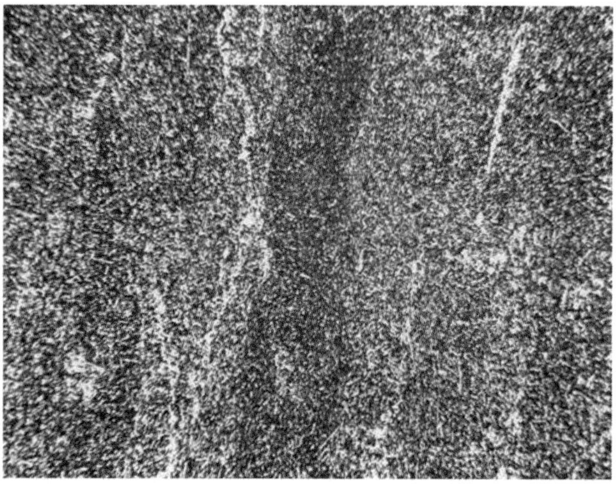

图片编号:K4.5.5.1-10
部件名称:钩尾框毛坯
工艺条件:热处理前
观测仪器:金相显微镜
放大倍率:100×
观测位置:焊肉组织典型视场
侵 蚀 剂:4%硝酸酒精溶液
金相组织:焊肉为贝氏体+少量铁素体,组织较细,未热处理前可看出较明显的柱晶特征

4.5.5.2　热处理后焊缝各区域金相组织

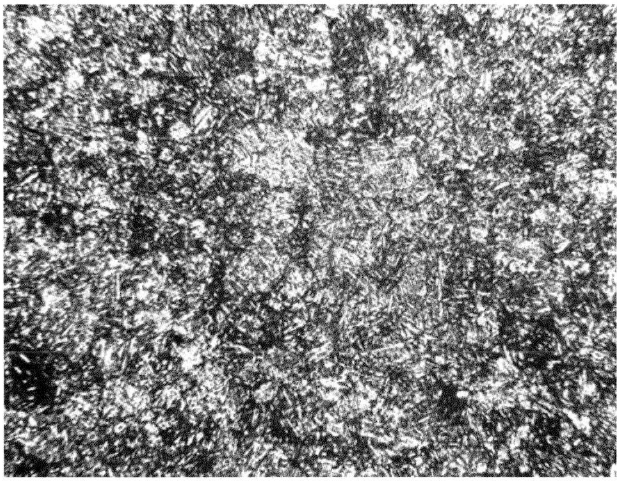

图片编号:K4.5.5.2-1
部件名称:钩尾框毛坯
工艺条件:热处理后
观测仪器:金相显微镜
放大倍率:100×
观测位置:母材组织典型视场
侵 蚀 剂:4%硝酸酒精溶液
金相组织:回火索氏体

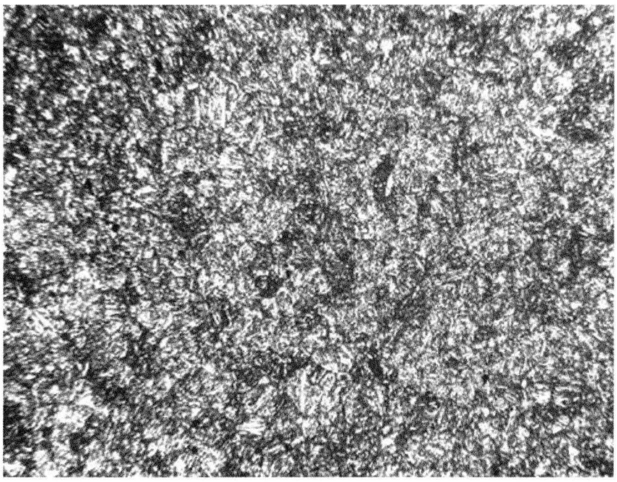

图片编号:K4.5.5.2-2
部件名称:钩尾框毛坯
工艺条件:热处理后
观测仪器:金相显微镜
放大倍率:100×
观测位置:细晶区组织典型视场
侵 蚀 剂:4%硝酸酒精溶液
金相组织:回火索氏体

图片编号:K4.5.5.2-3
部件名称:钩尾框毛坯
工艺条件:热处理后
观测仪器:金相显微镜
放大倍率:100×
观测位置:粗晶区组织典型视场
侵 蚀 剂:4%硝酸酒精溶液
金相组织:粗晶被消除,转变为回火索氏体

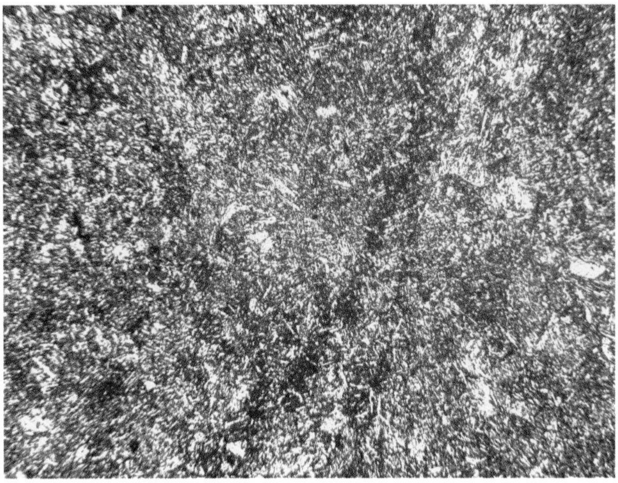

图片编号:K4.5.5.2-4
部件名称:钩尾框毛坯
工艺条件:热处理后
观测仪器:金相显微镜
放大倍率:100×
观测位置:熔合线组织典型视场
侵 蚀 剂:4%硝酸酒精溶液
金相组织:熔合线界限变得不十分明显,转变为回火索氏体

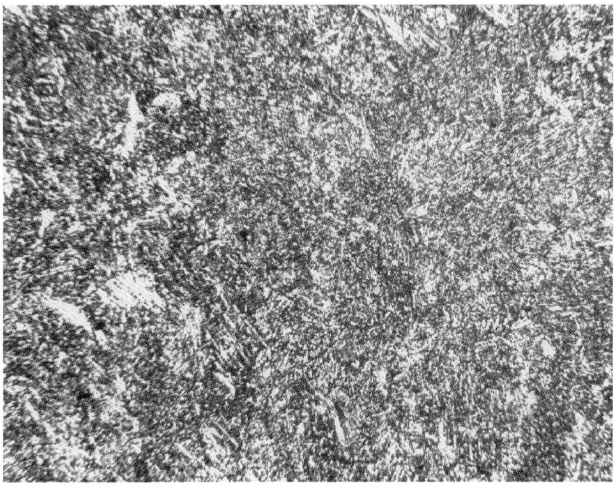

图片编号:K4.5.5.2-5
部件名称:钩尾框毛坯
工艺条件:热处理后
观测仪器:金相显微镜
放大倍率:100×
观测位置:焊肉组织典型视场
侵 蚀 剂:4%硝酸酒精溶液
金相组织:焊缝变为贝氏体+少量回火索氏体,由于经过了再次的奥氏体化,柱状晶特征已经不十分明显,隐约可见较为粗大的原始奥氏体

图片编号:K4.5.5.2-6
部件名称:钩尾框毛坯
工艺条件:热处理后
观测仪器:金相显微镜
放大倍率:100×
观测位置:母材组织典型视场
侵 蚀 剂:4%硝酸酒精溶液
金相组织:回火索氏体

图片编号:K4.5.5.2-7
部件名称:钩尾框毛坯
工艺条件:热处理后
观测仪器:金相显微镜
放大倍率:100×
观测位置:细晶区组织典型视场
侵 蚀 剂:4%硝酸酒精溶液
金相组织:回火索氏体

图片编号:K4.5.5.2-8
部件名称:钩尾框毛坯
工艺条件:热处理后
观测仪器:金相显微镜
放大倍率:100×
观测位置:粗晶区组织典型视场
侵 蚀 剂:4%硝酸酒精溶液
金相组织:粗晶被消除,转变为回火索氏体

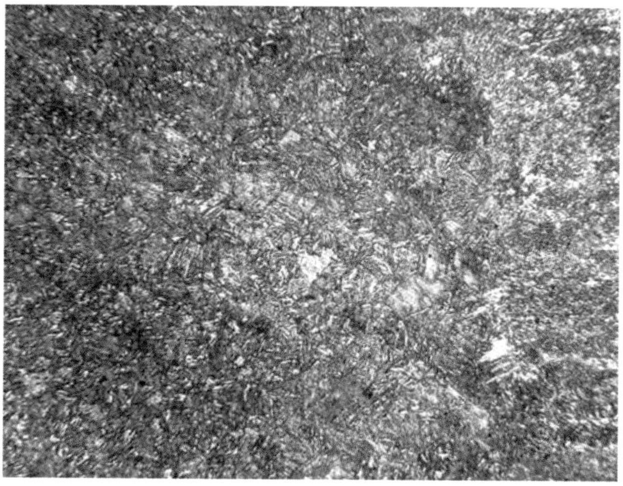

图片编号:K4.5.5.2-9
部件名称:钩尾框毛坯
工艺条件:热处理后
观测仪器:金相显微镜
放大倍率:100×
观测位置:熔合线组织典型视场
侵 蚀 剂:4%硝酸酒精溶液
金相组织:熔合线界限变得不十分明显,转变为回火索氏体

图片编号：K4.5.5.2-10
部件名称：钩尾框毛坯
工艺条件：热处理后
观测仪器：金相显微镜
放大倍率：100×
观测位置：焊肉组织典型视场
侵 蚀 剂：4%硝酸酒精溶液
金相组织：焊缝为贝氏体＋少量铁素体，由于经过了再次的奥氏体化，柱状晶特征已经不十分明显，隐约可见较为粗大的原始奥氏体

4.5.5.3 热处理前后焊缝各区域显微硬度

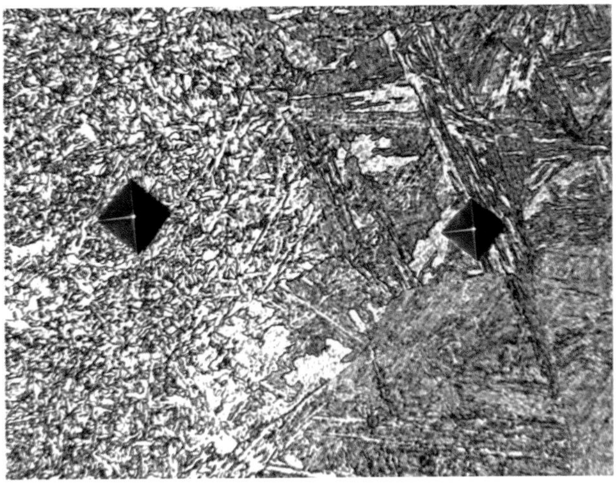

图片编号：K4.5.5.3-1
部件名称：钩尾框毛坯
工艺条件：热处理前
观测仪器：金相显微镜
放大倍率：400×
观测位置：焊肉组织典型视场
侵 蚀 剂：4%硝酸酒精溶液
显微硬度：左侧为焊肉 HV273，右侧为母材热影响区 HV397

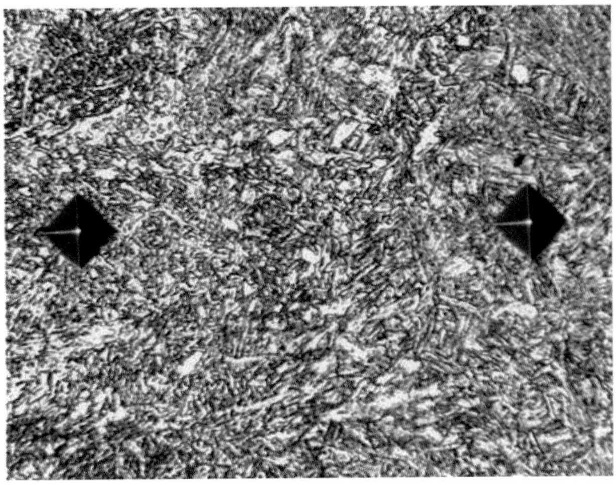

图片编号：K4.5.5.3-2
部件名称：钩尾框毛坯
工艺条件：热处理后
观测仪器：金相显微镜
放大倍率：400×
观测位置：焊肉组织典型视场
侵 蚀 剂：4%硝酸酒精溶液
显微硬度：左侧为焊肉 HV296，右侧为母材热影响区 HV265

4.5.5.4 热处理前焊缝冲击断口

图片编号:K4.5.5.4-1
部件名称:钩尾框毛坯
工艺条件:热处理前
观测仪器:NIKON COOLPIX 995
试样种类:冲击断口
观测位置:焊肉宏观形貌
冲 击 值:48.1 J(−40 ℃,V2)
断口特征:剪切唇明显

图片编号:K4.5.5.4-2
部件名称:钩尾框毛坯
工艺条件:热处理前
观测仪器:NIKON COOLPIX 995
试样种类:冲击断口
观测位置:熔合线宏观形貌
冲 击 值:44.7 J(−40 ℃,V2)
断口特征:剪切唇明显,左右两边断裂特征不同

图片编号:K4.5.5.4-3
部件名称:钩尾框毛坯
工艺条件:热处理前
观测仪器:NIKON COOLPIX 995
试样种类:冲击断口
观测位置:热影响区形貌
冲 击 值:4.8 J(−40 ℃,V2)
断口特征:晶状特征为主,无明显剪切唇

图片编号:K4.5.5.4-4
部件名称:钩尾框毛坯
工艺条件:热处理前
观测仪器:NIKON COOLPIX 995
试样种类:冲击断口
观测位置:焊肉宏观形貌
冲 击 值:30.3 J(−40 ℃,V2)
断口特征:剪切唇明显

图片编号:K4.5.5.4-5
部件名称:钩尾框毛坯
工艺条件:热处理前
观测仪器:NIKON COOLPIX 995
试样种类:冲击断口
观测位置:熔合线宏观形貌
冲 击 值:14 J(−40 ℃,V2)
断口特征:左右两边断裂特征不同

图片编号:K4.5.5.4-6
部件名称:钩尾框毛坯
工艺条件:热处理前
观测仪器:NIKON COOLPIX 995
试样种类:冲击断口
观测位置:热影响区形貌
冲 击 值:17.7 J(−40 ℃,V2)
断口特征:晶状特征为主,无明显剪切唇

4.5.5.5　热处理后焊缝冲击断口

图片编号:K4.5.5.5-1
部件名称:钩尾框毛坯
工艺条件:热处理后
观测仪器:NIKON COOLPIX 995
试样种类:冲击断口
观测位置:焊肉宏观形貌
冲 击 值:42 J(−40 ℃,V2)
断口特征:剪切唇不太明显,少量晶状特征

图片编号:K4.5.5.5-2
部件名称:钩尾框毛坯
工艺条件:热处理后
观测仪器:NIKON COOLPIX 995
试样种类:冲击断口
观测位置:熔合线宏观形貌
冲 击 值:39 J(−40 ℃,V2)
断口特征:剪切唇明显,左右两边断裂特征不同

图片编号:K4.5.5.5-3
部件名称:钩尾框毛坯
工艺条件:热处理后
观测仪器:NIKON COOLPIX 995
试样种类:冲击断口
观测位置:热影响区形貌
冲 击 值:70.6 J(−40 ℃,V2)
断口特征:晶状特征为主,无明显剪切唇

图片编号:K4. 5. 5. 5-4
部件名称:钩尾框毛坯
工艺条件:热处理后
观测仪器:NIKON COOLPIX 995
试样种类:冲击断口
观测位置:焊肉宏观形貌
冲 击 值:33 J(－40 ℃,V2)
断口特征:剪切唇明显

图片编号:K4. 5. 5. 5-5
部件名称:钩尾框毛坯
工艺条件:热处理后
观测仪器:NIKON COOLPIX 995
试样种类:冲击断口
观测位置:熔合线宏观形貌
冲 击 值:37 J(－40 ℃,V2)
断口特征:剪切唇明显,左右两边断裂特征不同

图片编号:K4. 5. 5. 5-6
部件名称:钩尾框毛坯
工艺条件:热处理后
观测仪器:NIKON COOLPIX 995
试样种类:冲击断口
观测位置:热影响区形貌
冲 击 值:78. 2 J(－40 ℃,V2)
断口特征:晶状特征为主,有明显剪切唇

4.5.6 小　　结

(1)对钩尾框连铸钢坯进行了低倍组织检验,并进一步对钢坯的金相显微组织进行了观察,其组织基本上均由珠光体+铁素体组成。

(2)分别对采用辊锻和自由锻的钩尾框锻造毛坯进行了显微组织观察,金相组织相差不大,都是由粒状珠光体、粒状贝氏体和铁素体组成,呈残留锻态分布形貌。

(3)对采用辊锻和自由锻生产的热处理前后毛坯承载尾部试样进行了低倍组织观察以及弯角处的显微组织分析,两种锻造方式生产的钩尾框毛坯组织相似,热处理后的毛坯金相组织为细小均匀的回火索氏体组织。

(4)分别对热处理前后的钩尾框连接板焊缝各区域金相组织进行了观察分析。热处理前焊接母材组织为铁素体+珠光体,以铁素体为主;焊缝为贝氏体,组织较细,热处理前可看出较明显的柱晶特征;熔合线部位及粗晶区为粗大的贝氏体组织;细晶区受焊接热影响,属于正火区,晶粒细化明显,为铁素体+珠光体。经调质热处理后,母材变为回火索氏体;焊缝变为回火索氏体+粒状贝氏体,由于经过了再次的奥氏体化,柱状晶特征已经不十分明显,隐约可见较为粗大的原始奥氏体;熔合线界限变得不十分明显,粗晶被消除,转变为回火索氏体。

4.6　动态撕裂试样的宏、微观断口特征

对钩尾框动态撕裂试样典型断口进行了宏观和微观分析,结果如下所示。

图片编号:K4.6-1
部件名称:钩尾框毛坯
工艺条件:铸造热处理后
观测仪器:NIKON COOLPIX 995
试样种类:动态撕裂断口
DT　　值:120 J
观测位置:宏观形貌
断口特征:试样无宏观变形,断口齐平,晶状。左边有窄的剪切唇;起裂处宏观上几乎看不到韧塑带;剪切唇不对称,最宽处与试样宽度之比为(5+0)∶40

图片编号:K4.6-2
部件名称:钩尾框毛坯
工艺条件:锻造热处理后
观测仪器:NIKON COOLPIX 995
试样种类:动态撕裂断口
DT　值:570 J
观测位置:宏观形貌
断口特征:试样宏观已变形,断口起伏大,大面积为晶状。有二次起裂、有隔离区、三次暂停;韧塑带成等腰钝角三角形,面积较小;剪切唇不对称,最宽处与试样宽度之比为(4+5.5):40

图片编号:K4.6-3
部件名称:钩尾框毛坯
工艺条件:锻造热处理后
观测仪器:NIKON COOLPIX 995
试样种类:动态撕裂断口
DT　值:1 070 J
观测位置:宏观形貌
断口特征:试样变形较大。断口起伏大,较多面积为纤维状。有二次起裂、无隔离区;三次暂停;韧塑带成等腰锐角三角形,面积较大;剪切唇基本对称,最宽处与试样宽度之比为(15+17):40

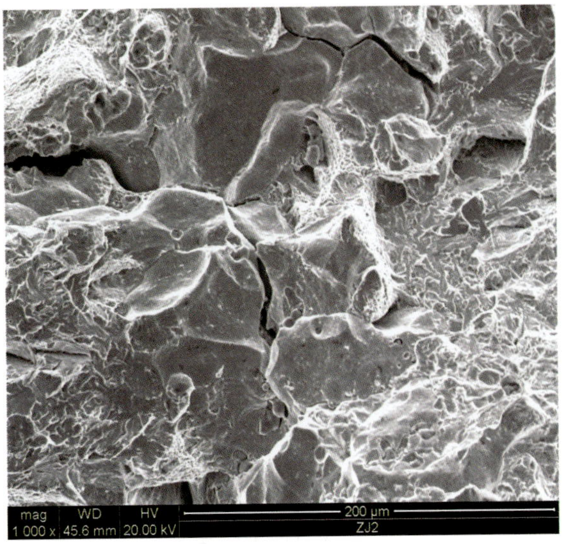

图片编号:K4.6-4
部件名称:钩尾框毛坯
工艺条件:铸造热处理后
观测仪器:扫描电子显微镜
试样种类:动态撕裂断口
观测位置:典型视场
断口特征:在晶区除解理外,还有局部沿晶特征、沿晶裂纹和铸造缺陷

图片编号:K4.6-5
部件名称:钩尾框毛坯
工艺条件:铸造热处理后
观测仪器:扫描电子显微镜
试样种类:动态撕裂断口
观测位置:典型视场
断口特征:局部有沿晶特征、沿晶裂纹和铸造缺陷

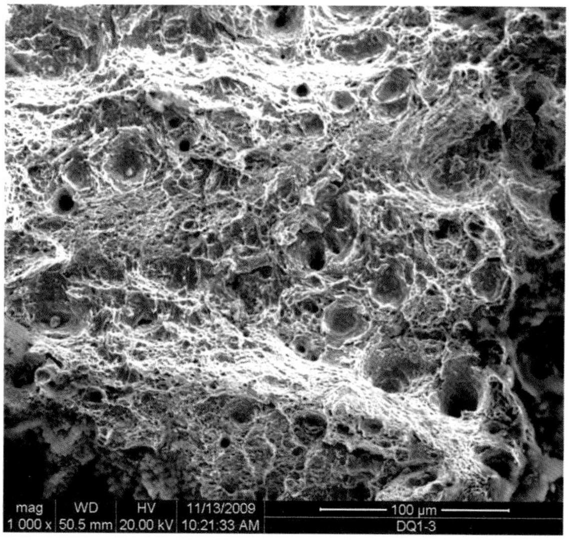

图片编号:K4.6-6
部件名称:钩尾框毛坯
工艺条件:锻造热处理后
观测仪器:扫描电子显微镜
试样种类:动态撕裂断口
观测位置:典型视场
断口特征:在纤维区为韧窝

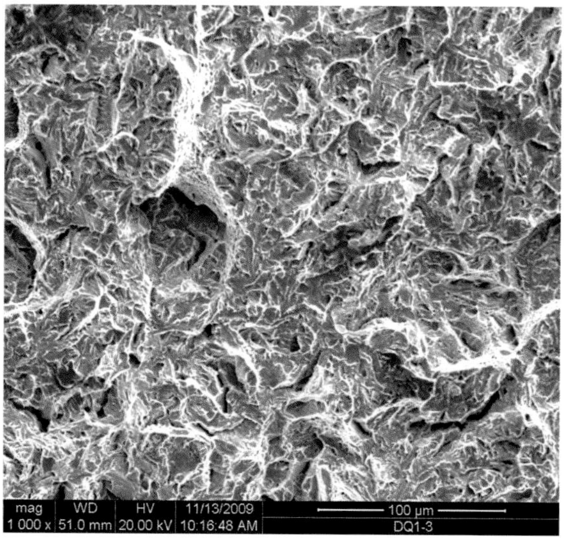

图片编号:K4.6-7
部件名称:钩尾框毛坯
工艺条件:锻造热处理后
观测仪器:扫描电子显微镜
试样种类:动态撕裂断口
观测位置:典型视场
断口特征:在晶状区为准解理

参 考 文 献

[1] GB/T 13299—1991. 钢的显微组织评定方法[S]. 北京:中国标准出版社,1999.

[2] 崔忠圻. 金属学与热处理[M]. 北京:机械工业出版社,2004.

[3] 齐俊杰等. 微合金化钢[M]. 北京:冶金出版社,2006.

[4] 宋子濂,史建平,邹定强等. 车轴断裂失效分析图谱[M]. 北京:中国铁道出版社,1995.

[5] 王运炎. 金相图谱[M]. 北京:科学出版社,1994.

[6] 刘瑞琦. 彩色金相图谱[M]. 北京:科学出版社,1996.

[7] 中华人民共和国铁道部. TB/T 1978—2007 铁路货车组合式制动梁技术条件[S]. 北京:2004.

[8] 铁路货车交叉支撑转向架编委会. 铁路货车交叉支撑转向架[M]. 北京:中国铁道出版社,2002.

[9] 中华人民共和国铁道部运输局. 锻造钩尾框技术条件(暂行). 北京:中华人民共和国铁道部,2005.

[10] 国家技术监督局. GB/T 17425—1998 货车车钩、钩尾框采购和验收技术条件[S]. 北京:中国标准出版社,1999.

[11] 项彬,肖利民,宋子濂等. L-B 型制动梁材质 Q460E 微合金化钢中魏氏组织的研究[J]. 中国铁道科学,2009,30(1).

[12] 刘鑫贵,项彬,宋子濂等. 铁路货车车轴材料相关技术综述及发展展望. 中国铁道科学研究院 60 周年学术论文集[C]. 2010,3.

[13] 宋宏图,丁韦,项彬等. 货车 L-B 型组合式制动梁撑杆翼板裂纹补修措施及处理方案[J]. 焊接,2007,(2).

[14] 王玉玲,杨常春,王之香. 锻造钩尾框用 25MnCrNiMoA 钢性能研究[J]. 山西冶金,2008,(2).

[15] 龙刚,吴海英,王玉玲等. 50 钢车轴化学成分改变对其力学性能的影响[J]. 机车车辆工艺,2010,(4).

[16] 吴毅,项彬,孙跃等. 钒微合金化中碳钢微观组织及力学性能的对比研究[J]. 铁道机车车辆,2010,30(3):48~50.

[17] 崔国栋,杨川,汤世贵等. 50 车轴钢中异常组织的形成原因[J]. 机械工程材料,2003,27(12):20~22.

[18] 李学锋,王玉玲. 铁道车辆用 LZW 车轴钢晶粒度研究[J]. 钢铁,2001,36(8):36~38.

[19] 张伟. 交叉支撑转向架组装工艺[J]. 铁道车辆,2005,(12):8~12.

[20] 宋凤书. 铁路货车转向架技术考察报告[J]. 铁道车辆,2000,(8):15~25.

[21] 李立东. 转 K6 型转向架的研制[J]. 铁道车辆,2005,(10):54~56.

[22] 邱新亮. 对转 K2 型转向架几项配件结构的分析[J]. 铁道车辆,2007,(02):14~16.

[23] 项彬,宋子濂,刘鑫贵等. 钩尾框动态撕裂(DT)试验研究. 铁路车辆锻造技术发展研讨会论文集[C]. 2009:24~31.

[24] GB/T 5482—2007 金属材料动态撕裂试验方法[S]. 北京:中国标准出版社,2007.

[25] 朱斌. 火车锻造、焊接钩尾框焊接工艺的研究[J]. 机械工人,2007(11):32~35.

[26] TB/T 2945—1999. 铁道车辆用 LZ50 钢车轴及钢坯技术条件[S]. 北京:中国铁道出版社,1999.

[27] 刘鑫贵,韩晶,宋子濂等. 铁路货车制动梁用 Q460E 微合金化钢 W 定量分析探讨[J]. 铁道车辆,2009,47(3):25~27.

附录　铁路用微合金化钢魏氏组织金相检验图谱(TB/T 3239—2010)

1　范　　围

本标准规定了铁路用 Q460E 微合金化钢魏氏组织形态和级别的金相检验评定方法、评定原则、组织特征和定量参数及评级图谱等。

本标准适用于铁路用 Q460E 微合金化钢魏氏组织(以下简称魏氏组织)的评定。

2　规范性引用文件

下列文件对于本文件的应用是必不可少的。凡是注日期的引用文件,仅注日期的版本适用于本文件。凡是不注日期的引用文件,其最新版本(包括所有的修改单)适用于本文件。

GB/T 13298—1991　金属显微组织检验方法

3　术　　语

下列术语和定义适用于本文件。

3.1

魏氏组织　widmanstatten structure

由不规则状、针(片)状先析铁素体及其周围珠光体组成的有较明显边界的组织团。

4　魏氏组织评定方法

4.1　根据魏氏组织的形态和数量(面积)进行综合评定。

4.2　评定魏氏组织的形态特征,放大倍数为 500× 和 100×;测定魏氏组织数量(面积),放大倍数为 100×。标准视场直径为 80 mm。

4.3　一般检验用评级图比较法。仲裁检验用评级图比较法加定量金相法。

4.4　评定结果用级别表示。评级时应选择磨面上各视场中的最高级别进行评定。

4.5　试样的切取和制备按照 GB/T 13298—1991 的有关规定。

4.6　检验记录应包括试样名称、钢种、编号、检验项目及评定结果,附有金相照片时,应注明放大倍数(标尺)和溶液。

5　魏氏组织图谱及说明

5.1　魏氏组织评级图分为 A、B、C、D、E、F、G、H 八个级别,分别描述魏氏组织形态特征和数量(面积)。同一魏氏组织级别内提供三组典型视场图片。

5.2　魏氏组织评级图的分级说明见表 1。评级图见图 1~图 8。

表 1　魏氏组织评级图的分级说明

级别	金相组织形态特征	WS(%)
A	极少、极小、孤立的魏氏组织团被尺寸均匀的块状铁素体和珠光体团所包围;魏氏组织团中的先析铁素体为细、小不规则状	$WS \leqslant 0.2$
B	少量、孤立的魏氏组织团尺寸与块状铁素体相当;魏氏组织团中的先析铁素体为不规则状	$0.2 < WS \leqslant 1.0$
C	少量、孤立的魏氏组织团开始长大;魏氏组织团中的先析铁素体为不规则状、小针状	$1.0 < WS \leqslant 5.0$

续上表

级别	金相组织形态特征	WS(%)
D	孤立的魏氏组织团长大、增加。魏氏组织团中的先析铁素体为不规则状、针(片)状	5.0<WS≤10.0
E	魏氏组织团增加较多,尺寸明显增大;魏氏组织团中的先析铁素体多为针(片)状	10.0<WS≤20.0
F	魏氏组织团增加很多;魏氏组织团中的先析铁素体多为针(片)状,有部分粗大针状	20.0<WS≤40.0
G	魏氏组织团被网状铁素体分割、包围;魏氏组织团中的先析铁素体呈现较多粗大针状	40.0<WS≤60.0
H	网状铁素体包围的魏氏组织团长大;魏氏组织团中的先析铁素体出现贯通的粗大排针	60.0<WS

注:*WS* 代表魏氏组织团总面积占视场面积的百分比。

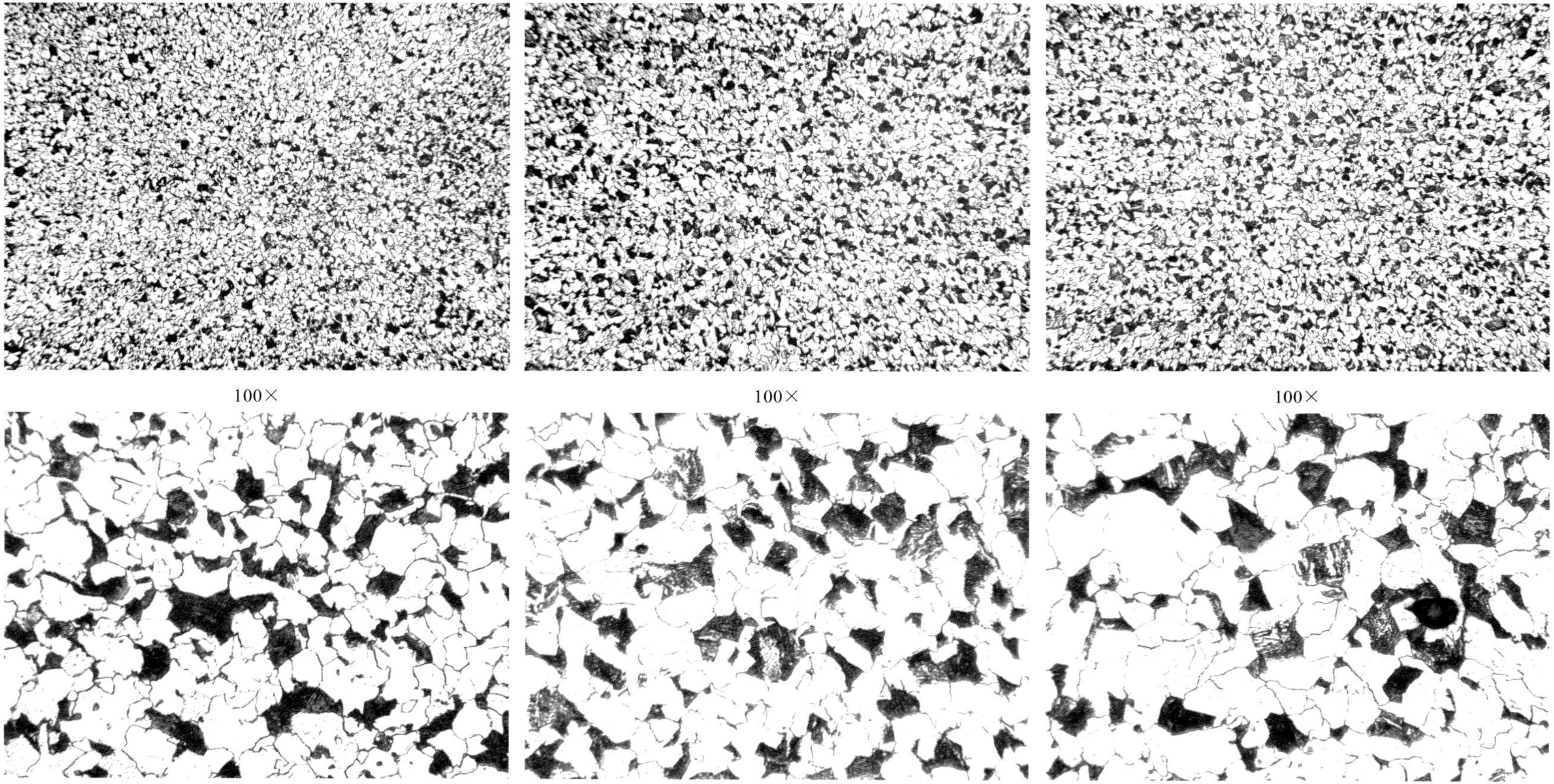

100× 100× 100×

500× 500× 500×

(a) 第一组图片 (b) 第二组图片 (c) 第三组图片

图1　A级魏氏组织图

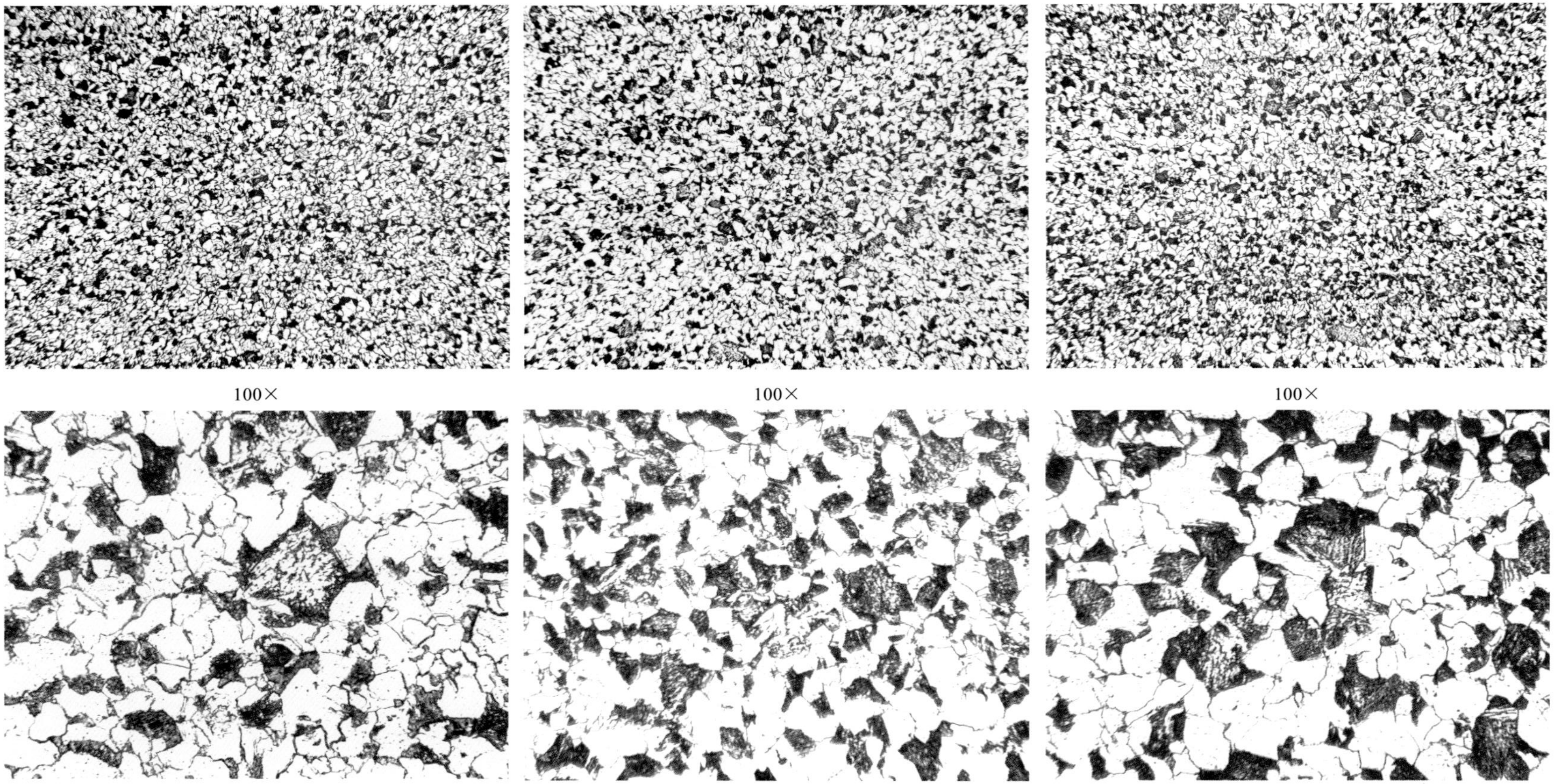

100×　　100×　　100×

500×　　500×　　500×

(a) 第一组图片　　(b) 第二组图片　　(c) 第三组图片

图2　B级魏氏组织图

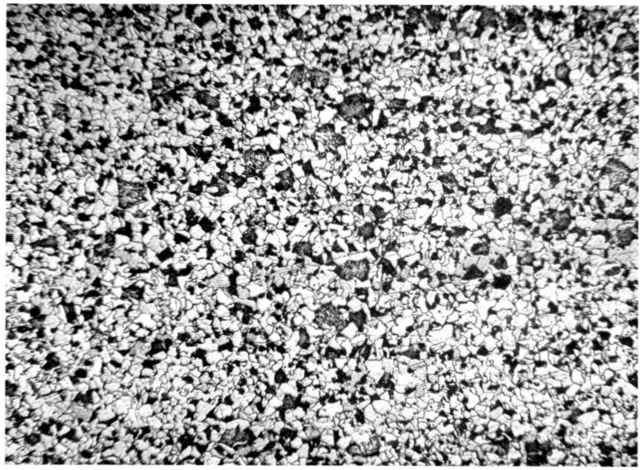

100×

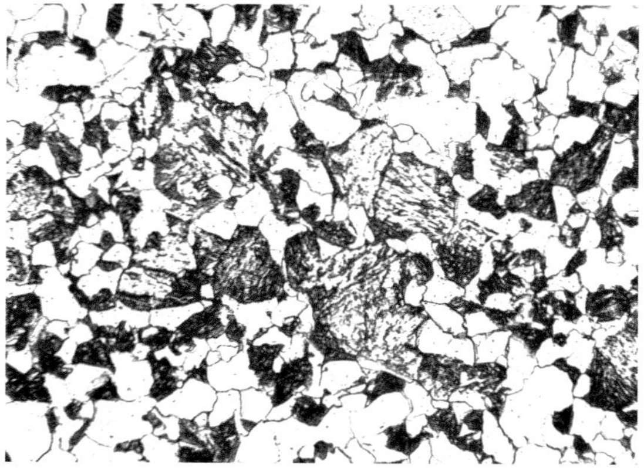

500×

(a) 第一组图片

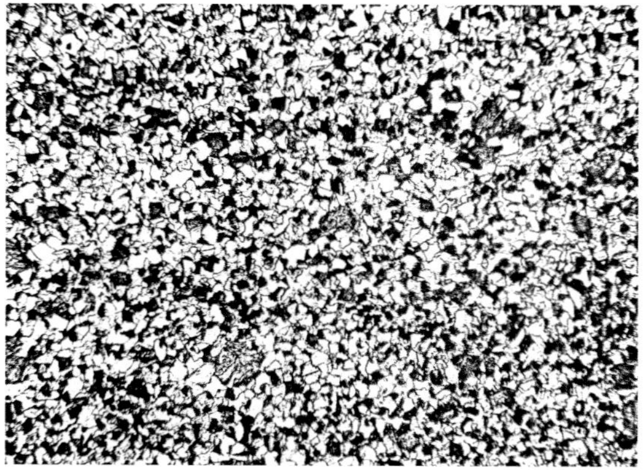

100×

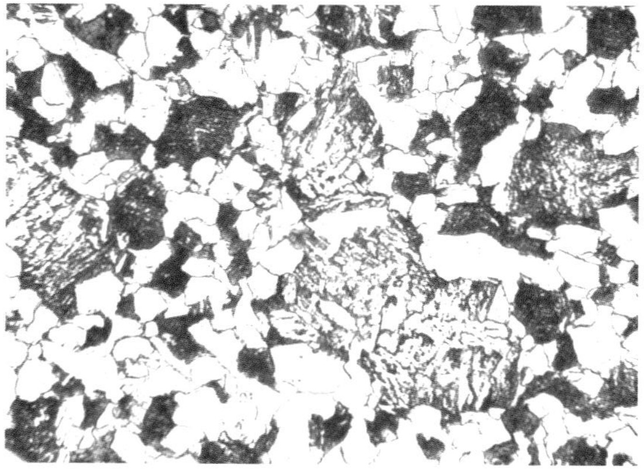

500×

(b) 第二组图片

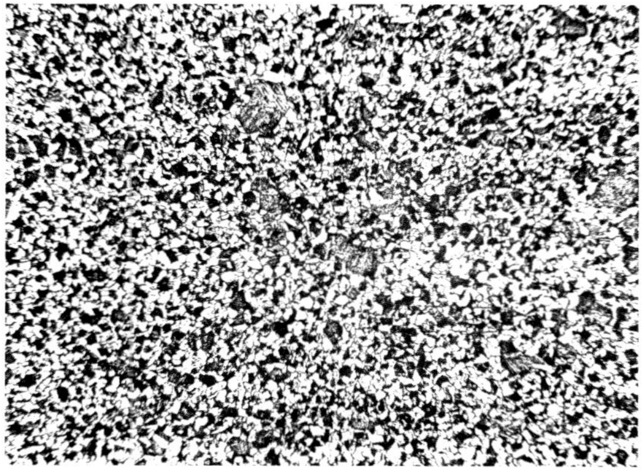

100×

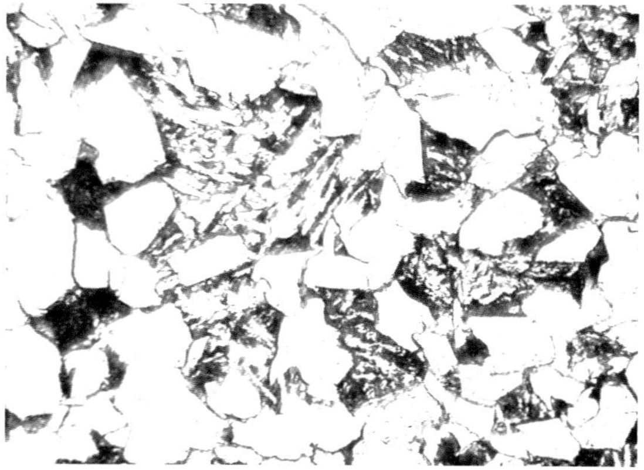

500×

(c) 第三组图片

图3　C级魏氏组织图

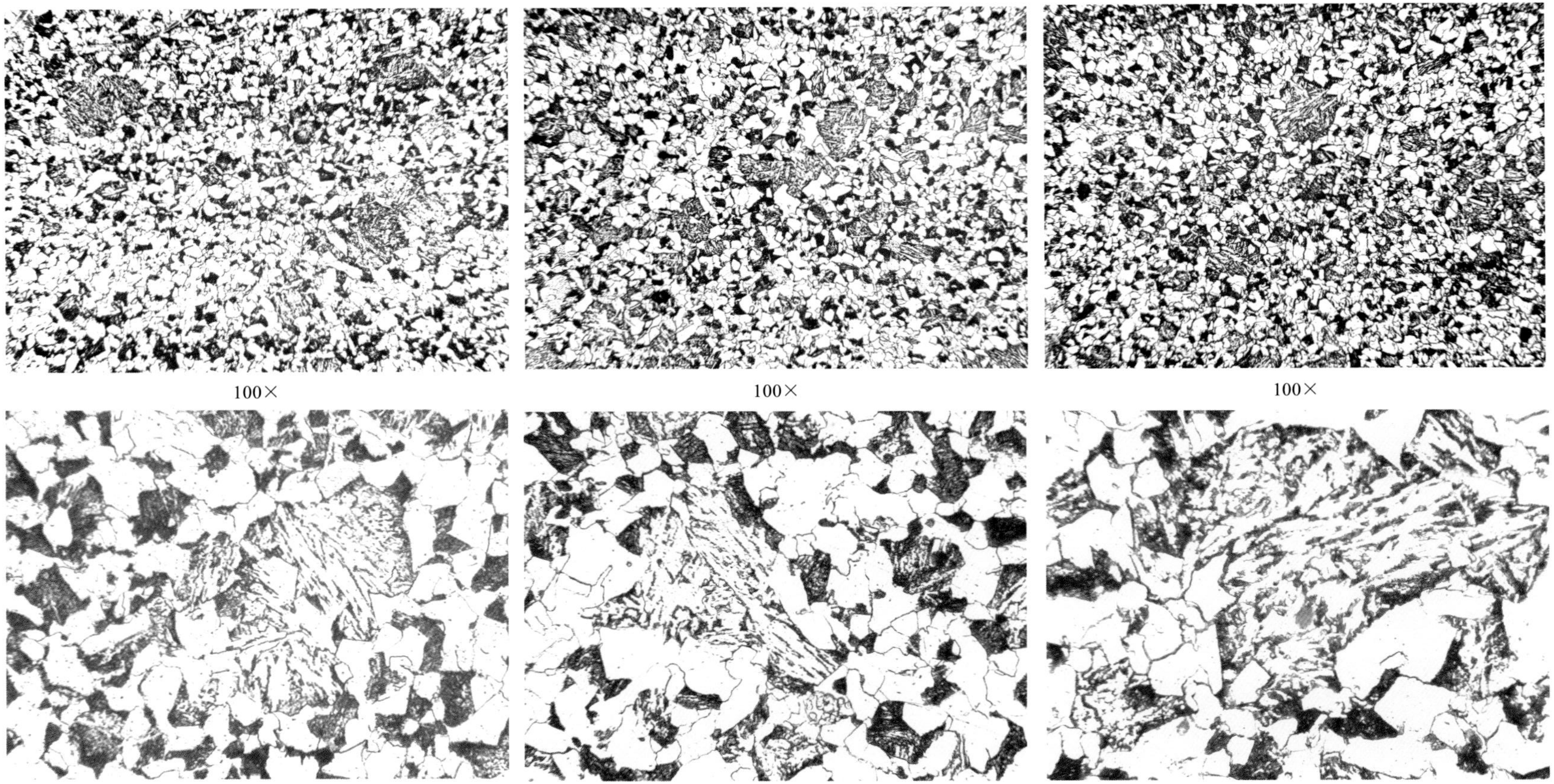

100×　100×　100×

500×　500×　500×

(a) 第一组图片　(b) 第二组图片　(c) 第三组图片

图4　D级魏氏组织图

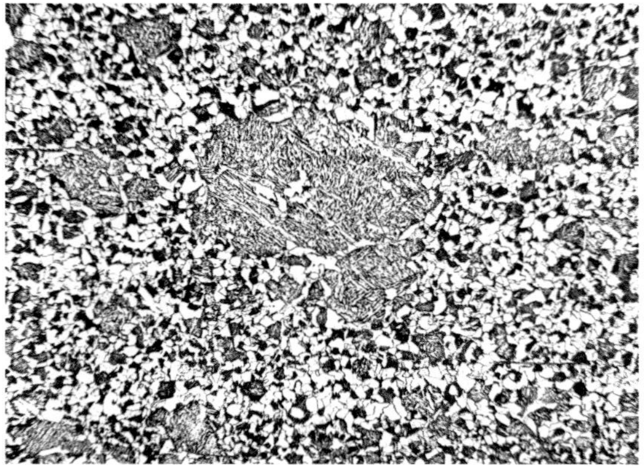

100×

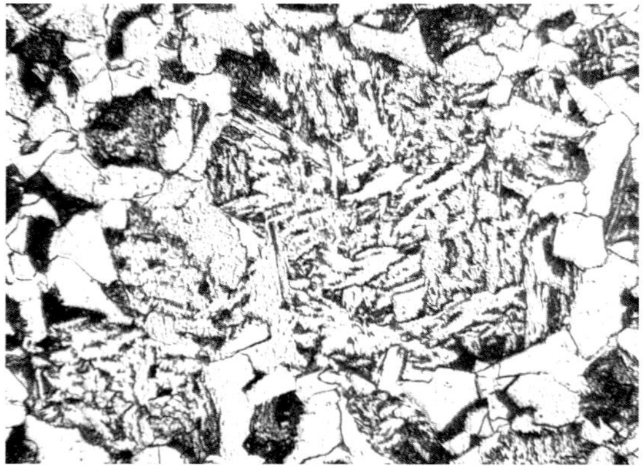

500×

(a) 第一组图片

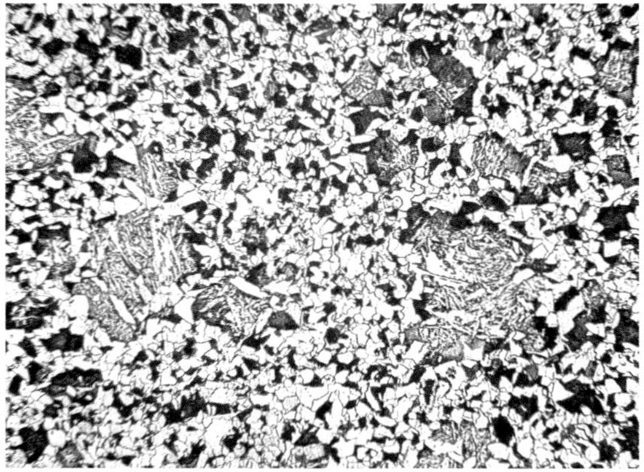

100×

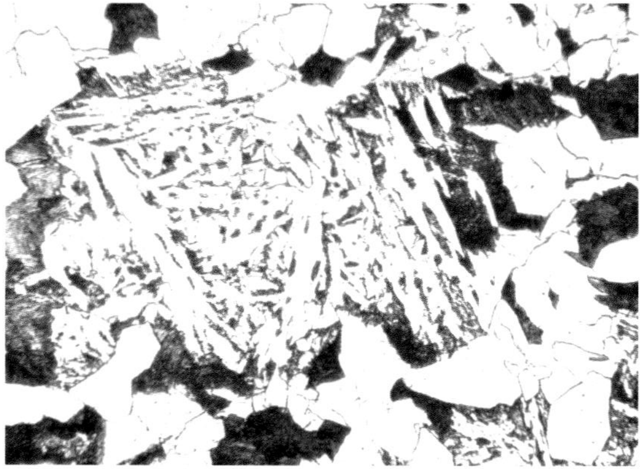

500×

(b) 第二组图片

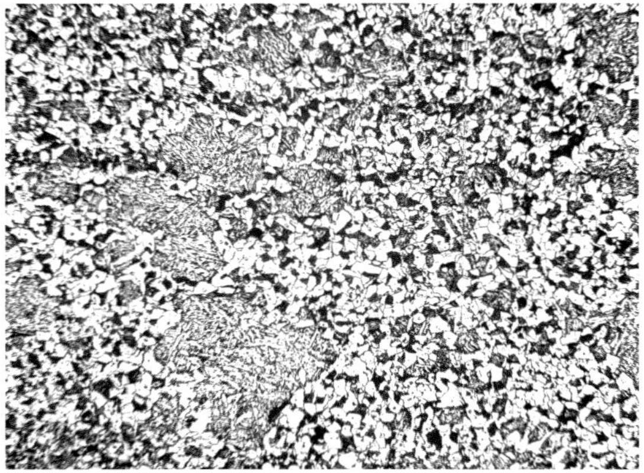

100×

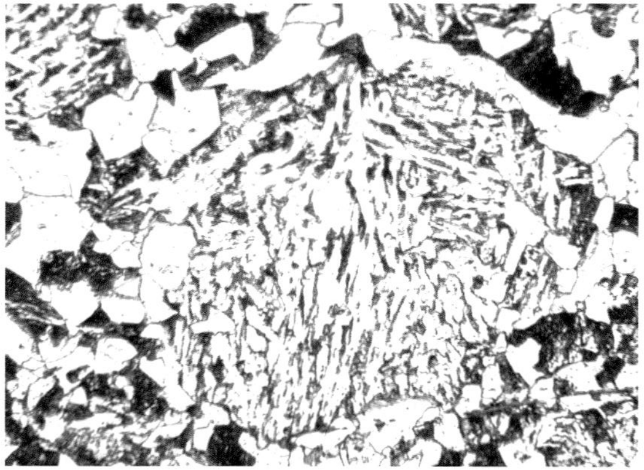

500×

(c) 第三组图片

图5　E级魏氏组织图

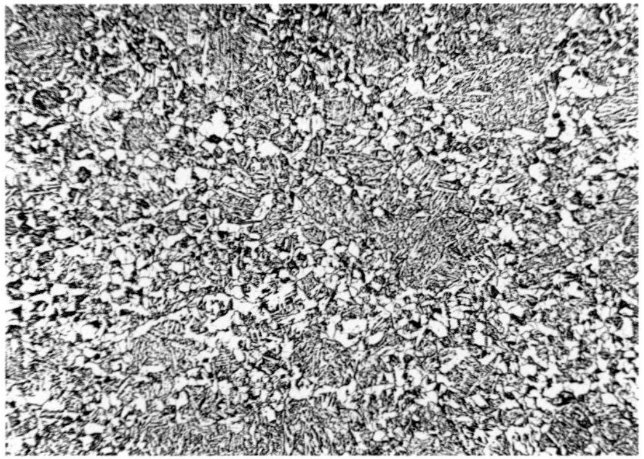

100×

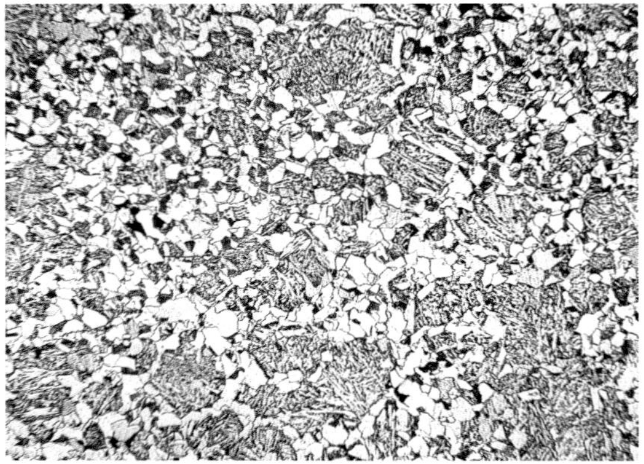

100×

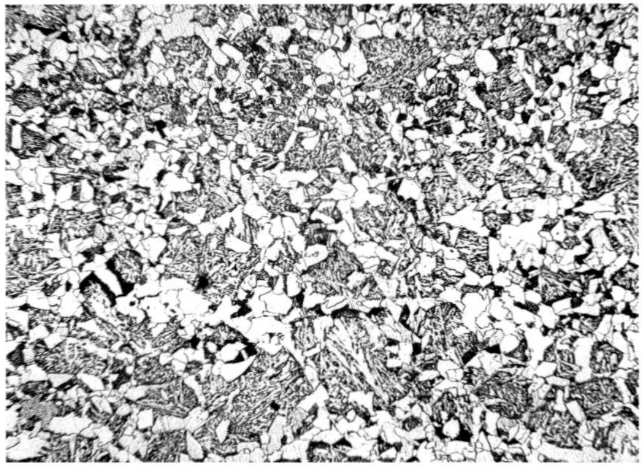

100×

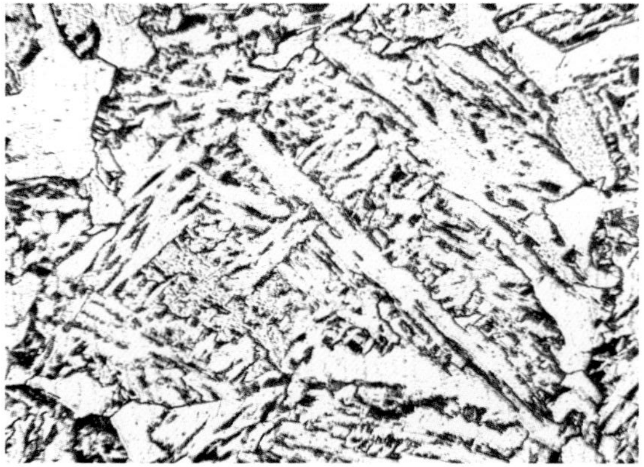

500×

(a) 第一组图片

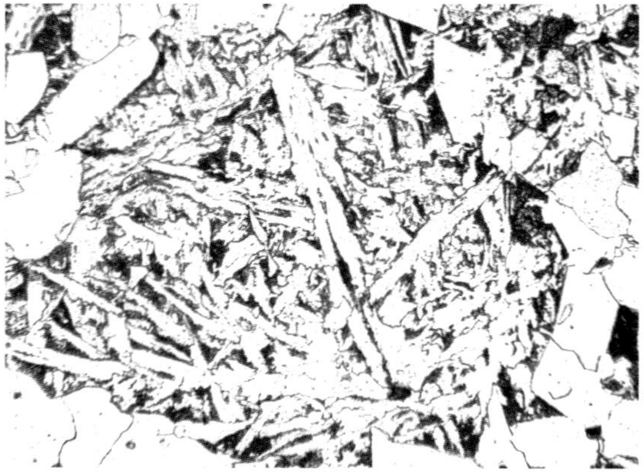

500×

(b) 第二组图片

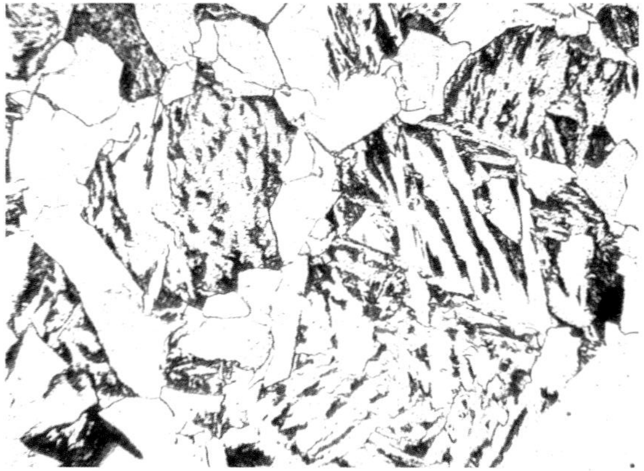

500×

(c) 第三组图片

图6　F级魏氏组织图

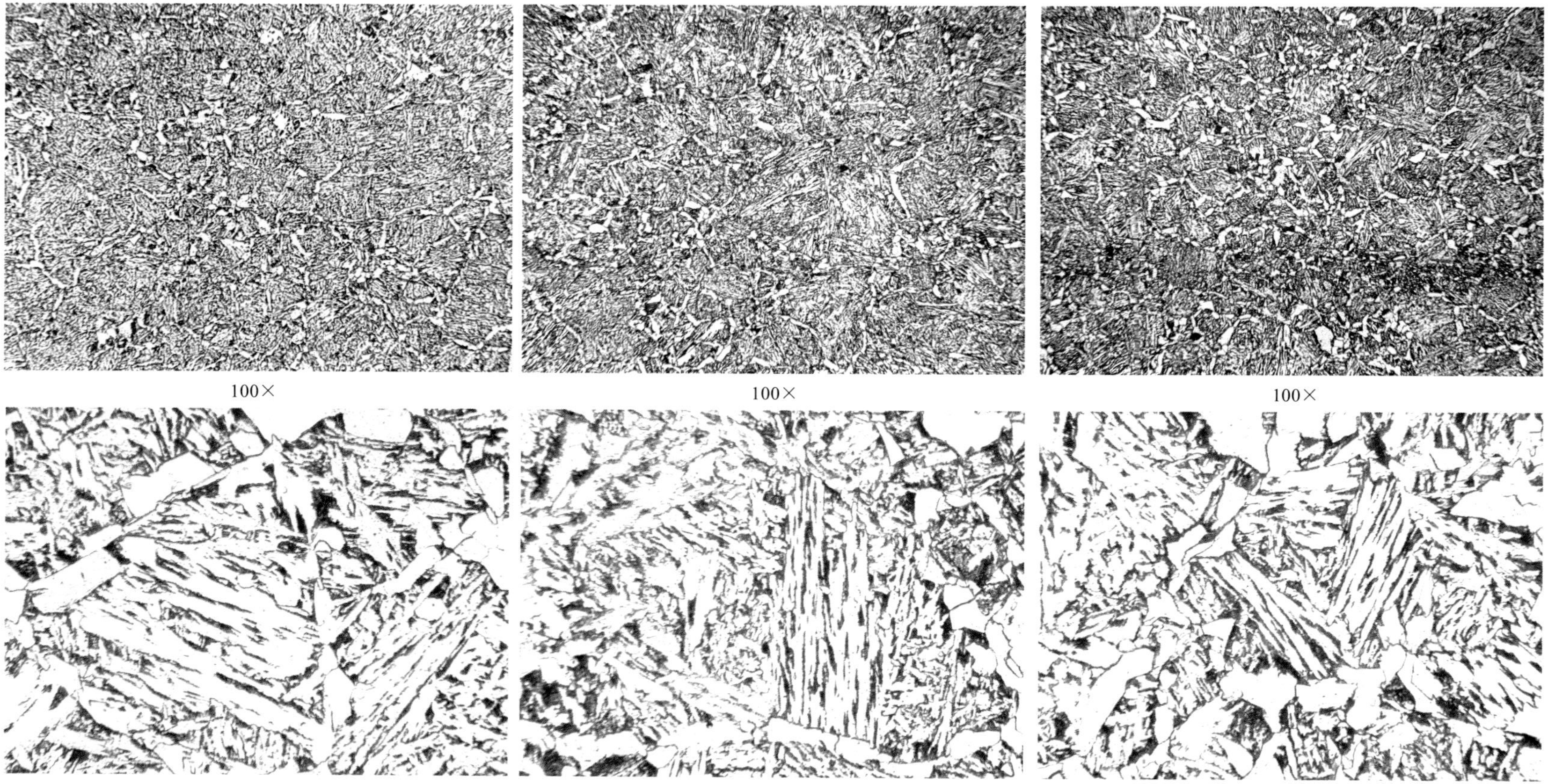

100×　　100×　　100×

500×　　500×　　500×

(a) 第一组图片　　(b) 第二组图片　　(c) 第三组图片

图7　G级魏氏组织图

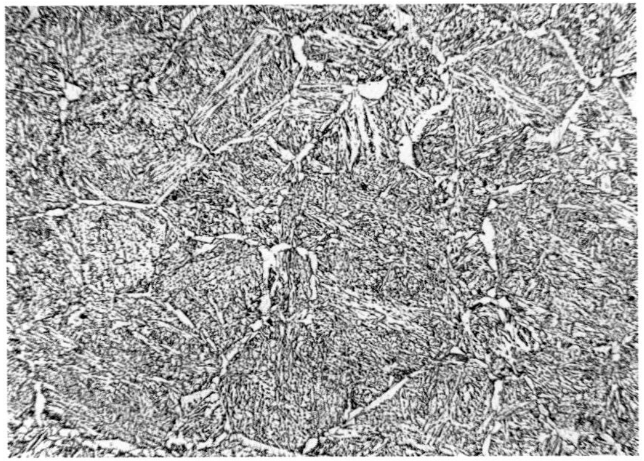

100×

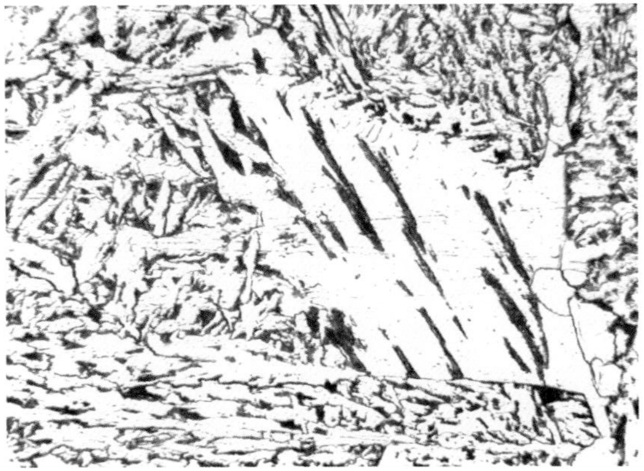

500×

(a) 第一组图片

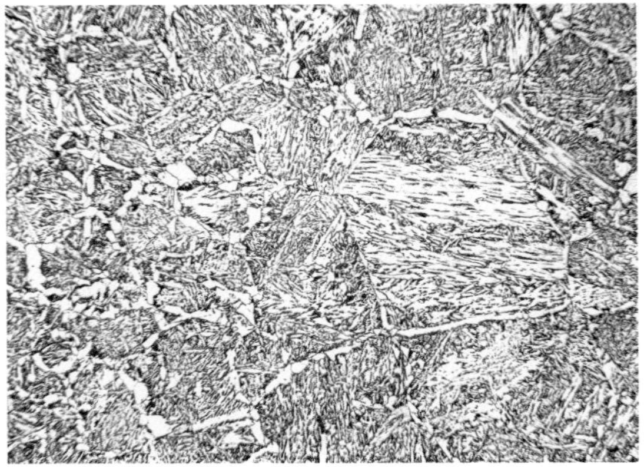

100×

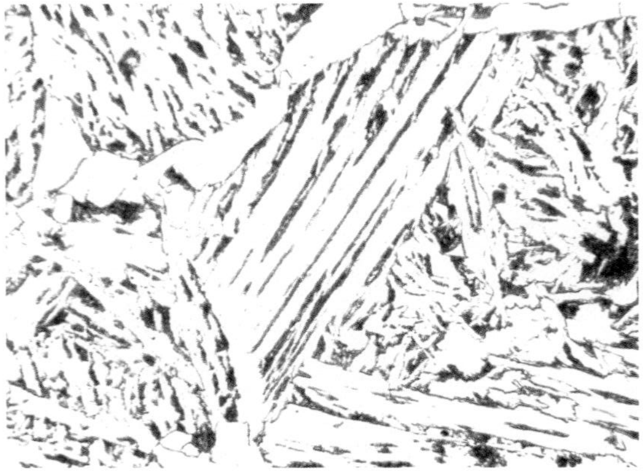

500×

(b) 第二组图片

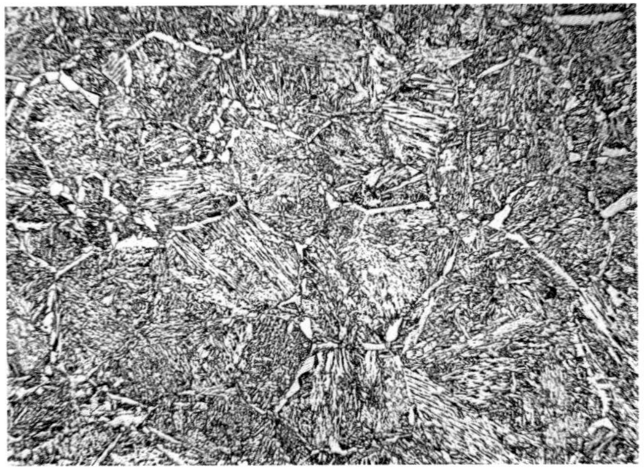

100×

500×

(c) 第三组图片

图8　H级魏氏组织图